KB122402

황극편皇極編 4

이 책은 2023년도 정부(교육부)의 재원으로
한국고전번역원의 지원을 받아 수행된 특수고전협동번역사업의 결과물임

황극편皇極編 4
번역과 주해

김용흠·원재린·김정신 역주

혜안

책머리에

조선후기 정치사는 흔히 당쟁사로 인식되었다. 조선왕조 국가의 멸망 원인으로서 지금까지도 당쟁망국론이 거론될 정도로 당쟁은 조선후기 정치 사를 부정적으로 묘사하는 개념이 되었다. 16세기에 붕당이 형성된 이후 이를 기반으로 삼아서 전개된 정치적 대립과 갈등을 17세기 붕당정치, 18세기 탕평정치, 19세기 세도정치로 유형화하여 이해하는 시각이 제시되기도 하였 지만 당쟁에 대한 부정적 인식이 크게 불식되지는 못하였다.

조선후기 정치사에서 개인의 권력욕이나 사리사욕, 당리당략에 의한 모략 과 음모 등이 난무한 것은 사실이지만 이것만으로 모든 정치적 갈등을 설명할 수는 없다. 여기에는 개인의 권력욕이나 당리당략을 합리화하는 논리와 이에 의거하여 기득권을 유지 고수하려는 세력만이 있었던 것이 아니라 민생을 안정시켜 국가를 유지 보존하려는 세력과 논리도 역시 존재하였다. 이들은 현실 정치 속에서 서로 대립 갈등할 수밖에 없었는데, 당론서에는 바로 이러한 배경 속에서 발생한 다양한 사건들과 갈등 당사자들의 현실인식, 사유형태 등이 풍부하게 담겨 있다. 당론서를 통해서 표출된 주장과 논리는 이처럼 정책과도 긴밀하게 연관되어 있었다.

조선후기에는 당쟁이 격렬하였던 것만큼이나 각 당파의 정당성을 주장하 는 수많은 당론서가 생산되고 필사를 통해 전파되었다. '당론서(黨論書)'란 17세기 이후 서인과 남인의 대립 갈등이 격화되는 가운데 생성되어, 이후 노론과 소론, 시파와 벽파의 갈등을 거치면서 각 정파의 행적과 논리의

6

정당성을 천명하기 위해 의도적으로 편찬된 자료를 지칭한다. 당론서는 국가의 공식 기록인 《조선왕조실록》이나 《승정원일기》와 같은 연대기, 또는 개인이나 문중에서 편찬하는 문집이나 전기류 등과는 구별되는 독특한 체제와 내용을 담고 있다.

여기에는 해당 시기 정계와 학계를 주도했던 인물들의 정치 행적뿐만 아니라 그들의 현실인식과 세계관, 이에 입각하여 정치적 과제를 설정하고 대처해 나가는 모습 등이 구체적으로 담겨있다. 이에 대해서 당대의 사회경제적 제반 조건과 관련지어 체계적이고 과학적으로 분석해야만 조선후기 정치적 갈등이 정책과 어떻게 관련되어 있는지를 드러낼 수 있을 것이다. 따라서 당론서는 조선후기 정치사를 과학적으로 인식하는 관건이 되는 자료라고 말할 수 있다.

조선후기 당론서는 현재 확인되는 것만도 그 규모가 방대하고 대부분이 한문 원자료 상태로 남아 있어 일반인의 접근이 어려운 것이 현실이다. 그리고 일부 번역된 것도 있지만 원문 번역에 그쳐서 일반인이 이해하기는 쉽지 않다는 문제가 있었다. 그리하여 관련 연구자가 전공 지식에 바탕을 두고 정밀한 역주를 통해서 친절하게 안내할 필요가 있다는 지적이 있어왔다.

본서의 번역에 참여한 세 사람의 전임연구원들은 모두 조선시대 정치사, 정치사상사 전공자들로서 다년간에 걸쳐서 당론서 번역 사업을 수행해왔다. 2006년에는 한국연구재단의 지원을 받아서 '당론서 3종 번역과 주석 및 표점 작업'을 진행하여 《갑을록(甲乙錄)》(소론), 《아아록(我我錄)》(노론), 《동소만록(桐巢漫錄)》(남인)을 번역하는 사업을 완료하고, 《동소만록》은 2017년에 간행하였다. 이어서 2013년과 2014년에는 '신규장각 자료구축사업'의 일환으로 서울대 규장각 한국학연구원의 지원을 받아 한국학자료총서로서 『사도세자의 죽음과 그 후의 기억-《현고기(玄皐記)》 번역(飜譯)과 주해(註解)』(2015), 『충역의 시비를 정하다-《정변록(定辨錄)》 역주』(2016)를 간행하였다. 이와 병행하여 2011년에는 한국역사연구회, 2016년에는 한국사상사학회 주관으로 학술대회를 통해서 연구 성과를 발표하기도 하였다. 또한 한국고전번역원의 '특수고전 정치사분야 협동번역사업'의 일환으로 2015년 《형감(衡鑑)》, 2016년 《족징록(足徵錄)》과 《진감(震鑑)》, 2017년 《유문변록(酉門辨錄)》과 《대백록(待百錄)》 등의 번역이 완료되었고, 2019년 《형감》(혜안)을, 2020년 《대백록》(혜안)을 각각 출간한 바 있다.

　현재 본 번역팀에서는 2018년부터 2단계 사업에 착수하여 대상서목 3종 가운데 《동남소사(東南小史)》와 《수문록(隨聞錄)》, 《황극편(皇極編)》의 번역과 주해 작업을 완료하였다. 그 중에서 《동남소사》와 《수문록 1》은 2020년 특수고전협동번역사업(정치사) 1차년도 우수성과 원고 출판지원을 받아 2021년 출간을 완료하였고, 《수문록 2》와 《황극편 1》은 2021년도 우수성과 원고 출판지원을 받아서 2022년에 출간되었으며, 《황극편 2》와 《황극편 3》은 2022년도 우수성과 원고 출판지원을 받아서 2023년에 출간하였다. 올해에는 2023년도 우수성과 원고 출판지원을 받아서 《황극편 4》와 《황극편 5》를 출간하게 되었다.

　《황극편》은 정조가 탕평책을 추진하는 과정에서 붕당으로 분열되어 있던 신료들을 설득하여 정치에서 타협과 공존을 모색하기 위해 편찬한 당론서이다. 그 궁극적인 목적은 국가의 유지 발전을 위한 정책 마련이라는 정치의 본령을 회복하려는 것에 있었으므로, 그 가장 큰 걸림돌이 되었던 붕당은 타파되어야 한다는 시각에서 이전의 당쟁을 정리한 당론서이다. 이를 통해서 독자들은 선조부터 영조대까지 진행된 조선후기 당쟁에 대해 당대인의 시각으로 정리한 가장 객관적인 내용을 살펴볼 수 있을 것이다.

　현존하는 《황극편》은 전체가 13권으로 구성되어 있는데, 본 팀은 전체를 5책으로 나누어 《황극편》 권1~3을 《황극편 1》로, 권4~6을 《황극편 2》로, 권7~9를 《황극편 3》으로 출간한 것에 이어서, 《황극편》 권10~11을 《황극편 4》로, 권12~13을 《황극편 5》로 출간하게 되었다.

　《황극편 1》에서는 사림(士林)이 동인과 서인으로, 그리고 동인이 남인과

8

북인으로, 다시 북인이 대북·소북, 골북·육북으로 분열되기에 이른 과정을 보여주었다면, 《황극편 2》에서는 서인과 남인의 대립에 초점을 맞추어서, 예송(禮訟)과 환국(換局) 등 17세기 약 100년에 이르는 기간에 걸쳐서 정치적 갈등이 격화되어 가는 과정과 이를 극복하기 위해 탕평론(蕩平論)이 등장한 것을 보여주었다. 이어서 《황극편 3》에서는 노론과 소론의 대립에 초점을 맞추어서 숙종대 후반과 경종 원년에 이르는 약 25년이라는, 상대적으로 짧은 기간에 걸쳐서 진행된 정치적 갈등이 왕위 계승과 관련되어 전개되고 있음을 볼 수 있다.

《황극편 4》에서는 노소갈등이 최고조에 달하면서 발생했던 신임옥사의 전개과정을 경종 2년으로부터 영조 즉위년까지에 걸쳐 집중적으로 다루고 있다. 《황극편 5》에서는 영조대 거의 전 시기를 아우르면서 탕평책이 추진되는 양상을 기록하였다. 1725년 을사환국에서 1727년 정미환국으로, 그리고 1729년 기유처분, 1740년의 경신처분과 1741년의 신유대훈 등으로 탕평책이 굴절되는 과정을 정리하였다.

본 사업을 진행하면서 많은 분들의 도움을 받았다. 한국고전번역원의 김언종 원장님, 전임 원장이신 신승운 선생님을 위시한 여러 임직원분들이 당론서의 사료 가치를 공유하고 적극적으로 지원하여 이 사업이 완수될 수 있었다. 《황극편》 역주본의 출간을 앞두고 진심으로 감사를 표하는 바이다.

또한 한국고전번역원 출범의 산파 역할을 했던 유기홍 국회의원의 적극적인 후원에도 감사드린다. 연세대학교 국학연구원의 김성보 원장님 이하 임직원 여러분들의 도움에도 감사드린다.

특히 《황극편》의 간본은 전국의 도서관에 산재되어 있는데, 본 연구팀이 이들 간본을 검토할 수 있도록 제공하는 호의를 베풀어주신 서울대 규장각한국학연구원, 국립중앙도서관과 함께 전남대학교 중앙도서관 담당자에게도 감사의 마음을 전한다.

그리고 세 사람의 전임연구원과 함께 20년이 넘는 기간 같이 전공 세미나를 전개하며 물심양면으로 도움을 준 정호훈, 구만옥, 정두영 선생 등과도 출간의 기쁨을 함께 나누고 싶다. 당론서를 비롯한 국학 자료 출판에 애정을 갖고 더딘 번역 작업을 인내심을 갖고 기다려 주신 혜안 출판사 오일주 사장님과 난삽한 원고를 깔끔하게 정리해주신 김현숙, 김태규 선생께도 감사드린다.

2024년 2월
김 용 흠

차례

번 역

皇極編4 校勘·標點

《황극편 4》 해제

《황극편 4》는 《황극편》 권10과 권11을 번역하고 주해한 책이다. 원래 계획은 《황극편 4》에 《황극편》 권10에서 권13까지를 모두 넣을 예정이었으나,[1] 번역 사업을 마치고 보니 분량이 방대하여, 권12와 권13은 《황극편 5》로 분리하여 출판하기로 결정하였다.

《황극편》 권10은 1722년(경종2) 1년의 정치적 사건들이 수록되어 있고, 권11에는 1723년에서 1724년까지를 포함하고 있는데, 1724년은 경종이 승하하고 영조가 즉위한 해이기도 하여, 국왕이 바뀌는 가운데 발생한 정치적 소용돌이를 보여준다. 권10과 권11은 모두 '노·소(老少)'를 제목으로 삼은 것에서 노론과 소론의 다툼이 정치적 갈등의 중심이 되었음을 시사한다.

권10에서는 1722년의 정치적 사건을 봄·여름·가을·겨울로 구분하여 수록하였다. 1721년에 노론 측에서 연잉군(延礽君)을 세제(世弟)로 책봉하게 하고, 이어서 대리청정까지 추진하다가 소론 측의 반발로 인해 노론이 실각하고 소론이 득세하는 신축환국이 있었는데, 그 이듬해인 1722년에는 소론이 득세하였다고는 하지만 아직 정국을 확고하게 주도하지 못하였으므로, 노·소론은 물론 남인 일각에서의 움직임도 활발하였다.

먼저 노론 측에서는 정호(鄭澔)와 남도규(南道揆) 등이 상소하여, 1721년 12월 김일경 등의 상소를 계기로 노론 4대신을 비롯하여 다수의 노론 당인들이

---

1) 김용흠·원재린·김정신 역주, 2022, 「《황극편(皇極編)》과 《황극편 1》 해제」, 《황극편 번역과 주해 1》, 혜안, 32쪽.

처벌 당한 것을 항의하고, 소론 강경파가 세제를 위협하여 일어난 박상검 옥사에 대한 수사를 소홀히 하였다고 비판하였다. 특히 남도규는 박상검 옥사의 배후에 소론이 존재한다고 암시하였다. 우윤 김흥경(金興慶)은 상소하여 황일하(黃一夏)와 민진원(閔鎭遠)을 구원하였다. 그렇지만 이미 정국이 뒤바뀐 상황에서 이들의 주장은 받아들여질 수 없었으며 오히려 처벌을 받는 것으로 귀결되었다.

1722년을 주도한 것은 소론이었으므로 이들의 활동이 보다 활발한 것은 당연하였다. 우선, 1721년에 이어서 노론에 대한 탄핵을 이어 나갔다. 승지 박휘등(朴彙登)은 정호는 물론 당시 아직도 처벌을 면한 이기익(李箕翊) 등 8인을 탄핵하였다. 조원명은 장희빈 추보(追報)에 반대한 정형익(鄭亨益)을 유배 보내고, 황일하를 삭출하라고 청하였다.

다음으로 소론 측에서는 장희빈에 대한 추보 방안을 논의하였다. 이것을 이조참판 김일경이 발론하자 우의정 최석항(崔錫恒)이 별묘(別廟)를 세우자고 청하였다. 이에 대해서는 노론의 반발이 있었다는 것과 같은 소론인 송인명은 반대하였다는 사실을 적시하였다.

다음 소론 측 활동으로서 주목되는 것은 장희빈을 사사한 신사년(1701, 숙종27) 옥사를 신원하라고 청한 상소가 쇄도하였다는 점이다. 호서 유생 허벽(許壁) 등이 상소하여 장희빈의 신원을 청하니, 이어서 진사 오두석(吳斗錫) 등은 상소하여, 그 근원이 송시열(宋時烈)에게 있다고 보고 그를 추종하다가 사망한 김춘택(金春澤)은 물론 승지 신양(申懹)까지 처벌하라고 청하였다. 제주 유생 이덕배(李德培) 등은 상소하여 송시열을 죄인의 수괴로 삼아야 한다고 주장하였다. 이러한 흐름은 윤증(尹拯)을 모함한 역적 김창집(金昌集) 등 4흉(四凶)과 흉적 신구(申球)를 처단하라는 창평(昌平) 유학(幼學) 고응엽(高應曄)의 상소로 이어졌다.

문제는 소론 당인들 사이에서 인사를 두고 다툼이 일어났다는 점이다. 특히 김일경은 이조참판으로서 소론 온건파인 서명균(徐命均)과 이덕수(李德

壽)를 각각 삼척부사(三陟府使)와 평강현령(平康縣令)으로 출보(出補)하였다. 이
러한 소론 내의 분열을 틈타서 남인이 소론을 공격하고 나왔다는 점도 흥미롭
다. 정언 신필회(申弼誨)는 김일경보다 한 발 더 나가서 서명균을 유배 보내라고
청하고, 이조판서 이조(李肇)를 파직하라고 청하였다. 심지어는 1721년 12월에
있었던 김일경 상소에 불참한 소론을 처벌하라고 청하기도 하였다.

또한 신필회는 조최수(趙最壽)를 체차하라고 청하여 조최수의 반발을 받았
는데, 박필몽(朴弼夢)은 신필회가 토역의 의리를 핑계로 소론 정권을 위협하고
있다고 탄핵하고 삭출하라고 청하였다. 그런데 대사간 이사상(李師尙)은 조최
수가 김일경을 탄핵하려 했다고 하면서 신필회와 조최수를 모두 파직해야
한다고 주장하였다. 이러한 갈등은 인사가 한쪽에 치우쳤다는 부수찬 남일명
(南一明)의 비판과 이것을 반박하는 이조참의 이진유(李眞儒)의 상소로 소론
내에서 갈수록 심화되고 있었다.

소론 내부의 분열에서 출발한 이러한 갈등은 3월, 노론 측의 경종 시해
음모를 폭로한 목호룡(睦虎龍)의 고변이 나오면서 잠잠해졌다. 소론 측에서는
서둘러 국청을 설치하고 이들에 대한 수사에 착수하였는데, 세제는 국청의
초사(招辭)에서 자신의 이름이 거론되었다고 사위(辭位)하겠다고 나섰다. 목호
룡이 거론한 죄인 백망(白望)은 오히려 김일경 등이 세제를 해치려 했다고
거꾸로 고변하였지만 불문에 부치기로 하였다.

1722년 여름이 되어서야 목호룡 고변에서 거론된 죄인들에 대한 수사가
진척되었다. 그 과정에서 신임(申銋)은 상소하여 백망의 공초에서 거론된
사람들을 국문하지 않는다고 비판하였다가 대사간 이사상의 탄핵을 받고
위리안치 되었다.

여기서는 정인중(鄭麟重)·심상길(沈尙吉)·이정식(李正植)·김창도(金昌道)·서
덕수(徐德修)·정우관(鄭宇寬)·김일관(金一觀) 등의 공초를 수록하였는데, 이들
은 반역을 모의한 정상을 모두 자백하였다. 김용택(金龍澤)·이천기(李天紀)·백
망·장세상(張世相) 등은 문목(問目)과 공초를 함께 수록하였는데, 장세상은

지만(遲晩)하였지만 김용택과 이천기는 반역의 정절을 승복하였으면서도 지만을 끝까지 거부하다가 사망하였다고 하였다.

이들이 이른바 '삼수(三手)', 즉 경종을 시해하려는 대급수(大急手)와 소급수(小急手), 그리고 숙종의 유서를 위조하여 폐출하려는 평지수(平地手)를 자백하였고, 시해하는데 사용하려 한 칼과 독약을 구하기 위한 은전(銀錢)을 증거물로 확보하고 나서 이들의 처벌을 논의하였다. 노론 4대신을 처벌하는 논의 과정과 이이명과 김창집의 사사(賜死) 전지를 수록하고, 전성군(全城君) 이혼(李混)이 청나라에 제출할 주문(奏文) 내용도 기록해 두었다. 그리고 형장으로 사망한 이희지(李喜之)를 적몰하라고 청하면서 그가 지은 〈속영정행(續永貞行)〉이라는 시를 수록하였다.

그렇지만 이후에도 유생 권서봉(權瑞鳳)과 관학 유생(館學儒生) 김동현(金東鉉)을 소두로 한 상소가 연이어 나와서 노론 4대신에 대한 보다 엄한 처벌을 요구하였다. 그리고 이러한 주장이 이덕수·정석삼·서명균·송인명 등 소론 온건파에 대한 공격과 함께 이루어지고 있음을 보였다.

가을에는 윤증(尹拯) 부자에 대한 신원을 주장하는 상소가 나왔다. 직전에 나온 충청·전라 두 도의 유생 김수귀(金壽龜) 등에 이어서 가을에는 관학 유생 황욱(黃昱) 등과 이징복(李徵復) 등의 상소가 연이어 나왔다. 이에 대해 국구(國舅)인 어유귀(魚有龜)와 생원 안윤중(安允中) 등이 상소하여 송시열을 변론하고, 숙종의 병신처분(丙申處分, 1716)을 어지럽히지 말라고 요구하여, 경종대에도 회니시비(懷尼是非)가 여전히 살아있는 쟁점임을 보여주었다. 이러한 논란은 조태구와 최석항 등의 주장으로 윤선거와 윤증의 관작과 시호를 회복하고 서원의 사액을 돌려주며 문집 간행을 허락하는 것으로 귀결되었는데, 이때 이들이 제시한 논리에 따르면 병신처분은 숙종의 본의에서 나온 것이 아니었다.

그리고 대신과 삼사가 복합(伏閤)하여 이이명과 김창집을 노적(孥籍)하고 이건명을 정형에 처할 것을 청하자 경종이 마지못해 이에 따르는 장면과,

윤선거·윤증 부자를 공격하는 일에 앞장섰던 윤세현(尹世顯)·황상로(黃尙老)·한택규(韓宅揆)·박광세(朴光世) 등을 삭판하라는 요구가 나온 것도 기록해 두었다.

　겨울에도 노론에 대한 처벌 요구는 계속되었다. 집의 이세덕(李世德)은 정호를 외딴섬에 위리안치 하라고 요구하였고, 삼사에서는 노론 4대신 가운데 마지막 남은 조태채를 정형하라고 청하여 관철시켰다. 이어서 1712년 과옥(科獄), 즉 임진과옥(壬辰科獄)으로 삭과(削科)된 오수원(吳邃元) 등과 이진급(李眞伋)을 복과(復科)시켰다.

　임인옥사(壬寅獄事, 1722)가 마무리되자 소론의 분열이 다시 수면 위로 떠올랐다. 김일경이 대제학으로 수망(首望)에 오르고도 임명되지 못하자 이사상에게 보낸 편지에서 이광좌(李光佐)와 조태억(趙泰億)이 정수기(鄭壽期)를 사주하여 강현(姜鋧)을 탄핵하였기 때문이라고 주장한 것이 문제가 되었다. 이에 대해 대제학 조태억은 상소하여 터무니없는 일이라고 주장하였고, 대사간 김동필(金東弼)이 상소하여 김일경이 1721년에 지은 반교문을 거론하면서 그가 문형(文衡)에 적임자가 아니라고 비판하였다. 그리고 장령 박징빈(朴徵賓)이 1721년 상소에 연명하지 않은 윤순(尹淳)을 삭판하라고 주장한 것에 대해서도 김동필은 박징빈을 배척하였다. 대사헌 이세최(李世最)는 김일경을 변론하였고, 정언 유수(柳綏)는 김동필을 파직하라고 청하여 소론 강경파의 활동이 보다 활발하다는 것을 보였다.

　권11에서는 1723년과 1724년 두 해의 사건을 정리하였다. 1723년 사건은 앞서와 같이 봄·여름·가을·겨울로 나누어서 시간 순서대로 기록하였다. 봄에는 신임옥사(辛壬獄事, 1721~1722)에서 처벌을 면한 노론을 유배 보내라고 청하는 헌납 권익관(權益寬)의 상소로 시작하였다. 이어서 소론 내의 갈등이 이어지고 있음을 보였다. 정언 유수원(柳壽垣)이 조태구를 탄핵하자, 이조참의 이진유(李眞儒)는 김동필과 유수원을 모두 외직에 보임하라고 청하였다. 이에 우의정 최석항이 아뢰어서 이진유를 체직하게 하였다.

회니시비 역시 이 시기에도 더욱 가열되었는데, 특히 송시열을 도봉서원에 제사하는 것을 두고, 성균관 유생 김범갑(金范甲) 등이 상소하여 이것을 철회하라고 주장하자 전 승지 이교악(李喬岳)이 상소하여 김범갑 등을 비판하였다. 이에 사도(四道) 유생 최탁(崔鐸) 등은 이교악을 공격하였는데, 유학(幼學) 강조열(姜祖烈) 등은 김범갑 등을 공격하고, 유생 홍윤보(洪允輔) 등은 김범갑과 최탁 등을 반박하는 상소를 올리기 위해 통문을 돌렸다. 결국 우의정 최석항이 건의하여 도봉서원에서 송시열을 출향하기로 결정하자 진사 곽진위(郭鎭緯) 등이 상소하여 송시열이 원통하니 거두어 달라고 청하였다. 이어서 임인옥사의 결과 처리한 유배자 87명과 사형자 20명의 명단을 수록해 두었다.

여름에도 회니시비는 계속되었다. 지평 황정(黃晸)은 송시열을 변론한 이교악을 극변에 원찬하라고 청하였다. 이어서 나온 경기 유생 김홍석(金弘錫) 등의 상소가 주목된다. 이들은 상소하여 송시열이 윤증과 갈등이 생긴 이후 그 외조부인 성혼(成渾)을 폄하하여 문묘종사에서 배제하려고 하였다고 비난하고, 송시열의 관작을 삭탈하라고 청하였다. 이에 부사 어유봉(魚有鳳), 충청·전라·경상·경기·황해 유생 윤현(尹俔) 등이 상소하여 김홍석 상소를 반박하고, 송시열을 다시 도봉서원에 배향하고, 김홍석을 처벌하라고 청하였다.

가을에는 해서 유생 박번(朴蕃), 호남 유생 나정일(羅廷一) 등이 상소하여 김홍석을 탄핵하니, 지평 유시모(柳時模)가 박번을 유배 보내라고 청하여 관철시켰다. 그럼에도 불구하고 경상도 유학(幼學) 정만원(鄭萬源) 등이 상소하여 김홍석과 최탁 등의 상소를 반박하고, 처벌받은 노론 유생들을 풀어 달라고 청하였다. 송시열을 변론하는 상소에 이어서 노론 유학(幼學) 홍우저(洪禹著) 등은 신치운(申致雲)이 권상하(權尙夏)를 무함하였다고 배척하는 상소를 올렸다.

가을에는 또한 소론 내 갈등도 지속되었다. 호조참의 김동필이 상소하여 김일경이 대제학 자격이 없다고 공격하였는데, 헌납 권익관은 임인옥사에 연루된 노론에 대한 처벌을 완화시킨 것을 비판하니, 우의정 이광좌가 상소하여 변명하였다. 이것은 결국 소론 내에서 노론에 대한 처벌을 두고 강경파와 온건파로 나뉘어 갈등하고 있다는 것을 보인 것이었다.

겨울에는 대사헌 이진유가 조관빈 형제를 유배하라고 청하였고, 삼사가 복합하여 김씨 성의 궁인을 의금부에 내리라고 청하였으며, 이어서 좌의정 최석항과 우의정 이광좌 등이 2품 이상 신료들을 거느리고 김씨 성의 궁인을 조사하라고 청하였다.

1724년 봄에도 김씨 성의 궁인에 대한 조사 요구가 이어졌다. 그런데 이 해에는 소론 내 갈등이 점차 격화되었다. 부제학 이사상이 김동필을 공격하고, 서명균 등을 발탁한 것을 비판하니, 지평 윤용(尹容)이 나서서 이사상의 관작을 삭탈하라고 청하여 윤허 받았다. 이에 대사헌 박태항(朴泰恒)은 이사상을 변론하고 윤용을 파직하라고 청하였는데, 문학 이진수(李眞洙)는 이사상이 자신의 말을 잘못 인용하였다고 반박하였다. 이어서 지평 이정필(李廷弼)이 이사상을 처벌한 것을 비판하고, 윤용을 파직하라고 청하니 또 윤허하였다. 지평 이성신(李聖臣)은 이사상을 비판하고 박태항을 파직하라고 청하였는데, 지평 이보욱(李普昱)은 이사상을 변론하고 윤용의 직임을 갈아달라고 청하였다.

장령 이단장(李端章)이 이조판서 유봉휘(柳鳳輝)의 출처를 비판하였는데, 홍문관에서 조지빈(趙趾彬) 등이 유봉휘를 구원하고 이단장을 파직하라고 청하니 경종이 따르자 수찬 윤용은 이단장의 삭직을 청하였다. 우의정 이광좌가 이단장이 유봉휘를 비판한 것은 근거가 없다고 아뢰어 경종의 동의를 받자, 수찬 박필기(朴弼夔)는 유봉휘를 비판한 이단장을 삭출하라고 청하였다.

이어서 생원 이석조(李錫祚) 등이 이광좌가 노론을 토죄하는 일에 소극적이라고 탄핵하니, 경종이 놀랍다고 하면서 이석조를 정배하라고 명하였다. 이에 부교리 박필기는 이석조에 대한 처벌을 거두어 달라고 청하였는데, 장령 이중관(李重觀)이 이석조와 박필기를 배척하니, 헌납 서종하(徐宗廈)가 상소하여 박필기를 편들었다. 이에 가을에 경종이 서거하기 직전에는 대사헌 이명언이 상소하여 이처럼 붕당의 폐해가 지속된다면 나라가 망할 것이라며 탕평(蕩平)을 지향하는 군주에게 부응해야 한다고 역설하였다.

1722년 봄에 홍문록에 오른 25명의 명단을 수록한 것에 이어서 1723년 봄에는 도당록에 오른 19명의 명단을 점수와 함께 수록해 두었다. 그리고 진사 정봉징(鄭鳳徵) 등은 상소하여 《가례원류(家禮源流)》에 있는 권상하의 서문과 정호의 발문을 불 속에 던져버리라고 청하여 회니시비가 지속되었는 가 하면, 장령 박장윤(朴長潤)은 이이명(李頤命)이 지은 숙종 지문(誌文)을 개찬할 것을 청하니 경종이 따랐다.

이해 8월에 경종이 사망하고 영조가 즉위하자 맨 먼저 비망기를 내려서 인현왕후의 오라비인 민진원(閔鎭遠)을 특별히 석방하였다. 이에 대해 승정원 에서 복역하고, 집의 윤회(尹會)가 거두어 달라고 청하자 영조는 역시 특명으로 삭출하였다.

겨울에는 유학(幼學) 이의연(李義淵)이 구언(求言)에 응하여 상소하여, 경종대 소론 정권의 행태를 비판하여 파문을 일으켰다. 이에 대해 소론의 반발을 예상한 영조가 먼저 비망기를 내려 당을 비호하는 내용이라고 비판하였지만 소론의 반발을 막을 수는 없었다.

먼저 홍문관에서 이거원(李巨源)과 이진수(李眞洙)가 청대하여 이의연 상소 를 조목조목 반박하면서 죄를 주라고 청하고, 이에 승지 이명의(李明誼)도 동조하였지만 영조는 이의연을 처벌하는 것은 지나치다고 따르지 않았다. 이명의가 민진원을 석방하였기 때문에 이의연 상소가 나온 것이라고 꼬집어 비판하자 영조는 향곡(鄕曲) 곳곳에 몇 명의 이의연이 있는지 모른다면서 자기도 지키는 것이 있으니 억지로 권하지 말라고 버텼다.

이에 대사간 권익관, 지평 서종하 등이 이의연을 처벌하라고 주장하고, 영의정 이광좌의 비판이 이어졌다. 그럼에도 불구하고 영조가 버티면서 수용하지 않자 청주 유학(幼學) 송재후(宋載厚)가 상소하여 송시열과 권상하를 변론하고 이어서 김일경과 유봉휘 등을 탄핵하였다. 이때 우의정 조태억이 청대하여 이의연이 흉역을 비호하였다고 비난하니 영조는 절도에 안치하라고 명하였다. 그러면서도 영조는 자신이 본래 임금 자리를 탐하지 않았다면서 사저(私邸)에 있을 때부터 '고죽청풍(孤竹淸風)'이라는 네 글자를 좌우명으로 삼고 있었다고 말하고, 처벌받은 노론 당인들을 등용할 뜻을 내비쳤다.

그리고 동학 훈도 이봉명(李鳳鳴)이 상소하여 조태구·유봉휘·김일경 등을 탄핵하자 김일경을 삭출하고 이거원을 체직하라는 비망기를 내렸다. 이에 산직(散職)에 있던 노론 당인들의 상소가 쇄도하였다. 호군 김상옥(金相玉) 등은 김일경이 '무상부도(誣上不道)'의 죄를 지었으니 속히 처형하라고 청하고, 전 군수 이봉익(李鳳翼)은 이삼(李森)을 유배보내고 윤취상(尹就商)을 처형하라고 청하였다. 경기 유생 최보(崔補)는 상소하여 소론 신료들 모두를 공격하고, 영조가 조태억에 휘둘려서 이의연을 정배하였다고 비판하였다. 사직 이기익(李箕翊), 전 정랑 임주국(林柱國), 전 찰방 신방(申昉) 등은 각기 상소하여 김일경과 그 당여를 처벌하라고 청하였다.

이에 대해 소론 측에서도 강하게 반발하였다. 응교 조익명(趙翼命)이 상소하여 이의연을 처벌하고, 이거원을 체차하라고 한 명을 거두어 달라고 청하였고, 김동필은 김일경이 망발한 죄는 있지만 대역부도는 될 수 없다고 주장하였다. 도승지 박필몽은 상소하여 이의연이 경종을 무함하였으니 가장 무거운 형률을 적용해야 한다고 주장하였고, 부수찬 성덕윤(成德潤)은 이의연을 처형하라고 청하고 민진원은 석방할 수 없다고 주장하였다.

이러한 소론의 반발에 직면하여 영조는 최보를 도배에 처하고 이봉명을 원배하라고 명하면서도 김일경의 교문이 나왔을 때 삼사에서 죄를 청한 사람이 한 사람도 없었다고 책망하였다. 그리고 정언 유시모(柳時模)가 김일경이 지은 교문을 개찬할 것을 청하니, 이것은 김일경을 배척하는 듯하지만 사실은 엄호하는 것이라고 하면서 유시모의 관직을 갈아버렸다. 이어서 소론 당인들이 패초를 여러 번 어겼다고 하면서 이들을 모두 파직하고,

이것을 승정원이 복역하니 영조가 승지들을 책망하였다.

이로써 환국의 조짐이 분명해지고 있었다. 이에 호군 정동후(鄭東後)는 김일경을 비호하는 소론 당인들을 꼬집어 탄핵하였고, 전 장령 채응복(蔡應福)은 이봉명을 유배 보내라고 청한 김동필 등을 처벌하라고 청하고 구언에 응한 이의연을 처벌한 것을 비판하였다. 또한 이름을 타서 경기·충청·전라 3도 유생 송상광(宋相光) 등은 상소하여 송시열의 복향(復享)과 권상하의 복관을 청하였는가 하면 경기·충청 양도 유생 박지혁(朴趾爀) 등은 상소하여 이의연을 처벌하는 법을 이광좌에게 먼저 적용하라고 청하였다.

그리고 전 지평 이의천(李倚天)은 김시빈(金始鑌) 등을 찬출하라고 청하였고, 전 좌랑 이태징(李台徵)은 김일경을 친국하라고 청하였으며, 충청도 유학(幼學) 홍득일(洪得一)은 김일경에게 김일경을 다스리게 할 수 없다고 하면서 이에 동조하였다. 결국 이의연이 국청에서 물고되고 나서, 김일경을 친국하였으며, 그가 사망하자 목호룡도 국문하게 하였는데, 그 역시 사망하자 육시(戮屍)하라고 명하였다. 이에 이광좌와 조태억은 이의연에게도 똑같은 형을 시행하는 것이 마땅하다고 주장하였다.

이후에도 노론의 공세는 계속되었다. 전 헌납 정택하(鄭宅河)는 김일경을 효수하라고 청하였고, 지사(知事) 권성(權悑)은 김일경이 박상검·목호룡을 이어서 영조를 무함한 것이라고 주장하였으며, 함경도사(咸鏡都事) 조명신(趙命臣)은 김일경에게 차율(次律)을 시행한 것은 형정을 잘못 집행한 것이라고 주장하면서 그를 비호한 소론들을 정배해야 한다고 주장하였다.

이러한 흐름 위에서 생원 이덕보(李德普)는 송시열을 도봉서원에 복향하고 권상하와 이희조를 복관하라고 청하였으며, 진사 신집(申鏶)은 스승 이희조가 억울하게 죽었으니 원한을 풀어달라고 빌었다.

이처럼 노론의 파상적인 공세가 이어지고 있었지만 소론 측에서는 단결하여 대응 방안을 찾지 못하고 무기력한 상태에 빠져 있었다. 대사헌 오명준(吳命峻)이 영의정 이광좌가 사당(私黨)만을 발탁한다고 탄핵하니, 영조가 조정의

분열된 모습을 보였다고 책망하면서 특명으로 삭출하였다. 그런데 지평
유엄(柳儼)은 오히려 거짓을 날조하였다고 하면서 오명준을 조적(朝籍)에서
영원히 삭제하라고 청할 정도였다. 사예 백시광(白時光)이 상소하여 흉역을
비호하는 사람을 충신으로 장려한다고 비판하였다가 영조로부터 당을 비호
한다는 책망을 들었을 뿐이었다.

마지막으로 이 시기에 남인의 입장에서 나온 전 정언 나학천(羅學川)의
상소를 길게 인용해 둔 점이 주목을 요한다. 그는 1721년 이후 소론 정권에서도
세력 있는 집안이 과거와 관직을 독점하였으며, 그것은 당론(黨論)에서 나온
사(私)라고 비판하고, 오직 군주가 황극을 세우고 탕평을 시도하면 그것이야말
로 올바른 노선이라고 주장하였다.

그리고 황일하(黃一夏)와 정호(鄭澔)는 영조를 보호하려고 상소하였고, 이정
소(李廷熽)가 세제 책봉을 청한 상소는 종사를 위한 계책이었는데 이들을
처벌한 것은 잘못이라고 주장하고, 이어서 기사(己巳) 남인들을 '명의죄인(名義
罪人)'으로 몰아서 그 자손들마저 폐고시켰다고 비판하였다. 그는 '돌을 던져서
쥐를 잡으려다 그릇이 깨질까 염려된다'는 숙종의 하교를 인용하여 기사
남인이 명의죄인이라는 낙인이 잘못임을 보이고, 소론이 당론에 치우쳐서
노론에게 부당한 죄를 덮어씌우는 것은 쥐를 잡다가 그릇이 깨질까 염려하는
마음이 없는 것이라고 주장하였다.

이처럼 《황극편 4》에서는 경종대의 마지막 2년 반과 영조 즉위년의 정치적
사건들을 기록하였는데, 《황극편》의 서술 방식대로 서술자의 입장을 특별하
게 노출하지 않고 시간 순서대로 사건을 수록하였다. 그러면서도 경종 서거
직전에 나온 이명언의 상소나 영조 즉위 직후에 나온 나학천의 상소와 같이
붕당과 당론의 폐단을 거론한 상소는 비교적 많은 분량을 할애하여 이 책의
편집 의도를 암시하려고 노력하였다. 이어지는 《황극편 5》에선 이러한 폐단
을 극복하려는 영조대 탕평책이 어떻게 전개되었는지를 보게 될 것이다.

* 《황극편4 번역과 주해》의 저본(底本)은 서울대학교 규장각 한국학연구원 소장 《皇極編》(奎古 4250-34)이며, 대교본(對校本)으로서 국립중앙도서관 소장 《御製皇極編》(한古朝56-나105)과 전남대학교 중앙도서관 소장 《皇極編》(OC 2A5 황18ㅈ)을 사용하였다.

* 《皇極編》 간본(刊本)에 대한 자세한 해제는 《황극편1 번역과 주해》에 실린 「《황극편(皇極編)》과 《황극편 1》 해제」를 참고할 수 있다.

번

역

황극편(皇極編) 권10

노소(老少)

　　임인년(1722, 경종[1][2]**) 봄,** 사직(司直) 정호(鄭澔)[2]가 상소하여 대략
다음과 같이 말하였다.

　　"나이가 80에 이르니 질병이 고질이 되어서 세상일을 도무지 살필 수가
없습니다. 근래 들건대, 전하께서 새로 큰 처분을 내리시어 선조(先朝)에서

---

1) 경종(景宗) : 1688~1724. 조선 제20대 왕(1720~1724)으로서, 이름은 이윤(李昀), 자는 휘서
　(輝瑞)이다. 숙종의 맏아들로, 남인계에 속하는 희빈 장씨 소생이다. 원자와 세자로
　책봉될 때부터 남인과 서인의 극한적인 대립이 있었고, 숙빈 최씨에게서 연잉군이
　출생한 이후에는 세자와 연잉군을 각각 지지하는 소론과 노론의 대립이 격화되었다.
　희빈 장씨가 왕비로 책봉되었다가(1689) 희빈으로 격하되어(1694) 사사(1701)된 후부터
　병약해졌고, 즉위 4년차에 병세가 급격히 악화하여 4일 만에 급사했다. 능호는 의릉(懿陵)
　이며 서울특별시 성북구 석관동에 있다.
2) 정호(鄭澔) : 1648~1736. 본관은 연일(延日), 자 중순(仲淳), 호 장암(丈巖)이다. 정철(鄭澈)
　의 현손, 정종명(鄭宗溟)의 증손으로, 송시열 문인이다. 1682년(숙종8) 진사가 되고,
　1684년 정시문과에 급제하여 청요직을 두루 거쳤다. 1688년 정언이 되어 오도일(吳道一)이
　붕당을 키우고 권세를 부린다고 탄핵하였다. 1689년 기사환국으로 유배되었다가 갑술환
　국(1694) 때 풀려나 수찬·교리 등을 역임하고, 1696년 이사상(李師尙)을 논핵하는 등
　과격한 발언으로 파직되었다. 이후 동래부사 등을 거쳐 대사헌 등을 지냈다. 1713년
　대사성 재직 시 송시열의 묘정배향을 건의하였고, 1715년에 유계의 유저(遺著)인 《가례원
　류》의 발문을 썼는데, 윤증이 송시열을 배반했다는 내용이 문제되어 파직되었다. 이듬해
　대사헌 재직시 《노서유고(魯西遺稿)》가 간행되자, 효종에게 불손한 내용으로 썼다 하여
　훼판(毀板)하고 윤선거 부자의 관작도 추탈하게 하였다. 1717년 소론의 반대에도 불구하
　고 세자 대리청정을 강행하였다. 그 뒤 이조판서에 올랐다가 1721년(경종1) 신임옥사로
　노론 4대신과 함께 파직되어 유배되었다. 1725년(영조1) 풀려나와 우의정에 올랐고,
　4대신의 신원(伸冤)을 위해 노력하였다. 좌의정을 거쳐 영의정을 역임하였다. 저서로
　《장암집》 26권이 전해지고, 편서로 《문의통고(文義通攷)》가 있다. 시호는 문경(文敬)이다.

예우하던 대신들을 모두 쫓아내고, 아래로는 일을 말하던 신하들과 태학(太學)의 유생들이 처형[3]당하지 않으면 바로 천극(荐棘)[4]되었다 하니, 무슨 사단(事端)이 있고, 얼마나 심한 죄역을 저질렀는지는 모르겠습니다만 신 또한 선조의 구물(舊物)일 따름이니 움츠리고 엎드려 떨리는 마음으로 삼가 엄한 견책을 기다리고 있습니다.

그런데 문득 삼가 듣건대 국본을 동요시키려는 조짐이 있어 자성(慈聖)[5]께서 애통해 하는 교서를 내렸다고 하는데, 어찌 성세(聖世)에 갑자기 이런 일이 생길 줄 생각했겠습니까? 당초 저사를 세울 때 자전의 하교에 이르기를, '효종[孝廟][6]의 혈맥과 선왕의 골육은 오직 주상과 연잉군 뿐이다.'

하였으니, 단지 이 하나의 하교만으로도 귀신을 울릴 수 있었습니다. 그런데 일종의 무엄한 무리들이 감히 불만스러운 뜻을 품고 교대로 나아와 선동하여 국본(國本)을 동요시킨 뒤에야 그만두려 하고 있으니, 삼성(三聖, 효종·현종·숙종)의 혈맥이 어찌 끊어지지 않을 수 있겠습니까? 지금 이 한두 환첩이 서로 결탁하여 죄를 꾸미려한 계책을 또한 어떻게 홀로 도모할 수 있는 일이겠습니까?

---

3) 처형 : 원문은 "砥鑕"이다. 침질은 도끼 모양으로 참수하는 데 사용하는 기구이다.

4) 천극(荐棘) : 유배된 죄인에게 가해지는 형벌이다. 유배지 주변에 가시 울타리를 설치하여 외부와 격리하는 것이다.

5) 자성(慈聖) : 왕대비인 인원왕후(仁元王后) 김씨(1687~1757)를 가리킨다. 조선 제19대 왕인 숙종의 계비이다. 본관 경주(慶州)이고, 경은부원군(慶恩府院君) 주신(柱臣)의 딸이다. 인현왕후가 죽은 후 1702년(숙종28) 왕비에 책봉되었으며, 소생은 없다. 영조가 왕위에 오르는 데 결정적인 역할을 함으로써 영조와 정성왕후로부터 극진한 효도를 받았다. 71세에 창덕궁 영모당에서 사망하였는데 영조는 직접 행장을 썼다. 능은 고양의 명릉이다.

6) 효종(孝宗) : 1619~1659. 조선 제17대 왕(재위 1649~1659)이다. 휘(諱) 호(淏), 자 정연(靜淵), 호 죽오(竹梧), 시호 명의(明義)이며, 인조(仁祖)의 둘째아들이다. 어머니는 인열왕후(仁烈王后) 한씨(韓氏)이고, 비는 우의정 장유(張維)의 딸 인선왕후(仁宣王后)이다. 1626년(인조4) 봉림대군(鳳林大君)에 봉해지고, 1636년의 병자호란으로 이듬해 세자(世子 : 昭顯世子)와 함께 청나라에 볼모로 잡혀가 8년간 있었다. 효종은 1642년(인조19)에 심양 관저에서 현종(顯宗, 재위 : 1659~1674)을 낳았다. 인조의 장남인 소현세자가 사망한 후 1645년 세자로 책봉되어 1649년 인조가 서거하자 즉위하였다. 북벌을 추진하였으나 사대부의 반대로 실효를 거두지 못하고 1659년 갑자기 사망하였다.

더욱 놀랄 만한 것은, 자성의 수교(手敎)가 나왔다면 비록 그 의도가 과연 어떠한 것인지는 모르겠습니다만, 이미 관계된 것이 크고 사안 또한 중대하니, 진실로 마땅히 신료들에게 반시(頒示)하여 모두 환히 알게 해야 할 것인데, 대신된 자가 도리어 중간에서 저지하고 봉환(封還)하는 데 급급하여 자성의 애통하고도 절박한 뜻을 어두컴컴하게 가려서 드러나지 못하게 했습니다. 또한 등대(登對)하였을 때에는 마땅히 국청을 설치해서 실정을 알아내라고 청했어야 하는데, 도리어 앞질러 정형에 처하라고 여러 사람들이 일제히 소리쳐 힘껏 아뢰었으니, 이것은 무슨 의도입니까?

예로부터 소인배들이 사람과 국가를 혼란시킬 적에는 그 정절이 혹 탄로가 난다고 해도 곁에서 틈을 노려 독기를 부리려는 마음은 반드시 그만둔 적이 없었습니다.”

○ 사직 남도규(南道揆)7)가 상소하여 대략 다음과 같이 말하였다.

“지금 죄인을 붙잡아서 역절(逆節)이 환히 드러났으니, 진실로 조금이라도 임금에 충성하고 나라를 사랑하는 마음을 가진 자라면 진실로 마땅히 그 역절을 철저히 조사하라고 청하고 엄중히 토죄(討罪)하는 데 겨를이 없어야 하는데, 도리어 느릿느릿 허술하게 다스려 마치 대수롭지 않은 일 보듯 하였습니다. 이에 두 명의 비녀(婢女)는 잇따라 스스로 죽게 하였고, 두 명의 환관은 아직도 실토하는 것을 망설이게 만들었으니, 흉역을 징토하는 의리는 과연 어디에 있습니까?

승정원과 빈청(賓廳)8)의 논계(論啓)에서 이미 ‘체결했다.’ 하였으니, 이는 한두 부시(婦寺)9)가 홀로 도모할 수 있는 일이 아닌데 만일 죄상을 깊이

---

7) 남도규(南道揆) : 1662~1724. 본관은 의령(宜寧), 자 상일(尙一), 호 삼족(三足)·여일(汝一)이다. 1699년(숙종25) 진사시, 1710년 증광문과에 급제하여 청요직을 두루 거치고, 경종 즉위 후 충청도 관찰사와 대사간 등을 역임하였다.
8) 빈청(賓廳) : 궁중에서 대신(大臣)이나 비변사(備邊司)의 당상(堂上)들이 모여서 회의하던 곳이다.

규명하여 명백하게 밝히지 않아서 난신적자(亂臣賊子)로 하여금 조금도 징계되어 두려워하는 바가 없게 한다면, 신은 이 뒤로도 좋지 않은 짓을 꾸미는 자가 이러한 역적 환관일 뿐만이 아닐까 두려울 뿐입니다."

○ 승정원에서 다음과 같이 아뢰었다.

"사직 정호가 집안에서 심부름하는 아이를 시켜서 상소하여, 자전의 하교를 도로 봉입(封入)하고 역적 환관을 바로 정형(正刑)하라고 청한 것을 가지고 대신과 조정 신하들의 죄안으로 삼았는데, 화를 일으킬 마음을 품어서 말이 지극히 위험하였습니다."

○ 승지 박휘등(朴彙登)10)이 상소하여 이기익(李箕翊)11)·유복명(柳復明)12)·

---

9) 부시(婦寺) : 궁중에서 일을 보는 여자와 환관을 가리킨다.

10) 박휘등(朴彙登) : 1653~1726. 본관은 반남(潘南), 자는 내경(來卿)이다. 1683년(숙종9) 진사가 되고, 1694년 별시문과에 급제하여 청요직을 두루 지냈다. 1705년(숙종31) 도성 축조에 반대하면서 좌의정 이여(李畲)를 탄핵했다가 경성판관(鏡城判官)으로 출보되었다. 이듬해 다시 사헌부 장령이 되었으며, 1713년 승지에까지 올랐으나 1716년 병신처분 이후 원주·상주 목사로 나갔다. 경종 즉위 후 다시 승지가 되어 이진유(李眞儒) 등이 주장한 장희빈 추보(追報)에 찬성하였다. 영조 즉위 후 다시 승지가 되었는데, 김일경(金一鏡) 일파로 몰려 1726년(영조2) 내내 노론의 집요한 공격을 받았지만 영조가 들어주지 않아서 처벌은 면하였다.

11) 이기익(李箕翊) : 1654~1739. 본관은 전주, 자 국필(國弼), 호 시은(市隱)이다. 1687년(숙종13) 진사가 되어 1694년 성균관 유생을 이끌고 송시열의 신원(伸寃)을 위한 상소를 올려 윤허 받았다. 1713년 60세의 나이로 증광문과에 합격하여 청요직을 두루 거쳐, 1725년(영조1) 병조참판이 되었다. 1733년 80세로 가의대부(嘉義大夫)에 올랐으며, 1736년에는 공조판서가 되었다. 시호는 양정(良靖)이다.

12) 유복명(柳復明) : 1685~1760. 본관은 전주, 자 양휘(陽輝), 호 만촌(晩村)이다. 1711년(숙종37) 생원시에 합격하고, 1717년 식년문과에 장원 급제하여 청요직을 두루 지냈다. 1721년(경종1) 지평 재직 시 연잉군의 세제 책봉을 반대하는 조태구·유봉휘 등을 탄핵하였다. 이듬해 임인옥사가 일어나 노론이 실각하면서, 탄핵을 받아 파직되었다. 영조가 즉위하자 김일경의 처형을 주장하였고, 1725년 지평에 복직하였다. 1727년(영조3) 정미환국으로 파직되었다가 이듬해 복직되었다. 1732년 대사간, 1743년 형조참의를 거쳐 1754년 자헌대부(資憲大夫)로 70세가 되어 기로소(耆老所)에 들어갔다. 시호는 정간(貞簡)이다.

조상경(趙尙絅)13)·황일하(黃一夏)14)·심택현(沈宅賢)15)·김재로(金在魯)16)·이지
규(李志逵)·허윤(許玧)17)·정호 등 아홉 명이 얼굴을 바꾸어 번갈아 나와서
일을 꾸미는 의도가 음흉하니 분명하게 비망기를 내려서 엄한 말로 물리치라
고 청하였다.

---

13) 조상경(趙尙絅) : 1681~1746. 본관은 풍양(豐壤), 자 자장(子章), 호 학당(鶴塘)이다. 풍안군
   조흡(趙潝)의 증손으로 김창협 문인이다. 1708년(숙종34) 사마시, 1710년 증광문과에
   급제하여 청요직을 두루 거쳤다. 1720년 경종 즉위 후 대사간·승지·이조참의 등을
   지내다가 1722년 임인옥사로 유배되었다. 1725년(영조1) 풀려났다가 1727년 파직되었다.
   1729년 다시 기용되어 병조·이조판서 등을 역임하였다. 시호는 경헌(景獻)이다.

14) 황일하(黃一夏) : 1644~1726. 본관은 창원, 자는 자우(子羽)이다. 1696년(숙종22) 정시문과
   에 급제하여 청요직을 두루 거쳐 1717년 도승지가 되었다. 1722년(경종2) 한성좌윤을
   거쳐 1725년(영조1) 공조판서·좌참찬 등을 역임하였다.

15) 심택현(沈宅賢) : 1674~1736. 본관은 청송(靑松), 자는 여규(汝揆)이다. 1699년(숙종25) 정
   시문과에 급제하여 청요직을 두루 지냈다. 1711년 장령으로서 탕평의 도를 세워야
   한다고 주장하였으며, 한때 소론의 탄핵으로 낙향하였다가 1725년(영조1)에 다시 등용되
   었다. 1727년 정미환국(丁未換局)으로 노론이 대거 파직될 때 다시 관작을 삭탈당하였다.
   2년 뒤에 서용되어 홍치중(洪致中)과 함께 무신란(戊申亂)의 원인을 찾아 완전히 수습하
   고, 신임옥사 때 죽은 김창집(金昌集)·이건명(李健命)·이이명(李頤命)·조태채(趙泰采) 등
   노론 4대신의 신원을 건의하였다. 시호는 청헌(淸獻)이다.

16) 김재로(金在魯) : 1682~1759. 본관은 청풍, 자 중례(仲禮), 호 청사(淸沙)·허주자(虛舟子)이
   다. 우의정 김구(金構)의 아들이다. 1702년(숙종28) 진사시에 합격하고, 1710년 춘당대문
   과(春塘臺文科)에 급제하여 청요직을 두루 지냈다. 1716년 부수찬 재직시 유봉휘·정식(鄭
   栻)을 탄핵해 물러나게 하였다. 1720년 경종이 즉위하자 이조참의 등을 거쳐 개성유수를
   지내다가 1722년 임인옥사로 파직되었다. 1724년 영조가 즉위하자 풀려나 이듬해 대사간
   에 기용되었다. 부제학 재직시 유봉휘·이광좌 등 5인을 죄주도록 청하고, 김일경의
   무고 사실을 상소해 사형에 처하게 하였다. 신임옥사로 죽은 노론 4대신의 복관(復官)을
   상소해 이를 달성시켰다. 그 뒤 우의정을 거쳐 1740년(영조16) 영의정에 올라 1758년
   관직을 떠나기까지 네 차례에 걸쳐 10여 년간 영의정을 지냈다. 저서로는 《천의소감언해
   (闡義昭鑑諺解)》와 《난여(爛餘)》가 있고, 시호는 충정(忠靖)이다.

17) 허윤(許玧) : 1645~1729. 본관은 양천(陽川), 자 윤옥(允玉), 호 계주(桂洲)이다. 1672년(현종
   13) 생원·진사 양시에 합격했으며, 1683년(숙종9) 증광문과에 장원 급제하여 청요직을
   두루 거쳤다. 1689년 기사환국 당시 파직되었다가 1694년 갑술환국 때 재등용되어
   풍기군수 등을 역임했다. 경종대 신임옥사로 삭탈되었다가 영조 즉위 후 예조판서에
   올라 박필몽을 탄핵하여 유배 보냈다. 시호는 양경(良景)이다.

○ 비변사 당상을 인견하였을 때 이조참판 김일경(金一鏡)[18]이 말하기를, "전하께서 이미 천승(千乘)의 지위에 계시므로 사친(私親)이 낳아 기르신 은혜에 대하여 마땅히 추보(追報)해야 할 것이니, 대신에게 하순(下詢, 신하에게 물음)하여 처리하는 것이 어떠합니까?"

하였다. 우의정 최석항(崔錫恒)[19]이 별도의 사우(祠宇)를 세우고 따로 칭호를 정해서 제향(祭享)에 필요한 물건들은 해당 조(曹)로 하여금 봉진(封進)하게 하여 일의 체통을 무겁게 하라고 청하였다.

공조판서 한배하(韓配夏)[20], 호조판서 김연(金演)[21], 승지 김시경(金始慶)[22],

---

18) 김일경(金一鏡) : 1662~1724. 본관은 광산(光山), 자 인감(人鑑), 호 아계(丫溪)이다. 김익렴(金益廉)의 손자이다. 1687년(숙종13)에 생원·진사가 되고, 1702년 식년문과, 1707년 문과 중시에 모두 장원으로 합격하였다. 1709년 승지가 되었으나 1710년 최석정이 실각할 때 파직되었다. 1720년 경종 즉위 후 다시 승지가 되었지만 노론의 집요한 공격을 받았다. 1721년 연잉군을 세제에 책봉한 뒤 경종의 병약함을 이유로 세제의 대리청정을 강행하려 하자, 이에 반대해 결국 대리청정의 요구를 철회하게 하였다. 이어서 이진유 등과 함께 상소하여, 노론 4대신이 세제의 대리청정을 주장한 일은 나라를 망칠 죄목이라고 탄핵해 노론을 내쫓고 이조참판에 올랐다. 또한 이듬해인 1722년(경종2) 목호룡이 백망·정인중 등과 모의해 경종의 시해와 이이명의 추대 음모에 가담했다고 고변하여, 유배 중이던 노론 4대신은 모두 사사되었고, 노론 수백 명이 살해 또는 추방되는 임인옥사가 일어났다. 1724년 영조가 즉위하자 노론의 재집권으로 유배되었다가, 청주 유생 송재후(宋載厚)의 상소를 발단으로 신임옥사가 무고(誣告)였다는 노론의 집중 탄핵을 받고 목호룡과 함께 투옥되어 친국을 받았다. 그러나 공모자들의 이름을 끝까지 밝히지 않고 참형을 당하였다.

19) 최석항(崔錫恒) : 1654~1724. 본관은 전주(全州), 자 여구(汝久), 호 손와(損窩)이다. 영의정 최명길(崔鳴吉)의 손자이고, 좌윤 최후량(崔後亮)의 아들인데, 최후원(崔後遠)에게 입양되었다. 영의정 최석정(崔錫鼎)의 아우이다. 1678년(숙종4) 진사가 되고 1680년 별시문과에 급제하여 청요직을 두루 지내며 형 최석정과 함께 소론으로 활약하였다. 1685·1688년 홍문록, 1689년 도당록에 올랐지만 기사환국으로 파직 당했다. 갑술환국 이후 다시 등용되어 1696년 승지에 올랐다. 1706년 이조참판으로서 예문관 제학이 되었다. 1708년 형조판서에 올라 이후 각조의 판서를 두루 거쳤다. 1721년(경종1) 좌참찬 재직시 세제 대리청정의 지시를 철회시키고, 우의정이 되었으며, 1723년 좌의정에 오르고, 나이 70이 되어 기로소(耆老所)에 들어갔다. 경종대 소론 4대신 가운데 한 사람으로 꼽혔다. 저서로 《손와유고》가 있다.

20) 한배하(韓配夏) : 1650~1722. 본관은 청주(淸州), 자 하경(夏卿), 호 지곡(芝谷)이다. 1693년(숙종19) 알성문과에 급제하여 1706년 홍문록에 올랐다. 1720년(숙종46) 청은군(淸恩君)에 책록되었고, 1722년(경종2) 공조판서가 되었다. 1725년(영조1) 화원을 시켜 목호룡의

사간 이진유(李眞儒)23), 지평 박필몽(朴弼夢)24) 등이 모두 말하기를,

"인정과 천리에 진실로 합당합니다."

하였다. 예조가 의견을 수렴하였는데, 조태구(趙泰耉)25)가 말하기를,

초상을 그리게 강요하였다는 혐의를 받고 관작을 추탈 당하였다가 죽은 뒤에 있었던 사실임이 판명되어 1727년에 추복(追復)되었다.

21) 김연(金演) : 1655~1725. 본관은 상주(尙州), 자 사익(士益), 호 퇴수당(退修堂)이다. 1675년 (숙종1) 진사가 되고, 1684년 정시문과에 급제하여 청요직을 두루 거쳤다. 1721년(경종1) 호조판서로서 김일경 등과 함께 세제의 대리청정을 반대하여 취소하게 하였다. 1723년 형조판서가 되었으나, 이듬해 영조가 즉위하자 노론의 탄핵을 받아 유배되었다.

22) 김시경(金始慶) : 1659~1735. 본관은 안동(安東), 자 선여(善餘), 호 만은(晩隱)이다. 1682년 생원이 되고, 바로 증광문과에 급제하여, 1709년(숙종35) 사헌부 장령이 되었다. 1716년 승지에 올라 경종대 대부분을 승정원에서 근무하였다. 영조대에도 1727년(영조3), 1731 년, 1734년 승지로 영조의 부름을 받았으나 나가지 않았다.

23) 이진유(李眞儒) : 1669~1730. 본관은 전주, 자 사진(士珍), 호 북곡(北谷)이다. 이경직(李景稷)의 증손, 이정영(李正英)의 손자, 참판 이대성(李大成)의 아들이다. 1707년(숙종33) 진사가 되고, 그 해 별시문과에 급제하여, 1713년 도당록에 올랐다. 1721년(경종1) 조성복과 노론을 탄핵하는 김일경 상소에 연명하였으며, 1722년 노론 4대신을 제거하는 일에 참여하였다. 1724년 경종이 죽자 이조참판이 되어 고부 겸 주청사(告訃兼奏請使)의 부사로 청나라에 다녀왔다. 이듬해 노론이 등용되자 나주(羅州)에 안치되었다가 1727년 정미환국 이후 육지로 나왔다. 1728년 무신란(戊申亂) 이후 노론의 집요한 탄핵을 받고 1730년 중앙으로 압송되어 문초를 받던 중 옥사하였다.

24) 박필몽(朴弼夢) : 1668~1728. 본관은 반남(潘南), 자는 양경(良卿)이다. 1710년(숙종36) 증광문과에 급제하여 청요직을 두루 거쳤다. 1721년(경종1) 김일경 등과 노론 4대신의 죄를 성토하여 처벌하였다. 영조가 즉위한 뒤 도승지가 되었으나 탄핵을 받아 유배되었다. 1728년(영조4) 무신란이 일어나자 유배지에서 나와 반란에 가담한 태인현감 박필현 (朴弼顯)의 군중으로 가 서울로 진군하려 하였다. 그러나 도중에 반란이 진압되었다는 소식을 듣고 죽도(竹島)에 숨었으며, 검모포(黔毛浦)로 가 잔당들과 다시 거사하려다가 무장현감 김몽좌(金夢佐)에게 붙잡혀서 서울로 압송되어 처형되었다.

25) 조태구(趙泰耉) : 1660~1723. 본관은 양주(楊州), 자 덕수(德叟), 호 소헌(素軒)·하곡(霞谷)이다. 형조판서 조계원(趙啓遠)의 손자이고, 우의정 조사석(趙師錫)의 아들이며, 조태채(趙泰采)와 조태억(趙泰億)의 종형이다. 1683년(숙종9) 생원이 되고, 1686년 별시문과에 급제하여 청요직을 두루 거쳐 1720년(경종 즉위) 우의정에 올랐다. 당시 소론의 영수로서 노론과 대립하던 중 1721년 정언 이정소(李廷熽)의 건저 상소(建儲上疏)와 김창집 등 노론 4대신의 주청에 의해 연잉군이 세제로 책봉되자, 유봉휘로 하여금 반대 상소를 올리게 하였다. 또한 노론이 세제의 대리청정을 주장하자 최석항·조태억·박태항·이광좌 등과 함께 대리청정의 환수를 청하여 관철시켰다. 같은 해 12월 전 승지 김일경과 이진유·윤성시 등이 상소하여 건저를 주장하던 노론 4대신을 4흉(四凶)으로 몰아 탄핵한

"천리와 인정에 비추어 그만둘 수 없는 일인데, 바야흐로 다른 사람의 탄핵을 받아서 감히 헌의(獻議)26)하지 못하겠습니다."

하였다. 그런데 영중추부사(領中樞府事) 김우항(金宇杭)27)이 말하기를,

"상경(常經)에 반하는 논의가 경연 가운데서 갑자기 나왔는데, 신의 천박한 생각이 미칠 바가 아니니, 오로지 성명(聖明)께서 처음부터 끝까지 흔들리지 마십시오."

하였다. 좌의정 최규서(崔奎瑞)28)가 망설이다가 헌의하니, 사직 정형익(鄭亨益)29)이 상소하여 김일경이 은총을 굳히려 하는 것에 대신이 부화뇌동했다고 배척하였다.

뒤, 이듬해 이들을 사사(賜死)하게 하였다. 그 뒤 영의정에 올라 최석항·김일경 등과 함께 국론을 주도하였다. 1725년(영조1) 신임옥사의 원흉으로 탄핵을 받고 관작이 추탈되었다가 1908년(순종2)에 복관되었다.

26) 헌의(獻議) : 신하들이 정사에 관한 의견들을 논의하여 그 결과를 임금에게 올리다.

27) 김우항(金宇杭) : 1649~1723. 본관은 김해(金海), 자 제중(濟仲), 호 갑봉(甲峰)·좌은(坐隱)이다. 1669년(현종10) 사마시에 합격, 1675년(숙종1) 유생들과 더불어 자의대비(慈懿大妃) 복상 문제로 송시열(宋時烈)이 유배되자 이의 부당함을 상소하였다. 1681년 식년문과에 급제하여 1689년 도당록(都堂錄)에 올랐다. 1703년 형조판서, 1713년 우의정 등을 역임하였다. 1722년 김일경의 사친 추존론(私親追尊論)을 반대하다가 화를 입었다. 문집에 《갑봉집》이 있다.

28) 최규서(崔奎瑞) : 1650~1735. 본관은 해주(海州), 자 문숙(文叔), 호 간재(艮齋)·소릉(少陵)·파릉(巴陵)이다. 1669년(현종10) 진사시, 1680년(숙종6) 별시문과에 급제하여 청요직을 두루 지냈다. 1689년 대사간 재직시 장희빈의 책봉을 반대하였다. 1716년 병신처분(丙申處分)으로 소론이 세력을 잃자 귀향하였다가 1721년(경종1) 좌의정, 1723년 영의정에 올랐다. 당시 노론이 연잉군의 대리청정 등을 추진할 때 반대하였으며, 김일경 등이 신임옥사를 일으키자 완소(緩少)로 온건하게 대처하였다. 1728년(영조4) 무신란(戊申亂)이 발생하자 제일 먼저 조정으로 달려와 이를 알리고, '역정포고의(逆情布告議)'라는 토난책(討難策)을 건의하였다. 영조의 묘정에 배향되었으며, 시호는 충정(忠貞)이고, 시문집으로 《간재집》이 있다.

29) 정형익(鄭亨益) : 1664~1737. 본관은 동래(東萊), 자 시해(時偕), 호 화암(花巖)이다. 1687년(숙종13) 사마시에 합격하고, 1704년 송시열의 뜻을 받들어 유생 160여명과 함께 명나라 신종(神宗)의 사우(祠宇)를 세울 것을 상소하여 처음으로 금원(禁苑)에 황단(皇壇)을 건립하게 하였다. 1719년 증광문과에 장원 급제하여 동부승지가 되었다. 1721년 신축환국으로 유배 갔다가 영조가 즉위하자 1725년(영조1) 대사간이 되었다. 1727년 정미환국으로 파직되었다가 다시 등용되어 예조판서 등을 역임하였다.

급제(及第) 박필정(朴弼正)30) -좌랑 이태징(李台徵)31), 주부(主簿) 장세문(張世文), 전적(典籍) 정사대(鄭思大)- 등과 생원 이기중(李箕重)32) -107인- 등이 상소하여 사친을 추숭하려는 논의를 공격하였다. 설서(說書) 송인명(宋寅明)33) 또한 추보(追報)하는 일은 불가하다고 논하였다.

○ 호서 유생 허벽(許壁)이 상소하여 신사년(1701, 숙종27)의 옥사34)를 신원하라고 청하면서 소릉(昭陵)을 다시 봉한 일35)과 강빈(姜嬪)을 추가로

---

30) 박필정(朴弼正) : 1684~1756. 본관은 밀양(密陽), 자 계심(季心), 호 일휴재(逸休齋)이다. 1711년(숙종37) 식년문과에 급제, 1718년 정언, 1720년 장령(掌令)이 되었다. 1722년(경종2) 사과(司果)로 있을 때 김일경(金一鏡)의 배척을 받았다. 1734년(영조10) 판결사(判決事), 1751년 사직(司直), 뒤에 한성부좌윤을 지냈다.

31) 이태징(李台徵) : 1682~1739. 본관은 전주(全州), 자 응삼(應三), 호 권유(倦遊)이다. 1715년 (숙종41) 문과에 급제하여 병조좌랑 등을 지냈다. 경종대 김일경 등이 희빈 장씨를 추보하는 일을 반대하고 조정을 떠났다가 영조 즉위 뒤 청요직에 진출하였다. 1727년 정미환국으로 파면당했다가 1731년 다시 장령이 되었다. 1736년 장령으로서 심악과 윤순 등 소론을 탄핵하였다.

32) 이기중(李箕重) : 1697~1761. 본관은 한산(韓山), 자는 자유(子由)이다. 이색(李穡)의 13대 손으로, 이희조(李喜朝) 문인이다. 1717년(숙종43) 윤지술이 《명릉지문(明陵志文)》개찬(改撰)을 상소하였다가 사형 당하자, 그 부당함을 상소하였다. 담양부사 등을 역임하였다.

33) 송인명(宋寅明) : 1689~1746. 본관은 여산(礪山), 자 성빈(聖賓), 호 장밀헌(藏密軒)이다. 이조참판 송광연(宋光淵)의 손자이고, 호조참판 송징오(宋徵五)의 아들이며, 어머니는 사헌부집의(司憲府執義) 이단상(李端相)의 딸이다. 1719년(숙종45) 증광문과에 급제, 예문관검열(藝文館檢閱)을 거쳐 세자시강원설서(世子侍講院說書)로 있을 때 당시 세제로 있던 영조의 총애를 받아, 1724년 영조가 즉위하자 충청도관찰사로 기용되었다가 이듬해 동부승지가 되어 영조의 탕평책에 적극 협조하였다. 1731년(영조7) 이조판서, 1736년 우의정, 1740년 좌의정을 역임하였다. 《감란록(勘亂錄)》편찬에 참여하였으며 시호는 충헌(忠憲)이다.

34) 신사년의 옥사 : 1701년(숙종27) 인현왕후가 죽었는데, 그 배후에 장희빈의 저주가 있었다 하여 일어난 옥사를 가리킨다. 당시 장희빈이 취선당(就善堂) 서쪽에 신당(神堂)을 설치하고 굿을 한 사실이 발각되어 발생하였다. 이에 소론은 세자를 위하여 장희빈을 용서할 것을 청하였지만 숙종은 사약을 내리고 장희재 등 장씨 일파를 국문하여 죽였다. 아울러 남구만·유상운·최석정 등 소론 대신들을 귀양 또는 파면시켰다. 이 사건을 계기로 노론이 다시 득세하게 되었다.

35) 소릉(昭陵)을 다시 봉한 일 : 소릉은 문종(文宗) 왕비 현덕왕후(顯德王后, 1418~1441)의 능호이다. 노산군(魯山君, 단종)을 낳은 뒤 7일 만에 죽자 안산(安山)에서 장례를 치르고

신원(伸冤)한 일36)을 인용하기까지 하였다. 승정원에서 올리지 않았다.

○ 지평 조원명(趙遠命)37)이 다음과 같이 아뢰었다.

"며칠 전 연신(筵臣)38)이 추보하는 일에 대해 언급하자 이에 의견을 수렴한
일이 있었습니다. 그런데 일종의 뜻을 잃은 무리들이 이것을 기화로 삼아서
정형익이 앞장서서 제창하고 박필정이 뒤를 이어 본분을 벗어나 날뛰며
여러 신하들을 얽어서 모함하였습니다. 청컨대 정형익을 멀리 유배 보내고,
박필정을 삭출하십시오."

○ 장령 정운주(鄭雲柱)39)가 상소하여 대략 다음과 같이 말하였다.

"80 먹은 어리석은 재상이 나라를 저버리는 것을 마음에 달갑게 여겨서

소릉이라고 불렀다. 세조에 의해 파헤쳐졌다가 김전(金銓)·장순손(張順孫) 등의 주청으
로 1513년(중종8)에야 비로소 위호(位號)가 회복되었다.

36) 강빈(姜嬪)을 추가로 신원한 일 : 강빈은 소현세자(昭顯世子) 빈(嬪) 강씨로, 우의정 강석
기(姜碩期)의 딸이다. 1645년(인조23) 소현세자의 급서 후, 세자의 지위가 소현세자의
장남이 아닌 봉림대군에게 돌아간 상황에서, 인조는 후궁인 소의(昭儀) 조씨(趙氏)를
저주하고 어선(御膳)에 독약을 넣었다는 죄목으로 강씨를 후원에 유폐(幽廢)하였다.
이때 이미 인조는 강빈이 심양에 있었을 때 내전(內殿)의 칭호를 사용하거나 홍금적의(紅
錦翟衣)를 미리 만들어 두었다는 소문을 들어 역위(易位)를 도모한 혐의가 있다고 의심하
고 있었던 상황이었다. 이에 확실한 물증이 없는 상황에서 신하들의 반대를 무릅쓰고
1646년 3월 마침내 강씨를 사사하고, 그 소생 석철(石鐵), 석린(石麟), 석견(石堅)을 제주도
로 귀양 보내 석철·석린을 죽음에 이르게 하였다. 숙종대 들어서 강빈을 신원하자는
논의가 나와서 1718년(숙종44)에 복위되어 민회빈(愍懷嬪)이라는 시호를 받았다. 묘는
경기도 광명시 노온사동에 있는 영회원(永懷園)이다.

37) 조원명(趙遠命) : 1675~1749. 본관은 풍양(豊壤), 자는 치경(致卿)이다. 조형(趙珩)의 증손
이다. 1702년(숙종28) 사마시, 1710년 증광문과에 급제하여 경종대 청요직을 두루 지내다
가 1724년 영조 즉위 직후 파직되었다. 1727년 정미환국으로 다시 등용되어 승지·대사성
등을 거쳐 1749년(영조25) 정헌대부로 의정부 좌참찬에 올랐다. 시호는 정간(貞簡)이다.

38) 연신(筵臣) : 경연(經筵)이나 서연(書筵) 등에서 경전 등을 강론하는 신하들이다. 혹은
경연 등에 참석하는 신하를 총칭하기도 한다.

39) 정운주(鄭雲柱) : 1669~1727. 본관은 초계(草溪), 자는 계항(季杭)이다. 1699년(숙종25) 진
사가 되고, 1707년 별시문과에 급제하여, 1712년 지평, 1721년(경종1) 장령이 되었다.
1722년 조태구를 비판하다가 파직되었다. 1727년(영조3) 헌납이 되었는데, 사망하였다.

군부가 전위(傳位)하실 때에는 거만하게 누워서 하찮게 보다가 그 무리가
모두 쫓겨난 날에는 몸을 던져 힘껏 비호하였습니다.40) 서명균(徐命均)41)의
경우, 죄를 범한 실정이 요사스러운 윤지술(尹志述)42)과 별반 다르지 않은데,
서용하라고 청하고 그대로 두라고 청하면서 힘껏 공의(公議)와 다투었으니43),
어찌 그 지친(至親)에 대한 사사로운 의리가 너무 지나쳐서 여론이 두렵다는
것을 돌아보지 않는단 말입니까?"

○ 진사 오두석(吳斗錫) -4백여 인- 등이 상소하여 신사년 옥사에서 속임을

---

40) 80 …… 비호하였습니다 : 죽은 소론 정승 윤지완(尹趾完, 1635~1718)을 비판하는 말이다.
윤지완의 본관은 파평(坡平), 자 숙린(叔麟), 호 동산(東山)이다. 좌의정 윤지선(尹趾善)의
아우이다. 갑술환국(1694)으로 인현왕후 복위를 지지한 서인이 등용되자 좌참찬·우의정
등을 지냈다. 1717년 숙종이 좌의정 이이명과 독대한 후 세자[경종]에게 청정을 명하자
이에 반대하여 이이명을 배척하였다.

41) 서명균(徐命均) : 1680~1745. 본관은 달성(達城), 자 평보(平甫), 호 소고(嘯皐)·재간(在澗)·
보졸재(保拙齋)·송현(松峴)이다. 영의정 서종태(徐宗泰)의 아들이다. 1705년(숙종31) 진사
가 되고, 1710년 증광문과에 급제하여 청요직을 두루 지냈다. 1721년(경종1) 이조참의로
재직시 희빈 장씨를 공격한 윤지술을 구원하였다가 김일경 등 소론 강경파의 탄핵을
받고 양산군수로 좌천되었다. 1725년(영조1) 탕평책을 주장하여 영조 연간 탕평파의
핵심이 되었다. 1729년 호조판서, 1732년 우의정을 거쳐 좌의정에 올랐다. 아버지로부터
아들 서지수(徐志修)까지 삼대가 정승을 지냈다. 시호는 문익(文翼)이다.

42) 윤지술(尹志述) : 1697~1721. 본관은 칠원(漆原), 자 노팽(老彭), 호 북정(北汀)이다. 1715년
(숙종41) 《가례원류》의 서문을 쓴 노론의 권상하가 소론의 유규(柳奎) 등 800여명의
상소로 삭직되자 성균관 유생으로서 《가례원류》시비의 전말을 논하여 권상하를 신구하
였다. 1720년(경종 즉위년) 성균관 장의로서 이이명이 편찬한 숙종의 지문(誌文)이
또한 편파적으로 기록되어 있음을 상소하고, 유생들을 선동하여 권당(捲堂)하였다.
윤지술이 문제 삼은 지문의 내용은 희빈 장씨를 사사(賜死)한 신사처분(辛巳處分, 1701)과
윤선거의 문집을 훼판한 병신처분(1716)인데, 그는 이 사안들이 의리상 중대함에도
불구하고 누락되거나 애매하게 기재되었다고 비판하였다. 1721년(경종1) 신축옥사 때
김일경 등 소론의 탄핵으로 처형되었다. 1725년(영조1) 노론이 집권하자 신원되었고,
1841년(헌종7) 이조판서에 추증되었다. 시호는 정민(正愍)이다. 노론에 의해 임창(任敞)·
이의연(李義淵)과 함께 신임(辛壬)의 삼포의(三布衣)라고 추앙을 받았다.

43) 죄를 …… 다투었으니 : 서명균은 1721년 12월 윤지술을 죽인 것을 비판하였다가 1722년
1월 양산군수로 좌천되었다. 그런데 같은 해 2월 바로 병조참지에 임명되자 남인이었던
정운주가 이것을 비판한 것이다.

당한 것이 원통하다고 아뢰면서 다음과 같이 말하였다.

"당시 이명세(李命世)⁴⁴⁾가 목숨을 걸고 끝까지 다투었고, 참판 강세구(姜世龜)⁴⁵⁾는 상소하여, '초야에서 의혹스러워 합니다.' 하면서 또 '새끼사슴 어미사슴[子母鹿]'⁴⁶⁾의 비유를 인용하였습니다.

승지 신양(申懹)⁴⁷⁾은 상소에서 '옥과 돌을 구별해야 합니다.' 하였고, 임부(林溥)는 상소하여 '신사년에 「동궁을 해치려고 도모하였다.[謀害東宮]」는 말이 죄인의 공초에서 나왔습니다.⁴⁸⁾' 하였으며, 이잠(李潛)⁴⁹⁾은 상소하기를, '김춘택

---

44) 이명세(李命世) : 1673~1727. 본관은 전주, 자는 천보(天保)이다. 1697년(숙종23) 정시문과에 급제하여, 1701년(숙종27) 가주서(假注書)로서 장희빈 처벌을 비판하다가 유배되었다. 1709년 오명항이 청하여 1710년 등용되어 지평이 되었다가 1713년 홍천현감으로 나갔는데, 노론의 공격을 받고 파직 당했다.

45) 강세구(姜世龜) : 1632~1703. 본관은 진주(晉州), 자 중보(重寶), 호 삼휴당(三休堂)이다. 1660년(현종1) 진사가 되고, 1676년(숙종2) 강릉참봉에 기용되었으며, 1678년 증광문과에 급제하여, 호조참의 등을 거쳐 공조참판 등을 역임하였다. 1701년 장희빈 사사에 반대하다가 유배되어 죽었다.

46) 새끼사슴 어미사슴[子母鹿] : 삼국시대 위나라 조비(曹丕)가 그의 아들 조예(曹叡)와 사냥을 하다가 어미 사슴을 쏘아 죽이고 나서 아들 조예에게 새끼 사슴을 쏘라고 명하자, 조예가 울면서 말하기를, "폐하께서 어미 사슴을 쏘아 죽였으니, 저는 차마 다시 새끼 사슴을 쏘아 죽일 수 없습니다." 하니, 조비가 활을 버리고 측은하게 여겼다는 고사에서 나온 말이다.

47) 신양(申懹) : 1630~1706. 본관은 평산(平山), 자 자평(子平), 호 관곡(寬谷)이다. 1657년(효종8) 사마시, 1678년(숙종4) 증광문과에 급제하여 청요직을 두루 거치고 1683년 홍문록에 올랐다. 이후 승지, 대사간 등을 역임하였다.

48) 신사년에 …… 나왔습니다 : 충청도 유생 임부(林溥)가 상소하여 윤증(尹拯)을 불러오라고 청하면서 다음과 같이 말하였다. "신사년에 이르러서 '동궁을 해치려고 도모하였다[謀害東宮].'는 말이 죄인 윤성(尹姓, 윤순명)의 공초(供招)에서 나왔는데, 그때 국청에서 네 글자를 빼버리고 몰래 숨기고 아뢰지 않았으니, 이것이 진실로 무슨 의도이며, 어찌 처음에 모해(謀害)한 자가 끝내 멋대로 음흉한 짓을 거행하지 않을지를 알겠습니까? 어찌 이전에 몰래 숨기던 자가 뒤에 몰래 발설하지 않을지를 알겠습니까?" 하였다. '모해동궁' 네 글자가 당시 문사낭청(問事郞廳)이었던 강이상과 여필중에게서 나왔는데, 두 사람은 "모해란 말은 듣지 못하고 다만 좋지 못한 일이 있다는 말을 들었다."고 하며 네 글자를 삭제하였다가 발각되어 유배되었다.

49) 이잠(李潛) : 1660~1706. 본관은 여주, 자 중연(仲淵), 호 섬계(剡溪)·서산(西山)이다. 실학자 성호(星湖) 이익(李瀷)의 형이다. 1706년 김춘택 등 노론 일파가 세자를 위협하는 현실을 통렬하게 비판하는 상소를 올렸다가 장살되었다.

(金春澤)50)이 동궁을 해치려고 도모한 자취가 모두 드러났습니다.' 하였습니다.

　지금 대신과 여러 신하들의 상소를 참고해 보면 그날 옥사의 실정은 여러 역적들이 선빈(先嬪, 장희빈)에게 화를 전가한 것이니, 어찌 전하를 해치려고 도모한 것이 아니겠습니까?

　신사년 옥사의 조짐은 이미 송시열(宋時烈)51)에 의해 일어났는데, 역신 이사명(李師命)52)과 홍치상(洪致祥)53) 또한 송시열의 무리로서 모두 사형에

---

50) 김춘택(金春澤) : 1670~1717. 본관은 광산(光山), 자 백우(伯雨), 호 북헌(北軒)이다. 생원 김익겸(金益兼)의 증손으로, 숙종의 장인인 김만기(金萬基)의 손자이며, 호조판서 김진귀(金鎭龜)의 아들이다. 종조부 김만중(金萬重)에게 문장을 배웠다. 1694년 재물로 궁중에 내통하여 폐비 민씨를 복위하게 하고, 정국을 뒤엎으려 한 혐의로 체포되고 심문받았으나, 갑술환국으로 남인이 축출되면서 풀려났다. 그 뒤 노론에 의해서는 환국의 공로자로 칭송받았으나, 남구만(南九萬) 등의 소론으로부터는 음모를 이용한 파행적 정치활동을 자행하였다고 공격받았다. 1701년 소론의 탄핵을 받아 부안(扶安)에 유배되었으며, 희빈 장씨(禧嬪張氏)의 소생인 세자를 모해하였다는 혐의를 입어 서울로 잡혀가 심문을 받고, 1706년 제주로 옮겨졌다. 김만중의 소설 《구운몽(九雲夢)》과 《사씨남정기(謝氏南征記)》를 한문으로 번역하였다. 이조판서를 추증받았으며, 시호는 충문(忠文)이고, 저서로 《북헌집(北軒集)》과 《만필(漫筆)》이 있다.

51) 송시열(宋時烈) : 1607~1689. 본관은 은진(恩津), 자 영보(英甫), 호 우암(尤菴)·우재(尤齋)이다. 사옹원 봉사 갑조(甲祚)의 아들이며, 김장생(金長生)·김집(金集)의 문인이다. 1633년(인조11) 생원시에 합격하여 1636년 봉림대군의 사부가 되었다. 이후 병자호란과 그에 이은 삼전도의 치욕으로 은거하여 호서산림(湖西山林)의 일원이 되었다. 1658년(효종9) 효종은 호서산림 세력을 재등용하는 일환으로 송시열을 이조판서에 특서(特敍)하였다. 이후 현종대 두 차례 예송(禮訟)에 깊이 간여했다가 1674년 서인들이 패배하자 유배되었다. 1680년(숙종6) 경신환국으로 다시 조정에 돌아와서, 서인이 노론과 소론으로 분열하는 과정에서 노론의 종장(宗匠)이 되었다. 1689년(숙종15) 기사환국으로 남인이 재집권했는데, 이 때 세자 책봉에 반대하는 소를 올렸다가 유배되었고, 그 해 6월 정읍에서 사약을 받고 죽었다. 1694년 갑술환국으로 관작이 복구되고, 이듬해 문정(文正)이라는 시호가 내려졌다. 1756년(영조32) 문묘에 종사되고, 1785년(정조9) 효종의 영릉이 있는 여주에 송시열 사당의 건립을 명하고 대로사(大老祠)라 사액하였다. 문집으로서 1787년 평안감영이 간행한 《송자대전(宋子大全)》이 있다.

52) 이사명(李師命) : 1647~1689. 본관은 전주, 자 백길(伯吉), 호 포암(蒲菴)이다. 영의정을 지낸 이경여(李敬輿)의 손자, 대사헌 이민적(李敏迪)의 아들이다. 1680년(숙종6) 춘당대문과(春塘臺文科)에 장원 급제하여 청요직에 진출하였다. 이해 경신환국 이후 보사공신(保社功臣) 2등에 녹훈되고, 완녕군(完寧君)에 봉해졌다. 1685년 형조판서를 거쳐 이듬해 병조판서를 지냈으나 1688년 윤세희(尹世喜) 등의 탄핵으로 삭주에 유배되었다. 이듬해 남인이 재집권하는 기사환국 때 사사되었다가 갑술환국 이후 신원되었다.

처해졌으니, 빨리 분명하게 하교하여 역률로 논하십시오."

○ 이조참판 김일경이 독정(獨政)[54]하여 서명균을 삼척부사(三陟府使)로 출보(黜補)[55]하고, 교리 이덕수(李德壽)[56]를 평강현령(平康縣令)으로 출보하였다. 서명균은 일찍이 윤지술을 정형(正刑)에 처하는 것에 반대하여 구원하였고, 이덕수는 일찍이 김창집(金昌集)[57]이 역적이 아니라고 하였다.

○ 제주 유생 이덕배(李德培) 등이 상소하여 대략 다음과 같이 말하였다. "청컨대 근원을 거슬러 올라가 논해보겠습니다. 흉신(凶臣) 송시열이 명호

---

53) 홍치상(洪致祥) : ?~1689. 본관은 남양, 자는 응화(應和)이다. 홍득기(洪得箕)와 숙안공주의 아들이다. 숙안공주는 숙종의 고모이자 효종의 장녀이다. 1687년(숙종13) 홍치상은 조사석(趙師錫)이 우의정에 임명되자 "후궁 장씨의 모친이 조사석의 여종 출신이기 때문에 이 연줄로 정승이 되었다."고 무함하였다. 그는 이 일로 1689년 사형 당하였다.

54) 독정(獨政) : 이조판서가 유고시 참판이나 참의가 판서 대신 인사에 대한 정사(政事)를 집행하는 것이다.

55) 출보(黜補) : 벼슬아치를 쫓아내어 외직(外職)에 임명하다.

56) 이덕수(李德壽) : 1673~1744. 본관은 전의(全義), 자 인로(仁老), 호 서당(西堂)·벽계(蘗溪)이다. 이만웅(李萬雄)의 손자, 이징명(李徵明)의 아들이고, 박세당(朴世堂)·김창흡(金昌翕) 문인이다. 1713년(숙종39) 증광문과에 급제하여 문의현감이 되었다. 경종이 즉위하자 청요직을 두루 역임하였다. 1722년(경종2) 집의로 있을 때 호조판서 김연(金演)을 구하려다 김창집과 같은 역당(逆黨)으로 몰려 탄핵을 받았으나 무마되었다. 이듬해 보덕에 임명되었다가 간성군수로 나갔다. 경종이 죽자 이광좌의 추천으로 이진망과 함께 실록청당상에 임명되고 이를 계기로 당상관으로 승진했다. 1732년(영조8) 경종행장을 찬진하고, 《경종실록》을 완성시켰다. 1741년부터 유수원(柳壽垣)의 참여 하에 《국조오례의》 수정작업에 착수했다. 1744년 이덕수가 죽은 뒤 이종성이 《국조속오례의》를 찬수했다. 저서로 《서당집》·《서당사재(西堂私載)》 등이 있고, 시호는 문정(文貞)이다.

57) 김창집(金昌集) : 1648~1722. 본관은 안동, 자 여성(汝成), 호 몽와(夢窩)이다. 김상헌의 증손, 김수항의 아들, 김창협·창흡의 형이다. 1672년(현종13) 진사, 1684년 정시문과에 급제하여 청요직을 두루 역임하다가 1689년 기사환국 때 아버지가 사사되자 은거하였다. 그 뒤 예조참판·개성유수 등을 거쳐 1717년 영의정에 올랐다. 경종이 즉위한 뒤 이이명·조태채·이건명 등과 함께 소론의 강력한 반대에도 불구하고 연잉군(延礽君, 영조)을 세제로 세웠다. 1721년(경종1) 다시 세제의 대리청정을 상소하였으나 실패하고 실각하였으며, 1722년 김일경(金一鏡)·목호룡(睦虎龍) 등이 일으킨 임인옥사로 사사되었다.

(名號)[58]가 이미 정해진 뒤에 상소하여 불만스럽게 여기는 뜻을 현저하게
드러내자 김수흥(金壽興)[59]과 남용익(南龍翼)[60] 등이 번갈아 서로 막아서 못하
게 하여, 신사년의 변고가 일어나자 박규서(朴奎瑞)[61]와 이정익(李禎翊)[62]이
기회를 틈타 못된 짓을 저지른 것이 한층 더 심해졌으니, 단지 4흉[63]만을
우두머리로 삼을 것이 아니라 반드시 흉악한 송시열[凶烈]로써 죄인의 수괴로
삼아야 할 것입니다."

○ 정언 신필회(申弼誨)[64]가 다음과 같이 아뢰었다.

---

58) 명호(名號) : 원자(元子)로서의 명호를 의미하며, 왕위계승을 내정하는 것이다. 따라서
　　후궁의 소생이라 하더라도 일단 원자로서의 명호를 정하면 차후 왕비가 대군을 낳더라도
　　명호가 정해진 왕자의 왕위계승권은 여전히 유효할 수 있었다.
59) 김수흥(金壽興) : 1626~1690. 본관은 안동(安東), 자 기지(起之), 호 퇴우당(退憂堂) 또는
　　동곽산인(東郭散人)이다. 영의정을 지낸 김수항의 형이다. 1673년에 영의정에 올랐다가
　　1674년 갑인예송(甲寅禮訟)으로 남인이 집권하자 춘천에 유배되었다. 1680년 경신환국으
　　로 다시 영의정에 올랐으나 1689년 기사환국으로 장기(長鬐)에 유배 가서 이듬해 배소에
　　서 죽었다.
60) 남용익(南龍翼) : 1628~1692. 본관은 의령(宜寧), 자 운경(雲卿), 호 호곡(壺谷)이다. 1646년
　　(인조24) 진사가 되고 1648년 정시문과에 급제하여 청요직을 두루 역임하고, 효종대
　　예조참의 등을 거쳐 현종대 형조판서에 올랐다. 1689년 숙종이 소의 장씨가 낳은 왕자를
　　원자로 삼으려 하자 이를 반대하다가 유배되어 죽었다. 저서로 신라시대부터 조선
　　인조대까지의 명인 497인의 시를 모아 엮은《기아(箕雅)》및《부상록(扶桑錄)》, 그리고
　　자신의 시문집인《호곡집(壺谷集)》을 남겼다. 시호는 문헌(文憲)이다.
61) 박규서(朴奎瑞) : 1669~1707. 본관은 고령(高靈), 자 휴문(休文), 호 연경당(連經堂)이다.
　　1701년(숙종27) 인현왕후가 죽자 남구만과 최석정 등 소론 대신들이 장희빈을 비호하였
　　다고 규탄하다가 장흥에 유배되어 2년간 귀양살이를 하였다. 1705년(숙종31)에 생원이
　　되었는데, 1707년 사망하였다.
62) 이정익(李禎翊) : 1655~1726. 본관은 한산(韓山), 자 붕거(鵬擧), 호 애헌(崖軒)이다. 1684년
　　(숙종10) 식년문과에 급제하여 1694년 갑술환국 이후 청요직을 두루 거쳤다. 경종대
　　김일경을 탄핵하다가 1721년 유배되었다. 1725년(영조1) 양이(量移)되었으나 이듬해
　　사망하였다.
63) 4흉(四凶) : 노론 4대신인 이이명·김창집·이건명·조태채를 이른다.
64) 신필회(申弼誨) : 1678~1739. 본관은 평산(平山), 자는 헌가(獻可)이다. 신후재(申厚載)의
　　아들이고, 신필현(申弼賢)의 아우이다. 1705년(숙종31) 증광문과에 급제하여 1722년(경종
　　2) 정언이 되었다. 당시 이조판서 이조(李肇)를 공격하다가 지평 박필몽의 탄핵을 받았다.

"권업(權㤼)⁶⁵⁾이 경상도 관찰사로 있을 때, 정유년(1717, 숙종43) 위험하고 의아스러운 소식⁶⁶⁾이 마침 도내에서 과장(科場)이 설치된 날 도착하니, 많은 선비들이 충성된 마음으로 분노하여 서로 이끌고 과장을 나가버렸는데, 무슨 분노할 일이 있다고 앞장서서 주장한 사람을 적발하여 죄수로 감옥을 가득 채워서 세자를 보호하는 것을 힘껏 저지하였습니까?⁶⁷⁾

서명균은 감히 성궁(聖躬)을 모욕한 역적⁶⁸⁾을 사사로운 죄라 하고, 세상을 어지럽힌 역적을 징토한 일을 선비를 죽였다고 지목하여 요사한 역적을 도와서 군상을 협박하였으니, 청컨대 모두 아주 먼 변방으로 유배 보내십시오.

유신(儒臣)이 상소하여 권업의 죄를 논하고, 아전(亞銓)⁶⁹⁾이 서명균을 배척하여 외직에 내보낸 것에서 공의를 가히 볼 수 있었는데, 이조판서[長銓]라는 신하가 흉도를 두려워하여 그 지친에게 사정을 베풀어서 도승지[知申]와 병조[騎省]에 멋대로 검의(檢擬)⁷⁰⁾하였으니 청컨대 이조판서 이조(李肇)⁷¹⁾를 파직하

1728년(영조4) 무신란 당시 영덕현감(盈德縣監)으로 재직하면서 의심스러운 행적으로 유배되었다.

65) 권업(權㤼) : 1669~1738. 본관은 안동(安東), 자 사긍(士兢), 호 기오헌(寄傲軒)이다. 1691년 (숙종17) 증광문과에 급제하여 청요직을 두루 거쳤다. 1721년(경종1) 경기감사로 있다가 신축환국으로 체직되었다. 영조 즉위 후 다시 등용되어 공조·형조·예조판서 등을 역임하였다.

66) 정유년 …… 소식 : 정유독대(丁酉獨對)를 가리킨다. 정유년(1717, 숙종43) 숙종이 우의정 이이명을 불러 독대하고, 그 직후 세자의 대리청정을 명하였다. 당시 소론 측에서는 이를 세자를 폐하기 위한 수순으로 보았다. 이런 정황으로 인해 그 독대가 노론 측에 연잉군을 부탁하는 내용이라는 추론이 나왔다. 《肅宗實錄 43年 7月 19日》·《당의통략(黨議通略)》에 따르면 영조대 김복택(金福澤) 옥사를 계기로 그 내용이 비로소 드러났는데, 숙종이 연령군(延齡君)이나 연잉군으로 세자를 바꿀 뜻이 있다는 것을 전하고, 노론측에서 세자 교체 과정에서 예상되는 만약의 사태에 대비해 줄 것을 지시하였다고 한다.

67) 권업이 …… 하였습니까 : 정유독대 이후 영남에서 과거를 보려는 유생들이 응시를 포기하고 봉장(封章)을 올리자 경상감사 권업이 장계를 올려 이 사실을 조정에 알려서 앞장서서 논의를 주도한 자를 찾아내어 충군(充軍)하라고 명이 내려졌다. 《肅宗實錄 43年 12月 2日》

68) 성궁(聖躬)을 모욕하는 역적 : 윤지술을 가리킨다.

69) 아전(亞銓) : 문·무관의 전형(銓衡)을 맡은 전조(銓曹)의 버금가는 벼슬로, 이조와 병조의 참판을 달리 이르는 말이다.

십시오."

○ 지평 조원명이 아뢰기를,

"한번 환첩(宦妾)이 변란을 꾸미고부터 대신과 여러 신하들이 놀라고 당황하여 눈물을 흘리며 그 죄를 빨리 바로잡으라고 아뢰어 청하였습니다. 그런데저 틈을 엿보던 무리들이 얼굴을 바꿔가며 상소하여 마치 자기들보다 양심적인 사람이 없는 것처럼 하였는데, 좌윤 황일하(黃一夏)[72]의 상소가 바로 그러하니 청컨대 삭출하십시오."

하였다. 이어서 정운주가 사람들을 모함에 빠트리는 죄를 논하면서 파직하라고 청하니 주상이 아뢴 대로 하라 하였다. 승지 김시경이 상소하여 정운주를구원하였다.

○ 교리 윤순(尹淳)[73]이 상소하여 대략 다음과 같이 말하였다.

---

70) 검의(檢擬) : 인재를 골로 뽑아 벼슬에 추천하는 일이다.
71) 이조(李肇) : 1666~1726. 본관은 전주, 자 자시(子始), 호 학산(鶴山)이다. 1696년(숙종22)에정시문과에 급제하여 1699년 홍문록에 올라 청요직을 두루 지냈다. 1720년 고부사(告訃使)의 부사(副使)로 청나라를 다녀온 뒤 예조참판에 올랐다. 1721년(경종1) 도승지 재직시노론이 연잉군을 앞세워 대리청정을 요청하면서 정권을 차지하려 하자 경종 보호에앞장섰다. 1722년에는 형조판서로서 임인옥사를 다스려 노론 4대신을 축출하는 데참여하였고, 이후 각조의 판서를 역임하였다. 1725년(영조1) 관작을 삭탈 당하고 밀양으로 유배 가서 그곳에서 병사하였다.
72) 황일하(黃一夏) : 1644~1726. 본관은 창원, 자는 자우(子羽)이다. 1696년(숙종22) 정시문과에 급제하여 청요직을 두루 거쳐 1717년 도승지가 되었고, 1722년(경종2) 한성좌윤을거쳐 1725년(영조1) 공조판서·좌참찬 등을 역임하였다.
73) 윤순(尹淳) : 1680~1741. 본관은 해평(海平), 자 중화(仲和), 호 백하(白下)·학음(鶴陰)이다.윤두수(尹斗壽)의 5대손이고, 지평 윤세희(尹世喜)의 아들이며 윤유(尹游)의 아우이다.정제두(鄭齊斗) 문인이며 정제두의 아우 제태(齊泰)의 사위이다. 1712년(숙종38) 진사시에 장원급제하고, 이듬해 증광문과에 합격하여 청요직에 진출하였다. 1723년(경종3)사은사 서장관(書狀官)이 되어 청나라에 다녀왔다. 1727년(영조3) 이조참판으로 대제학을 겸임하고 이듬해 무신란 때 감호제군사(監護諸軍使)가 되었으며, 이후 이조판서등 각조의 판서를 두루 거쳐서 1740년 평안도관찰사로 나가 관내를 순찰하던 중 벽동(碧潼)에서 순직(殉職)하였다.

"정호의 상소는 전하를 모욕하고 조정 신하들을 무함하여 노망이 더욱 심해졌으니 마땅히 혁연(赫然)하게 위엄을 보여야 합니다. 정운주의 마음씀씀이는 아름답지 못하였으므로 대계(臺啓)를 이미 윤허하셨는데, 단지 본래의 상소를 내리지 아니하여 허벽(許璧)·이덕배(李德培)와 같은 이상야릇한 무리들이 명분을 범하고 의리에 어긋난 것이 극도에 달했습니다. 박치원(朴致遠)74)이 언급한 '체결(締結)'·'교통(交通)' 등의 말은 무함이 위와 아래에 미쳤으니 만약 명백히 조사하지 않는다면 청명한 교화에 누를 끼칠 것입니다."

○ 정언 신필회가 대략 다음과 같이 아뢰었다.

"김일경 등의 연명상소에 대해 눈치를 보고 도피한 자와 합계에 불참한 삼사(三司) 관원을 적발하여 파직할 것을 청합니다."

○ 죄수 이홍술(李弘述)75)이 원정(原情)76)에서 다음과 같이 말하였다.77)

---

74) 박치원(朴致遠) : 1680~1767. 본관은 밀양(密陽), 자 사이(士邇), 호 읍건재(泣愆齋)·설계(雪溪)·손재(巽齋)이다. 1708년(숙종34)에 식년문과에 급제하여 장령(掌令) 등을 역임하였다. 1721년(경종1) 어유룡·이중협 등과 함께 연잉군의 대리청정을 주장하다가 소론의 반대로 실패하고, 신임옥사로 유배되었다. 영조가 즉위하자 종부시 정(宗簿寺正)에 기용되어 소론에 대한 처벌을 주장하다가 1728년에 다시 유배되었다. 1754년(영조30) 풀려나 판돈령부사 등을 역임하였다. 저서로 《설계수록(雪溪隨錄)》이 있다.

75) 이홍술(李弘述) : 1647~1722. 본관은 전주, 자는 사선(士善)이다. 덕흥대원군(德興大院君, 중종의 7자)의 후손이다. 1674년(현종15) 무과에 급제하여 숙종대 포도대장 등을 역임하였다. 경종이 즉위하자 김창집 등과 함께 세제 책봉을 청하였다. 1722년(경종2) 목호룡 고변으로 하옥되었다가 죽었다. 임인옥사 당시 조흡(趙洽)의 공초에서 김창집이 궁성을 호위하고 대리청정의 명을 받아내려고 훈련대장 이홍술을 시켜 중군(中軍)에 임명하여 계획을 세웠다고 자백하였다. 《景宗實錄 2年 4月 20日》 소론은 조흡의 진술을 바탕으로, 노론이 군사를 일으켜 경종을 폐출하려 했다고 주장하였다. 노론 당론서인 《진감(震鑑)》에서는 이홍술을 포함하여 이우항(李宇恒)·윤각(尹慤)·백시구(白時耉)·김시태(金時泰)·심진(沈榗)·유취장(柳就章)·이상집(李尙馪) 등을 '8명의 절도사(節度使)'로 추숭하였다.

76) 원정(原情) : 형조에 수금되고 나서 경위를 진술해 놓은 정상 조사서이다.

77) 죄수 …… 말하였다 : 앞서 사간 이진유가 김창집의 죄를 논하면서 이홍술을 붙잡아 국문해야 한다고 주장하여 이러한 이홍술의 공초가 나왔다. 《景宗實錄 1年 12月 12日》

"김창집과 경조사가 있을 때 왕래하였을 뿐인데 어찌 출입한 일이 있겠습니까? 이른바 김창집의 사람들이 막부(幕府)에 포열했다고 하는 것은 본영(本營)에 물어보면 그 허실을 알 수 있을 것입니다.

육가(陸哥, 육현)의 일은 극적(劇賊)[78] 신봉당(申奉堂)의 초사(招辭, 죄인의 진술)에서 이르기를,

'육덕명(陸德明)과 함께 결탁하여 같은 당이 되었다.'[79]

하였으며, 육덕명이 요술을 잘 부리고, 물건을 훔친 것이 명백하여 의심할 것이 없었기 때문에 형장 20도(度)를 시행했더니 죽음에 이르렀으므로, 이것을 두고 입을 막으려고 쳐 죽였다고 하는 것은 진실로 의외입니다.

그밖에 전(錢), 면포, 주(紬), 향미(餉米) 또한 봉상(捧上)하기 위한 것으로서 체하(帖下)[80] 문서가 있어서 조금도 감출 수 없으니 삼가 엄밀히 조사하여 깨끗하게 풀어주십시오."

○ 창평(昌平) 유학(幼學) 고응엽(高應曄)이 대략 다음과 같이 상소하였다.

"역적 김창집과 흉적 신구(申球)[81] 등이 고 유신(儒臣) 윤증(尹拯)[82]을 거짓을

---

78) 극적(劇賊) : 범행의 규모가 큰 도둑을 가리킨다.

79) 육덕명(陸德明)과 …… 되었다 : 덕명은 육현(陸玄)의 자이다. 육현은 자신의 운명을 점쳤더니 "현덕명(玄德明)에게 죽는다." 하여, 이름은 현, 자는 덕명이라 하여 죽음을 면해 보려 하였는데, 그가 죽을 때에 체포했던 자가 과연 현덕명이었다고 한다. 《靑城雜記 醒言》 신봉당은 육현과 같이 활동한 극적(劇敵)이다.

80) 체하(帖下) : 관에서 사용하는 문서 양식의 하나이다. 이두 문자(吏讀文字)로서 하급 이례(吏隷)에게 전곡(錢穀)을 지급할 때, 그 물품 지령서(物品指令書)에 체자(帖字)의 목인(木印)을 찍어 내려 보내면 이에 따라 현물(現物)을 지급하였다.

81) 신구(申球) : 1666~1734. 본관은 평산(平山), 자는 군미(君美)이다. 고려개국공신 신숭겸(申崇謙)의 후손이고, 송시열 문인이다. 1689년(숙종15) 기사환국으로 유배된 송시열을 위하여 상소하였고, 1716년 소두(疏頭)가 되어 윤선거와 그의 아들 윤증을 논핵(論劾)하여 이 두 사람의 문집이 헐리고 관작이 삭탈되는 계기가 되었다. 1722년 신임옥사로 유배되었다가 영조가 즉위하자 풀려나 희릉(禧陵) 참봉 등을 지냈으나, 1727년(영조3) 정미환국으로 다시 쫓겨나 고향으로 은퇴하였다.

82) 윤증(尹拯) : 1629~1714. 본관은 파평(坡平), 자 자인(子仁), 호 명재(明齋)이다. 성혼의 외증손이자 윤선거의 아들이다. 그 장인은 남인 권시(權諰)이다. 1657년(효종8) 김집의

꾸며 참혹하게 모함을 한 일에 대해서 양호(兩湖, 전라도와 충청도)의 선비 수천 명이 발을 싸매고[裹足]83) 서쪽으로 향하여 장차 상소하려고 하였습니다.

그런데 4흉의 죄가 바로잡히지 않아서 종사가 위태로워졌으므로 유종(儒宗)을 위해 변론하는 것은 오히려 두 번째의 일이 되었습니다. 그러므로 일단 원래의 일은 제쳐두고 먼저 대의를 아뢰니, 신속하고 확고한 결단으로 빨리 왕법을 바로잡아서 난신적자(亂臣賊子)로 하여금 징계 받아서 더 이상 나오지 못하게 하십시오."

○ 의금부에서 다음과 같이 아뢰었다.

"전 사간 어유룡(魚有龍)84), 전 장령 박치원, 전 수찬 이중협(李重協)85) 등이

권유로 회덕으로 가서 송시열을 스승으로 섬겼다. 그렇지만 송시열과 정치·사상적으로 대립하였는데, 송시열은 회덕(懷德)에 살았고 윤증은 니산(尼山)에 살았으므로 이들 사이의 갈등을 회니시비(懷尼是非)라고 칭하였다. 이들 간에 벌어진 정치사상적 대립은 이후 서인이 노·소론으로 분당(分黨)하는 주요 요인이 되었다. 1694년(숙종20) 갑술환국 이후 1709년 우의정에 제수되었으나 나가지 않았다. 저서로 《명재유고(明齋遺稿)》를 남겼다.

83) 발을 싸매고[裹足] : 발이 부르트고 물집이 생기거나 군살이 박혔을 때에 옷을 찢어 발을 감싸고 달려간다는 뜻이다. 《회남자(淮南子)》에 "옛날에 초나라가 송나라를 공격하려 하자, 묵자가 듣고서 딱하게 여기고 노나라에서 열흘 밤낮을 달려 발이 누에고치처럼 부르텄는데도 쉬지 않고, 옷을 찢어 발을 싸매고 달려갔다. 영에 이르러 초나라 왕에게 유세하였다.[昔者楚欲攻宋, 墨子聞而悼之, 自魯趨而十日十夜, 足重繭而不休息, 裂衣裳裹足. 至於郢, 見楚王.]"라고 한 것에서 인용한 것이다.

84) 어유룡(魚有龍) : 1678-1764. 본관은 함종(咸從), 자는 경우(景雨)이다. 경종의 장인 어유귀(魚有龜)의 재종제이다. 1710년(숙종36) 사마시, 1713년 증광문과에 급제하여 청요직을 두루 역임하였다. 경종대 세제 책봉에 반대하는 소론의 처벌을 주장하였고, 또한 세제 대리청정을 반대하는 조태구 등을 탄핵하여 박치원·이중협과 함께 노론의 3대간으로 불렸다. 1722년(경종2) 임인옥사 때 유배되었다가 1725년(영조1) 다시 등용되었지만 1727년 정미환국으로 파직되었다. 1730년 복직하여 1748년 한성부좌윤을 거쳐 1754년 지중추부사로 기로소(耆老所)에 들어갔고, 이후 판돈녕부사에 올랐다. 시호는 정헌(靖憲)이다.

85) 이중협(李重協) : 1681~? 본관은 경주, 자는 화중(和仲)이다. 1713년(숙종39) 증광문과에 급제하여 1720년(경종 즉위) 도당록에 올랐다. 1722년(경종2) 대간의 도리를 지키지 않는다고 탄핵 받아 유배되었다. 1725년(영조1) 풀려나 1727년 승지가 되고, 1746년

원정에서 대략 말하기를,

'지난번 조태구를 사대(賜對)[86]한다는 명이 먼저 승정원에 내려졌을 때, 그에 대해 아뢰기도 전에 소문이 퍼져나가서 의혹하지 않을 수 없었습니다. 입시했던 여러 신하들이 이 일에 대해 전석(前席)에서 쟁론(爭論)하였으므로 삼사에 재직하고 있으면서 감히 잠자코 있을 수 없었습니다.

그런데 「환첩이 이름을 알고 있다.」 등의 말은 고어(古語)를 인용하여 경계하고 바로잡는 뜻으로 비유한 것이므로 실로 그 언근에 대해서는 답할 수 있는 것이 없었는데, 해를 지나며 감옥에 갇혀 있다 보니 마음에서 우러나오는 충정을 드러내지 못하였습니다.

다만 우리나라에서는 언관을 대우하는 것이 특별해서 풍문으로 다른 사람을 논하는 것을 허락하고 있으므로 망령되고 경솔한 말을 매번 너그럽게 받아 주었습니다. 그런데 지금 한마디 말이 망령되는 잘못을 범하였다고 갑자기 사로잡아 국문하여 온 세상에 놀라움과 의혹을 더하고 국체를 손상시키기에 이르렀으니, 제 죄가 아닌 것이 없습니다.'

하였습니다. 지금 천위(天位)가 안정되지 않아서 신민(臣民)이 망극(罔極)해하므로 대신이 당시의 관행을 돌아보지 않고 나아가 입대를 청하였는데, 중간에서 막고 공격한 것은 흉역의 모의가 아닌 것이 없었습니다. 숙문(淑問)[87] 아래 정상이 모두 드러났는데도 오히려 그만두지 않고 더욱 멋대로 모질고

도승지에 올랐다. 노론계 당론서 《진감》에 따르면 이중협은 어유룡·박치원 등과 함께 삼간신(三諫臣)으로 불리웠다. 1721년(경종1) 우의정 조태구가 세제 대리청정에 반대하여 입궐했을 때 경종이 승정원을 경유하지 않고 직접 내시를 보내 조태구를 인견하였다. 이에 교리 이중협·사간 어유룡·장령 박치원 등이 승정원을 거치지 않고 주상을 알현한 조태구의 죄를 맹렬히 논척하였다. 이들의 발언은 임인옥사의 과정에서 그 불경함이 다시 문제가 되었고, 이로 인해 모두 유배되었다.

86) 사대(賜對) : 임금이 신하를 불러서 묻는 말에 대답하게 하는 것이다. 신하가 면대를 요청하였을 경우와 또 임금이 특별히 불러서 대하는 경우가 있다.

87) 숙문(淑問) : 사리에 밝아서 옥송(獄訟)을 잘 처결하다. 《시경(詩經)》〈반수(泮水)〉에 "고요처럼 신문을 잘하는 자가 반궁(泮宮)에서 죄수를 바치리로다.[淑問如皐陶, 在泮獻囚.]" 하였다.

흉악하게 '고어를 인용하여 경계하고 바로잡는 뜻으로 비유하였다.'고 말하였
으니 참으로 매우 해괴하고 통탄스러우므로, 이것으로 다시 문항을 내서
공초를 받고 품처(稟處)하는 것이 어떻겠습니까?"

주상이 다음과 같이 전교하였다.

"이 공사(供辭)88)를 보니, 그 망령된 것을 알 수 있으므로 재차 엄히 심문하는
것은 대각을 대우하는 도리에 어긋난 점이 있으니, 모두 풀어주어라." -의금부
당상관은 심단(沈檀)89), 김일경, 유중무(柳重茂)90)이다.-

○ 승정원 -승지는 남취명(南就明)91)과 심탱(沈樘)92)이다.-에서 아뢰기를,

---

88) 공사(供辭) : 죄인이 범죄 사실에 대해 진술한 말이다.

89) 심단(沈檀) : 1645~1730. 본관은 청송(靑松), 자 덕여(德輿), 호 약현(藥峴)·추우당(追尤堂)이
   다. 아버지는 평시령(平市令) 심광면(沈光沔)이고, 어머니는 예조참의 윤선도의 딸이다.
   1662년(현종3) 진사가 되고, 1673년 정시문과에 급제하여 청요직을 두루 거쳤다. 1680년
   (숙종6) 경신환국으로 10년, 1701년 민언량의 무고로 다시 10년간 유배되었다가 1711년
   풀려났다. 1721년(경종1) 이조·예조판서 등을 역임하면서 경종과 세제인 영조에게 우애
   를 권장하고, 김일경이 중심이 되어 내시 박상검(朴尙儉)을 매수, 세제를 해치려 했던
   사건을 비난하였다. 영조 즉위 후에는 판의금부사·판중추부사·도총관 등을 지냈다.
   1728년 노론의 탄핵을 받고 다시 유배 갔다가 1729년 영조의 탕평책으로 풀려나와
   1730년 봉조하(奉朝賀)가 되었다.

90) 유중무(柳重茂) : 1652~1728. 본관은 문화(文化), 자는 미중(美仲)이다. 1694년(숙종20) 알
   성 문과에 급제하여 청요직을 두루 거쳤다. 소론계 대간으로서 1696년 장희재의 종
   업동(業同)이 남의 호패를 훔쳐 무고한 일이 일어나자, 장희재와 세자의 보호를 힘써
   주장하였다. 1720년(경종 즉위년) 좌승지 재직 시 조태구를 우대하고 이광좌의 억울함을
   풀어줄 것을 요청했다가 파직 당했다. 이듬해 승지로 복귀하여 예조·호조참판 등을
   역임하였다. 영조가 즉위하자 유배되었다가 정미환국(1727)으로 도승지로 발탁되었는
   데, 얼마 후 죽었다.

91) 남취명(南就明) : 1661~1741. 본관은 의령(宜寧), 자 계량(季良), 호 약파(藥坡)이다. 1694년
   (숙종20) 별시문과에 급제하여 청요직을 두루 거쳤다. 1704년 박세당(朴世堂)의 《사변록
   (思辨錄)》을 불태워버리려 하자 적극 저지하였다. 1722년(경종2) 노론 4대신의 사사(賜死)
   를 감형하려 하자 승지로 있으면서 그 불가함을 동료들과 함께 주장하였다. 영조
   즉위 직후 삭출되었다가 1727년 다시 서용되어 병조참판 등을 역임하였다.

92) 심탱(沈樘) : 1653~1723. 본관은 청송(靑松), 자는 융보(隆甫)이다. 1689년(숙종15) 증광문
   과에 급제하여, 1692년 사서(司書), 1693년 지평, 1721년(경종1) 승지 등을 역임하였으며,
   1723년 병조참의로 있다가 사망하였다.

"어유룡 등의 죄상은 관계된 것이 매우 중대하여 일시적으로 속여 넘기는 것에 비할 바가 아니니, 청컨대 풀어주라는 명을 정지하고, 다시 속속들이 밝혀내십시오."

하면서, 계속해서 세 차례 아뢰었지만 주상이 모두 허락하지 않았다.

○ 정언 신필회가 상소하여 대략 말하기를,

"지평 조최수(趙最壽)[93]가 갑자기 들어와서 심지어 때가 아닌데도 숙배(肅拜)[94]하려다가 승정원의 관례로 인해서 또 퇴거하였으니 거조(擧措)가 가소롭습니다. 빨리 체차하도록 하십시오."

하였다. 지평 조최수가 상소하여 대략 다음과 말하였다.

"신이 듣건대 정언 신필회는 기사년(1689, 숙종15)[95]의 남은 무리로서, 기회를 틈타 날뛰며 조정의 벼슬아치를 일망타진하였는데, 저들이 거짓으로 참소한 것이 지극히 흉패(凶悖)하였습니다. 신이 대각에 나아가 죄목을 나열하여 논하려고 하였는데, 승정원에서 사은 숙배(謝恩肅拜)[96]할 때가 아니라고 핑계대면서 끝내 단자를 받아들이지 않았습니다.

아! 이목(耳目)의 관리[97]로서 국사를 위하여 장차 탄핵하는 소장을 올리려고 하는데, 승정원에서 멋대로 가로막다니 어찌 이와 같이 무엄하단 말입니까?

---

93) 조최수(趙最壽) : 1670~1739. 본관은 풍양(豊壤), 자는 계량(季良)이다. 1714년(숙종 40) 증광문과에 급제하여 청요직을 두루 지내고, 1727년(영조3) 대사간, 1730년 대사헌, 1739년 지의금부사(知義禁府事) 등을 역임하였다.

94) 숙배(肅拜) : 문무백관이 임금에게 공손히 절하는 예(禮)이다. 혹은 임지로 가는 관원이 임금에게 작별을 아뢰는 일이다.

95) 기사년 : 1689년(숙종15)에 발생한 기사환국을 가리킨다. 장희빈의 소생인 원자 정호문제로 촉발된 옥사로 송시열 등이 축출되었고, 남인이 집권하였다. 이 사건의 여파로 인현왕후가 폐위되고 장희빈이 정비(正妃)가 되었다.

96) 사은 숙배(謝恩肅拜) : 원문은 "肅謝"이다. 관료로 처음 임명된 자가 궁중에서 임금에게 국궁사배(鞠躬四拜)하여 왕은(王恩)에 감사함을 표시하는 것을 말한다.

97) 이목(耳目)의 관리 : 대간을 가리킨다. 대간은 백관(百官)을 규찰하여 나라의 기강을 바로잡으므로 일컫는 말이다.

화응하여 가리고 막는 것이 사마문(司馬門)에서 사흘 동안 머문 일98)과 다름이
없으니, 삼가 원컨대 성상께서 엄히 배척하여 쫓아내십시오."-승지 심택이
숙배 단자를 받지 않았다.-

○ 지평 박필몽이 다음과 같이 아뢰었다.
"정언 신필회는 겉으로는 토역(討逆)한다는 의리를 핑계대고 속으로는
나라를 텅 비게 하려는 계책을 품고서 날조하여 꾸며낸 것이 오로지 삼사(三司)
를 몰아내고 전조(銓曹)99)를 쳐서 흔드는 데 있었습니다.

더욱 통탄스러운 것은 스스로 공의가 싫어한다는 것을 알고서 오직 다른
사람이 뒤에서 논의할 것만 두려워하여, 지평[持憲, 조최수]이 숙배 단자가
거부당하자 대각으로 나아가서 논박하여 바로잡으려 한다고 먼저 말을 전하
였는데도, 전혀 거리낌 없이 길목을 지켰다가 맞이하여 공격하였습니다.

비답을 받지 못한 사헌부 신하가 사은숙배 하는 시기가 이른지 빠른지도
돌아보지 않고 단지 국사가 무너지는 것에만 분노하여 논박하여 바로잡겠다
는 뜻으로 계사의 초안을 작성하여 보내 보여주었지만, 거짓으로 모르는
척하고는 죄를 청하는 일에만 몰두하여 먼저 다른 사람을 제압하는 계책으로
삼았습니다.

서명균을 병조[騎省]에 검의(檢擬)한 것은 등용한 뒤에 의례적인 의망에
불과한 일이었고, 권업에 대해 거론한 과거 자취는 또한 이미 세월이 오래되어
빠뜨리고 잊은 결과인데, 이 한 가지 일을 가지고 마치 무슨 큰 기관(機關)이라

---

98) 사마문(司馬門)에서 …… 일 : 사마문은 대궐의 외문(外門)이다. 궁중 담 안에 병위(兵衛)가
있는 곳은 사면에 모두 사마(司馬)가 있어 군대 일을 주관하므로 궁문의 외문을 사마문이
라고 하였다. 진(秦)나라 때 장감(章邯)과 항우(項羽)가 결전을 벌였는데, 진나라 황제
이세(二世)가 장감을 질책했다. 이에 장감이 사마흔(司馬欣)을 보내 함양의 사마문에
사흘이나 머물렀지만 끝내 조고(趙高)를 만나지 못하고, 결국 나라가 망하고 말았다.
《史記 項羽本紀》
99) 전조(銓曹) : 문관의 전형을 맡아보던 이조와 무관의 전형을 맡아보던 병조를 두루
이르던 말이다.

도 되는 것처럼 간주한 것은 바로 도정(都政)¹⁰⁰⁾이 임박한 날, 저지하여 훼방할 뜻을 품고 서로 다투어 빼앗으려는 계책에서 나왔으니, 청컨대 관작을 삭탈하고 내쫓으십시오."

○ 대사간 이사상(李師尙)¹⁰¹⁾이 상소하여 대략 다음과 같이 말하였다. "지평 조최수가 날이 저물어 입궐하여 억지로 사은숙배하겠다는 명을 청한 것은 이미 이전에는 없는 해괴한 일이었는데, 그날 소매 속에 품고 간 탄핵문은 바로 이조참의 김일경을 논핵하는 계사(啓辭)였습니다. 대개 김일경이 신필회를 대간의 후보로 주의(注擬)¹⁰²⁾한 것을 그의 죄안으로 삼은 것으로서, 이는 실로 이전에는 없던 일이었습니다.

신필회는 원래 의망의 길이 막힌 사람이 아니므로 만약 이것을 가지고 전관(銓官)의 죄로 삼는다면 인선을 담당하는 자리에 다시는 온전한 사람이 없게 되어, 가령 전형을 맡은 자가 자기와 다른 사람을 막아버린다면 이 또한 어찌 봉공(奉公)하는 뜻이겠습니까?

김일경은 목숨을 바쳐 종사를 부지(扶持)하였는데, 그가 수립한 것이 매우 높아서 조정에 나아간 사람들을 두루 헤아려보아도 아마 견줄만한 자가 없을 것입니다. 그런데도 조최수가 강 언덕에 물러나 누워서 역적을 토벌하라

---

100) 도정(都政) : 도목정사(都目政事)를 가리킨다. 이조와 병조에서 관원의 치적을 조사하여 출척과 이동을 행하던 인사제도이다. 여기에는 1년에 한 번 행하는 단도목(單都目, 12월), 두 번 행하는 양도목(6·12월), 네 번 하는 4도목(1·4·7·10월)이 있다.

101) 이사상(李師尙) : 1656~1725. 본관은 전주, 자는 성망(聖望)이다. 1689년(숙종15) 증광문과에 장원 급제해 홍문관에 들어갔다. 이후 김일경 등과 교유하였는데 1722년(경종2) 목호룡의 고변 직후 노론 4대신의 처벌을 강력히 주장하고, 경종 시해를 모의한 노론들을 일망타진한 임인옥사에서 큰 역할을 하였다. 소론 중에서 준소(峻少) 계열로 활약하면서 대사헌·부제학 등을 역임하였다. 영조가 즉위한 뒤인 1725년(영조1) 신임옥사의 주동인물로 탄핵 받고 절도에 안치되었다가 김일경·목호룡과 함께 사형에 처해졌다. 이사상이 지은 경종의 시책문(諡冊文)이 《의릉지장(懿陵誌狀)》에 실려 있다.

102) 주의(注擬) : 관리를 임명할 때 먼저 문관은 이조, 무관은 병조에서 후보자 세 사람을 정하여 임금에게 올리던 일을 말한다.

고 청할[103] 때는 들어가지 않다가 도리어 토역의 일에 가장 앞장섰던 신하를 공격하였으니, 바로 일이 상경(常經)과 반대로 되었습니다. 신은 신필회와 조최수, 둘 다 파직해야 한다고 생각합니다."

○ 부수찬 남일명(南一明)[104]이 상소하여 대략 다음과 같이 말하였다.
"근래 당론의 폐단이 날이 가고 달이 갈수록 심해졌습니다. 지난번 즉위하시던 초기에 가장 먼저 서로 공경하고 협력하라[寅協][105]는 교지를 내리셨지만 지금 조정의 신하들 사이에서는 사의(私意)가 점점 우세해져서 공도(公道)가 행해지지 않고, 발탁하여 진작했다는 소식은 들리지 않는데 제방(隄防)이 또 생겨나서 마침내 벼슬길이 막혀 적체된 무리들이 다시 영구히 버림받았다는 탄식을 품게 만들었습니다.

지금까지 발탁하여 승진한 사람들은 함께 좋아하던 사람을 벗어나지 않았으며, 연달아 배척을 받고 외직으로 나간 사람들은 대부분 취향이 다른 사람들에게서 많이 나와서, 이러한 거조가 나올 때마다 보고 듣는 사람들이 마땅치 않게 여겼습니다. 등용하거나 버리는 것이 이처럼 한쪽으로 치우쳤으니, 신은 적이 혀를 차면서 탄식하고 애석하게 여기고 있습니다."

○ 이조참의 이진유가 상소하여 대략 다음과 같이 말하였다.

---

103) 역적을 토벌하라고 청할 : 원문은 "沐浴之請"이다. 춘추시대 제(齊)나라 진성자(陳成子)가 간공(簡公)을 시해하자, 공자(孔子)가 목욕재계하고 조회에 나아가 노나라 애공(哀公)에게 그를 토벌하자고 청한 데서 나온 말이다. 《論語 憲問》 이것은 신축년(1721, 경종1) 12월 노론 4대신을 탄핵한 김일경 등의 상소에 연명하지 않은 것을 비판한 것이다.
104) 남일명(南一明) : 1675~? 본관은 의령(宜寧), 자는 사함(士咸)이다. 1699년(숙종25) 진사, 1707년(숙종33) 별시문과에 급제하여 1711년 지평이 되고, 1718년 홍문록에 올랐다. 경종대 수찬, 영조대 교리·부응교 등을 역임하였다.
105) 서로 공경하고 협력하라 : 원문은 "寅協"이다. 《서경(書經)》〈고요모(皋陶謨)〉에서 조정 신하들이 함께 경건하고 공손한 자세로 화합함을 뜻하는 말로 '동인협공(同寅協恭)'이라 하였는데, 그 주에 "군신은 마땅히 함께 조심하고 두려워하면서 협력하여 공경해야 한다.[君臣當同其寅畏, 協其恭敬.]" 하였다.

"남일명의 상소는 매우 간교합니다. 가령 이조판서[長銓]가 주객(主客)의 구별을 조금 두어서 그 출입을 막은 것이 준엄하다 하더라도 또한 어찌 큰 죄가 되겠습니까? 그런데 지금 남일명은 이것을 가지고 죄를 성토하기 좋은 핵심적인 수단106)으로 여기고 있으니, 그 또한 이상합니다."

○ 홍문록(弘文錄)107)을 행하였다. 박필몽·오명신(吳命新)108)·여선장(呂善長)109)·유필원(柳弼垣)110)·이승원(李承源)111)·이세덕(李世德)112)·윤성시(尹聖

---

106) 핵심적인 수단 : 원문은 "欛柄"이다. 본래 칼을 안전하게 쥐게 만든 자루 부분을 뜻하는데, 이것이 다른 사람을 부리거나 마음대로 할 수 있는 권력을 잡거나, 그런 지위에 오른 것을 의미하는 것으로 전용되기도 하였다. 여기서는 관건이 되는 핵심적인 수단이라는 뜻으로 사용되었다.

107) 홍문록(弘文錄) : 홍문관의 교리·수찬을 선임(選任)하는 기록이다. 7품 이하의 홍문관 관원이 방목(榜目)을 조사하여 피선될 만한 사람을 초출(抄出)하여 부제학 이하 응교 등이 여기에 원점(圓點)을 치게 하는데, 원점 하나를 1점으로 하여 득점자 순으로 후보자를 선출하였다.

108) 오명신(吳命新) : 1682~? 본관은 해주(海州), 자는 문보(文甫)이다. 여성제(呂聖齊)의 외손이고 오수량(吳遂良) 아들이며, 오명준(吳命峻)·오명항(吳命恒)의 아우이다. 1710년(숙종36) 진사가 되고, 1713년 증광문과에 급제하여, 1722년(경종2) 부수찬에 올랐다. 이후 청요직을 두루 역임하여 1724년(영조 즉위) 이조정랑이 되었다. 1727년(영조3) 교리로 다시 삼사에 진출하여 1728년 승지, 1729년 대사간·이조참의 등을 역임하였다.

109) 여선장(呂善長) : 1686~? 본관은 함양(咸陽), 자는 원백(元伯)이다. 영의정 여성제(呂聖齊)의 증손이다. 1717년(숙종43) 진사가 되고, 1718년 증광문과에 급제하여 경종대 청요직을 두루 지냈다. 1725년(영조1) 유배되었다가 1727년 정미환국으로 다시 청요직에 등용되어 1730년 승지가 되었다.

110) 유필원(柳弼垣) : 1689~1743. 본관은 문화(文化), 자는 회지(誨之)이다. 영의정 유상운(柳尙運)의 손자, 좌의정 유봉휘(柳鳳輝)의 아들이다. 1718년(숙종44) 정시문과에 급제하여 경종대 청요직을 두루 역임하였는데, 1725년(영조1) 노론의 탄핵을 받고 유배되었다가 1727년 석방되어 1729년 승지가 되었다.

111) 이승원(李承源) : 1661~? 본관은 광주(廣州), 자는 효백(孝伯)이다. 1699년(숙종25)에 생원, 1705년 식년문과에 급제하여, 1708년 정언이 되었다가 1712년 사간원의 탄핵을 받고 파직 당했다. 1722년(경종2) 부수찬에 오른 뒤 다시 청요직을 두루 역임하다가 1725년(영조1) 노론의 탄핵을 받고 삭출되었다. 1727년 정미환국으로 형조참의, 1729년 승지, 1741년 호조참판, 1743년 동지의금부사가 되었다.

112) 이세덕(李世德) : 1662~1724. 본관은 용인(龍仁), 자는 백소(伯邵)이다. 1705년(숙종31) 증광문과에 급제하여 청요직을 두루 역임하였다. 1712년(숙종38) 지평으로서 이돈(李墪)을

時)113)·조익명(趙翼命)114)·김상규(金尙奎)115)·김계환(金啓煥)116)·조석명(趙錫

命)117)·김시환(金始煥)118)·조원명·권두경(權斗經)119)·정수기(鄭壽期)120)·박사

변론하다가 유배되었다. 1716년 다시 지평이 되고, 홍문록에 올랐다. 1717년에 윤증
부자를 신원(伸寃)하는 상소를 올렸다가 유배되었다. 1722년(경종2) 다시 수찬이 되어
이후 삼사에서 주로 활동하였다.

113) 윤성시(尹聖時) : 1672~1730. 본관은 해평(海平), 자는 계성(季成)이다. 좌찬성 윤근수(尹根
壽)의 현손이며, 정랑 윤현(尹睍)의 증손이다. 1699년(숙종25) 생원이 되고, 1705년 증광문
과에 급제하여 청요직을 두루 거쳤다. 1721년(경종1) 김일경을 소두로 한 상소에 참여하
여 세제 대리 청정을 추진한 노론 4대신을 처벌하게 하였다. 영조가 즉위한 뒤인
1725년(영조1) 유배되었다가 의금부에 잡혀 와 고문 받던 끝에 장독(杖毒)으로 죽었다.
1755년(영조31) 나주괘서사건(羅州掛書事件) 때 김일경 이하 6적의 하나로 몰려 역률(逆律)
이 추시되었다가 순종 때 복권되었다.

114) 조익명(趙翼命) : 1677~1744. 본관은 풍양(豊壤), 자는 사필(士弼)이다. 직장(直長) 조형(趙
珩)의 증손이고, 조원명(趙遠命)의 동생이다. 1705년(숙종31) 진사가 되고, 그 해 별시문과
에 급제하여, 1709년 정언이 되었다. 1716년 지평 재직시 《가례원류(家禮源流)》의 서문에
서 윤증을 비난한 권상하(權尙夏)를 비판하였다. 경종대 삼사의 언관을 역임하였다.
영조가 즉위하자 노론 4대신의 옥사 때 삼사의 언관직에 있으면서 이를 제지하지
못한 책임을 지고 파직 당하였다. 1727년(영조3) 복직되어 보덕(輔德)이 되었으며, 1729년
윤순(尹淳)·권일형(權一衡)과 같이 동지사(冬至使)로 청나라에 다녀와 대사간·승지 등을
역임하였다.

115) 김상규(金尙奎) : 1682~1736. 본관은 강릉, 자는 사창(士昌)이다. 김시환(金始煥)의 아들이
다. 1705년(숙종31) 증광문과에 급제하여 1712년 정언이 되고 이후 청요직을 두루 거쳐
영조대 대사성 등을 역임하였다.

116) 김계환(金啓煥) : 1669~? 본관은 광산(光山), 자 중명(仲明), 호 소암(素岩)이다. 1696년(숙종
22) 생원·진사가 되고, 1706년 정시문과에 급제하여, 1711년 지평이 되었다. 1716년
사간원의 탄핵을 받고 관작이 삭탈되었다가 1722년(경종2)에 사간이 되었다. 1724년
영조 즉위 직후 승지가 되었지만 1725년 노론의 탄핵을 받고 귀양 갔다. 1728년 다시
나아가 대사간·승지 등을 역임하였다.

117) 조석명(趙錫命) : 1674~1753. 본관은 풍양(豊壤), 자 백승(伯承), 호 묵소(墨沼)·묵원(墨園)이
다. 아버지는 조대수(趙大壽), 어머니는 서문중(徐文重)의 딸이고, 조문명·조현명과 종형
제 사이다. 1707년(숙종33) 별시문과에 급제하여 청요직을 두루 거쳤다. 영조 즉위
뒤에는 물러나 있다가 1727년(영조3) 승지가 되고 이후 대사간·대사성 등을 거쳐 1746년
형조판서에 올랐으며, 1753년 판돈녕부사로 사망하였다.

118) 김시환(金始煥) : 1673~1739. 본관은 강릉(江陵), 자 회숙(晦叔), 호 낙파(駱坡)이다. 1700년
(숙종26) 춘당대시에 급제하여 청요직을 두루 거치고, 1721년(경종1) 승지가 되어 김창집
을 탄핵했다가 유배되었는데, 조태구의 건의로 풀려나 평안감사가 되었다. 1725년(영조
1) 노론이 집권하여 삭출되었다가 1727년 정미환국으로 대사헌이 되었다. 1728년 공조·형

성(朴師聖)121)·권익관(權益寬)122)·이명의(李明誼)123)·이현장(李顯章)124)·윤동

조·예조판서 등을 역임하였으며, 그의 아우 김시혁(金始爀)·김시형(金始炯)과 함께 기로
소에 들어갔다. 시호는 효헌(孝憲)이다.

119) 권두경(權斗經) : 1654~1725. 본관은 안동(安東), 자 천장(天章), 호 창설재(蒼雪齋)이다.
충정공(忠定公) 권벌(權橃)의 5세손이며, 이현일(李玄逸)의 문인으로 이재(李栽) 등과
교유하였다. 권두인(權斗寅)의 아우이다. 1679년(숙종5)에 사마시에 합격하여 형조좌랑
등을 역임하다가 1710년 문과에 급제하여 1712년 정언이 되었다. 1717년 영남유생
만인소의 상소문을 기초하였다. 1723년 부수찬, 1724년 수찬이 되었다. 저서로《창설집》
이 있고, 편서로는《퇴계선생언행록(退溪先生言行錄)》과《도산급문제현록(陶山及門諸賢
錄)》이 있다.

120) 정수기(鄭壽期) : 1664~1752. 본관은 연일(延日), 자 순년(舜年), 호 곡구(谷口)이다. 1699년
(숙종25) 증광문과에 급제하여, 1716년 홍문록에 올랐다. 1722년(경종2) 세제 대리청정을
주청한 김창집 등을 탄핵하면서 숙종대 노론의 출발점이 되었던 김익훈(金益勳)과
이사명(李師命)까지 거슬러 올라가 비판하였다. 1725년(영조1) 신임옥사의 주동 인물이
라고 탄핵을 받고 삭출(削黜)되었다. 1727년 정미환국 이후 대사간으로 복직하여 우참찬·
예조판서 등을 역임하였다. 시호는 정간(貞簡)이다.

121) 박사성(朴師聖) : 1683~1739. 본관은 반남(潘南), 자는 시숙(時叔)이다. 박동량(朴東亮)의
증손, 박태두(朴泰斗)의 손자이고, 박사익(師益)의 아우이며, 금성위(錦城尉) 박명원(朴
明源)은 그 아들이다. 1717년(숙종43) 별시문과에 급제하여 1718년 검열이 되었다. 1724년
영조 즉위 후 김일경 탄핵 상소에 참여하고, 이후 청요직을 두루 거쳤다. 1727년(영조3)
정미환국으로 파면되었다가 1728년 다시 수찬이 되었다. 이해 무신란이 일어나고 나서
이름을 박사정(朴師正)으로 바꾸었다.

122) 권익관(權益寬) : 1676~1730. 본관은 안동, 자는 홍보(弘甫)이다. 사간 권두기(權斗紀)의
아들이다. 1711년(숙종37) 식년문과에 급제하여 청요직을 두루 지내고, 1723년(경종3)
충청감사가 되었다. 1725년(영조1) 노론의 탄핵을 받고 유배되었다가 1727년 풀려나와
공조참의 등을 역임하였다. 1728년 무신란에 연좌되어 다시 외딴섬에 안치되었다가
이듬해 풀려났는데, 그 해 사간원의 탄핵을 받아 다시 변방에 정배되었다. 1735년
관작이 회복되었으나, 1776년에 다시 반역 죄상이 추궁되어 관작이 추탈되었다.

123) 이명의(李明誼) : 1670~1728. 본관은 한산(韓山), 자는 의백(宜伯)이다. 1702년(숙종28) 진
사가 되고, 1712년 정시문과에 급제하여, 경종대 대사간 등을 역임하였다. 영조 즉위
뒤 김일경의 상소에 동참하였다는 죄로 귀양 갔고, 1728년(영조4) 무신란에 연루되어
고문을 당하다가 죽었다. 그 뒤 1755년에 역률(逆律)이 추시(追施)되었다가, 순종 때
복권되었다.

124) 이현장(李顯章) : 1674~1728. 본관은 전주, 자는 성보(誠甫)이다. 1713년(숙종39) 증광문과
에 급제하여, 1719년 사간원 정언이 되고, 1722년(경종2) 홍문관 부수찬 등을 거쳐
이듬해에 교리가 되었다. 영조 즉위 뒤 노론의 탄핵으로 제주에 정배되었다가 1727년
정미환국 이후 다시 등용되어 1728년 승지가 되었으나 갑자기 사망하였다.

형(尹東衡)125)·권익순(權益淳)126)·이중환(李重煥)127)·조최수·유복명·윤유(尹游)128). ─부제학 이진망(李眞望)129), 응교 이정제(李廷濟)130), 교리 심공(沈珙)131)·윤혜교(尹惠敎)132)─

---

125) 윤동형(尹東衡) : 1674~1754. 본관은 파평, 자는 사임(士任)이다. 윤순거(尹舜擧)의 증손으로, 윤절(尹晢)의 손자이고, 윤증 문인이다. 1711년(숙종37) 진사가 되고, 1713년(숙종39) 증광문과에 급제하였는데, 1722년 노론을 추종하였다고 삭판되었다. 1727년(영조3) 다시 등용되어 홍문록에 올랐다. 1732년 승지, 1733년 대사간을 거쳐서 1753년(영조29) 한성부판윤에 올랐다가 지돈녕부사로 기로소(耆老所)에 들어갔다.

126) 권익순(權益淳) : 1671~? 본관은 안동(安東), 자는 화보(和甫)이다. 1713년(숙종39) 증광문과에 급제하여 1722년(경종2) 부수찬, 1724년 대사간·승지 등을 역임하였다. 1725년(영조1) 삭출되었다가 1727년 다시 승지가 되었다.

127) 이중환(李重煥) : 1690~1756. 본관은 여주(驪州), 자 휘조(輝祖), 호 청담(淸潭)·청화산인(靑華山人)이다. 참판 이진휴(李震休)의 아들이며, 이익(李瀷) 문인이다. 1713년(숙종39) 증광문과에 급제하여 승문원 정자를 거쳐 1722년(경종2) 병조정랑·전적 등을 역임하였다. 영조가 즉위하자 목호룡의 당여로 사로잡혀 유배되었다. 1735년(영조11) 풀려났는데, 1739년 다시 의금부에 수금되었다가 이듬해 병으로 겨우 풀려났다. 저서로《택리지(擇里志)》가 있다.

128) 윤유(尹游) : 1674~1737. 본관은 해평(海平), 자 백수(伯修), 호 만하(晚霞)이다. 윤세희(尹世喜)의 아들이고, 윤순(尹淳)의 형이다. 1702년(숙종28) 생원이 되고, 1718년 정시문과에 급제하여 청요직을 두루 역임하였다. 1725년(영조1) 신임옥사 주동자의 한 사람으로 지목되어 삭출되었다. 정미환국(1727) 직후 대사간에 복직되었고, 형조·이조·예조판서를 역임하였다. 시호는 익헌(翼憲)이다.

129) 이진망(李眞望) : 1672~1737. 본관은 전주, 자 구숙(久叔), 호 도운(陶雲)·퇴운(退雲)이다. 영의정 이경석(李景奭)의 증손이다. 1696년(숙종22) 생원이 되고, 1711년(숙종37)에 식년문과에 장원하여 청요직을 두루 거쳤다. 1725년(영조1) 대사성 재직시 이광좌의 신원을 상소하였다. 영조의 잠저(潛邸)때 사부(師傅)로서 왕의 예우를 받았다. 1730년 형조판서에 올라 예조판서·대제학 등을 역임하였다. 저서로《도운유집》이 있다.

130) 이정제(李廷濟) : 1670~1737. 본관은 부평(富平), 자 중협(仲協), 호 죽호(竹湖)이다. 1699년(숙종25) 사마시를 거쳐 이듬해 춘당대문과에 급제하고, 사간 등을 역임하며 김창집 등을 탄핵하다가 파직되기도 하였다. 1721년(경종1) 충주목사를 거쳐 1723년 노론축출에 가담하였다가 1725년(영조1) 노론의 집권으로 삭직되었다. 1728년 경기도관찰사, 이어서 대사헌·형조판서·호조판서 등을 역임하고 지중추부사에 이르렀다.

131) 심공(沈珙) : 1681~1734. 본관은 청송(靑松), 자 공보(共甫), 호 이파(梨坡)이다. 17 08년(숙종34) 진사가 되고, 1711년(숙종37) 식년문과에 급제하였다. 1712년 검열이 되고, 1716년 홍문록에 올랐다. 이후 청요직을 두루 거쳐 1724년(경종4) 승지가 되었다. 1725년 물러났다가 1727년 다시 승지가 되고 1729년 이조참판에 올랐다.

132) 윤혜교(尹惠敎) : 1676~1739. 본관은 파평, 자 여적(汝迪), 호 완기헌(玩棋軒)이다. 윤황(尹

○ 이조(吏曹)에서 아뢰기를,

"그저께 대간과 세자시강원[春坊]에 대한 인사를 시행하면서 서로 논의하여 변통하였는데, 좌랑 홍만우(洪萬遇)133)가 말하기를,

'낭관이 재직하고 있는데, 당상(堂上)이 묻지 않은 것은 무엇 때문인가?'

하면서, 심지어 하리(下吏)를 잡아 가두었습니다. 당상이 정사에 임하여 새로운 사람을 추천할 때 본래 낭관에게 상의한 적이 없었는데, 홍만우가 하리를 가두고 다스린 것은 사체(事體)를 손상한 것이니, 청컨대 파직하십시오."

하였다. 승지 심탱이 상소하여 대략 말하기를,

"전조(銓曹)가 청요직(淸要職)에 후보를 추천하는 규정에 따르면 당상은 당상이 주관하고 당하(堂下)는 낭관이 주관하여 반드시 가부(可否)를 물었는데, 이것은 바꿀 수 없는 규정입니다. 그런데 전조에서 홍만우의 파직을 청하는 초기(草記)에,

'당상이 스스로 새로운 사람을 추천할 때 원래 물어서 논의하는 규정은 없다.'

하였습니다. 대개 당상이 스스로 새로운 사람을 추천하는 일이 혹 낭관이 아직 임명되어 있지 않은 날에는 있기도 하였지만, 낭관이 분명히 있을 때에는 원래 이것을 거론할 수 없는데, 이전의 규정을 가리고 숨겨서 천청(天聽, 임금의 들음)을 현혹시키는 짓은 이미 매우 옳지 못한 일입니다."

하였다.

煌)의 증손, 윤순거(尹舜擧)의 손자, 윤진(尹晉)의 아들이다. 1714년(숙종40) 증광문과에 급제하여 1718년 도당록에 올랐다. 경종대 청요직을 두루 역임하고, 1724년 영조가 즉위하자 승지가 되었다. 1725년 물러났다가 1727년 다시 등용되어 부제학·이조참의·대사헌 등을 거쳐서 1737년(영조13) 공조판서·홍문관제학·예조판서 등을 지내고 1739년 이조판서가 되었다.

133) 홍만우(洪萬遇) : 1671~1722. 본관은 풍산(豊山), 자는 계회(季會)이다. 1701년(숙종27) 알성 문과에 급제하여 1713년 홍문록에 올랐다. 1717년 윤지완을 비호하고, 영의정 김창집 등을 탄핵하였다가 귀양 갔다. 1721년(경종1) 이조좌랑이 되고 1722년 수찬으로서 사망하였다.

○ 홍문관 -심공과 윤혜교- 에서 차자를 올려 대략 말하기를,

"심탱이 올린 상소 하나는 놀랍고 한탄스러움을 금하지 못하겠습니다. 대개 당상이 새로운 사람을 추천할 때 낭관이 정사에 참여하지만, 동료가 바깥에 있을 경우에는 낭관들 스스로 서로 서면(書面)으로 묻는 것이 상례입니다. 당상관의 우두머리가 정사에 임하여 새로운 사람을 추천할 때는 원래 집에 있는 낭관에게 서면으로 묻는 규정이 없습니다.

이와 같은 전례(前例)를 홍만우가 마땅히 모를 리가 없는데도 하리를 잡아 가둔 것은 크게 사체(事體)에 어긋난 일입니다. 승지[承宣]가 반드시 전지(銓地)[134]를 동요시켜 대정(大政)을 저지하고 방해하려 하였으니 매우 무엄합니다. 청컨대 심탱을 파직하십시오."

하니, 주상이 아뢴 대로 하라 하였다.

○ 이조판서 이조(李肇)와 참의 이진유 등이 상소하여 대략 다음과 같이 말하였다.

"당을 비호하려고 말하다 보니 본 조에 없는 전례를 거짓으로 끌어들였습니다. 당상이 낭청에게 서면으로 묻는 일은 이조(吏曹)의 고사(故事)에서 일찍이 본적이 없는데, 알지 못하겠지만 승지는 어디서 듣고서 이와 같이 딱 잘라 말합니까?"

○ 우윤 김흥경(金興慶)[135]이 상소하여 대략 다음과 같이 말하였다.

"황일하의 상소는 옥사를 다스리는 것이 소홀하고 느슨하다고 논하고

---

134) 전지(銓地) : 인사 전형을 담당하던 이조와 병조를 가리킨다.
135) 김흥경(金興慶) : 1677~1750. 본관은 경주, 자 자유(子有)·숙기(叔起), 호 급류정(急流亭)이다. 황해도관찰사 김홍욱(金弘郁)의 종손이다. 1699년(숙종25) 정시문과에 급제하여 대사간 등 청요직을 두루 거쳐, 경종대 한성부 우윤이 되었다가 신임옥사로 파직되었다. 1724년 영조 즉위로 도승지가 되었고, 1734년(영조10) 우의정에 이어 1735년 영의정에 올랐다. 시호는 정헌(靖獻)이다.

천거[薦剡]를 제멋대로 한 일을 배척한 것에 불과한데, 억지로 삭출의 처벌을 가하였습니다. 민진원(閔鎭遠)136)의 경우 나라에 충성하고 백성을 사랑하는 마음이 성실하여 딴마음이 없는데, '공갈(恐喝)' 등의 말을 빙자하여 죄를 얽어 넣은 것이 매우 무거웠습니다.

아! 인현왕후(仁顯王后)137)와 동기간으로는 단지 한 중신[민진원]이 있을 뿐이니, 설령 작은 잘못이나 허물이 있더라도 진실로 너그럽게 용납해야 마땅합니다. 하물며 그 말이 지극한 슬픔에서 나와서 죄줄 것은 없고 숭상할만 한 점은 있는 경우이겠습니까?

어유룡 등을 석방하라는 명은 성상이 뜻을 둔 곳이 있어서 나온 것인데, 승정원에서 작환(繳還)138)하였으니, 이미 지극히 놀랄 만합니다. 대간의 직책에 있는 자가 군부를 인도하여 언관을 형신하고 국문하게 하였으니, 깊이 미워하고 통렬하게 배척하여 제멋대로 당동벌이(黨同伐異)139)할 수 없게 해야 마땅합니다."

---

136) 민진원(閔鎭遠) : 1664~1736. 본관은 여흥(驪興), 자 성유(聖猷), 호 단암(丹巖)·세심(洗心)이다. 민유중(閔維重)의 아들이며, 인현왕후의 오빠이자 민진후(閔鎭厚)의 동생이고, 송시열 문인이다. 1691년(숙종17) 증광문과에 급제하여, 1694년 갑술환국 이후 청요직을 두루 거치고 1697년 홍문록에 올랐다. 1715년 《가례원류》 간행을 둘러싸고 노·소론간에 갈등이 치열해지자 정호(鄭澔)를 두둔하다가 파직되었다. 1721년(경종1) 공조판서가 되었다가 신임옥사로 유배되었다. 1724년 영조가 즉위하자 우의정에 오르고, 1725년 좌의정이 되었다. 노론을 대표하여 영조 탕평책을 거부하고 끝까지 소론을 배척하였다. 1730년 기로소에 들고 1733년 봉조하(奉朝賀)가 되었다. 저서로 《단암주의(丹巖奏議)》·《연행록(燕行錄)》·《단암만록(丹巖漫錄)》·《민문충공주의(閔文忠公奏議)》 등이 전한다. 영조의 묘정에 배향되었으며, 시호는 문충(文忠)이다.

137) 인현왕후(仁顯王后) : 1667~1701. 본관은 여흥(驪興), 아버지는 여양부원군(驪陽府院君) 민유중(閔維重)이며, 어머니는 은진 송씨(恩津宋氏)로 송준길(宋浚吉)의 딸이다. 1681년(숙종7) 숙종의 계비(繼妃)가 되었는데, 1689년 폐위되었다. 1694년 갑술환국으로 다시 복위되었다가 1701년 병으로 사망하였다. 능호는 명릉(明陵)으로 경기도 고양시 신도읍 용두리 서오릉(西五陵) 묘역 안에 있다.

138) 작환(繳還) : 임금의 전교를 받들지 않고 도로 들이는 일이다.

139) 당동벌이(黨同伐異) : 일의 옳고 그름은 따지지 않은 채 뜻이 같은 무리끼리는 서로 돕고 그렇지 않은 무리는 배척한다는 뜻이다.

○ 여러 승지들이 –김치룡(金致龍)[140]·조경명(趙景命)[141]·황이장(黃爾章)[142]·이의만 (李宜晩)[143]– 입시하여, 당시 고변서를 올린 목호룡(睦虎龍)[144]을 해당 부(府)에 회부하였다. 영의정과 우의정이 빈청(賓廳)에 나오니, 의금부 당상관과 양사 (兩司), 포도대장을 아울러 패초(牌招)하였다. 목호룡의 원정(原情)을 올린 뒤 국청에서 아뢰기를,

"죄인이 이와 같이 공초하였는데, 그가 지목하여 고발한 사람은 정인중(鄭麟

---

140) 김치룡(金致龍) : 1654~1724. 본관은 언양(彦陽), 자는 천용(天用)이다. 1675년(숙종1) 생원 ·진사에 모두 합격하고, 1691년 증광문과에 급제하여, 1694년 갑술환국 이후 청요직을 두루 역임하였다. 1711년 강원도관찰사가 되고, 1721년(경종1) 사은부사로 청나라에 다녀온 뒤 승지가 되었다.

141) 조경명(趙景命) : 1674~1726. 본관은 풍양(豊壤), 자 군석(君錫), 호 귀락정(歸樂亭)이다. 좌의정 조문명, 영의정 조현명의 형이다. 1702년(숙종28) 진사시에 합격하여 음보(蔭補) 로 현감이 되었으며, 1722년(경종2) 49세의 나이로 정시문과에 장원 급제하여 승지가 되었다. 1725년(영조1) 대사간으로 있을 때 노론의 탄핵을 받았다.

142) 황이장(黃爾章) : 1653~1728. 본관은 장수(長水), 자는 자경(子裝)이다. 1712년(숙종38) 정 시문과에 급제하여 청요직을 두루 거쳤다. 1715년 장령 재직 시 논의가 준열하다 하여 '오색대간(五色臺諫)'이라는 별명을 얻었다. 그 뒤 승지·대사간 등을 지냈으며, 영조대 강화유수 등을 역임하였다.

143) 이의만(李宜晩) : 1650~1736. 본관은 광주(廣州), 자 선응(善應), 호 농은(農隱)이다. 이준경 (李浚慶)의 5대손이다. 1691년(숙종17) 증광문과에 급제하여 1694년 갑술환국 이후 청요직 에 진출하였다. 1697년 수령들의 실정을 탄핵하였다가 파직 당했다. 1708년 홍문록에 올랐고, 1722년(경종2) 승지가 되었다. 1725년(영조1) 노론의 탄핵으로 관작을 삭탈 당하였다가 1731년 한성판윤이 되었고, 1736년 지중추부사로서 사망하였다.

144) 목호룡(睦虎龍) : 1684~1724. 본관은 사천(泗川)으로, 참판 목진공(睦進恭)의 후손이며, 남인(南人)의 서얼(庶孼)이다. 일찍이 종실인 청릉군(靑陵君)의 가동(家僮)으로 있으면서 풍수술(風水術)을 배워 지사(地師)가 되었다. 처음에는 노론인 김용택·이천기·이기지 등과 함께 세제를 보호하는 편에 속하였으나, 1721년(경종1) 김일경 등의 상소로 김창집 등 노론 4대신이 실각하여 유배되고 소론 정권이 들어서자, 다음 해인 1722년 소론편에 가담하여 경종을 시해하려는 모의가 있었다는 이른바 삼수설(三手說)을 고변(告變)하였 다. 이 고변으로 인하여 역모로 지목된 60여 명이 처벌되는 옥사가 일어나고, 건저(建儲) 4대신인 이이명·김창집·이건명·조태채 등이 사형 당하였다. 목호룡은 고변의 공으로 부사공신(扶社功臣) 3등으로 동성군(東城君)에 봉해지고 동지중추부사(同知中樞府事)에 올랐다. 그 뒤 1724년 영조가 즉위하자 노론이 상소하여 임인옥사를 무고로 일어난 일이라고 주장하자, 영조가 이것을 받아들여 김일경과 함께 붙잡혀 옥중에서 급사하였 다. 죽은 뒤 당고개에서 효수되었다.

重)¹⁴⁵⁾·이기지(李器之)¹⁴⁶⁾·이희지(李喜之)¹⁴⁷⁾·김용택(金龍澤)¹⁴⁸⁾·홍의인(洪義
人)¹⁴⁹⁾·홍철인(洪哲人)·이천기(李天紀)¹⁵⁰⁾·백망(白望)¹⁵¹⁾·조흡(趙洽)¹⁵²⁾·심상

---

145) 정인중(鄭麟重) : 1674~1722. 본관은 경주(慶州), 자는 숙저(叔雎)이다. 증조부는 호위대장
(扈衛大將) 정흔(鄭昕)이고, 조부는 회인현감(懷仁縣監) 정백기(鄭伯基)이다. 부친은 참봉
(參奉) 정이상(鄭爾尙)이고, 생부는 정이량(鄭爾亮)이다. 음사(蔭仕)로 벼슬살이를 시작하
여, 관직은 의영직장(義盈直長)에 올랐다. 1722년(경종2) 목호룡의 고변에 의하면 정인중
은 김용택·이기지·이천기·홍의인 등과 함께 지상궁(池尙宮)에게 은(銀)을 주고서 임금에
게 독약을 먹이려고 했다 한다. 이 일을 계기로 그는 국청(鞫廳)에 잡혀 들어가 심문
끝에 결국 사형을 당하였다.

146) 이기지(李器之) : 1690~1722. 본관은 전주, 자 사안(士安), 호 일암(一庵)이다. 좌의정 이이
명의 아들이다. 1715년(숙종41) 진사가 되었는데, 1722년(경종2) 임인옥사에 연루되어
유배되었다가 다시 압송되어 고문받다가 죽었다. 1725년(영조1) 신원되어 사헌부 지평을
추증받았다. 저서로 《일암집(一庵集)》이 있다.

147) 이희지(李喜之) : 1681~1722. 본관은 전주, 자 사복(士復), 호 응재(凝齋)이다. 판서 이사명
의 아들이며, 좌의정 이이명의 조카이다. 1722년(경종2) 목호룡이, 김창집의 손자 김성행,
이이명의 아들 이기지와 조카 이희지, 사위 이천기, 김춘택의 재종제 김용택 등 노론
명문가 자제들이 환관, 궁녀들과 결탁하여 숙종의 임종 무렵 '삼급수(三急手)'로 당시
세자이던 경종을 죽이려 했다고 고변하였다. '삼급수'란 '대급수(大急手), 소급수(小急手),
평지수(平地手)'를 말하는데 '대급수'는 자객을 시켜 칼을 품고 궁중에 들어가 시해하는
것이고 '소급수'는 독약을 궁녀에게 주어 음식물에 타서 독시(毒弒)하는 것이고 '평지수'
는 선왕(先王)의 전교를 위조하여 폐출하는 것이다. 당시 이희지는 수사 도중 형장을
맞고 죽었다.

148) 김용택(金龍澤) : 1680~1722. 본관은 광산(光山), 자 덕우(德雨), 호 고송헌(高松軒)이다.
대제학 김만중(金萬重)의 손자이고, 이사명(李師命)의 사위이다. 숙종대 이이명의 천거로
벼슬길에 올랐다. 1722년(경종2) 노론 4대신과 그 일당 60여 인이 경종을 시해하고,
이이명을 추대하려 한다는 목호룡의 고변으로 이천기 등과 함께 하옥되어 국문을
받다가 고문에 의해 치사되었다. 1802년(순조2)에 신원(伸寃)되어 집의(執義)에 추증되었
다.

149) 홍의인(洪義人) : 1683~1722. 본관은 남양(南陽), 자는 정숙(正叔)이다. 선공감 봉사로
있다가 목호룡의 고변으로 투옥되어 네 차례 형문을 받다가 장살되었다. 목호룡이
노론 4대신 등이 경종을 시해하려 한다고 고변하여 옥사가 크게 일어났는데, 그는
은자(銀子) 50냥을 궁녀에게 주고 궁중과 연락을 취하였다는 혐의를 받았다.

150) 이천기(李天紀) : 1684~1722. 본관은 전주, 자는 계원(啓元)이다. 송상기(宋相琦)의 사위이
고 김춘택의 처남이다. 참판 이사영(李思永)의 아들이다. 1710년(숙종36) 증광시에 합격하
여 생원이 되었다. 김용택·심상길·서덕수·정인중 등과 함께 경종을 시해하려 했다는
혐의를 받고 역률(逆律)로 처형되었다. 영조가 즉위한 뒤 대사성 송인명(宋寅明)이 어전에
서 이천기 등은 숙종 말년부터 은으로 뇌물을 써서 내시·궁녀들과 결탁했으므로 처벌은
당연하다고 주장하였다. 그러나 영조는 임인옥안(壬寅獄案)을 불태우고 친히 '대훈(大訓)'

길(沈尙吉)153)·김성행(金省行)154)·오서종(吳瑞鍾)155)·유경유(柳慶裕)156)입니
다. 환관 장세상(張世相)157)은 바깥으로 쫓아냈고, 나인 이영(二英)158) 등은

을 지어 종묘에 고한 뒤 노론 4대신에게는 시호를 다시 주고, 이천기 등 5인에게도
벼슬을 다시 주려 하였다. 이에 박문수(朴文秀)·이종성(李宗城) 등이 반대하자, 왕은
'대훈'의 글자를 수정하면서까지 모두 신원(伸寃)하게 하였다.

151) 백망(白望) : 1627~1722. 1722년(경종2) 3월 28일 목호룡의 고변으로 인하여 경종의 시해
또는 폐출을 모의한 죄목으로 사로잡혔다. 그는 공초에서 목호룡의 소개로 김용택·정인
중 등과 교유하였으며, 모든 일의 배후에는 목호룡이 관계되어 있다고 진술하였다.
그러나 그의 집에서 단검과 갑옷이 발견되어 칼로 경종을 시해하는 대급수(大急手)
관련자로 지목되어 처형되었다. 또한 공초에서 소론과 남인이 세제를 모해하려 하였다고
역으로 고변하였는데, 여기에는 당시 추국을 담당하고 있던 조태구·최석항·김일경·심
단 등의 이름도 거론되었다. 국청에서는 이 일을 불문에 붙였으며, 문목에서 벗어난다고
하여 기록하지 않았다. 《景宗修正實錄 2年 3月 29日, 4月 4日》

152) 조흡(趙洽) : 조이중(趙爾重)의 아들이다. 목호룡의 고변으로 붙잡혔는데, 그의 공초에
의하면, 서덕수(徐德修)와 7촌 사이이고 김창도(金昌道)와는 사돈간이며 장세상(張世相)
과는 절친한 사이라고 한다. 한때 의주 부윤 김유경(金有慶)의 막하에서 편비(偏裨)로
있었다. 동궁 별실에서 이소훈(李昭訓)을 독살하여 효과를 시험하기도 하였으나 모의가
사전에 발각되면서 1722년 역모죄로 회령부(會寧府)에 정배되었다가 사형 당하였다.

153) 심상길(沈尙吉) : 1678~1722. 본관은 청송(靑松), 자는 자팔(子八)이다. 1702년(숙종28)과
1715년 한성시(漢城試)에서 거듭 장원하고, 잇달아 진사시에 입격하였다. 1716년 침랑(寢
郞)이 되었으며, 형조좌랑 등을 역임하였다. 1721년 이희지·홍의인 등과 야밤에 왕래한다
는 이유로 사헌부의 탄핵을 받았다. 1722년 임인옥사에 연루되어 처형 당했다.

154) 김성행(金省行) : 1696~1722. 본관은 안동(安東), 자 사삼(士三), 호 취백헌(翠柏軒)이다.
영의정 김창집의 손자이고, 김제겸(金濟謙)의 아들이며 김원행(金元行)의 형이다. 1722년
임인옥사에 연루되어 국문을 받고 옥사하였고, 김창집과 김제겸은 사사되었다.

155) 오서종(吳瑞鍾) : 1693~1722. 본관은 보성(寶城)이다. 1717년(숙종43) 온양(溫陽)에서 시행
된 별시문과에 급제하여 성균관박사 등을 역임하였다. 1722년(경종2) 임인옥사에서
경종의 시해를 모의할 때 유경유(柳慶裕)와 더불어 역모자금을 조달하기 위하여 은을
구해주었다는 혐의로 국문을 받던 중 장살되었다.

156) 유경유(柳慶裕) : 1722년(경종2)에 목호룡이 고변한 옥사에서 적(賊)으로 지목된 자로,
국문을 받고 무장현(茂長縣)에 유배되었다. 영조 즉위 후 신임옥사(辛壬獄事) 때 화를
당한 노론계 인물들의 죄를 감해 주었는데, 유경유는 이때 죄가 감등되었다. 이해에
임인옥사(壬寅獄事)를 고변한 목호룡에 대한 재판을 할 때 김일경(金一鏡), 목호룡과
내통하였다는 혐의를 받고 다시 유배되었다. 1729년(영조5) 4월에 석방하라는 명이
있었다. 《英祖實錄 1年 1月 7日, 5年 4月 30日》

157) 장세상(張世相) : 목호룡의 고변으로 일어난 임인옥사 중 노론이 경종을 시해하려고
했다는 세 가지 수법 가운데 마지막 수법인 평지수(平地手)와 관련된 환관이다. 이희지가

도사(都事)를 보내 사로잡아왔습니다. 나인 지씨(池氏) 성을 가진 상궁[159]과 열이(烈伊) 또한 중요하게 거론되었으니, 궁 안에서 내보내 국청에 회부하시는 것이 어떠하겠습니까?"

하니, 전교하기를,

"아뢴 대로 하라. 지씨 성을 가진 상궁과 열이는 죽은 지 이미 오래 되었다."

하였다.

○ 세제(世弟)가 하령하기를,

"시강원(侍講院)과 익위사(翊衛司)의 겸관과 숙직하고 있는 홍문관원을 모두 인접(引接)[160]하겠다."-문학 이명의, 사서(司書) 유필원, 익위 조하기(曹夏奇)[161], 부솔(副率) 서종진(徐宗鎭)[162]-

---

당시 세자였던 경종을 무함하는 내용의 언문 가사를 지어 궁중에 유입시키고, 숙종의 거짓 조서를 작성하여 상궁 지열(池烈)과 환관 장세상으로 하여금 국상 때 내리게 하여 세자를 폐하려 하였다는 것이 평지수의 내용이다. 결국 장세상은 1722년(경종2) 4월 21일에 경종의 독살을 모의하였다는 혐의 등을 받고 심문을 받았으나, 결안(結案)하기 전에 죽었다. 《景宗實錄 2年 3月 27日, 4月 21日》《承政院日記 景宗 2年 4月 13日·17日, 5月 8日》 당시 서덕수와 김성절은 내관 장세상과 공모하여 경종을 독살하려 하였다고 공초하였다. 《景宗實錄 2年 5月 14日, 8月 26日》

158) 이영(二英) : 세제의 여종이자 백망의 첩이다. 백망이 준 은화를 궁녀들에게 바치고 궁녀가 독약을 쓰도록 했다고 자백하기도 했다.

159) 지씨(池氏) …… 상궁 : 지상궁은 목호룡의 고변에 따라 칼과 독약 등으로 경종을 시해한다는 이른바 삼수(三手) 사건에 관련되어 처형당하였다.

160) 인접(引接) : 원래는 왕이 의정(議政)을 인견할 때, 시신(侍臣)을 시켜 맞게 하는 일을 말하는데, 여기서는 왕세제가 동궁전에서 궁료와 관련 신료들을 불러서 만난다는 의미로 사용되었다.

161) 조하기(曹夏奇) : 1660~1738. 본관은 창녕(昌寧), 자는 위숙(偉叔)이다. 조한영(曹漢英)의 손자이다. 1681년(숙종7) 식년시에 합격하여 1702년 빙고별검(氷庫別檢), 1716년 금성현령(錦城縣令) 등을 지내고, 영조대에는 공조좌랑·첨지중추부사 등을 두루 역임하였다.

162) 서종진(徐宗鎭) : 1675~1738. 본관은 대구(大丘), 자는 동망(東望)이다. 서문징(徐文徵)의 아들이다. 1713년(숙종39) 증광시에 합격하여 생원이 되었다. 1724년(영조 즉위) 호조정랑이 되고 이후 진잠현감(鎭岑縣監)·단양군수(丹陽郡守) 등을 거쳐, 1738년 군자감판관(軍資監判官)이 되었다.

하였다. 또 하령하기를,

"대조(大朝)께서 국청(鞫廳)의 초사(招辭, 죄인의 진술)를 내려서 보여주셨는데, 말단의 두 가지 일은 나에 대한 악명(惡名)이니, 어찌 차마 잠시라도 천지 사이에 숨을 쉬고 있을 수 있겠는가? 장차 사위(辭位)163)하겠다."

하여, 궁관(宮官)이 누누이 진달하였지만 끝내 윤허 받지 못하고, 이사(貳師)와 빈객(賓客)164)을 인접하라고 청하고 물러 나왔는데, 밤이 이미 사경(四更, 오전 3시 전후한 시점)이 되었다.

○ 국청 대신이 청대하여 입시하였다. 조태구가 말하기를,

"당초 고변서에는 차마 듣지 못할 말이 있다고 들었으므로 빨리 국청을 설치하라고 청하였었습니다. 죄인에게 진술을 받아보니 나온 말이 모두 이미 지난 경자년(1720, 경종 즉위년) 일들로서, 당시 음흉하고 치밀하게 준비한 형상이 이제야 입 밖으로 나왔으니 마땅히 엄중히 조사해야 할 것입니다.

그런데 삼가 듣자니, 왕세제께서 초사 가운데 말단의 두 사건에 편치 않은 단서가 있는 것 때문에 상소를 올리려고까지 하였다고 합니다. 옛날에도 양왕(梁王)의 옥사(獄事)165)를 끝까지 캐지 말게 한 일이 있었는데, 아래 조항의 일은 원래 대단한 일이 아니니, 내버려 두고 불문에 부치는 것이 어떻겠습니까?"

하였다. 우의정 최석항이 말하기를,

"처음 그 말을 들으니, 지극히 놀랍고 통탄스러워, 그 누명을 벗기 위해서라도 한 번 묻지 않을 수가 없었기 때문에 추문(推問)이 있었습니다. 그렇지만

---

163) 사위(辭位) : 임금 또는 세자가 자리를 물러난다는 뜻이다.
164) 이사(貳師)와 빈객(賓客) : 이사는 왕세자 교육을 담당하는 세자시강원 종1품 관직이고, 빈객은 정2품 관직이다.
165) 양왕(梁王)의 옥사(獄事) : 양왕은 한나라 경제(景帝)의 친동생이었다. 양왕의 반역 음모가 발각되어 전숙(田叔)을 보내어 조사하였다. 전숙이 돌아와서 말하기를, "양왕의 일은 묻지 마소서. 바른대로 말하면 처단하여야 하고, 처단하면 태후(太后)의 마음을 상하게 할 것입니다." 하여, 양왕의 신하 양승(羊勝)·공손궤(公孫詭)의 무리에게만 형벌을 내렸다.

동궁께서 이 때문에 불안해하시니, 이 뒤로는 동궁에 관련된 말을 문안(文案)에 올리지 못하게 하는 것이 마땅하겠습니다."

하였다. 조태구가 말하기를,

"옥관 김일경이 의외의 흉언 때문에 바야흐로 명을 기다리고 있습니다."

하니, 최석항이 말하기를,

"백망이 이 말을 한 까닭은, 김일경이 옥사를 자못 준엄하게 다스렸기 때문에 원한을 품고 지어낸 말이니, 돈독히 면려하여 공무를 거행하게 하는 것이 마땅합니다."

하였다. 조태구가 말하기를,

"이미 시급한 옥사가 아니니, 본부에서 추문하는 것이 어떠하신지요?"

하니, 주상이 말하기를, "그렇게 하라." 하였다.

○ 국청에서 아뢰기를,

"지금 각자의 초사를 보면 고변자가 지목하여 고발한 말과 하나하나 모두 상반됩니다. 그 가운데 백망은 또 고변자라고 칭하면서, 또한 일찍이 흉패하고 부도한 말이 있었고, '나 또한 고변을 올릴 것이다.'[166] 하였습니다. 만약 진실로 이런 말이 있었다면 어찌하여 당시에는 즉시 고하지 않다가 지금 사로잡힌 뒤에 이르러서야 비로소 입 밖으로 낸단 말입니까?

고변한 자를 시샘하고 원망하여 서로 상대방을 고변하는 것으로 죽음 가운데 삶을 도모하는 계책으로 삼으려 하였으니, 그 정상이 진실로 매우 놀랍습니다만 흉언이 이미 나왔으니 다시 조사하여 심문하지 않을 수 없습니다.

---

166) 나 …… 것이다 : 백망의 초사(招辭)를 가리킨다. 1722년(경종2) 3월 28일 목호룡의 고변으로 인하여 경종의 시해 또는 폐출을 모의한 죄목으로 백망 등이 사로잡혔다. 백망은 공초에서, 소론과 남인이 세제를 모해하려 하였다고 역으로 고변하였다. 그 내용 가운데 당시 추국을 담당하고 있던 조태구·최석항·김일경·심단 등의 이름도 거론되었다. 국청에서는 이 일을 불문에 붙였으며, 문목에서 벗어난다고 하여 기록하지 않았다.《景宗修正實錄 2年 3月 29日, 4月 4日》

또한 여러 죄인들의 원사(爰辭)[167] 가운데 또한 증거를 대며 물을 만한 단서가 없지 않으니, 이것을 문목으로 내어서 다시 고변자를 추문하고, 여러 죄인들 또한 다시 추문할 단서가 없지 않으니, 아울러 다시 추문한 뒤에 품처(稟處)하게 하는 것이 어떻겠습니까?"

하니, 주상이 전교하기를, "윤허한다." 하였다. 승정원에서 아뢰기를, "영의정 조태구와 우의정 최석항이 백망의 공초로 인하여 바야흐로 의금부에서 명을 기다리고 있습니다."

하니, 전교하기를, "명을 기다리지 말거라." 하였다.

○ **여름**, 대사간 이사상이 상소하여 대략 다음과 같이 말하였다.

"국문하는 일은 엄중하고 비밀스러워 비록 상세히 파악할 수 없지만, 반역을 음모한 정절이 낭자할 뿐만이 아닌데, 이것을 주장하고 결탁할 자를 끌어 모은 것은 흉악한 재상의 자질(子姪)에게서 많이 나왔으므로, 이들을 조사하여 다스리는 일을 조금도 늦출 수 없습니다.

백망은 본래 흉당이 암암리에 키운 용사(勇士)로서 그 헤아릴 수 없는 정절은 물어서 조사할 것을 기다리지 않고도 알 수 있습니다. 신은 원컨대 대신을 돈독히 면려하고, 아울러 옥관(獄官)을 불러서, 작은 혐의를 고집하지 말고 엄히 형신하게 해야 한다고 생각합니다."

○ 국청 승지 황이장 -혹은 조경명이라고도 한다.- 이 아뢰기를,

"오늘 백망의 혼란스럽고 황당하며 말이 되지 않는 허다한 말들은 모두 문목 밖에서 나왔는데, 조정 신하들의 이름 또한 많이 거론되었습니다. 심지어 옥사를 다스리는 두 대신에 대해 차마 들을 수도 없는 말을 더하여, 두 대신이 모두 물러나 명을 기다리기에 이르렀는데, 이는 백망이 죽음 가운데에서도 살고자 하는 계책에 불과합니다. 처음 초사에서는 김일경을 쫓아내려

---

167) 원사(爰辭) : 죄인이 진술한 범죄 사실을 적어 놓은 문서이다.

하고, 또 판의금부새[심단]를 침범하였으니, 그 정절이 더욱 교묘하고 흉악합니다. 빨리 처분을 내리시어 국청의 일을 속히 마무리 하십시오."

하니, 주상이 사관을 보내 대신을 위로하고 타일러서 안심하고 국청에 참여하도록 하라고 명하였다.

○ 사직 신임(申銋)[168]이 상소하여 다음과 같이 말하였다.

"신이 듣건대 국옥(鞫獄)[169]을 처음 설치했을 때 의금부의 관원이 죄인의 입에서 나왔는데도 국청에서 사로잡을 것을 청하지 않았으며, 본 부(本府)로 국청을 옮겼으니, 일이 상규(常規)와 다르게 되었습니다.

또한 승지[承宣]의 계사(啓辭)를 보면, 옥사를 다스리던 대신 또한 그 공초에서 긴요하게 거론되었는데도 승정원과 대각에서는 단지 돈독히 면려하라고만 청하였으니, 성명께서 엄하게 꾸짖고 배척해야 할 것입니다."

○ 이조참판 김일경이 상소하여 대략 말하기를,

"신이 의금부에서 대죄하고 있는데, 이홍술의 옥사를 수개월 동안 질질 끌고 있으니, 신은 실로 개탄스럽습니다. 육현(陸玄)을 때려죽인 정상은 그 단서가 모두 드러났으며, 그간의 초사(招辭)에 연루된 자는 백씨 성을 가진 한 놈인데, 그 이름을 세 번이나 바꾸었으니,[170] 정상(情狀)이 의심스럽습니다.

---

168) 신임(申銋) : 1639~1725. 본관은 평산(平山), 자 화중(華仲), 호 한죽(寒竹)이다. 박세채(朴世采) 문인이다. 1657년(효종8) 진사시, 1686년(숙종12) 별시문과에 급제하여, 1694년 정언이 되었다. 1696년 소론 탕평파 대신을 비판하였다가 정의현감(旌義縣監)으로 출보되었다. 이해 홍문록에는 올랐으나 도당록에서는 누락되었다. 1703년 승지가 되고, 1720년 공조판서에 올랐다. 1722년(경종2) 임인옥사 당시 소론을 비판하고 동궁을 보호하라고 상소하였다가 유배되었다. 영조 즉위 후 사면되어 돌아오던 도중 죽었다. 영의정에 추증되었으며, 시호는 충경(忠景)이다.

169) 국옥(鞫獄) : 임금의 명령을 받아 반란이나 강상죄(綱常罪) 등에 관련된 중죄인을 국문하는 옥사이다.

170) 그 …… 바꾸었으니 : 《경종실록 2년 7월 14일》 기사에 따르면 역모를 통해 추대하려는 사람의 이름이 세 번 바뀌었다는 것이다. 그 내용은 다음과 같다. "처음에는 홍철인·이기

목호룡이 고변서를 올리던 저녁에 백망은 칼[枷]을 벗고 감옥을 벗어나 도망쳐서 담장 바깥으로 넘어갔다가 이내 체포되었습니다. 신은 그가 흉악하고 사납다는 것을 알아서 칼을 채워 두라고 타일러 경계하니 그 또한 신이 엄하게 다스린다는 말을 듣고서 뼈에 사무치게 원망하였습니다. 정국(庭鞫)[171]할 때 반역을 도모한 절차를 모두 명백히 말하지 않고 갑자기 신의 성명을 거론하면서 차마 들을 수 없는 흉언을 억지로 가하였습니다."

하였다. 또 다음과 같이 말하였다.

"담장을 넘어 궁궐에 들어가서 비수를 품고 화장실에 숨거나[172], 5백 냥 상당의 금을 주고 중국에서 사들인 환약(丸藥)은 한 개를 먹으면 즉시 쓰러져 죽는데, 이것을 궁인에게 나눠주어 음식에 타게 하거나, 국상(國喪)을 틈타서 임금의 전지를 위조하여 폐위시키고 덕양군(德讓君)으로 삼는다고 운운하면서, '대급수(大急手)'·'소급수(小急手)'·'평지수(平地手)'[173]라는 은어(隱語)를 지어 불렀습니다. 흉역을 모의한 정절이 낭자하여 암담하고 처참하니, 무릇

지 중에 하나라고 하였는데, 문랑(問郎)이 다시 힐문하였더니, 또 이 정승(李政丞)이라고 말하였습니다. 추대가 어떠한 일이기에 신문에 따라 세 번이나 그 이름을 고치는 것입니까? 또 동참한 사람을 물었더니, 바로 이홍매(李弘邁)의 아들로서 이름을 알지 못한다고 대답하였습니다."

171) 정국(庭鞫) : 의금부 또는 사헌부에서 왕명에 의하여 죄인을 대궐 안에서 국문하던 일이다.

172) 비수를 …… 숨거나 : 백망이 비수로 경종을 시해하려 했다는 것을 말한다. 본래 전국시대 지백(智伯)의 신하였던 예양(豫讓)이 주군(主君)의 원수인 조양자(趙襄子)에게 복수하기 위해 측간에서 비수를 끼고 숨어 있었던 고사에서 나온 말이다.

173) 대급수·소급수·평지수 : 목호룡이 노론 측에서 경종을 시해하고자 모의했다는 소위 '삼수설(三手說)'을 가리킨다. 1722년 3월 27일 목호룡이 역모를 고변하는 내용 속에서 구체적으로 언급되었다. 삼수란 보검을 이용한 '대급수', 독약을 이용한 '소급수', 전지(傳旨)를 위조하는 '평지수'이다. '대급수'는 김용택이 보검을 백망에게 주어 숙종의 국상(國喪) 때 궁궐로 들어가 세자였던 경종을 시해하려고 한 것을 말한다. '소급수'는 이기지·정인중·이희지·김용택 등이 은(銀)을 상궁 지씨에게 주고, 상궁이 독약을 타서 세자를 시해하려고 하였다는 것이다. 실제 1720년에 시행되었다고 하였다. '평지수'는 이희지가 언문으로 세자를 무고하고 헐뜯는 말로 가사를 지어 궁중에 유입시키고, 또 숙종의 명령을 자신들이 꾸며서 세자를 폐위시키려 한 것이었다. 《景宗實錄 2年 3月 27日》

혈기가 있다면 누군들 뼈가 서늘해지지 않겠습니까? 엄하게 조사하고 빨리 나라의 형벌을 바로잡아서 조금이라도 신인(神人)의 분함을 풀어야 할 것입니다."

○ 대사간 이사상이 아뢰기를,

"신임이 올린 한 장의 상소는 시해(弑害)를 모의한 흉역에 대해서는 조금도 놀라는 움직임이 없고 도리어 고발당한 반역 죄수가 옥관을 내몰고 죽음을 늦추려 했던 어지러운 공초를 가지고 조정의 벼슬아치를 죄에 빠뜨리고 국청의 일을 저지하여 무너뜨리려는 계책으로 삼아서, 옥사를 다스리는 길을 끊어 버리고 화응하려는 자취를 현저히 드러내서 대신과 삼사를 일필(一筆)로 구단(句斷)하려 하였으니, 엄중하게 징계하지 않을 수 없습니다. 청컨대 외딴 섬에 위리안치 하십시오."

하니, 주상이 아뢴 대로 하라 하였다. -대정현(大靜縣)에 정배(定配)하였다.-

이사상이 다시 청대하여 입시해서 국문에 참여한 여러 신하들을 신칙(申飭)하여 속히 옥사를 다스리게 하라고 힘껏 청하였다.

○ 장령 신유익(愼惟益)[174]이 상소하여, 김우항이 임금을 잊고 당을 비호하였다며 배척하고, 옥관에게 인혐(引嫌)[175]하지 말라고 신칙할 것과, 상소하여 옥사를 저지하려는 흉도(凶徒)는 호역(護逆)의 형률로 다스려서 흉당을 그치게 해야 한다고 주장하였다.

---

174) 신유익(愼惟益) : 1671~? 본관은 거창(居昌), 자는 여수(汝受)이다. 윤증 문하에서 수학하였다. 1693년(숙종19) 식년 진사시, 1694년 별시문과에 급제하여, 장령을 거쳐 경종대 제주목사 등을 역임하였다. 1722년 사헌부 장령으로서 이사상 등과 합계하여 이이명과 김창집을 처단하라고 청하였는데, 이 일로 1725년(영조1) 귀양 갔다. 1727년 정미환국으로 풀려나 1728년 진주목사(晉州牧使)가 되었다.
175) 인혐(引嫌) : 혐의 있는 일에 잘못을 깨달아 뉘우치거나 또는 책임을 지고 사퇴하는 일을 가리킨다.

○ 우의정 최석항이 청대하여 입시하였는데, 승지 황이장이 말하기를, "지금 백망이 문목 이외의 터무니없는 말로 옥관들을 무함하고 모욕하였으니, 이 뒤로는 문목 이외의 진술한 내용은 기록하지 못하게 해야 합니다. 국청의 옥사가 설령 마땅함을 잃은 점이 있더라도 국청에 참여한 대신(臺臣)들은 스스로 논란할 수 있지만 신임과 같은 자가 어찌 옥사의 정황을 알 수 있겠습니까? 이 뒤로는 국외인이 옥사를 논하여 올린 상소는 승정원에서 하나같이 모두 물리친 뒤에야 옥사를 마무리 할 수 있을 것입니다."

하니, 주상이 말하기를, "알았다." 하였다.

○ 국청 대신이 입시했을 때 우의정 최석항이 말하기를, "김용택이 지만(遲晚)[176]한 뒤 미처 결안(結案)[177]하기 전에 갑작스럽게 먼저 물고(物故)되었으니, 형벌을 집행하는 한 조항은 여러 대신과 의논하여 품처하겠습니다.

죄인 백망은 역적의 괴수로서 대급수·소급수의 일을 담당하지 않은 것이 없었습니다. 이른바 단검은 김용택이 내어준 것으로 백망이 받았다고 자복하였습니다. 모은 은화는 포도청에서 이미 수색해 보냈는데, 백망이 사용한 곳을 말하지 않고 갑작스럽게 죽었지만 장물(贓物)을 이미 적발한 뒤이므로 그대로 둘 수 없었습니다.

경신년(1680, 숙종6) 옥사 때 이태서(李台瑞)와 조성(趙䃝)은 끝내 승복(承服)하지 않았지만, 대신들이 논의하여 연좌(緣坐)하여 적몰(籍沒)하였었습니다.[178] 이천기는 반역을 모의한 정황을 자복하였지만 지만취초(遲晚取招)[179]

---

176) 지만(遲晚) : "너무 오래 속여서 미안하다."는 뜻으로, 죄인이 형벌을 받을 때에 자복(自服)하는 말이다.

177) 결안(結案) : 사형수에 대한 국왕의 최종결재에 따라 형벌 집행 전에 그 죄를 확정짓기 위한 형식적인 절차 및 그 문서이다. 사형은 반드시 결안절차 후에 집행해야 하였다.

178) 경신년 …… 적몰(籍沒)하였습니다 : 이태서(李台瑞)와 조성(趙䃝)·조정시(趙挺時) 부자는 모두 복선군(福善君) 이남(李楠)의 심복으로 활동하다가 1680년 경신환국 이후 허견(許堅) 옥사에 연루되어 죽었다. 이들은 모두 고문을 받다 죽었는데, 대신과 의논하여

를 끝내 거역하다가 또한 갑작스럽게 죽었으니, 시행할 형률을 대신과 논의해서 처리하겠습니다."

하였다. 김일경이 말하기를,

"백망이 사용하려 한 흉기는 찾아냈고, 은전(銀錢)을 압수하였으며, 이영(二英)에게 궐내의 동정(動靜)을 탐문하게 하였다고 이미 모두 자복하였으니, 그가 비록 갑작스럽게 죽었지만 정형(正刑)하지 않을 수 없습니다."

하였다. 최석항이 말하기를,

"어느 시대인들 난적(亂賊)이 없었겠습니까마는 이들은 직접 칼을 사용하고 독약을 썼다고 말하였고, 또 폐출하려는 계략을 내었는데도 끝내 정형에 처하지 못한다면 실로 신들의 죄입니다."

하였다. 동의금 이정신(李正臣)[180]이 말하기를,

"백망이 여러 차례에 걸쳐 형장을 받았지만 끝내 지만하지 않았습니다."

하고, 지평 박필몽이 말하기를,

"백망이 비록 흉적의 괴수이기는 하지만 이천기와 김용택은 바로 그를 지휘한 자인데, 김일경이 말한 것을 가지고 보면 분명히 고례(古例)가 있으니, 어찌 책시(磔屍, 시신을 찢음)의 형률을 거행하지 않을 수 있겠습니까?"

하였다.

국청 죄인 정인중(鄭麟重)이 다음과 같이 공초하였다.

"제가 이천기·김용택·백망 등과 서로 모여 결약(結約)할 때 저는 손바닥에 '의(義)'자를, 김용택은 '충(忠)'자를, 백망은 '양(養)'자를 썼는데, 이것은 이이명

그의 처자를 종으로 삼고 가산을 몰수하였다.

179) 지만취초(遲晚取招) : 지만초사(遲晚招辭)를 받다. 즉 죄인이 자백한 공초(供招)를 받아냈다는 뜻이다.

180) 이정신(李正臣) : 1660~1727. 본관은 연안(延安), 자 방언(邦彦), 호 송벽당(松蘗堂)이다. 1699년(숙종25) 정시문과(庭試文科)에 급제하여 청요직을 두루 지냈다. 경종대 도승지 재직 시 조태구 등과 더불어 노론을 축출하는 일에 앞장섰다. 1724년 영조가 즉위하자 신임옥사를 일으킨 주역으로 지목되어 유배되었다.

의 자(字)181)로서, 무식하여 나온 것이어서 이것을 가지고 반역이라고 하는
것은 차마 할 수 없었으므로 당초에 바로 고할 수 없었습니다.

이태화(李泰華)에게 환술(幻術)이 있어 도장 찍힌 종이만 얻으면 은전을
모을 수 있다고 하였으므로182) 홍의인(洪義人)이 바야흐로 선공감(繕工監) 봉사
(奉事)가 되어서 백지에다 도장을 찍어 주었습니다.

지상궁(池尙宮)에 관한 한 부분은 제가 그 이면(裏面)의 일을 깊이 알 수
없지만, 이른바 '소급수'란 바로 독약을 쓰는 것입니다. 제가 이천기의 집에
왕래하였으므로 이런 말이 자연히 귀에 들어온 것뿐입니다. 목호룡이 지상궁
의 집에 들어가 마치 그 아들처럼 지내면서 이천기와 왕래하고 교통한 일을
제가 알고 있었습니다. 목호룡이 말하기를,

제[정인중]가 그[목호룡]에게 전후로 한 말에서 이르기를,

「나는 이미 그 사람을 시해하려고 모의하였는데 어찌 그 녹(祿)을 먹으며
그 사람을 섬기겠는가? 벼슬을 버리고 시골로 돌아가려 한다.」

---

181) 이이명의 자(字) : 이이명의 자는 양숙(養叔)이다. 목호룡의 고변서에서 이르기를, "각자
손바닥에 글자를 써서 심사(心事)를 표시하였는데, 김용택은 '충(忠)'자를 썼고, 다른
사람들은 혹 '신(信)'자나 '의(義)'자를 쓰기도 했습니다. 그러나 백망은 '양(養)'자를
썼으므로 좌우에서 서로 돌아보며 그 뜻을 알지 못했으나, 유독 이천기만은 알아차리고
크게 웃었으니, 대개 '양'자는 '양숙'을 이른 것으로 이이명의 자가 양숙이었기 때문이었습
니다." 하였다. 《景宗實錄 2年 3月 27日》
182) 이태화(李泰華)에게 …… 하였으므로 : 목호룡이 다음과 같이 고변하였다. "어느 날
정인중이 김용택의 집에 도착하여 신을 부르기에 신이 갔더니, 이희지·김용택·정인중이
모두 있었습니다. 정인중이 묻기를, '그대는 현학 산인(玄鶴山人) 이태화(李泰華)라는
성명을 들어본 적이 있는가? 이 사람이 거문고를 타면 현학(玄鶴)이 내려와서 앉고
능히 백 리 밖의 일을 알아내는데, 그대가 말하는 담이(談爾)라는 사람은 이 사람과
견주어 어떠한가?' 하므로, 신이 말하기를, '담이야 말할 것이 뭐 있겠는가? 이 사람을
만나보지 못한 것을 한스럽게 여긴다. 나에게 천서(天書)가 있는데 그 사람에게 주고
싶다.' 하니, 정인중의 미간(眉間)에 기쁜 빛이 가득했습니다. 어느 날 어떤 사람이
문밖에 와서 스스로 이태화라고 하면서 둔갑술을 잘한다고 하므로, 신이 답하기를,
'시무(時務)를 아는 것은 준걸(俊傑)들에게 있는 것인데, 둔갑술을 말할 것이 뭐 있겠는가?'
하니, 이태화가 말하기를, '당금의 호걸(豪傑)이 누구인가?' 하므로, 신이 말하기를 '정인
중이 당금의 방통(龐統) 같은 부류이다.' 하였습니다." 《景宗修正實錄 2년 3월 27일》

하였다.'

하였는데, 이것은 바로 목호룡이 서로 대질하다가 한층 격해져서 한 말이므로 너무 애매합니다. 제가 이천기 등과 교유하며 정황을 알고서도 고하지 아니한 죄에 대해서는 이의가 없어 지만합니다."

죄인 심상길(沈尙吉)이 다음과 같이 공초하였다.

"국가의 병환이 바야흐로 위중한데 평안 병사(平安兵使)를 미처 임명[差任]하지 않았을 즈음에 이천기가 목호룡을 시켜서 제게 은자(銀子)를 요구하였습니다. 그 편지에서 이르기를, '요긴하게 쓸 곳이 있으니, 은자 1백 냥을 보내라.' 하였습니다. 그래서 제가 관직을 구하는 일에 쓸 것이라고 생각해서 내어주었습니다.

그 뒤 김용택의 무리가 깊숙한 곳에 주선하는 기색이 현저하였는데, 또 정교하게 만든 부채를 요구하였으므로 제가 50병(柄)을 주었습니다. 이천기가 말하기를, '그 부채를 지상궁의 집으로 보냈다.' 하였는데, 홍의인이 또한 그 자리에 같이 있었습니다.

제가 말하기를,

'듣건대 평안 병사를 오래지 않아 마땅히 차출한다고 하였으므로, 은화를 구하여 그대들에게 주선해 주기를 요구한 것이다. 1백 냥은 또한 사소한 재물이 아닌데, 과연 어느 곳에 썼는가?'

했더니, 이천기가 말하기를,

'간 곳이 있다. 1백 냥은 새 발의 피와 같지만, 다만 필경 일이 성사된 것을 보게 될 것이다.'

하였습니다. 제가 또 묻기를,

'목호룡은 스스로 당대의 영웅이라고 자부한다고 하는데, 그대들이 그를 부려서 주선한 일이 있는가?'

하자, 이천기 등이 말하기를,

'이른바 백망이란 자는 목호룡에 비하여 더욱 호걸이며, 풍채[風神] 또한 남달리 뛰어났고, 궁중의 홍수(紅袖)[183]와도 체결하지 아니함이 없다. 들으니 지상궁은 나이 많은 궁인으로서 자못 권세를 부릴 수 있다고 한다. 은화는 목호룡을 통해서 쓰기도 하고, 또한 백망을 통해서 쓰기도 하였는데, 이 길이 매우 요긴하다.'

하였습니다. 제가 말하기를,

'내가 숙부를 위해 벼슬을 도모한 계책은 매번 허술한 것이 많았다. 그런데 너희들은 얼마나 크게 주선하였길래 1백 냥을 써도 효과가 없는가?'

하니, 이천기가 말하기를, '백망을 네가 한 번 만나보는 것이 어떠하냐?' 하므로, 제가 답하기를,

'목호룡은 내가 이미 서로 알고 있지만, 백망은 내가 보기를 원하지 않는다.'

하였습니다. 제가 내어준 은자를 지상궁에게 썼다면, 당초 비록 벼슬을 도모하려고 내어 주었다 하더라도 결국 이 무리들이 궁금(宮禁)과 체결하는 데 사용하였으니, 제가 체결한 죄를 면하기 어렵습니다. 이 한 가지 조항을 지만합니다."

죄인 김용택에 대한 문목(問目)은 다음과 같다.

"목호룡의 공초에 이르기를,

'칼로 위협하는 것을 일러 「대급수」라 하고, 짐독(鴆毒)[184]을 쓰는 것을 일러 「소급수」라 하고, 모의하여 폐출시키는 것을 일러 「평지수」라 한다.'

하였다. 너는 이천기·이희지·이기지·조흡·심상길·홍의인·홍철인·백망 등과 함께 많은 은화를 모으는 일에 대해 상의하였다. 백망이 처음 너희 집에 왔을 때, 네가 정인중·이희지·이천기 등과 자리를 잡고 앉아서 그의

---

183) 홍수(紅袖) : 궁녀를 지칭한다. 본래 궁녀는 대전(大殿)과 내전(內殿)을 모시던 내명부를 통칭하던 말로서 나인(內人)이라고도 하였다.

184) 짐독(鴆毒) : 치명적인 독약을 의미한다. 짐조(鴆鳥)의 깃을 술에 담가 마시면 그 독이 사람을 죽였다고 한다.

용력(勇力)에 대해서 묻고, 마침내 술을 따라 마시며 맹세하였다. 백가(白哥, 백망)가 묻기를,

'주상의 병환이 날로 위중해지고 있는데, 만일 불휘(不諱)185)한 일이 있게 되면 세상에 유비(劉備)186) 같은 이가 없으니, 어찌할 것인가?'

하니, 여러 사람이 말하기를, '그런 사람이 있다.' 하면서 각자 손바닥에 글자를 써서 보였다.

네가 백망에게 보검을 내어주면서 담장을 뛰어넘어 궁궐에 들어가서 대급수를 거행하라고 했다고 하였는데, 너는 비록 말안장에 걸어두는 가죽 칼집[皮鞘]에 들어 있는 보통 칼이라고 했지만 과연 백망에게 내주었다고 말하였다. 이른바 '보검'은 포도청에서 찾아서 가지고 왔는데, 목호룡의 초사에 '일찍이 이 보검을 백망의 방 안에서 보았다.' 하였으므로, 가죽 칼집의 보통 칼이라는 말은 저절로 교묘하게 꾸민 말로 귀결되었다. '만 번 죽더라도 한 번 살기를 돌아보지 않는다.'고 한 말이 얼마나 흉참한 말인데, 도리어 거꾸로 목호룡의 망령된 말이라고 핑계 댄단 말이냐?

네가 또 이천기에게 묻기를, '어떤 약을 쓰는 것인가?' 하자, 이천기가 대답하기를,

'백망이 은 5백 냥으로 중원에서 환약을 사들였는데, 한 번만 마시면 즉시 죽는다.'

하자, 네가 소매를 걷어붙이고 급하게 권하였다. 홍의인 형제가 이천기와 바로 이웃에 살았는데, 그가 하는 짓을 엿보다가 그 가운데에 느닷없이 끼어드니 네가 노하여 말하기를,

'우리 세 사람의 큰 사업은 바로 이 한 번의 거사에 달렸는데, 저 홍의인 형제는 어떤 사람이길래 끼어들어 매화점(梅花點)187)이 되려 하는가?'

---

185) 불휘(不諱) : 죽음을 의미한다. 죽음은 인간으로써 피할 수 없다는 뜻에서 나온 말이다.
186) 유비(劉備) : 161~223. 삼국시대 촉한(蜀漢)의 제1대 황제이다. 관우·장비와 도원결의(桃園結義)를 맺고 제갈량을 책사로 삼아 한나라 왕실의 부흥을 도모하였다. 여기서는 왕위를 계승할 만큼 정통성이 있는 인물이 없다는 뜻에서 유비를 인용한 듯하다.

하였다. '독약을 쓴다.'고 한 것은 너희들 여섯 사람이 백망에게 은을 주어 지상궁과 열이에게 바쳐 그들로 하여금 약을 타서 흉악한 짓을 저지르게 하려는 것이었다.

'폐출을 모의하였다.'는 것은 네가 안국동 김보택(金普澤)[188]의 집으로 가서 이희지에게 언문(諺文) 가사(歌詞) 1백여 구(句)를 짓게 하였는데, 모두 성궁(聖躬)을 무함하고 헐뜯는 말이었다. 이것을 목효룡으로 하여금 백망에게 전하여 대내(大內)[189]로 흘러 들어가게 하고, 본래 초안은 목호룡이 이천기에게 돌려 주었다. 또한 중간에서 거짓 조서[矯詔]를 초안하여 나인 열이와 환관 장세상으로 하여금 국상(國喪) 때 임하여 내리게 하는 일을 상의하였다.

그 거짓 조서의 내용을 다 기억할 수 없지만 대개 첫머리에, '불선한 내가 왕위를 더럽혔다.[不穀忝位]' 등의 글자가 있었고, 하단에 '세자를 폐위시켜 덕양군(德讓君)으로 삼는다.'는 말이 있었다.

---

187) 매화점(梅花點) : 본래 고선음악 악보에서 가사·시조 따위의 창법을 나타낸 점을 가리킨다. 본문에서는 홍의인 형제를 가리킨다. 목호룡을 추문하는 과정에서 매화점에 대해 다음과 같이 대답하였다. "홍의인이란 자는 스스로 공명(功名)을 얻을 수 있는 기회라 생각하여 이천기를 통해 그 가운데 들어가 은밀한 일을 모의하는 데 참여하였는데, 김용택은 성질이 본래 성급하고 편협하였기 때문에 언제나 크게 화를 내며, '우리들이 만 번 죽더라도 한 번 살 것을 돌아보지 아니하며 이런 좋은 일을 만들어 내었는데, 저 홍(洪)은 어떠한 사람이길래 이미 아무 공로도 없으면서 감히 들어와 매화점이 되는가?'라고 하였습니다. 대개 매화점이란 매화 다섯 점 가운데 또 중앙의 점이 있으므로, 홍의인은 중앙에 더 찍은 점이 된다고 생각한 것이고, 그 무리 다섯 사람 가운데에 홍의인을 들이는 것을 꺼림칙한 일로 여겼기 때문이었습니다."《景宗實錄 2年 4月 13日》
188) 김보택(金普澤) : 1672~1717. 본관은 광산(光山), 자 중시(仲施), 호 척재(惕齋)이다. 김익겸의 증손으로, 김만기의 손자, 김진귀의 아들이다. 김진귀의 아들이 여덟이었는데, 김춘택·김보택·김운택(金雲澤)·김민택(金民澤)·김조택(金祖澤)·김복택(金福澤)·김정택(金廷澤)·김연택(金延澤)이다. 이사명(李師命)의 사위이고, 이희지(李喜之)와는 동서간이다. 1695년(숙종21) 별시문과에 급제하여 청요직을 두루 거쳤다. 1701년 희빈 장씨의 처벌을 놓고 노론과 소론이 대립할 때 소론 영수 남구만·최석정을 호역죄(護逆罪)로 탄핵했다. 또한 윤증을 배사죄(背師罪)로 논핵하였다. 시호는 익헌(翼獻)이다.
189) 대내(大內) : 임금을 비롯하여 왕비, 왕대비들이 거처하는 곳을 두루 이른다. 임금이 거처하는 곳은 대전(大殿), 왕비가 거처하는 곳은 중전(中殿)이라 하고, 대비가 거처하는 곳은 대비전(大妃殿)이라 하는데, 대내는 이들을 모두 일컫는 말이다.

목호룡이 너의 집에 왔을 때, 네가 이희지와 촛불 아래에서 머리를 맞대고, 이희지가 이것을 읽었는데, 끝마치기도 전에 이기지가 후원(後園)에서 들어왔다. 그런데 너희들은 다른 사람인 줄 잘못 의심하여 이내 이희지의 주머니 속에 집어넣는 정상을 목호룡이 목격하였다고 하였다.

면질했을 때 네가 명확히 분변하지 못하고 대략 애매하다고 하였는데, 다시 추국하였을 때 이르기를,

'매화점이라고 한 것은 홍의인을 가리켜 말한 것인데, 조금 소원하였기 때문입니다.'

하였다. 또 말하기를,

'이른바 지상궁과 교통하여 뇌물을 준 일은 과연 귀로 들은 것이 있었는데, 궁궐 안에서 주선한 일 또한 많았습니다.'

하였다. 정인중의 초사에서 말하기를,

'이천기와 네가 은화를 모아서 쓰려고 한 일이 있었으므로, 마음이 매우 즐겁지 않아서 이맛살을 찌푸렸다.'

하였다. 목호룡의 말을 너는 비록 고변자가 만든 말이라고 핑계 댔지만, 정인중은 바로 너의 복심(腹心)이 되어 교류한 사람이므로, 뇌물을 쓴 정절이 남김없이 드러난 것임에 틀림없다."

김용택(金龍澤)이 다음과 같이 공초하였다.

"저와 이천기가 궐내 동정을 알기 위해서 주선한 한 일이 있었습니다. 그래서 목호룡과 백망 두 사람이 궁인과 연결하여 곧 길을 만들었는데, 지상궁과 통하는 길이 가장 충실하였습니다. 백가가 모은 은전은 비록 아무개가 몇 냥을 냈는지는 알지 못하지만, 이것은 모두 각 사람 등에게서 거둬 모은 물건입니다."

음흉한 정절을 이미 자복하였으나, 지만취초(遲晚取招)를 거역하고 서명하지 않았다.

죄인 이천기(李天紀)에 대한 문목은 다음과 같다.

"삼수 흉모, 손바닥에 쓴 글자, 중원의 약환(藥丸), 언문 가사. -김용택의 문목과 동일하다.- 목호룡이 바친 너의 편지는 3통이었는데, 그 가운데 2통은 말이 은밀하여 알기 어려운 것이 많았다. 그중에는 '용신(冗臣)이 만약 나오면 반드시 꼭 찾아가 보는 것이 어떠한가?' 하였는데, 용신이란, 목호룡이 환관 장세상이라고 하였다.

그 편지에서 또 말하기를, '구야(久也)[190]가 어제 잡혀 들어갔는데, 무슨 들은 것이 있는가?' 하였다. 목호룡의 공초에서 말하기를,

'백망의 자(字)가 구야(久也)인데, 변복(變服)하고 궁궐에 들어가 독약을 쓰라고 독촉하였다.'

하였다. 그런데 네가 목효룡이 지어낸 거짓말로 돌리고, 단지 유배 가서 보낸 편지 한 통만 자필(自筆)이라고 하였는데, 그 글자 모양과 필적을 보면 3통 모두 한 사람이 쓴 것이 분명하다.

승두선(僧頭扇)[191] 50자루와 대간지(大簡紙)[192] 1백 폭을 청지기[廳直][193] 노미(老味)를 시켜 지상궁에게 전해 주고, 몸소 장세상의 집에 갔으며, 빈번히 지상궁과 왕래하여, 손수 은자를 지니고서 직접 목호룡의 집에 가서 그로 하여금 지상궁에게 전해주게 하였다.

은자를 모은 일은, 네가 사내 종 맛돌이[唜石]에게 은자 250냥을 지고 가게 하고, 백망을 목호룡의 집 정원으로 불러와서 얼굴을 보고 전해 주게 하였다. 그 이튿날 김용택이 또 은자 1백 냥을 백망에게 주면서 말하기를, '이것으로 술값을 갚으라.' 하였고, 그 뒤에도 끊임없이 계속하여 갖추어 준 숫자가

---

190) 구야(久也) : 목호룡의 공초에 따르면, 백망(白望)의 자(字)가 자구(子久)인데, 이천기 등이 백망의 영웅스런 자질을 인정하여 '구야(久也)'라고 일컬어 높였다고 한다. 《景宗實錄 2년 4월 13일》

191) 승두선(僧頭扇) : 스님의 머리처럼 꼭지를 둥글게 만든 부채이다.

192) 대간지(大簡紙) : 편지를 쓰려고 접은 큰 종이다.

193) 청지기[廳直] : 각 관사와 양반 집 등에서 잡무를 맡아보거나 시중을 들던 하인이다.

2천 몇 백 냥에 이르렀다.

목호룡이 또 말하기를,

'이기지·김민택(金民澤)[194]·김제겸(金濟謙)[195] 등이 모두 나를 의심하면서 포도대장 이홍술을 사주하여 너를 죽이고자 하였기 때문에 네가 이헌(李㵎)을 포도대장의 집에 보내서 겨우 모면할 수 있었다.'

하였다.

네가 목호룡에게 말하기를,

'나는 비록 너를 알지만 저 무리들은 모두 믿지 않으니, 만약 한 통의 글을 써 준다면 이것을 가지고 입증하겠다.'

하였다. 이에 목호룡이 독약을 사용하는데 동참한 일을 글로 써서 주니, 네가 대여섯 글자를 지우고 고쳤다. 그 글이 지금 이미 바쳐져 있는데, 신문을 받으면서 어찌 애매하다고 대충 말하느냐?

정인중은 심상길·목호룡·백망을 영웅호걸이라고 하면서 들을 수도 없고 말할 수도 없는 말을 하였는데, 그 말을 이미 귀로 들은 뒤로도 배척하여 끊어버리지 못한 것은 그것을 좋게 여긴 것이다. 심상길과 정인중 등 여러 사람들은 네가 목호룡과 가장 친하다고 여겨서 반드시 너를 제거하고 난

---

194) 김민택(金民澤) : 1678~1722. 본관은 광산(光山), 자 치중(致仲), 호 죽헌(竹軒)이다. 김익겸 (金益兼)의 증손, 광성부원군(光城府院君) 김만기(金萬基)의 손자, 호조판서 김진귀(金鎭 龜)의 아들이다. 1719년(숙종45) 별시문과에 급제하여 청요직에 진출하였다. 1720년 이진검·이진유 등이 형 김운택(金雲澤)을 논핵하자 이에 대항하는 상소를 올렸다. 1722년 목호룡의 고변으로 시작된 임인년 옥사(獄事)에 연루되어 옥사(獄死)하였다. 김제겸·조 성복과 함께 신임옥사 때 죽은 삼학사(三學士)로 일컬어졌다. 저서로《죽헌집(竹軒集)》이 있다.

195) 김제겸(金濟謙) : 1680~1722. 본관은 안동, 자 필형(必亨), 호 죽취(竹醉)이다. 김창집의 아들이자 김성행(金省行)·김원행(金元行)의 아버지이다. 1705년(숙종31) 진사가 되고, 1719년 증광문과에 급제하여 청요직을 두루 지냈다. 1722년(경종2) 아버지 김창집과 함께 신임옥사에 연루되어 유배되었다가 사사되었다. 뒤에 이조참판으로 추증되었으며, 노론 측에서는 조성복·김민택과 함께 신임옥사 때 죽은 삼학사(三學士)의 한 사람으로 꼽았다. 저서로《죽취고(竹醉藁)》, 편서로《증보삼운통고(增補三韻通考)》가 있고, 시호는 충민(忠愍)이다.

뒤에야 발을 뻗을 수 있을 것이라고 여기고 있었으므로 이러한 고변이 나오게 된 것이니, 그 사이의 정절을 바로 아뢰어라."

이천기가 다음과 같이 공초하였다.

"제가 어리석고 변변치 못하여 목호룡보다 먼저 입을 열지 못하였으니 다시 누구를 원망하겠습니까? 이른바 들을 수도 없고 말할 수도 없는 말이란 스스로 미루어 알 수 있을 것인데 어찌 다시 물을 필요가 있겠습니까?"

그 음흉한 정절에 대해 이미 승복하였지만 '지만', 두 글자는 끝까지 거역하였다.

죄인 백망에 대한 문목은 다음과 같다.

"삼수라는 흉언, 언문 가사, 궁 안에서 조서를 위조하는 일[矯詔], 손바닥에 쓴 글자 등에 대한 내용은 이미 목호룡의 초사에 자세하다. -김용택의 문목과 동일하다.- 정인중 등이 네게 은을 주어서 너와 절친한 궁인 이영(二英)에게 전해 주고서, 이것을 사촌 궁인 이씨와 너와 동성인 궁인 백씨에게 바쳐서 지상궁 등과 함께 독약을 쓰는 일을 거행하게 하였는데, 이는 경자년(1720, 경종 즉위년)에 도모한 일이었다.

조흡은 2천여 냥을 내었고, 심상길은 2백여 냥, 홍의인은 50냥, 이희지는 70냥을 내었는데, 김민택은 비록 은을 내었지만 너와 서로 대면하지 않고 단지 김용택과 이천기 등으로 하여금 왕래하여 상의하게 하였다. 김용택 등은 말할 때마다 반드시 치중(致仲)이라고 말하였는데, 치중은 김민택의 자이다.

네가 전답 문서의 일 때문에 목호룡의 집에 도착했을 때 정인중이 그 자리에 앉아서, 너를 지목하며 말하기를, '이 사람도 또한 협객과 같은 부류인가?' 하자, 목호룡이 말하기를, '협객 가운데 제일인자로서 그 용력(勇力)은 비교할 사람이 없다.' 하였다.

이튿날 새벽 정인중이 나귀를 끌고 와서 너에게 타고 김용택의 집으로 가게 하였는데, 김용택과 정인중·이희지·이천기가 벌여 앉아서, 크게 기뻐하며 말하기를, '우리들은 평생 이런 사람은 처음 보았다.' 하면서, 이어서 용력에 대해 물으니, 너는 스스로 용력이 옛사람 누구보다도 크게 못하지 않다고 자부하고, 마침내 술잔에 술을 따라 맹세하고 밤을 새우고 돌아왔다 하였다.

지금 네가 공초한 것이 목호룡과 서로 어긋나서, 면질하게 하니, 목호룡의 말은 착착 들어맞고 근거가 있지만 너의 말은 근거가 없을 뿐만 아니라 허언(虛言) 등의 말로 대충 발명하였다.

김용택의 공초에서 손바닥에 글자를 쓴 일이 있고, 가죽 칼집[皮鞘]에 들어 있는 보통 칼을 과연 너에게 내어주었다고 했지만 너는 원래 손바닥에 글자를 쓴 일도 없었고, 또한 단검을 주고받은 일도 없었다고 하였다. 이른바 '보검'은 목호룡이 일찍이 너의 집에서 이 보검을 보았다고 하였고, 포도청에서 찾아내어 바친 것과 하나도 어긋나지 않았다.

네가 모은 은자 1천 3백여 냥과 동전[錢] 140여 냥을 또 포도청에서 이영이 사사롭게 감춰둔 곳과 사촌 궁녀 이씨에게서 찾아냈는데, 너는 원래 없었다고 하였다.

이영의 어미 업이(業伊)의 초사(招辭)에 이르기를,

'이씨는 이영의 사촌이 아니라 바로 육촌이며, 이름은 묵세(墨世)로서 방금 대전의 나인이 되었습니다.'

라고 명백하게 공초하여, 묵세를 잡아다가 추문하니, 그 초사에 이르기를, '두 차례에 걸쳐서 이영과 백망에게 가서 수작한 일이 있습니다.' 하였다.

이처럼 꺼리고 감춘 정상이 남김없이 모두 드러나서 다시 물으니, 백망이 말하기를,

'김용택이 준 검을 제가 비록 차고 오지 않았지만, 김용택은 이미 제가 있는 곳으로 보냈다고 하였습니다. 포도청에서 또 저에게서 찾아냈다고

하였는데, 이것은 감히 발명하지 못하였습니다. 은전에 대해서는, 제가 과연 모아서 이영의 집에 두었습니다.'

하여, 그것이 어디서 왔는지 물으니, 처음에는 응사(鷹師)196)에게서 산 집의 가격이라고 했다가, 또 말하기를, '오서종이 「제가 착실하니 맡긴 곳이 있을 것이다.」라고 말했습니다.' 하였다.

이처럼 앞뒤 공초가 서로 모순되어 구구절절이 변환(變幻)하였지만, 그 은자를 모은 일은 명백하여 의심할 것이 없다. 증여한 칼과 모은 은자는 바로 대단한 장물인데, 음흉한 정절이 이미 모두 드러났으니, 형장을 가하여 공초하게 해야 한다."

죄인 장세상에 대한 문목은 다음과 같다.

"네가 목호룡과 서로 친하였고, 목호룡과 이천기는 항상 네 집에 왕래하였다. 이희지가 가사와 거짓 조서를 지상궁과 너로 하여금 국상(國喪)이 나면 바로 내리게 하였다는 말을 목호룡이 발고하였다.

지난해 12월 환국한 며칠 뒤 목호룡이 찾아와 묻기를,

'그대가 항상 말하기를, 「주상이 하시는 일이 시원하지 못하다.」 하였는데, 이번 처분은 어찌하여 한결같이 맹렬한가?'

하여, 네가 그날 밤 궁궐에 입번(入番)하여 그 일을 눈으로 직접 보았다고 답하고, 또 말하기를, '국가의 처분이 어찌 모두 임금의 확고한 결단에서 나오겠느냐?' 하였다.

김창도(金昌道)197)·이정식(李正植)·정우관(鄭宇寬)198)의 무리가 너에게 독약

196) 응사(鷹師) : 매를 길들이거나 매 사냥을 하던 사람을 가리킨다.
197) 김창도(金昌道) : 1682~1722. 본관은 안동(安東), 자는 성원(聖源)이다. 증조할아버지 김상 관(金尙寬)은 김상헌(金尙憲)의 형이고, 재종형이 노론 4대신 중 한 명인 김창집(金昌集)이 다. 1722년(경종2) 3월에 경종 시해를 모의하였다는 목호룡의 고변으로 인하여 역모로 지목된 60여 명이 처벌되는 옥사가 일어났는데, 이때 김창도도 죽임을 당하였다. 그 죄목은 경종을 시해하기 위한 세 가지 방법인 삼급수 가운데 서덕수·이정식과 함께 독약을 쓰는 소급수를 맡기로 한 것이었다. 1722년 조흡(趙洽)이 김창도를 고발하고,

을 사용할 계략을 상의한 정황을 조흡이 발고하였다."

장세상이 다음과 같이 공초하였다.

"서덕수(徐德修)[199]와 정우관은 서로 친하게 왕래하였고, 이정식과 김창도 또한 서로 알고 지냈으므로, 제가 입번하였을 때 그 무리들이 왕복한 일이 없지 않았습니다. 서덕수의 무리가 하는 일은 대개 법기(法氣)가 있어서 변고를 일으키는 일이 없지 않았으나, 제가 모두 고발할 수 없었던 것은 곧 이치 밖의 일을 거짓으로 꾸몄기[作俑][200] 때문이었습니다.

저 무리들은 해서는 안 되는 일을 부탁[圖囑]하면서, 은밀하게 나인 지상궁·열이의 무리와 서로 내통하였습니다. 이정식 무리는 열이에게 거짓 조서를 들여보냈고, 독약은 백망이 저에게 들여보냈으니, 모역(謀逆)을 지만합니다."

김창도와 사돈 사이인 이정식이 심문을 받으면서 김창도가 독약을 쓴 정황에 대해 진술하였다. 결국 김창도는 5월 13일에 형벌을 받고 죽었다. 1725년(영조1) 영조가 김창도·이정식·김성절(金盛節)·유취장(柳就章) 등에 대해 무고(誣告)의 죄명을 고쳐서 서덕수와 같은 무복으로 논하였다. 이후 몰수된 가산이 회복되고, 연좌의 죄를 입은 형제·처첩·자녀 등도 유배지에서 풀려났다.

198) 정우관(鄭宇寬) : ?~1722. 경종대 신임옥사 당시 김운택의 가신이 되어 서덕수·김창도·이 정식 등과 결당하였다는 조흡의 고발로 의금부에서 조사를 받다 복주(伏誅)되었다. 우의정 최석항(崔錫恒)은, 정우관이 본래 장세상(張世相)의 심복으로 장세상이 갇힌 뒤에 그를 위해 보복하고자 간여하지 않은 환관들을 끌어들였다고 하였다. 《景宗實錄 2年 5月 7日·8日》

199) 서덕수(徐德修) : 1694~1722. 본관은 대구(大丘)이며 자는 사민(士敏)이다. 달성부원군 서종제(徐宗悌)의 손자이며, 영조의 비 정성왕후(貞聖王后)의 조카이고, 군수(郡守) 서명 백(徐命伯)의 아들이다. 1722년 임인년 옥사 당시 김창도·이정식·조흡 등이 승복한 초사(招辭)에서 서덕수가 독약을 사용하여 경종을 시해하려는 역모에 참여하였다고 진술하였다. 이 일로 김용택·심상길·이천기·정인중 등과 함께 국청에 잡혀가 심문을 당하였으며, 29세에 사형 당하였다. 1738년(영조14)에 무고하다는 사실이 밝혀져 신원이 회복되었다. 이후 집의(執義)에 추증되었으며, 이조참판에 가증(加贈)되었다.

200) 거짓으로 꾸몄기 : 원문은 '작용(作俑)'이다. 옳지 못한 일의 선례를 만들거나 옳지 못한 일을 최초로 꾸밈을 뜻한다. 본래 중국에서 무덤에 넣기 위해 나무 인형, 즉 용을 만든다는 뜻이다.

죄인 이정식(李正植)[201]이 다음과 같이 공초하였다.

"지난해 11월 무렵에 김창도와 함께 장세상의 집에 갔는데, 장세상이 말하기를,

'이소훈(李昭訓)이 독약(毒藥)을 마시고 바야흐로 목숨이 끊어지려고 하는데,[202] 이 여자가 죽는다면 어찌 좋지 않겠는가? 이 약을 더 얻는다면 또 쓸 곳이 있는데, 반드시 1천 냥이 있은 뒤에야 바야흐로 쓸 수 있다. 그런데 2백 냥이 부족하므로, 조흡에게서 얻어 오면 된다.'

하였습니다. 그래서 제가 조흡을 찾아가서 보고 1백 냥을 얻어 와서 장세상에게 전해 주었습니다. 또 듣건대 김창도가 1백 냥을 구해다가 서덕수에게 주었는데, 이른바 약을 쓸 곳이란 바로 상궁(上躬, 임금)을 가리킵니다. 당초에 조흡의 아비 조이중(趙爾重)이 평안 병사가 되었을 때 장세상·이천기·김용택 등과 체결하여 둔답(屯畓)[203]을 산다고 핑계 대고 은자 8천 냥을 흉당(凶黨)에게

---

201) 이정식(李正植) : 1722년(경종2) 3월 목호룡의 고변으로 발생한 임인년 옥사에서 이정식은 경종을 시해하기 위한 3가지 방법인 삼수(三手) 가운데 서덕수·김창도와 함께 독약을 쓰는 소급수를 담당하기로 했던 것으로 밝혀졌다. 조흡의 공초(供招)에 의하면, 이정식은 이건명의 서사촌(庶四寸)이고 김운택의 오촌 조카이며 이만성(李晩成)의 가까운 친족이라고 한다. 또 본인의 공초에 의하면, 서덕수와 7촌 사이이고 김창도와는 사돈이며 장세상과는 절친한 사이라고 하였다. 한때 의주 부윤 김유경(金有慶)의 막하에서 편비(偏裨)로 있었다. 동궁 별실에서 이소훈(李昭訓)을 독살하여 효과를 시험하기도 하였으나 모의가 사전에 발각되면서 1722년 역모죄로 회령부(會寧府)에 정배되었다가 사형당하였다.

202) 이소훈이 …… 하는데 : 이소훈은 영조의 후궁 정빈 이씨(靖嬪李氏, 1693~1721)이다. 1719년(숙종45)에 영조의 아들 효장세자(孝章世子)를 낳았다. 연잉군이 세제로 책봉되자 종5품 소훈에 올랐지만 바로 사망하였다. 당시 상황에 대해서 남인계 당론서인 《동소만록(桐巢漫錄)》에서 독살로 규정하였다. 남하정은 서덕수의 결안 초사(結案招辭)를 인용하여 기술하였다. 즉 서덕수가 말하기를, "이소훈이 우리 집안에 피해를 끼쳤기 때문에 1722년(경종2) 5월에 장세상과 상의하여 백망에게 2백금을 주어 친분이 있는 역관 집에서 약을 샀습니다. 동궁전의 주부(廚府) 나인을 시켜 음식에 타서 이소훈을 독살하였습니다. 세상이 전하는 말에, '이 여자가 이미 죽었으니 어찌 좋아하지 않을 수 있겠는가.' 했습니다.……" 하였다.

203) 둔답(屯畓) : 군인이 경작하는 토지인 둔전(屯田) 가운데 논을 말한다. 둔전은 중앙과 지방의 각 병영과 행정관청의 군수 및 경비에 충당하도록 설정된 토지였다. 조선 후기에 이르러 행정관청에서도 설치하여 이곳에서 나오는 수입으로 관청의 경비를

올려보냈습니다.

장세상이 제게 말하기를,

'지금 대리청정의 일에 차질이 생겼으니, 내전에서 비망기 한 장을 도모해 얻으면 마땅히 판부(判付)[204]에 따라서 거행할 것인데, 지금 이미 길이 끊어졌으니, 어찌할 것인가?'

하였습니다.

궁성을 호위하는 일은 장동(壯洞)[205]의 영의정 집에서 나왔는데, 영의정이 이삼(李森)[206]의 용력(勇力)을 꺼려하여 충청 병사(忠淸兵使)로 내보냈습니다. 그리고 유취장(柳就章)[207]에게 호위(扈衛)하는 일을 맡길 수 있다고 생각하여, 대신이 훈련대장 이홍술에게 분부하여 중군(中軍)으로 차출하였던 것입니다.

대개 이 옥사의 실정은 장세상이 괴수(魁首)가 되고 정우관이 심복이 되어 궁인과 체결해서 음흉하게 모의한 것이 사실입니다. 저는 기괄(機括)[208]이 되어 반드시 죽을 줄 알았으므로, 체포하라는 명이 내리자 자진(自盡)하고자

보충하였다.

204) 판부(判付) : 상주(上奏)한 안을 임금이 허가하던 일이다.

205) 장동(壯洞) : 현재 서울시 종로구 자하동을 가리킨다. 안동 김씨 일문이 세거(世居)했던 지역이다. 여기서는 영의정 김창집의 집을 말하는 것이다.

206) 이삼(李森) : 1677~1735. 본관은 함평(咸平), 자는 원백(遠伯)이다. 윤증 문인이다. 1705년 (숙종31) 무과에 급제하여 평안도병마절도사 등을 지내고, 경종의 신임을 받아 총융사·어영대장 등을 역임하였다. 1727년(영조3) 훈련대장이 되어 무신란에서 공을 세워 함은군 (咸恩君)에 봉해지고, 1729년 병조판서에 올랐다. 저서로 《관서절요(關西節要)》가 있다.

207) 유취장(柳就章) : 1671~1722. 본관은 진주(晉州), 자는 여진(汝進)이다. 숙종대 무과에 급제하여 경상도병마절도사 등을 역임하였다. 1721년(경종1)에 분부총관(分副摠管)을 지내고, 이듬해 훈련중군(訓鍊中軍)이 되었다. 그러나 신임옥사 당시 소론의 공격을 받아 유배되었다가, 노론의 거두 김창집 등과 함께 처형되었다. 1783년(정조7)에 신원되어 병조판서에 추증되었으며, 시호는 무민(武愍)이다.

208) 기괄(機括) : 관건을 뜻한다. 본래 쇠뇌의 시위를 걸어 화살을 쏘는 장치인 노아(弩牙)와 전괄(箭栝)을 가리킨다. 사물의 중요한 작동 혹은 민첩하게 기선을 잡는 것을 의미하는 것으로 사용되었다. 원래 기(機)는 활 양 끝의 활시위를 거는 곳이고, 괄(栝)은 화살 끝으로 활시위를 받는 곳을 말한다. 여기서는 중요한 결정이나 정국 변동의 관건이 되는 사건을 의미한다.

하였지만 죽지 못하였습니다. 반역을 도모한 것은 확실합니다."

죄인 김창도가 다음과 같이 공초하였다.

"독약을 사용하는 일은 서덕수와 정우관이 한마음으로 서로 결탁하여 추진하였습니다. 서덕수가 이를 위해 은자를 구하고자 하였는데, 결국 조흡에게서 구해다가 서덕수에게 주었습니다. 따라서 독약을 사용하는 일과 독약의 출처는 정우관과 서덕수에게 물어보면 상세히 알 수 있을 것입니다. 제가 은자를 얻고자 조흡의 집에 갔더니, 조흡이 말하기를,

'다른 사람이 만약 모두 낸다면 비록 천 냥이라도 내가 마땅히 줄 것이다. 지금 당장 김용택과 이천기의 무리가 또한 하는 일이 있다고 매일 나에게 징색(徵索)하는데 어디에서 마련해서 주었겠는가? 윤각(尹慤)[209]은 집안이 본래 부유한데 바야흐로 총융사를 겸하고 있으니, 은자를 내는데 무슨 어려움이 있겠느냐? 만약 훈련대장[이홍술]과 총융사[윤각] 및 이기지·이천기·김용택·홍의인의 무리가 은자를 내고 문서를 작성하여 보여준다면 나 또한 마땅히 낼 것이다.'

하였습니다. 그래서 제가 홍의인의 집으로 가서 이 일을 고하였더니, 홍의인 형제가 말하기를,

'며칠 전에 이천기가 우리들에게 말하기를, 「내가 이기지를 만났더니, 이미 은자 3백 냥을 얻었다고 하였는데, 윤각 또한 은을 낸 가운데 들어 있었다.」 하였다.'

하였습니다.

제가 또 조흡의 집으로 가서 홍의인의 말을 고하자 조흡이 말하기를,

---

209) 윤각(尹慤) : 1665~1724. 본관은 함안(咸安), 자는 여성(汝誠)이다. 아버지는 진사 윤익상(尹翊商)이다. 1699년(숙종25) 무과에 급제하여 선전관이 되고, 1711년 이이명의 천거로 금위중군(禁衛中軍)이 되어 공을 세웠다. 1720년(경종 즉위년)에 병조참판이 되고, 이어 삼도수군통제사에 올랐다. 1721년 총융사 재직시 신축환국에 관련되어 유배되었다가 1724년 장살(杖殺)되었다.

'윤각은 이미 은자를 이기지에게 내주었으니, 그 은자는 반드시 간 곳이 있을 것이다.'

하였습니다. 하루는 이정식이 사람을 보내어 말하기를,

'서 서방(徐書房, 서덕수)이 이르기를, 「대리청정의 일이 비록 성사되지 않았지만, 비망기는 또 반드시 내려질 것이다.」하였으니, 어찌 좋지 않으냐? 이 뜻을 이미 좌의정[이건명]에게 말씀드렸으니, 너도 또한 영의정[김창집]에게 아뢰어라. ……'

하였습니다.

제가 서덕수에게 가서 물어보았더니, 서덕수가 웃으면서 말하기를, '사실이 아닌 말을 내가 어찌 발설했겠는가?' 하므로, 제가 곧장 장동으로 갔지만 영의정이 바야흐로 약방(藥房)에 있었기 때문에 기다릴 수 없어서 돌아가는 길에 정우관의 집에 들러 이 일에 대한 말을 전하니 정우관이 웃으면서 말하기를, '나는 서덕수의 집에서 이미 앞서 들었다.' 하였습니다. 제가 밤을 틈타 다시 영의정의 집에 가서 말하기를,

'서덕수의 말을 들으니 장차 이러저러한 일이 있을 것이라고 합니다. 긴요하지 아니한 정청(庭請)은 다시 하지 마시고 바로 봉행(奉行)하는 것이 좋겠습니다.'

하자, 영의정이 말하기를,

'비록 정청을 하더라도 오히려 나를 역적이라고 하는데, 하물며 바로 봉행하는 경우이겠는가?'

하였습니다. 제가 다시 이 말을 이정식에게 전하자, 이정식이 말하기를,

'좌의정은 이 말이 옳다고 하였는데, 너의 집 대신[210]은 어찌하여 이런 말을 하느냐?'

하였습니다. 그 뒤, 다시 영의정 집에 가서 이정식의 말을 고하였더니, 영의정이 말하기를, '좌의정의 뜻이 이와 같으니 마땅히 서로 의논하여 행할 것이다.' 하였습니다. 며칠 뒤 또 찾아갔더니, 영의정이 말하기를,

---

210) 너의 집 대신 : 김창집을 가리킨다. 김창집은 김창도의 재종형이다.

'너희 무리가 비망기가 내려질 것이라고 했는데, 아직 지금까지 내리지 않으니 어찌 된 일인가?'

하여, 제가 대답하기를,

'서덕수가 속히 내려질 것이라고 하였기 때문에 우러러 말씀드린 것인데, 지금까지 내리지 않은 이유는 알지 못하겠습니다.'

하였습니다. 하루는 영의정을 만났는데, 이르기를,

'이기지가 와서 말하기를, 「너와 이정식·조송(趙松)·정우관 등이 무리를 지어 무슨 일을 꾸미고 있다.」 하던데, 그게 무슨 말이냐?'

하므로, 제가 대답하기를,

'우리는 그렇지 않은데, 이 진사(李進士, 이기지)는 목가(睦哥, 목호룡)·백가(白哥, 백망)와 모의하는 일이 있다고 사람들이 낭자하게 말하였습니다.'

하였습니다. 이내 이기지의 집에 가서 영의정의 말을 고하였더니, 이기지가 웃으며 말하기를,

'나는 이러한 일에 대해 미숙한 사람[生手]이 아닌데, 어찌 모르겠는가?'

하고, 이어서 말하기를,

'심자팔(沈子八, 심상길)²¹¹)은 입이 가벼워 일을 모두 목호룡에게 누설하였으니, 고변하는 일이 있을까 두렵다. ……'

하였습니다. 이기지가 영의정을 가서 보고 말하기를,

'이 일은 매우 위태로우니, 비망기가 내려지기를 기다려 궁성을 호위한다면 좋을 것입니다.'

하니, 영의정이 말하기를, '이 일은 좋다.' 하였습니다. 또 이기지가 말하기를,

'중군 이삼은 장수다운 지략이 있어 반드시 우리와 일을 함께 도모하지 않을 것이다. 그러니 정청을 마치던 날 영의정이 연동(蓮洞)의 이 정승과 낙동(駱洞)의 조 정승, 그리고 좌의정과 궁궐에서 상의하고 병조판서 이만성(李晩成)²¹²)에게 알려 이삼을 충청 병사에 임명하여 내보냈다. 그날 밤 4경에

---

211) 심자팔(沈子八) : 자팔은 심상길(沈尙吉)의 자(字)이다.

정청을 파하자 4대신이 비변사에 모여 유취장을 중군으로 삼는 일을 훈련대장
에게 분부하였다. 이것은 거사를 행할 때 소론(少論)으로 하여금 감히 들어오지
못하게 만들려는 뜻이었다.'

하였습니다. 하루는 저와 이정식이 조흡의 집에 갔는데 이정식이 저를
질책하며 말하기를,

'너의 집 대신은 어찌하여 사흘 동안이나 정청하여 일이 성사되지 못하게
하는가? 만약 소론이 때를 얻는다면 너의 집 대신은 먼저 죽을 것이다.'

하였습니다.

대개 정우관·이정식·조송·김민택·김성행·서덕수 무리가 서로 체결하였
고, 이정식·정우관·김용택은 은을 모아서 일을 도모하였으며, 서덕수와 김성
행이 지난해부터 당을 같이한 실상을, 제가 이정식과 연혼(連婚)213) 관계이므
로 시나브로 들었으니, 반역을 모의한 것이 틀림없이 확실합니다."

죄인 서덕수(徐德修)가 다음과 같이 공초하였다.

"소훈(昭訓)은 저의 집안에 해가 되므로,214) 지난 5, 6월 무렵에 은자 3백
냥을 이정식으로 하여금 장세상에게 들여보내어 독약을 얻으려고 시도하였
습니다. 독약은 2백 금(金)으로 백망에게서 사들였는데, 백망이 구매한 곳은
장씨(張氏) 성의 역관 집이었고, 동궁의 주방(廚房) 나인 이씨를 시켜 음식에
섞어 쓰게 하였습니다. 그렇지만 이것은 장세상에게 들은 말일 뿐이고 저는

212) 이만성(李晩成) : 1659~1722. 본관은 우봉(牛峰), 자 사추(士秋), 호 귀락당(歸樂堂)·행호거
사(杏湖居士)이다. 이유겸(李有謙)의 손자, 이숙(李翻)의 아들이며, 송시열 문인이다. 1696
년(숙종22) 정시문과에 장원하여 청요직을 두루 거쳤다. 1709년 최석정의 《예기유편(禮記
類編)》을 논죄하다가 삭직되었는데, 이듬해 복관되었다. 1720년 경종이 즉위하면서
형조판서에 올랐으며, 1721년 병조판서로서 연잉군을 세제로 책봉하게 하였는데, 신임옥
사에 연루되어 유배되었다가 죽었다.
213) 연혼(連婚) : 혼인을 통하여 인척 관계를 맺다.
214) 소훈(昭訓)은 …… 되므로 : 서덕수는 정성왕후의 조카였으므로, 영조의 후궁 정빈(靖嬪)
이씨인 이소훈을 정성왕후와 경쟁상대로 보아 미워하여 독살을 모의하였다.

상세히 알 수 없었습니다.

이정식이 와서 전한 장세상의 말에 따르면,

'독약이 효과가 있으므로 다른 곳에 시험해 보려고 하는데, 은자 1천 냥이 있어야 모름지기 반드시 꾀하여 도모할 수 있다.'

하므로 결국 조흡의 집에 가서 이 뜻을 언급하고 은 2백 냥을 구했습니다. 또 심상길의 집에서 들으니, 은 1백 냥과 대후지(大厚紙) 15속(束), 부채 30자루가 김민택의 집에 있다 하여, 김민택과 함께 독약을 사용하는 일을 모의하였습니다.

김민택이 말하기를, '그렇다면, 그대가 지금까지 보낸 은은 얼마나 되는가?' 하기에, 제가 3백 냥 정도 된다고 답하니, 김민택이 말하기를,

'심상길이 보내달라고 한 물건은 나 또한 쓸 곳이 있으나, 그대의 일이 이와 같으니 먼저 가지고 가라.'

하였습니다. 제가 먼저 노비를 시켜 장세상의 집에 전해주고, 이어서 김성행의 집에 가서 이 일을 말하자 김성행이 말하기를, '이와 같은 일을 하다가 발각되면 어찌 하는가?' 하여, 이에 장세상의 집으로 가서 그에게 일러 말하기를, '조심하고 신중하며 은밀히 해야 할 것이다.' 하자, 장세상이 말하기를,

'나는 이미 중늙은이[半老]인데 어찌 잘하지 않겠는가? 전에 썼던 독약이 아직도 남아 있으니, 가져다 쓸 수 있다.'

하였습니다. 제가 김창도·이정식과 같이 앉아서 말하기를,

'대리청정의 일이 이미 이루어지지 않았으니 노론은 장차 패망할 것이다. 그러니 비망기가 만약 내려진다면 좋을 것이다.'

하였습니다. 이것은 제가 궁액(宮掖, 각 궁 소속 하인)과 인척 관계이므로 환관(宦侍) 무리들을 통해 자연히 들어서 알게 된 것이고, 그래서 정우관에게 말하였습니다. 김창도가 와서 말하기를,

'김창집·이기지 등이 말하기를,「비망기가 만약 내려진다면 즉시 궁성을 호위하여 안팎을 엄하게 끊고, 또한 상소하여 시끄럽게 다투는 근심을 막아야

한다.」 하였다.'

하였습니다. 반역을 모의한 것이 틀림없이 확실합니다."

죄인 정우관이 다음과 같이 공초하였다.

"저와 동당(同黨)의 사람들이 모두 이미 감옥에 갇혔기 때문에 죽음 가운데에서도 살아남기 위한 계책을 만들어야 한다고 생각하여, 서덕수와 의논하였더니, 서덕수가 말하기를,

'네가 만약 감옥에 갇힌다면 헛되이 죽을 수 없으니, 차라리 고변하여 살아날 계책으로 삼으라.'

하기에, 제가 대답하기를, '비록 고변하려 해도 고변할 거리가 없으니, 어찌 하는가?' 하였더니, 서덕수가 말하기를,

'아무 조목으로 훈련대장을 잡아들인다면 거의 일을 만들어 낼 수 있을 것이다.'

하므로, 붙잡혀 죄수가 된 뒤 과연 그럴 듯하게 속이는 방도로서 의금부 당상[김일경]을 무고(誣告)하였는데, 이것은 옥사를 늦추려는 계책으로 삼았던 것이고, 다른 의도가 있는 것은 아니었습니다.

흉역을 모의한 정절에 대해서는 어떻게 감히 꺼리어 감추고 숨기겠습니까? 저는 시골에서 올라와 장세상의 집에 의탁하였는데, 서덕수·이정식·김창도 무리가 장세상과 왕래하였기 때문에 저도 또한 서로 친하게 지냈습니다.

그런데 하루는 서덕수와 김창도가 저를 이정식의 집으로 불러 오게 하여, 서로 이르기를, '우리 무리가 상의한 일을 그대에게는 속일 수 없다.' 하고, 이어서 제게 말하기를, '주상께서 만약 살아 있다면 노론은 장차 모두 죽을 것이다.' 하였습니다.

그리고는 나무상자 속에서 봉한 물건 한 개를 꺼내어 저로 하여금 장지사(張知事, 장세상)에게 전해 주도록 하였습니다. 그래서 제가 무슨 물건이냐고 물었더니 그가 약물이라고 답하였는데, 종이로 겹겹이 싸서 봉한 것이었습니

다. 제가 손으로 만져 보니, 그것은 바로 환약이었는데 그 크기는 콩만 하였고, 수량은 십여 개에 불과하였습니다.

제가 가지고 대궐 안에 들어가서 장세상에게 전해주니, 장세상이 받으면서 묻기를, '누가 보냈느냐?' 하여 제가 이정식의 무리가 보낸 것이라고 대답하자 장세상이 저에게 눈을 흘기고는 돌려보냈습니다.

하루는 장세상이 저에게 말하기를,

'이번에 대리청정의 일을 노론이 받들어 거행하지 않았으니, 이는 하늘이 주는데도 받지 않은 것이다. 장래 노론은 반드시 남은 종자가 없을 것이다.'

하였습니다. -궁성을 호위하는 일은 여러 초사와 같았다.- 반역을 모의한 것이 틀림없이 확실합니다."

죄인 김일관(金一觀)215)이 다음과 같이 공초하였다.

"저는 김창도와 대문을 맞대고 살고 있는데, 이정식·정우관은 김창도의 집에서 서로 만나 알고 지냈습니다. 저는 은밀히 이천기의 지휘를 받아 환국의 음모를 도모하였습니다. 제가 지난해 6, 7월 무렵에 이기지의 집에 갔더니, 이기지가 사람들과 문을 닫고 은밀히 말을 나누고 있어서 제가 몰래 엿들었는데, 이기지가 말하기를,

'그대는 영의정의 손자로서 서덕수·김창도·정우관의 무리와 서로 결탁해 무슨 일을 하기에 사람들의 말이 몹시 떠들썩한가?'

하였습니다. 제가 추후에 탐지해 보았더니, 그 사람은 김성행(金省行)이었습니다. 그 뒤에 김창도에게 이 일을 언급하였는데, 김창도가 김성행에게 전하자, 김성행이 크게 놀라 김창도의 집으로 저를 불러서 말하기를,

'나는 이기지와는 당류(黨類)가 조금 다르니, 네가 들은 것을 경솔하게

---

215) 김일관(金一觀) : 1684~1722. 본관은 광산(光山), 자 덕삼(德三), 호 난계(蘭溪)이다. 1721년 (경종1) 12월 신축환국으로 함께 수학하던 김창집 등의 노론이 실각하자 고향에 내려와 은거하였다. 1722년 3월 일어난 임인옥사에 연좌(緣坐)되어, 네 차례의 고문을 받고 1722년 5월 17일 생을 마쳤다. 1862년(철종13) 사헌부 집의에 증직되었다.

이기지에게 누설해서는 안된다.'

하였습니다. 김창도가 일찍이 제게 말하기를,

'다른 날 논공(論功)할 때 정우관은 마땅히 성천 부사(成川府使)가 될 것이고, 나는 마땅히 첨사(僉使)²¹⁶⁾가 될 것이다.'

하였습니다. 여러 사람들이 늘 제가 허술하다고 말하며 그 밖의 일에 대해서는 흔쾌히 말해 주지 않았지만, 그 모의한 일은 제가 실정을 알고도 고하지 않은 것이 확실합니다."

양사가 청대하여 입시하였는데, 대사간 이사상 -장령 이경열(李景說)²¹⁷⁾, 헌납 윤회(尹會)²¹⁸⁾, 지평 박필몽- 이 아뢰기를,

"흉역을 모의한 정절이 남김없이 모두 드러났으니, 청컨대 위리안치 한 죄인 이이명(李頤命)²¹⁹⁾을 목 베어 죽이십시오."

하니 주상이 말하기를, "아뢴 대로 하라." 하였다. 또 아뢰기를,

"흉역을 모의한 정절이 한층 더해져 남김없이 모두 드러났으니, 청컨대

---

216) 첨사(僉使) : 각 진영(鎭營)에 속한 종3품의 무관으로, 첨절제사(僉節制使)의 약칭이다.
217) 이경열(李景說) : 1677~? 본관은 수안(遂安), 자는 여즙(汝楫)이다. 1704년(숙종30) 춘당대 시에 합격하였다. 1722년(경종2) 사헌부 장령이 되어 노론 4대신을 처단하라고 주장하였 는데, 1725년(영조1) 이 일로 유배되었다가 1727년 석방되었다.
218) 윤회(尹會) : 1657~1733. 본관은 파평, 자는 성제(聖際)이다. 사헌부 장령을 지낸 윤겸(尹㻩) 의 손자이고, 회덕현감 윤징하(尹徵夏)의 아들이다. 아버지는 원래 송시열의 제자였으나 뒤에 소론에 동참하여 비난을 받았다. 1683년(숙종9) 생원이 되고, 1691년 증광문과에 급제하여 청요직을 두루 지냈다. 1709년 노론 중신 이관명과 이만성을 탄핵하였고, 최석정을 변론하였다. 경종대 신임옥사 당시 노론 일파를 논죄하고 숙청하는 데 앞장섰 다가 1725년(영조1) 유배되었는데, 1727년 정미환국으로 풀려났다.
219) 이이명(李頤命) : 1658~1722. 본관은 전주, 자 지인(智仁)·양숙(養叔), 호 소재(疎齋)이다. 세종의 아들 밀성군(密城君)의 6대손이며, 이경여(李敬輿)의 손자, 이민적(李敏迪)의 아들, 이사명(李師命)의 동생이다. 1680년 별시문과에 급제하여 지평·이조좌랑 등을 거쳐 승지를 지냈다. 1689년 기사환국으로 유배되었다가 1694년 갑술환국으로 승지에 임명되 고 이조판서 등을 거쳐 1706년 우의정, 1708년 좌의정에 올랐다. 1717년 정유독대(丁酉獨 對)를 통해 세자[경종]의 대리청정을 협찬하였다. 1721년(경종1) 세제[영조]의 대리청정을 추진하다가 김창집 등과 함께 유배된 상태에서 목호룡의 고변으로 이듬해 사사되었다.

죄인 김창집에 대하여 빨리 나라의 형벌로 바로잡으십시오."

하니, 주상이 말하기를, "아뢴 대로 하라." 하였다. 또 아뢰기를,

"이건명(李健命)[220]은 항상 원망하는 뜻을 품고서 은밀히 다른 뜻을 쌓아와서 평지수를 주장하는 역적이 최근 그의 자질 가운데에서 나왔고, 손바닥에 글자를 써서 추대한 말이 그와 같은 가문 내의 일이었습니다.

조태채(趙泰采)[221]는 음흉한 마음을 품고 교활한 것이 본성이 되어, 음흉한 실정과 반역의 정상이 삼흉(三凶)과 비교해 보건대 하나이면서 둘이고 둘이면서 하나인 자입니다. 청컨대, 죄인 이건명과 조태채를 모두 형률에 따라 처단하라고 명하십시오."

하니, 주상이 말하기를, "번거롭게 하지 말라." 하였다.

○ 영의정 조태구와 우의정 최석항이 청대하여 입시했을 때, 위리안치한 죄인 이이명을 처단하고 김창집을 정형하는 것은 사안이 불법에 관계된다고 하면서,

"비록 필서(匹庶, 평민)도 사로잡아 신문하여 실정을 얻고, 그런 뒤에 결안을 얻어서 죄를 바로잡는데, 선조의 오래된 신하를 어찌 이와 같이 할 수 있겠습니

---

220) 이건명(李健命) : 1663~1722. 본관은 전주, 자 중강(仲剛), 호 한포재(寒圃齋)·제월재(霽月齋)이다. 영의정 이경여(李敬輿)의 손자, 이조판서 이민서(李敏敍)의 아들, 좌의정 이관명(李觀命)의 동생이다. 1684년(숙종10) 진사시, 1686년 춘당대 문과에 급제하여 청요직을 두루 거쳐 이조판서 등을 지냈다. 1717년 종형 이이명(李頤命)과 숙종의 정유독대(丁酉獨對) 직후 우의정에 발탁되어 연잉군 보호를 부탁받았다. 경종 즉위 후 좌의정에 올라 김창집·이이명·조태채와 함께 세제 책봉에 노력한 노론 4대신으로 칭해졌다. 1722년(경종2) 목호룡의 고변으로 유배되었다가 죽었다.

221) 조태채(趙泰采) : 1660~1722. 본관은 양주(楊州), 자 유량(幼亮), 호 이우당(二憂堂)이다. 조태구의 종제이며, 조태억(趙泰億)의 종형이다. 1686년(숙종12) 별시문과에 종형 태구와 함께 급제하여 청요직을 두루 역임하고 1717년 우의정에 올랐다. 1721년(경종1) 신축환국으로 진도에 유배되었다가 이듬해 사사되었다. 1725년(영조1) 우의정 정호(鄭澔)의 진언으로 복작(復爵)되었으며 외딴섬에 나누어 유배되었던 자녀들도 모두 풀려나게 되었다. 노론 4대신의 한 사람으로서, 과천의 사충서원(四忠書院)과 진도의 봉암사(鳳巖祠)에 제향되었다.

까? 관계되는 바가 가볍지 않으며, 또한 뒷날 폐단과도 관계되니 원컨대 두 사람을 국옥에 내려서 심문한 뒤에 처리하기 바랍니다."

하였다. 주상이 말하기를, "이에 의거하여 하는 것이 좋겠다." 하였다.

○ 이조참판 김일경이 상소하여 대략 다음과 같이 말하였다.

"만고의 역적들을 통틀어 보아도 오늘날처럼 지극히 흉악한 경우는 있지 않았습니다. 한밤중에 칼을 품은 것은 마치 노나라 종무(鍾巫)와 같고,[222] 음식에 독약을 넣는 것은 마치 한나라 양기(梁冀)·염현(閻顯)[223]과 같습니다. 저와 같이 모여서 계획하여 몰래 불궤(不軌)한 일을 도모한 자들은 진실로 이이명과 김창집의 자질이나 손자가 아니면 그들이 거느리고 있는 인친(姻親)이나 문객(門客)이었습니다. 의금부 도사(金吾郎)를 보내 가다가 만나는 곳에서 그 자리에서 즉시 참(斬)하는 것이 진실로 마땅한데, 두 대신(조태구와 최석항)은 이들을 신문하여 속속들이 밝혀서 지만(遲晩)한다는 공초를 받아낼 것을 청하였습니다.

겉으로만 보면 죄인이 실정을 다 털어놓기도 전 즉시 정형을 시행하는 것은 법례(法例)를 어긴 것 같지만 이는 그렇지 않습니다. 반드시 죽여야 할 죄나 베어 죽여야 할 악은 자복을 기다리지 않고도 알 수 있는데, 알 수 없습니만, 대신이 여기까지 생각하였겠습니까? 밝은 전지를 내려서 흔들리는 일이 없기를 바랍니다."

---

222) 한밤중에 …… 같고 : 한밤중에 칼을 품은 일이란, 삼수(三手)의 모의 가운데 용사(勇士)를 시켜 칼을 품고 궁중에 들어가 왕을 시해하는 방법인 대급수를 가리킨다. 노나라 종무는 은공(隱公)이 모시던 신(神)인데, 우보(羽父)가 종무를 모신 사당에 제사 지내러 가던 은공을 살해하였다. 《春秋左氏傳 隱公11年》 당시 노나라 환공(桓公)이 서형(庶兄)인 은공의 시해를 허락하였다. 따라서 노나라 종무는 임금인 형을 시해하는데 동생이 관련된 일로, 우보는 노론 4대신을, 환공은 영조를, 은공은 경종을 빗댄 것으로 보인다.
223) 양기(梁冀)·염현(閻顯) : 양기(?~159)는 후한(後漢)의 권신으로 여동생이 순제(順帝)의 황후가 되자 외척으로서 권세를 휘둘렀다. 순제 사후 질제(質帝)를 독살하기도 하였다. 염현 역시 순제 때 염태후(閻太后)의 동생인데 태후와 함께 난을 일으켜 찬탈하고자 하였다.

○ 영의정 조태구와 우의정 최석항이 차자를 올려 대략 아뢰기를,

"일전(日前)에 등대(登對)[224]하여 법에 의거하여 아뢰었는데, 다시 생각해보아도, 그 죄는 살아날 방도가 없습니다만 일찍이 삼사(三事, 삼정승)를 지낸 사람에게 고략(拷掠, 고문)의 형벌을 시행하는 것은 차마 하지 못할 일입니다. 선조(先朝) 때 이미 행하였던 사례를 따라서 '반수가검(盤水加劍)[225]'의 뜻을 취해 다시 참작하여 처분하십시오."

하니, 주상이 답하기를, "이 일이 진실로 좋으니, 고략의 형벌을 시행하지 말도록 하라." 하였다.

○ 승정원에서 아뢰기를,

"영의정과 우의정이 연명한 차자에서 말한 '가검(加劍)' 등의 말은 대개 사사(賜死)를 가리키는 뜻이었는데, 비답에서 '이 일이 진실로 좋다.'고 하교하였으니 어떤 형률로 거행해야 합니까?"

하니, 전교하기를, "가검하라." 하였다.

영의정 조태구와 우의정 최석항이 차자를 올려 대략 말하기를,

"승정원의 계사(啓辭)[226]로 인해서 가검하라는 명이 있었습니다. '가검', 두 글자는 신 등이 고의(古義)를 대충 인용한 것에 지나지 않을 뿐이며, 만약 선조 때 이미 행하였던 사례를 따른다면 대개 사약을 가리킨 뜻이었습니다. 말을 만드는 것을 잘 살피지 못한 것은 신 등의 죄가 아닌 것이 없습니다."

하였는데, 주상이 답하기를, "의거하여 시행하지 않을 수 있겠는가?" 하였다.

---

224) 등대(登對) : 어전(御前)에서 임금을 직접 면대(面對)하여 아뢰다.

225) 반수가검(盤水加劍) : 쟁반에 물을 가득 채우고 그 위에 칼을 얹는 것이다. 물은 원래 수평을 유지하므로 공평한 법으로 다스려 줄 것을 바란다는 뜻이고, 칼을 얹는 것은 그 칼로 목을 찔러 죽이겠다는 뜻이다. 한나라 가의(賈誼)가 지은 《신서(新書)》〈계급(階級)〉에 "견책 소식을 듣게 되면, 흰 관에 들소의 털로 만든 갓끈을 달아 상복 차림을 하고, 쟁반에 물을 담고 그 위에 칼을 얹어 청실에 나아가 그 죄를 청한다.[聞譴訶, 則白冠氂纓, 盤水加劍, 造清室而請其罪爾.]" 한 데서 유래한 말이다.

226) 계사(啓辭) : 공사(公事)나 논죄(論罪)에 관하여 임금에게 아뢴 말이나 글이다.

○ 여러 승지와 대사간 이사상, 지평 박필몽, 이조참판 김일경이 청대하여 입시하니, 죄인 김창집과 이이명에 대하여 파견한 의금부 도사가 만나는 곳에서 형을 집행하라고 하교하였다.

○ 집의 서명우(徐命遇)[227]가 대략 다음과 같이 아뢰었다.

"어의(御醫) 이징하(李徵夏)가 서계(書啓)[228]에서 정사(正使) 이건명이 설사[泄痢]가 매우 심하고, 바야흐로 죄를 받는 중이어서 감히 전례를 따라 서계하지 못한다고 제멋대로 치계(馳啓)[229]하였으니, 매우 놀랍습니다.

지금 이건명은 부사(副使)와 서장관(書狀官)이 복명(復命)한 뒤 사흘 만에야 비로소 도성 밖에 도착할 정도로 느릿느릿 행차하고 있으니, 방자하고 무엄합니다. 마땅히 해당 도사를 사로잡아 심문하고 죄를 물어야 합니다."

○ 이이명을 사사(賜死)하라는 전지(傳旨)는 다음과 같다.

"요인(妖人)과 검객(劍客)이 집안[門墻]에 출몰하고, 홍수(紅袖, 궁녀)와 황문(黃門, 환관)이 결합하여 심복이 되었으며, 손바닥에 쓴 글자에는 이름이 추대하려는 대상에 들어 있었고 삼수(三手)라는 흉악한 음모는 흘러서 흉악한 차자가 되었다."

김창집을 사사(賜死)하라는 전지(傳旨)는 다음과 같다.

"잡된 무리들로 이루어진 많은 악한 자들이 역적 환관과 체결하고 가문의 서얼(庶孼)을 지휘하여 은화를 함부로 썼는데, 악한 아들과 요망한 손자들이 안팎으로 서로 내통하였다."

---

227) 서명우(徐命遇) : 1666~? 본관은 달성(達城), 자는 응회(膺會)이다. 1702년(숙종28) 식년시와 별시문과에 모두 급제하여 청요직을 두루 거쳤다. 1713년 장령으로서 상소하여 노론의 당습을 공격하였다가 삭출되었다. 1721년 다시 삼사에 진출하여 1722년(경종2) 5월 5일 집의 재직시 사사된 이이명과 김창집에게 처자식을 노비로 삼고 가산을 몰수하는 법을 시행하라 청하였는데, 1725년(영조1) 이로 인해 먼 변방에 유배되었다.

228) 서계(書啓) : 임금의 명령을 받은 관원의 복명서(復命書)이다.

229) 치계(馳啓) : 임금에게 급히 서면으로 상주하다.

○ 지평 박필몽이 상소하여 대략 다음과 같이 말하였다.

"두 흉적을 법에 따라 처치하는데, 처음에는 목 베어 죽이는 것으로 정형(正刑)하라는 명령을 내리셨다가, 또 대신의 말로 인하여 사로잡아 국문하여 실정을 파악하라는 하교가 있었으며, 또 승정원의 계품(啓稟)으로 인하여 가검(加劒)하라는 명이 있었고, 또 대신의 사사(賜死)하라는 차자의 말로 인하여 이에 따라서 시행하라는 하교가 있었으며, 또 의금부에서 진달한 바로 인하여 정법(正法)하라는 명이 있었습니다.

그런데 마침내 내려진 판부(判付)에서는 죄가 사사하는 데에 그쳤으니 한 번 변하고, 두 번 변해서 처분이 전도되었습니다. 이에 신은, 흉역을 징계할 방법이 없게 되고, 왕장(王章)이 시행될 곳이 없게 되어 나라 사람의 분노가 갈수록 심해질까 두려우니, 마땅히 최초 처분에 따라서 역적을 엄하게 토벌하십시오."

○ 거둥할 때230) 다음의 비망기를 내렸다.

"선조의 구신을 한꺼번에 사사하는 것은 차마 하지 못할 일이다. 근래 전지(傳旨)는 환수하고, 감사(減死)231)하여 위리안치 하라."

승정원에서 복역(覆逆)232)하였고, -도승지 김시환(金始煥), 승지 남취명·김치룡·조경명·황이장·박희진(朴熙晉)233)- 또 양사는 -대사간 이사상, 사간 이제(李濟)234), 헌납

---

230) 거둥할 때 : 경종은 1722년 4월 25일 사직단(社稷壇)에 거둥하여 기우제(祈雨祭)를 지냈다. 《承政院日記 2年 4月 25日》
231) 감사(減死) : 형률에 따라 사형에 처할 죄인을 특별한 사유로 인해 죽이지 않고 감형하여 주는 것이다.
232) 복역(覆逆) : 승정원에서 임금의 명을 받지 않고 복계(覆啓)하여 반대하는 것을 말한다.
233) 박희진(朴熙晉) : 1657~? 본관은 반남(潘南), 자는 명중(明仲)이다. 1687년(숙종13) 진사가 되고, 1699년 문과 정시에 급제하였다. 1703년 이후 청요직을 두루 거쳐 1722년(경종2) 승지가 되어 김창집 등을 육시(戮屍)하라고 주장하였다. 이 일로 1725년(영조1) 삭출되었다.
234) 이제(李濟) : 1654~? 본관은 전주, 자 경인(景仁), 호 성곡(星谷)이다. 박세당의 사위이자 문인이다. 1687년(숙종13) 사마시에 합격하고, 1699년 식년문과에 장원 급제하여 청현직을 두루 거쳤다. 1712년 과거부정 문제를 논하다가 삭직되었다. 1721년(경종1) 다시

윤회, 장령 신유익·이경열- 가마 앞에서 청대하였다.

　의금부 당상 -판의금 심단, 동의금 김일경·유중무- 등이 연명으로 상소하여, 모두 감사(減死)의 명을 거둬줄 것을 청하였다. 다음날 소결(疏決)하면서 김창 집 등에 대한 감사(減死) 전교를 환수하고, 이전 하교에 의거하여 사사를 거행하라 하였다.

　○ 집의 서명우가 다음과 같이 아뢰었다.

　"회령 부사 유정장(柳貞章), 순천 군수 우홍귀(禹洪龜), 재령 군수 우홍채(禹洪 采)235), 안악 군수 최진추(崔鎭樞)가 모두 흉당의 사인(私人)으로서 모두 기름진 고을에 재직(在職)하고 있으니, 삭거 사판(削去仕版)236) 할 것을 청합니다."

　○ 사간 이제가 다음과 같이 아뢰었다.

　"한번 경화(更化)한 뒤에237) 뜻을 잃고 국가를 원망하는 무리의 흉언패설(凶 言悖說)이 이르지 않는 곳이 없습니다. 전 별검(別檢) 이휘천(李輝千)이 제관(祭官) 에 임명된 날 감히 나라에 대해 망측한 말을 앞장서서 주장하였으니, 청컨대 엄히 조사하여 죄를 정하십시오."

　○ 다음의 비망기를 내렸다.

　"한재(旱災, 가뭄)가 이 지경에 이르렀으니, 국청 죄수에 대한 처결이 지연되

　　청요직에서 활동하다가 1725년(영조1) 갑산(甲山)에 유배되었다. 1727년 풀려나 승지가 되고, 1738년 우윤이 되었다.
235)　우홍채(禹洪采) : 1690~1722. 본관은 단양(丹陽), 자는 사량(士亮)이다. 1715년(숙종41) 식 년 무과에 급제하여 1721년(경종1) 재령군수(載寧郡守)가 되었다. 1722년 김창집(金昌集) 등 노론대신의 당여로서 내시 장세상(張世相)의 집을 왕래하며 역모를 꾸몄다는 혐의를 받고, 소론에 의하여 여러 차례 국문을 받은 끝에 죽음을 당하였다.
236)　삭거 사판(削去仕版) : 죄를 지은 관리를 처벌하는 규정의 하나로 관리의 장적(帳籍)에서 이름을 지워 초사(初仕) 이후의 모든 임관(任官)을 말소하는 것이다.
237)　한번 경화(更化)한 뒤에 : 1721년 환국으로 집권 세력이 노론에서 소론으로 바뀐 것을 지칭한다.

어 매우 미안하다. 형추(刑推)한 죄수는 감사(減死)하여 정배하고, 그 나머지 죄수는 석방[放送]하라."

도승지 김시환 등이 복역(覆逆)하였지만 주상이 따르지 않았다.

○ 국청 대신이 입시했을 때, 우의정 최석항이 말하기를,

"홍철인, 김제겸(金濟謙), 이상건(李尙健), 김시태(金時泰)238), 현덕명(玄德明), 이삼석(李三錫), 학손(鶴孫, 백망의 종), 김수천(金守天), 조성복(趙聖復)239)에 대해 등급을 나누어 감사(減死)하고 참작하여 처리하게 하는 것이 어떻겠습니까?"

하니, 주상이 "알았다." 하였다.

○ 관학 유생 유용(柳鏞) 등이 상소하여 김창집, 이이명, 이희지를 육시(戮屍)하고 노적(孥籍)240)하는 법을 시행하라고 청하였다.

○ 집의 서명우가 대략 다음과 같이 아뢰었다.

"흉역(凶逆)의 무리가 어느 시대엔들 없었겠습니까마는, 요사하고 간악한 형상과 음흉한 곡절을 어찌 역적 이희지(李喜之)에게 견줄 자가 있겠습니까? 그가 한유(韓愈)의 〈영정행(永貞行)〉241)이라는 시를 모방하여 지은 시는 꿈을

---

238) 김시태(金時泰) : 1682~1722. 본관은 안동(安東), 자는 대래(大來)이다. 1714년(숙종40) 무과에 급제한 후 황해 병사(黃海兵使) 등을 역임하였다. 신임옥사에 연루되어 백열이(白烈伊)·이삼석(李三錫) 등과 함께 국청에 불려가 심문을 받다가 사망하였다. 1725년(영조1)에 복관되었으며, 호조판서에 추증되었다. 시호는 충의(忠毅)이다.

239) 조성복(趙聖復) : 1681~1723. 본관은 풍양(豐壤), 자 사극(士克), 호 퇴수재(退修齋)이다. 1702년(숙종28) 별시문과에 급제하여 청요직을 두루 거쳤다. 1716년 지평으로서 윤선거(尹宣擧)의 선정(先正) 칭호를 금할 것을 청하였고, 1721년(경종1) 집의 재직 시 세제 대리청정을 요구하는 상소를 올려 경종의 재가를 받았으나, 무군부도(無君不道)하다는 소론의 반격으로 유배되었다. 1723년 다시 잡혀 올라와 국문을 받던 중 옥중에서 자살하였다. 신임옥사 때 삼학사(三學士) 중 한 사람으로 일컬어진다. 영조 즉위 후 이조판서에 추증되고, 충간(忠簡)이란 시호가 내렸다.

240) 노적(孥籍) : 모역이나 반역 등을 범한 국사범(國事犯)에 대해 본인은 극형에 처한 뒤, 그 처자를 연좌시켜 노비의 적에 올리고 그들의 재산까지 몰수하는 처벌이다.

빙자하여 하늘에 계신 선왕의 혼령을 속이고, 성명(聖明)을 더럽혔으며, 심지어 순종(順宗)²⁴²⁾의 혼란(昏亂)함에 비기기까지 하였습니다.

그중에 '꼭두각시가 줄이 끊어지자 진면목이 드러났다.[傀儡索絕露眞面]'라는 구절은 더욱더 음흉하였는데, 대개 '꼭두각시'로써 감히 말할 수 없는 곳에다 견주고, '줄이 끊어졌다.'는 말로 두 환관²⁴³⁾의 죽음에 비겼던 것입니다. 그 뜻은 '지난날의 처분이 모두 성상의 결단에서 나올 수 없었는데, 두 환관이 죽은 뒤에 그 본색을 숨기지 못하였다.'는 것입니다.

말뜻이 음흉하고 참혹하여 한 구절에서 한 구절로 넘어 갈수록 심하였으니, 비록 형장을 맞고 죽었지만 청컨대 국청으로 하여금 수노 적몰(收孥籍沒)²⁴⁴⁾하게 하십시오."

이에 법에 의거하여 거행하게 하였다.

-〈속영정행(續永貞行)〉은 다음과 같다.

"신축년 12월 초하루²⁴⁵⁾에 명릉참봉²⁴⁶⁾이 빈 창가에서 잠이 들었는데, 문득 바라보니

241) 영정행(永貞行) : 당나라 한유(韓愈)가 지은 시(詩)의 제목이다. 당나라 순종(順宗)이 즉위하고 나서 병으로 인해 정사를 보지 못하자, 왕비(王伾)·왕숙문(王叔文) 등이 헌종(憲宗)을 옹립하였다. 이에 한유가 '영정행'이란 시를 지어 당시 소인배들의 행태를 풍자하였다. 즉 한유는 당시 왕비·왕숙문의 권력 행사에 불만을 품고 이를 '난정(亂政)'으로 비판하였던 것이다. 영정은 순종의 연호이고, 행은 노랫가락이란 뜻이다. 《속영정행》은 서종일(徐宗一)이 명릉 참봉(明陵 參奉)으로 있을 때 꾼 꿈의 내용을 이희지가 전해 듣고 시를 지어 경종을 순종에 비유하였다. 《景宗修正實錄 2年 9月 21日》 꿈의 내용은 숙종이 환관 문유도와 박상검 등이 경종과 세제 사이를 이간질한 것을 엄히 추국하며 처형하는 것이었다. 《研經齋全集 外集 詩話》
242) 순종(順宗) : 761~806. 당나라 제13대 황제이다. 779년 황태자가 되었으며 805년 황위에 올랐으나, 신병으로 1년도 못되어 죽었다. 재위 당시부터 환관들은 순종에게 아들 헌종(憲宗)에게 양위하고 태상황이 되도록 종용했다.
243) 두 환관 : 환관 박상검과 문유도를 이른다.
244) 수노 적몰(收孥籍沒) : 수노는 죄인의 처자식까지 연좌시켜 노비로 만드는 것이고, 적몰은 중죄인의 소유 재산을 모두 관의 장부에 등록하여 몰수하는 것이다.
245) 신축년 12월 초하루 : 이른바 '박상검의 옥사'가 벌어지기 시작한 시점을 이른다. 이 옥사는 1721년(경종1) 환관 박상검·문유도 등이 경종과 왕세제를 이간질하여 궁극에는 왕세제를 해치려 했다는 혐의를 받아 벌어진 사건이었다. 1722년(경종2) 1월 세제가 입직궁관(立直宮官)과 익위사관(翊衛司官)에게, 내관들이 자신의 생명을 위협하니 독수

선왕께서 보좌에 자리하시고, 의젓한 신하들이[247] 엄숙하게 좌우에 늘어섰네. 대신을 부르고 또 잇따라 재촉하니, 중사(中使)의 입에서는 바람소리 일었네. 다만 몇 사람 엎어지고 자빠지며 들어오는 것을 보았지만, 희미해서 누가 누구인지 기억하기 어렵네. 종소리 같은 옥음이 전각 섬돌에 울려 퍼지니, 종사가 위태롭거늘 경들은 아는가 모르는가. 여러 공들은 물러나 어디로 가려는가? 천한 내시 반역하면 주살함이 마땅하다.

　궁궐의 위아래에 대낮같이 불 밝히니, 위사(衛士)는 높이 소리치고 천뢰(千雷)는 울부짖네. 순식간에 머리 둘[248]이 문밖에 내걸리니, 옆 사람들이 말하기를 환관[黃門[249]]의 머리라고 손가락질하네. 나라에 큰 변고 있은 지 이레가 지나자, 갑작스런 당화(黨禍)는 마치 한나라 북시(北寺)[250]와 같았네. 오랑캐 땅 불모지[251]에서 도깨비들 기뻐하고, 역적 환관과 간흉들

─────────

　　　(毒手)를 피하고자 사위(辭位)한다는 뜻을 알렸다. 다음날 대신들의 주청으로 경종은 박상검과 문유도를 국문하였는데, 당시 혐의 내용은 박상검이 김일경의 사주를 받고 왕세자가 경종에게 문침하는 길을 막아 불화를 조성하는 한편 대전의 궁녀들로 하여금 왕세제를 헐뜯는 말을 하도록 시켜 왕세제를 제거하려고 하였다는 것이었다. 그러나 배후를 밝히기도 전에 관련된 나인이 자결한 점, 박상검을 끝까지 국문하지 않고 바로 죽여 사건을 서둘러 수습한 점 등을 들어 노론은 이 일에 소론이 관련되어 있다고 보았다. 이후 1725년(영조1) 영조가 즉위한 후, 김일경 등이 박상검의 배후로 지목되어 탄핵되고, 환관 손형좌(孫荊佐) 등에 대한 국문이 이루어지면서 이 사건은 다시 소환되어 노론과 소론의 갈등을 확산시켰다. 노론은 신임옥사를 주도한 조태구·김일경·목호룡 등을 공격하기 위해 이 사건에 대한 재조사와 관련자의 처벌을 주장했고, 결국 정조 때에 다시 만든 《경종수정실록》에는 "박상검이 김일경의 손발이 되어 은밀한 기회를 몰래 주선하여 안팎에서 선동"하였다고 기록되었다. 《景宗實錄 1年 12月 22日·23日·24日·25日, 2年 1月 4日·6日》《景宗修正實錄 1年 12月 22日》《承政院日記 景宗 2年 1月 6日·7日》

246) 명릉 참봉 : 명릉은 숙종과 계비 인현왕후의 능이다. 《경종수정실록 2년 9월 21일》 기사에 의하면 이 시는 서종일이 명릉참봉 재직시 꾼 꿈의 내용을 이희지가 전해 듣고 지은 것이라 한다. 서종일(徐宗一, 1661~1732)의 본관은 대구(大丘), 자는 관경(貫卿)이다. 서상리(徐祥履)의 손자, 서문박(徐文博)의 아들, 서종제(徐宗悌)의 아우이다. 영조비 정성왕후(貞聖王后)의 숙부이고, 임인년 옥사에서 처형당한 서덕수의 종조부이다. 영조 즉위 후 서종일은 상소하여 서덕수는 고문 때문에 거짓 자복하였다고 주장하였다. 《英祖實錄 1年 7月 16日》

247) 의젓한 신하들 : 원문은 "羽儀"이다. 신하들이 복장을 갖추고 당당한 모습으로 조정에 출사(出仕)한 것을 가리킨다.

248) 머리 둘 : 환관 박상검과 문유도를 이른다.

249) 황문(黃門) : 환관을 가리킨다. 후한(後漢)대 황문령(黃門令)·중황문(中黃門)의 여러 관직에 모두 환자(宦者)를 임명하였기 때문에 생겨난 말이다.

이 뱀과 지렁이처럼 얽혔네. 밤에 조서(詔書)를 지어 아침에 관직을 제수하니, 옛날에 들었던 영정(永貞)의 일이 오늘날 다시 있게 되었네. 여우와 올빼미가 시끄럽게 울어대며 못하는 일이 없고, 번갯불 번쩍이듯 날뛰며 어르고 부추기네.

긴 무지개 여러 날 태양을 꿰뚫으니, 덕성(德星)[252]이 뒤섞여 남두(南斗)[253]를 의지하네. 학가(鶴駕)[254]가 황망히 문을 나서려 하니, 슬픈 조서를 세 번 내려 성모(聖母) 위해 울었네. 궁궐[宮闈]의 일 비밀스러워 비록 자세히 알기 어려우나, 대개 듣건대 급변(急變)은 주액(肘腋)[255]에서 생겼다 하네. 산처럼 타오르는 기세는 객씨(客氏)와 위충현(魏忠賢)[256]보다 더 하고, 뿌리는 이미 깊어 힘으로 뽑기 어려운데, 하루 저녁에 몰아내니, 어찌 그리도 신속(神速)한가? 이 어찌 사람이 한 일이랴, 하늘이 이끌었네. 혼비백산하여 감히 독기를 부리지 못하고, 궁지에 몰리니 신명(神明)이 지키는 듯하네.

아리따운 눈썹의 궁첩(宮妾)이 단장도 하지 않은 채, 향기로운 머리띠로 머리를 감싸고 울면서 달아나네. 홀연히 천둥 번개 한순간에 모든 것을 쓸어버리니, 선령(先靈)의 몰래 도우심 진실로 우연이 아니었네. 꼭두각시 줄 끊어지자 진면목이 드러나고, 도깨비들

250) 한나라 북시(北寺) : 동한(東漢) 때에 황문서(黃門署)에 소속되었던 감옥 명칭이다. 주로 장상(將相)과 대신(大臣)들을 추국하는 일을 담당하였으며, 옥사(獄舍)의 위치가 북쪽에 있었으므로 북시옥이라 불렀다.
251) 불모지 : 원문은 "窮髮"이다. 불모지(不毛地)인 북쪽 끝 지방으로 북쪽 변방을 뜻한다. 《장자》〈소요유(逍遙遊)〉에, "궁발의 북쪽에 바다가 있으니, 천지(天池)이다." 하였다.
252) 덕성(德星) : 상서로운 징조로 나타나는 별이다. 목성(木星)을 가리키기도 한다.
253) 남두(南斗) : 남방에 두형(斗形)을 이루고 있는 7개의 별이다. 남두는 남극노인성(南極老人星)을 신격화한 남극장생대제(南極長生大帝)의 통치 아래에 6개의 부서가 있는 큰 관청같이 여겨지고, 그 역할은 주로 인간의 수명과 운명을 관리한다고 생각하였다.
254) 학가(鶴駕) : 황태자나 세자의 행차를 말한다. 주나라 영왕(靈王)의 태자 진(晋)이 백학(白鶴)을 타고 신선이 되어 갔다는 고사에서 유래하였다.
255) 주액(肘腋) : 팔꿈치와 겨드랑이로 아주 가까운 곳을 의미한다. 여기서는 임금의 가장 가까운 측근이다.
256) 객씨(客氏)와 위충현(魏忠賢) : 객씨는 명나라 15대 황제 희종(熹宗)의 유모로, 봉성부인(奉聖夫人)에 봉해져 권세를 휘두르다 태살(笞殺)되었다. 위충현(魏忠賢, 1568~1627)은 희종 때의 환관으로 객씨와 사통(私通)하고 환관의 수장(首長)인 사례감(司禮監) 병필태감(秉筆太監)과 황제 직속의 비밀경찰인 동창(東廠)의 수장이 되어 정치를 농단(壟斷)하다가 의종(毅宗) 즉위 후 탄핵을 받고 자살하였다. 《明史 魏忠賢列傳》

햇살 비치자 으슥한 소굴 찾아가네. 환관의 화(禍) 예로부터 나라를 망치고 말았음은 한·당나라 앞에 있고 황명(皇明)이 뒤에 있네. 이처럼 빛나는 천토(天討)는 아직 듣지 못했으니, 종사는 아! 억만년 유구하겠구나. 어느 집 무녀가 새 귀신에게 기도하는가? 봄밤 고가(藁街)²⁵⁷)에서 질장구[缶]²⁵⁸) 두드리며 노래하네.²⁵⁹)"-

○ 헌납 이명의가 다음과 같이 아뢰었다.

"집의 이덕수는 언론이 순수하지 못하고, 지난번 흉적의 수괴가 나라의 권세를 잡았을 때 대대로 맺은 친분을 핑계로 서로 끊지 못하였습니다. 사간 정석삼(鄭錫三)²⁶⁰)은 머뭇거리고 형세를 살피며, 지난 겨울 비망기를 다시 내렸을 때 한 번도 합사(合辭)의 소장(疏狀)에 연명(聯名)하지 않았습니다. 청컨대 모두 삭판(削版)하십시오."

○ 사은사 전성군(全城君) 이혼(李混)²⁶¹)이 청나라에 사신으로 가면서 겸하

---

257) 고가(藁街) : 고가는 한나라 장안성(長安城) 남문 안쪽에 위치한 저잣거리이다. 죄수를 참수하고 그 머리를 이 거리에 매달아 놓았다. 이후 반역자를 참수하는 장소를 가리키는 말로 쓰였다. 《漢書 段會宗傳》

258) 질장구[缶] : 타악기의 하나로서, 화로 모양으로 아홉 조각으로 쪼개진 대나무 채로 변죽을 쳐서 소리를 낸다.

259) 어느 …… 노래하네 : 이 구절의 의미는 명확하지 않다. 이에 대해 성해응(成海應)은 《연경재전집(研經齋全集) 외집(外集)》〈시화(詩話)〉에서 이 시구의 뜻을 이영교(李英敎)에게 물은 일을 전하고 있다. 이에 따르면 성해응의 물음에 이영교가 답하기를, "역적 김일경이 복주된 박상검을 꿈에서 보았는데, 박상검이 자기 홀로 일을 꾸민 것이 아닌데도 자신만 죽임을 당했다고 억울함을 호소하자 김일경이 꿈에서 깨어난 후 박상검이 복주된 곳에서 무녀를 시켜 액(厄)을 쫓게 한 것이다." 하였다고 한다.

260) 정석삼(鄭錫三) : 1690~1729. 본관은 동래(東萊), 자는 명여(命汝)이다. 정태화(鄭太和)의 증손이다. 1711년(숙종37) 식년문과에 급제하여, 병조정랑 등을 거쳐 1722년(경종2) 사간이 되었다. 1725년(영조1) 승지가 되었는데, 경종의 질병을 포고하는 것에 반대하여 상소하였다. 이로 인해 탄핵을 받고 절도에 안치되었다가 같은 해 방면되었다. 1727년 다시 승지가 되어 1729년 졸하였다. 1772년 영의정에 추증되었다.

261) 이혼(李混) : 1660~1727. 본관은 전주(全州), 할아버지는 선조의 제13왕자 인흥군 영(仁興君 瑛)이며, 아버지는 낭원군 간(朗原君 偘)이다. 전성군(全城君)에 봉해졌다. 1722년(경종2) 사은진주 겸 동지사(謝恩陳奏兼冬至使)로 다시 청나라에 다녀왔는데, 가는 도중 봉황성(鳳

여 목호룡의 고변 등 사건에 관해 보고할 내용을 아뢰었는데, 그 대략은
다음과 같다.

"지금 이 삼수의 역모는 하루아침에 이루어진 변고가 아닙니다. 선왕의
병이 깊을 때를 당하여 음모가 이미 이루어졌고, 주상이 즉위하신 뒤에
이르러서는 흉악한 계획이 더욱 급박하여, 난역(亂逆)의 정상은 헤아릴 수
없는 지경이었고, 흉도에 달라붙은 무리는 참으로 번성하였는데, 혹은 모질게
참다가 갑작스럽게 죽은 자도 있고, 또한 곧은 말로 승복한 자도 있었습니다.
또한 그 지류(枝流)는 생략하고 우선 그 본원만을 살펴보겠습니다.

삼가 살피건대 영의정 김창집, 영중추 이이명, 좌의정 이건명, 판중추
조태채 등은 선조의 대신으로서 오랫동안 국정을 농단하였습니다. 이들은
부귀에 욕심을 내고 재화를 탐하여, 제택(第宅)은 지극히 크고 사치스러웠으며,
전원(田園)은 주현(州縣)에 두루 걸쳐 있었습니다. 어진 이를 죽이고 올바른
이를 해쳤으며, 나라를 좀먹고 백성에 해를 끼쳤습니다. 권력을 탐하고 세력을
즐겼으며 의(義)를 뒤로 하고 이익을 앞세웠습니다. 이처럼 본성에 어긋난
사특한 행동들 또한 자질구레하고 변변치 못한 일이었습니다만 처음에는
얻을 것을 근심하고 잃게 될까 걱정하였으며, 끝내는 빼앗지 않고는 만족하지
못하게 되었습니다.

몰래 위복(威福)[262]을 농락하고 태아(太阿)를 거꾸로 쥐어[263] 임금을 무시하
는 마음을 숨기고 신하 노릇하지 않겠다는 뜻을 품고서, 먼저 조정에 당여(黨與)
를 심어놓고 은밀히 여항(閭巷)의 무뢰배를 양성하였습니다. 그리고 자질(子姪)
과 집안 서출(庶出)의 족속들로 하여금 역적 환관들과 체결하게 하였으며,

凰城)에서 강희제의 죽음을 알고 조정에 이를 알려 대책을 갖추게 하였다.
262) 위복(威福) : 《서경(書經)》〈주서(周書) 홍범(洪範)〉에 "임금만이 위(威)를 짓고 복(福)을
    짓는다." 하였는데, 신하가 위복을 부리는 것은 군권(君權)을 침범하는 일이다.
263) 태아(太阿)를 거꾸로 쥐어 : 태아는 옛날 중국의 보검으로 권력을 상징한다. 이것을
    거꾸로 남에게 주면 결국 자기에게 불리하고 남을 이롭게 하는 것으로 권력을 다른
    사람에게 넘겨주는 것을 의미한다.

은화를 모아 사사롭게 통하는 길을 뚫어 내간(內間, 궁궐 안쪽)에서 독약을 사용하는 일을 주장하며 탐문하였고, 아장(亞將)[264]을 교체할 즈음에는 모두 모여 앉아서 지목하여 가르쳤습니다.

이천기는 이희지·이기지의 혈당으로서 백망이 손바닥에 쓴 글자의 뜻을 헤아려서 추대할 사람을 이미 결정하였습니다. 유취장은 이이명의 은밀한 지시를 받들어 이홍술이 궁성에 군대를 배치하는 계책을 도왔으며, 폐출시키려는 모의를 장차 시행하려 할 때, 이건명은 사행에서 돌아와 저들과 함께 하였고, 조태채는 협박에 따르는 것을 면치 못하였습니다. 예로부터 난역(亂逆)이 대대로 나오기는 했지만, 이처럼 극도로 흉악한 경우는 있지 않았습니다.

이에 의거하여 장차 역적의 수괴 김창집·이이명 등을 잡아다가 법으로 다스려 죄를 심리하여 처리하고, 그 나머지 한결같이 응하여 역모에 동참한 사람과 아직 법에 의거하여 정법하지 않은 죄인, 그리고 연좌된 족속을 경중(輕重)에 따라 의의(擬議)[265]하여 죄과(罪過)를 결단한 전말을 합하여 근거를 갖추어 장차 청나라 황제에게 아뢰겠습니다."

○ 유생 권서봉(權瑞鳳) 등이 상소하여 대략 다음과 같이 말하였다.

"대저 4흉(四凶)은 속으로는 추대하고 호위하는 일을 하면서도 겉으로는 차자를 지어 절목[266]을 청하였습니다. 조태채도 이미 차자에 연명하였으니,

---

264) 아장(亞將) : 포도대장·용호별장(龍虎別將)·도감중군(都監中軍)·금위중군(禁衛中軍)·어영중군(御營中軍) 및 병조참판 등 각 군사조직의 두 번째 지휘관을 이르는 말이다. 여기서는 이삼 대신 유취장을 훈련도감 중군으로 삼은 일을 가리킨다.

265) 의의(擬議) : 의정부나 육조에서 중신(重臣)들이 모여 관서(官署)에서 보고한 사목(事目)이나 임금이 의논하도록 명한 일에 대하여 그 가부를 의논하던 일이다. 의논한 내용을 임금에게 보고하면, 임금이 이것에 근거하여 재결하였다.

266) 절목 : 1721년(경종1) 10월 17일 영의정 김창집 등 노론 4대신이 세제의 대리청정에 대해 정유년의 절목에 따라 품지(稟旨)하여 거행하도록 요청하는 차자(箚子)를 연명(聯名)으로 올렸다. 이때의 절목은 앞서 경종이 세제 연잉군에게 모든 대·소사를 대리청정하도록 명한 것에 비해 세제의 결정권을 다소 제한한 것이었다. 노론 4대신은 경종이 세제에게 대리청정하게 하라는 명을 차마 거스르지 못하고 세제의 결정권이 다소

역적 이이명의 이름이 추대하려는 대상에 들어 있었고, 역적 김창집이 군대를
배치하여 호위하려 한 것을 어찌 조태채가 알지 못하였겠습니까? 그런데
억지로 수범(首犯)과 종범(從犯)으로 나누어 단지 안률(按律)할 것만을 청한
것은 이미 법을 집행하는 논의를 어그러뜨린 것입니다.

  오늘날 바로잡는 도리로는 이이명과 김창집 두 역적에게 왕돈(王敦)[267]을
기참(剠斬)[268]한 일에 따라서 빨리 육시(戮屍)하는 형벌을 추가로 거행하시며,
흉적 조태채와 이건명에게도 한 가지로 시행하고 난 뒤에 고묘(告廟)하는
예를 거행할 수 있을 것입니다.

  아! 허벽·오두석·이덕배·이삼령(李三齡)[269]·이덕표(李德標)[270] 등이 유생들
을 모아 상소하여 하나의 시끄러운 단서를 만들었지만, 이 일은 바로 전하
자신의 일이며, 진실로 천리와 인정에 비추어 보아도 가로막을 수 없는
일이었습니다.

  당시 옥안(獄案)[271]이 이루어진 것은 오로지 김춘택이 간음한 여자[272]의

  적었던 정유년의 절목에 따라 거행할 것을 청하였다. 《景宗實錄 1年 10月 17日》
267) 왕돈(王敦) : 266~324. 진(晉)나라 원제(元帝) 때 공신(功臣)이다. 두도(杜弢)의 반란을 진압
  하고 진동대장군(鎭東大將軍)에 올랐다. 서진(西晉)이 망하고 동진이 들어설 무렵 병권을
  장악했다. 원제가 왕씨 세력을 제거하려 하자 322년 무창(武昌)의 난을 일으켰다. 스스로
  승상이 되어 무창으로 돌아와 조정을 장악하였다. 324년 왕도(王導) 등이 그가 병에
  걸린 것을 이용해 토벌하였고, 본인도 얼마 뒤 죽었다.
268) 기참(剠斬) : 죄인의 시체를 발굴하여 옷을 불태우고 알몸으로 꿇어앉힌 다음 목을
  자르는 형벌이다.
269) 이삼령(李三齡) : 1671~1745. 본관은 함평(咸平), 자는 수천(壽千)이다. 1705년(숙종31) 식
  년문과에 급제하여 성균관전적(成均館典籍) 등을 역임하였다. 1722년(경종2)에 1701년(숙
  종27) 신사년(辛巳年) 옥사와 관련된 인물들의 신원(伸寃)을 상소하였다. 1725년(영조1)에
  도 상소하여 이 내용을 주장하다가 영사(領事) 민진원(閔鎭遠)의 논핵으로 인해 유배되었
  는데, 1727년 석방되었다.
270) 이덕표(李德標) : 1664~1745. 본관은 여주(驪州), 자 정직(正則), 호 우와(寓窩)이다. 1699년
  (숙종25) 식년시에 급제하여 진사가 되었다. 1722년(경종2) 영남의 유생들을 대표하여
  장희빈의 신원과 임창(任敞) 등의 처벌을 청하는 상소를 올렸다가 민진원의 탄핵을
  받고 유배되었다. 1727년 석방되어 1745년 부호군(副護軍)이 되었다. 저서로 《우와선생집
  (寓窩先生集)》이 있다.
271) 옥안(獄案) : 죄인의 범죄 사실을 조사한 서류이다.

공초에서 나온 '동궁을 모해한다.[謀害東宮]'는 말 때문이었으며, 이어서 이 말이 이이명의 입에서 나왔으므로 이잠과 임부 등의 상소가 있었던 것은 전하께서 이미 환하게 알고 계실 것입니다.

저들이 말한 것은 전하의 사친(私親, 장희빈)을 위한 것이고, 한 국가의 윤기(倫紀)를 위한 것이므로, 전하께서 침소에 들어 잠들지 못하는 밤에 이에 대하여 한 번 생각이 미치면 반드시 근심과 두려움을 느낄 것이며 깜짝 놀라 슬퍼하실 것입니다.

저 임창(任敞)273)의 상소는 선친(先親, 장희빈)을 꾸짖고 욕하는데 남김없이 힘을 썼으니, 이 사람은 바로 윤지술의 종조(宗祖) 격인데도 오히려 사시(肆市)274)의 형벌을 피하였습니다. 심형(沈洞) 등이 윤지술을 편들었고, 조징(趙徵)의 무리들이 계속해서 흉악한 음모를 앞장서서 주장하였는데 아직도 죄를 다스리라는 청이 없습니다.

서명균은 윤지술을 구원한 사람인데도 영화로운 은총이 여전하며, 홍치중(洪致中)275)은 앞장서서 홍계적(洪啓迪)276)의 흉계(凶啓)에 참여하였는데 혼자

---

272) 김춘택이 간음한 여자 : 장희재의 아내를 가리킨다.
273) 임창(任敞) : 1652~1723. 본관은 풍천, 자 회이(晦而), 호 강개옹(慷慨翁)이다. 김춘택의 매제인 임징하(任徵夏)의 족숙(族叔)이다. 1701년 인현왕후가 죽자 1702년(숙종28) 상소하여 인현왕후의 죽음은 희빈 장씨 일파의 저주에 의한 것이므로 역적을 벌주고 왕후의 원수를 갚아야 한다고 주장하였다. 이후 그는 이 일로 인해 나주에 유배되었다가, 임인옥사가 한창이던 1723년(경종3) 다시 서울로 압송되어 지난날 상소에서 신하로서 흉측한 말을 많이 하였다는 이유로 참형을 당하였다. 노론측에서는 윤지술·이의연과 함께 신임 삼포의(辛壬三布衣)라고 추앙하였다.
274) 사시(肆市) : 죄인을 목 베어 죽이고 그 시체를 많은 사람이 모이는 저잣거리에 벌여 놓는 형벌이다.
275) 홍치중(洪致中) : 1667~1732. 본관은 남양(南陽), 자 사능(士能), 호 북곡(北谷)이다. 우의정 홍중보(洪重普)의 손자, 관찰사 홍득우(洪得禹)의 아들이다. 1699년(숙종25) 사마시, 1706년 정시문과에 급제하여 대사간·승지 등을 거쳐 이조참판 등을 지냈다. 경종 때 홍주목사로 좌천되었다가 영조 즉위 후 형조판서를 거쳐 1726년(영조2) 좌의정 민진원의 천거로 우의정에 올랐다. 1729년 조문명(趙文命) 등이 신임옥사에 대한 시비의 절충을 꾀하자, 노론 4대신과 삼수옥(三手獄) 관련자에 대한 신원문제를 구분해야 한다는 논리를 주장하여 기유처분(己酉處分)을 내리게 하였다. 이어 영의정으로 승진하였다. 시호는 충간(忠簡)

만 천극(栫棘)의 처벌을 면하였습니다.

심공의 차자와 송인명의 상소는 또한 홍계적의 실마리가 되는 논의인데도 그에 적합한 처벌을 가하지 않았으니, 지금까지 승정원에서 중간에 막는 것은 홍계적이 남긴 버릇이 아닌 것이 없습니다. 대간이 아뢰어서 허벽을 유배 보내라고 청한 것은 또한 어찌 지난날 흉당이 상소하는 유생을 때려죽인 수단이 아니겠습니까?

삼가 바라옵건대 확고한 결단을 내리시어 빨리 위에 거론한 20여 인을 혹 귀양 보내거나 혹 죽여서, 임금을 무시하고 도리를 어그러뜨린[無君不道] 죄를 바로잡으시고, 또한 지하에 계신 선빈(先嬪, 장희빈)의 혼령을 위로하십시오."

○ 국청 대신과 양사가 청대했을 때 영의정 조태구가 다음과 같이 말하였다.

"죄인 정우관이 죽음 가운데에서도 살고자 하는 계책으로서 상변(上變)하겠다고 청하였는데, 신은 그가 고변한 것이 반드시 허망할 것이라는 것을 알고 있었습니다. 또한 죄인의 어지러운 초사(招辭)를 받지 않는 것은 실로 옛날 규례이므로 발고(發告)하는 것을 허락하지 않았는데, 대관이 상소하여 윤허를 받았으니, 부득이 추문하였습니다.

먼저 심단과 김일경, 두 사람의 이름을 제기하고 그 무리의 괴수라고 하면서도 오히려 감히 자신들은 얼굴을 알지 못한다고 하였으니, 세상에 어찌 괴수인데도 그 무리들이 얼굴을 모르는 일이 있을 수 있단 말입니까? 따라서 이 한 가지 조항은 이미 헛된 일이 되어버렸습니다.

이다.

276) 홍계적(洪啓迪) : 1680~1722. 본관은 남양(南陽), 자 혜백(惠伯), 호 수허재(守虛齋)이다. 1702년(숙종28) 진사가 되어 1703년 성균관 유생들과 함께 박세당(朴世堂)을 성토하는 상소를 올렸다. 그 해 6월 박세당의 《사변록(思辨錄)》과 이경석(李景奭)의 비문을 태워 없애라고 상소하였다. 1708년 식년문과에 급제하여 청요직을 두루 거쳤다. 경종대 대사헌 재직 시 세제의 대리청정을 주장하여 소론과 대립하였다. 1722년 노론 4대신의 당인이라는 죄목으로 투옥되어 옥중에서 죽었다. 저서로 《수허재유고》가 있고, 시호는 의간(毅簡)이었는데, 뒤에 충간(忠簡)으로 고쳤다.

사전(四殿)[277]을 모해하려 했다는 말을 듣고 지극히 놀란 마음에 바로 여러 사람들을 잡아들였는데, 각자가 바친 초사에서 끌어댄 환관 다섯 사람은 모두 정우관의 얼굴을 알지 못하였습니다. 윤취상(尹就商)[278] 역시 긴요하게 끌어들인 자인데 정우관이 또한 얼굴을 알지 못한다고 하였으니, 어찌 이 같은 동당(同黨)이 있겠으며, 이러한 고변이 있겠습니까?

수천 냥의 은자(銀子)를 석열에게 들여보냈다고 말하였는데, 마련해서 준 자는 원휘(元徽)이고, 전해 준 자는 박상검(朴尙儉)이라고 하였습니다. 그런데 이 세 사람이 모두 죽어서 계제(階梯)가 이미 끊어졌으니, 다른 사람을 모함할 계책임이 불을 보듯 환합니다.

또한 그가 '지난해 11월 그믐 사이에 김일경이 소두(疏頭)가 되었으니, 마땅히 이조참판이 될 것이라는 말이 있었다.'고 말하였는데, 김일경이 소두가 된 것은 12월 6일에 있었으니, 봉장(封章)하기 이전에 이렇게 수작할 리는 전혀 없습니다.

이미 그가 한 말이 구구절절 무망(誣罔)한 것임을 알 수 있으니, 고발된 사람들은 모두 명하여 풀어주고, 두 의금부 당상이 의금부 문 바깥에서 명을 기다리고 있으니, 죄가 없다는 것을 밝혀서 마음을 풀어주고 출사하라고 권면하는 것이 어떠하신지요?"

주상이 말하기를, "알았다." 하였다.

○ 관학 유생 김동현(金東顯) -120여 인- 등이 상소하여 이이명과 김창집에게

---

277) 사전(四殿) : 대전(大殿), 대비전(大妃殿), 중전(中殿), 동궁전(東宮殿)을 이른다. 정우관이 공초에서 "심단·원휘·심익창(沈益昌) 등이 환관 박상검과 나인 석렬(石烈)에게 은을 써서 관계를 맺고서 대비전과 동궁을 해치고 임금과 중궁전 또한 차례로 폐출하려 했다."라고 하였다. 《景宗實錄 2年 5月 7日》

278) 윤취상(尹就商) : ?~1725. 본관은 함안(咸安)이다. 1676년(숙종2) 무과에 장원 급제하여 1701년 총융사가 되었다. 경종 즉위 후 병조참판·동지의금부사를 지냈다. 1722년(경종2) 형조판서에 올라 김일경과 함께 노론을 축출하는 데 앞장섰다. 1724년 영조가 즉위하면서 김일경의 일당으로 몰려 국문을 받고 복주(伏誅)되었다.

빨리 책시(磔屍, 시체를 찢음)하고 수노(收孥, 처자를 연좌시켜 처벌함)하는 형전을 시행하고, 이건명과 조태채, 두 흉적을 차례로 처단할 것을 청하였다.

○ 충청·전라, 두 도(道)의 유생 김수귀(金壽龜) 등이 상소하여 윤선거(尹宣擧)[279] 부자의 억울함을 풀어주고 관작과 시호(諡號)를 회복시켜줄 것을 청하였다.

○ **가을**, 관학 유생 황욱(黃昱) -3백여 인- 등이 상소하여 고 유신 윤증 부자의 억울함을 풀어주고, 관작과 시호를 회복시키는 은전(恩典)을 베풀어달라고 청하고, 아울러 흉악한 역적 무리들이 올바르고 어진 이를 해친 죄를 논하였다.

○ 영돈녕 어유귀(魚有龜)[280]가 상소하여 대략 다음과 같이 말하였다.

---

279) 윤선거(尹宣擧) : 1610~1669. 본관은 파평(坡平), 자 길보(吉甫), 호 미촌(美村)·노서(魯西)·산천재(山泉齋)이다. 성혼의 외손이자 윤황(尹煌)의 아들이며 윤증(尹拯)의 부친이고 김집(金集) 문인이다. 1633년(인조11) 증광시에서 생원·진사에 모두 급제하여 성균관에 들어갔다. 1636년 청나라의 사신이 입국하자 성균관의 유생들을 규합, 사신의 목을 베어 대의를 밝힐 것을 주청하였다. 그 해 12월 병자호란이 일어나자 가족과 함께 강화도로 피신하였다. 이듬해 강화도가 함락되자 처 이씨가 자결하였으나 자신은 탈출하였다. 1651년(효종2) 이래 사헌부지평·장령 등이 제수되었으나, 강화도에서 대의를 지켜 죽지 못한 것을 자책하고 끝내 취임하지 않았다. 유계(兪棨)와 함께 저술한 《가례원류(家禮源流)》·《후천도설(後天圖說)》 및 이에 관하여 유계와 논변한 편지를 비롯한 많은 저술을 남겼다. 영의정에 추증되었으며, 영춘(永春)의 송파서원(松坡書院), 영광(靈光)의 용암사(龍巖祠), 노성(魯城)의 노강서원(魯岡書院) 등에 제향되었다. 저서로 《노서유고(魯西遺稿)》가 있고, 시호는 문경(文敬)이다.

280) 어유귀(魚有龜) : 1675~1740. 본관은 함종(咸從), 자 성칙(聖則), 호 긍재(兢齋)이다. 1699년(숙종25) 사마시에 합격해 태릉참봉이 되고, 1707년 별시문과에 급제하여 청요직을 두루 역임하였다. 1718년 딸이 세자빈[선의왕후(宣懿王后)]이 되었고, 1720년 경종이 즉위하자 함원부원군(咸原府院君)에 봉해졌다. 1721년 노론 4대신이 세제 대리청정 문제로 파직되자 무고라고 주장하였다. 신임옥사 후 김일경이 원훈(元勳)에 오를 것을 청했으나 사양하였다. 1728년(영조4) 분무원종공신(奮武原從功臣) 1등에 책록되고, 1735년 훈련대장, 이듬해 수어사로 임명되었으나 모두 사퇴하였다. 영의정에 추증되었으며,

"관학 및 두 도 유생의 상소에 대한 비답에 묘당(廟堂)과 해당 조(曹)로 하여금 품처하라는 명이 있었습니다. 아! 선정신(先正臣) 송시열은 도덕과 학문(學文)에서 실로 백대(百代)의 종사(宗師)이므로, 우리 선대왕이 존경하고 숭상하였으며, 윤선거 부자가 성조(聖祖)를 무함하고 사문을 배반한 죄를 밝게 살피시어 내린 처분이 극히 엄정한데, 혹 이것을 현란(眩亂)하는 폐단이 있다면, 이는 세도를 무너뜨리고 성덕(聖德)에 누(累)를 끼치는 것이 클 것입니다. 이것을 흔들어서 고치는 일이 없게 하여 성효(聖孝)를 빛내십시오."

○ 우승지 김치룡과 동부승지 이정제 등이 상소하여 어유귀를 논척하였다. 태학생 이징복(李徵復) 등이 또 상소하여 윤선거 부자가 무고를 당하였다고 논변하고, 밝은 전지를 내려 국구(國舅)[281]를 엄히 신칙하라고 청하였다.

○ 생원 안윤중(安允中)[282] -2백여 인- 등이 상소하여, 황욱 등이 윤선거를 구원하고 송시열을 욕보인 죄를 논하고, 선대왕이 결정한 사안을 혹 다시는 어지럽히지 말아달라고 청하였다. 동부승지 이정제가 양호(兩湖, 전라·충청도) 유생의 상소를 복계(覆啓)[283]하기도 전에 멋대로 맞받아친 것은 무엄하다고 논하였다. 주상이 봉입하지 말라고 명하였다.

○ 홍문관 -권익순·여선장·이명의- 에서 연명하여 차자를 올렸는데, 대략

시호는 익헌(翼獻)이다. 저서로 《긍재편록》·《농암사단칠정변(農巖四端七情辨)》이 있다.
281) 국구(國舅) : 어유귀의 딸은 경종 계비 선의왕후(宣懿王后, 1705~1730)이다. 1718년(숙종 44) 세자빈(世子嬪) 심씨(沈氏, 단의왕후(端懿王后))가 죽자 그 해 14세의 나이로 세자빈으로 책봉되었고, 경종이 즉위하자 왕비가 되었다. 1730년 사망하자 시호를 선의라 하고 휘호(徽號)를 효인혜목(孝仁惠穆)이라 하였다.
282) 안윤중(安允中) : 1677~? 본관은 죽산(竹山), 자는 중집(仲執)이다. 1721년(경종1) 생원시에 합격하였으나, 다음해 송시열의 무함을 변론하는 상소를 올렸다가 운산(雲山)으로 유배되었다. 1725년(영조1) 풀려나 호조정랑 등을 지냈는데, 1734년 뇌물 받은 일로 다시 변방에 유배되었다.
283) 복계(覆啓) : 임금이 내린 명령에 대하여 재고를 청하면서 다시 아뢰는 것이다.

말하기를,

"이건명과 조태채는 법으로 다스리고, 이이명과 김창집을 노적(孥籍)하라는 전후의 논계가 한두 번에 그치지 않았고, 입시하여 아뢰어 청한 것 또한 십여 차례를 넘었지만 유음(兪音)284)이 아직도 나오지 않아서 머리를 모아 우려하고 한탄합니다. 삼가 원컨대 빨리 확고한 결단을 내리시어 왕법을 통쾌하게 펼치십시오."

하였으나, 주상이 지나치다고 물리쳤다.

○ 비변사에서 다음과 같이 회계(回啓)285)하였다.

"관학 유생 황욱 등과 양호(兩湖) 유생 김수귀 등이 고 유신 윤선거 부자가 혹독하게 무함을 받았다고 하면서, 심지어 관작을 빼앗고 제사를 중지하였으며, 문집을 훼판하고 선정(先正)의 칭호를 못 쓰게 한 것은 사림의 지극한 아픔이라고 일제히 호소하고 부르짖으며, 원통함을 씻어달라고 청하였습니다.

돌이켜 생각건대 두 현신(賢臣)은 실로 누조(累朝)에서 존경하고 한 시대에 걸쳐서 우두머리로 추앙하였습니다. 그런데 이전에 거짓을 얽어 모함한 것은 오로지 흉적 신구(申球)와 역적 김창집의 무리가 어진 이를 해치고 나라를 병들게 하려는 계략에서 나온 것이었으므로 경외(京外)의 장보(章甫, 유생)들이 처음부터 끝까지 피눈물을 흘리면서 호소하였으니, 이는 온 나라의 공론이 아닐 수 없습니다.

선대왕께서 아비와 스승은 경중(輕重)이 다르다286)고 한 하교는 해와 별처럼

---

284) 유음(兪音) : 신하(臣下)의 말에 대하여 임금이 내리는 대답이다.
285) 회계(回啓) : 임금의 물음에 대하여 신하들이 대답하다.
286) 아비와 …… 다르다 : 숙종은 '부사경중론(父師輕重論)'을 내세우면서 윤증을 옹호하였다. 이것은 윤증이 스승인 송시열을 배반하였다고 비판한 노론의 주장, 즉 배사론(背師論)을 완곡하게 부정한 것이다. 이것은 윤증이 스승인 송시열을 비판한 것은 송시열이 부친인 윤선거를 욕하였기 때문이라는 것을 인정한 것이었다. 아비와 스승은 그 경중이 다르다고 말한 것은 결국 아비가 스승보다 더 중요하다는 것을 인정한 것이었기 때문이다. 갑술환국(1694) 이후의 탕평 국면에서 회니시비(懷尼是非)는 숙종의 탕평책 성공

밝게 빛나고 있으므로, 끝에 가서 내린 처분[287]은 우리 선왕의 본의(本意)에서 나온 것이 아니었음을 바로 알 수 있으니, 두 사람 모두 관작과 시호를 회복시키고 서원의 사액(賜額)을 되돌려 주며, 문집의 간행을 허락하는 일을 해조(該曹)와 해도(該道)에 분부하여 즉시 거행하라고 윤허하신 하교를 내리겠습니다."-조태구와 최석항이 아뢴 것이다.-

○ 대신 2품과 삼사 -우의정 최석항, 좌참찬 강현(姜鋧)[288], 병조판서 이광좌(李光佐)[289], 이조판서 이조(李肇), 호조판서 김연(金演), 예조판서 이태좌(李台佐)[290], 형조판서

여부를 가늠하는 기준이 되었다. 회니시비는 최석정의 《예기유편(禮記類編)》시비와 함께 탕평책에 반대하는 노론측 공세의 일환으로서 전개되었다. 처음에는 숙종이 윤증을 옹호하였지만 이들의 집요한 공세에 의해 결국 이를 뒤집은 병신처분(1716)이 내려져서 송시열 편을 들어주자 노론 일당 전제가 실현되어 탕평책은 파탄되기에 이르렀다.

287) 끝에 …… 처분 : 윤선거의 문집을 헐어버리고 사액서원을 철거한 1716년(숙종42) 병신처분을 가리킨다. 이 처분이 1722년(경종2) 임인옥사 뒤에 소론에 의해 번복되었음을 보여준다.

288) 강현(姜鋧) : 1650~1733. 본관은 진주(晉州), 자 자정(子精), 호 백각(白閣)·경암(敬庵)이다. 판중추부사 강백년(姜柏年)의 아들이다. 1675년(숙종1) 진사시에서 장원하고 1680년 정시문과와 1686년 문과중시에 연이어 급제하였다. 1689년 이조참의, 1708년 대제학, 다음해 예조판서·한성부판윤을 거쳐 경종 때 다시 판의금부사를 지냈다. 경종대 신임옥사에서 노론을 치죄하였는데, 그 죄로 1725년 삭출되었다가 곧 석방되어 판의금부사·좌참찬에 올랐다. 시호는 문안(文安)이다.

289) 이광좌(李光佐) : 1674~1740. 본관은 경주, 자 상보(尙輔), 호 운곡(雲谷)이다. 영의정 이항복(李恒福)의 현손으로, 1694년(숙종20) 별시문과에 장원 급제하여 청요직을 두루 역임하였다. 숙종대 소론으로서 병신처분(丙申處分)에 반대하다가 파직되었다. 1721년(경종1) 예조판서, 1723년 우의정에 올라 경종 보호에 힘썼으며, 영조 즉위 뒤 영의정에 올랐지만 노론이 득세하여 파직 당하였다. 1727년(영조3) 정미환국으로 다시 영의정이 되어, 1728년 무신란을 평정한 공으로 분무원종공신(奮武原從功臣) 1등에 봉해졌다. 1730년에 영조에게 탕평책을 상소하여 당쟁의 폐습을 막도록 건의했다. 1737년 다시 영의정이 되어 재직 중 1740년 박동준(朴東俊) 등이 중심이 되어 삼사의 합계(合啓)로 '호역(護逆)'이라고 탄핵하자 울분 끝에 죽었다.

290) 이태좌(李台佐) : 1660~1739. 본관은 경주(慶州), 자 국언(國彦), 호 아곡(鵝谷)이다. 영의정 이항복(李恒福)의 현손이고, 참판 이세필(李世弼)의 아들이며, 영의정 이광좌의 재종형이다. 1684년(숙종10) 진사가 되고, 1699년 정시문과에 급제하여 청요직을 두루 거쳤다.

조태억(趙泰億)²⁹¹), 공조판서 한배하, 한성판윤 윤취상, 지의금 박태항(朴泰恒)²⁹²), 이조참판 김일경, 예조참판 유중무, 병조참판 김중기(金重器)²⁹³), 형조참판 이삼, 한성좌윤 김시환, 한성우윤 신익하(申翊夏)²⁹⁴), 부총관 윤우진(尹遇進)·이휘(李暉)²⁹⁵), 개성유수 이세최(李世最)²⁹⁶), 대사성 이사상(李師尚), 도승지 남취명, 좌승지 조경명, 우부승지 박희진, 동부승지 이정제, 대사간 이명언(李明彦)²⁹⁷), 부제학 박필몽, 집의 정해(鄭楷)²⁹⁸), 장령 윤대영(尹大

1701년 지평 재직 시 희빈 장씨 처벌에 반대했던 최석정·이명세를 옹호하다가 유배되었다. 1705년 풀려나 정언을 거쳐 공조판서 등을 역임하였다. 1716년 윤선거를 변론하였다가 노론 대간의 탄핵으로 파직되었다. 1721년(경종1) 세제 대리청정 시행에 반대하였고, 신임옥사 당시 형조판서로서 노론 숙청에 참여하였다. 영조 즉위 뒤에 병조·이조판서 등을 거쳐 1728년(영조4) 우의정, 1729년 좌의정에 올랐으며, 1736년 봉조하가 되었다. 시호는 충정(忠定)이다.

291) 조태억(趙泰億) : 1675~1728. 본관은 양주(楊州), 자 대년(大年), 호 겸재(謙齋)·태록당(胎祿堂)이다. 조태구·태채의 종제이며, 최석정 문인이다. 1693년(숙종19) 진사가 되고, 1702년 식년문과에 급제하여 청요직을 두루 지냈다. 1721년 조태구·최석항·이광좌 등과 함께 대리청정을 반대하여 철회시켰다. 영조 즉위 후 우의정, 1727년(영조3) 정미환국 이후 좌의정에 올랐다. 1755년 나주괘서사건(羅州掛書事件)으로 관작이 추탈되었다가 1908년(순종2)에 복관되었다. 저서로 문집인 《겸재집》이 있고, 시호는 문충(文忠)이다.

292) 박태항(朴泰恒) : 1647~1737. 본관은 반남(潘南), 자는 사심(士心)이다. 1687년(숙종13) 알성 문과에 급제하여 보덕·문학 등을 거쳐 충청도관찰사를 지냈다. 1720년(경종 즉위) 예조참판으로서 세제 책봉을 주장하는 노론을 적극 탄핵하였다. 영조가 즉위하자 삭탈관직 되었다가 정미환국(1727)으로 다시 기용되어 형조판서 등을 역임하였다.

293) 김중기(金重器) : ?~1735. 숙종대 함경도 병마절도사를 거쳐 총융사가 되어 북한산성 축조를 건의하였다. 경종대 훈련대장 등을 역임하였으나, 영조 즉위 후 소론으로 취급되어 파직되었다가 다시 총융사로 기용되었다. 1728년 이인좌(李麟佐)의 난에 연루되어 처형되었다.

294) 신익하(申翊夏) : 1677~1723. 본관은 평산(平山), 자는 숙보(叔輔)이다. 1712년(숙종38) 정시 무과에 급제하여, 1715년 황해도병마사가 되고 경종대 통제사 등을 역임하였다. 신임옥사 당시 공을 세워 부사공신(扶社功臣) 2등으로 훈록(勳錄)되었다.

295) 이휘(李暉) : 1655~1723. 본관은 용인(龍仁), 자는 여욱(汝旭)이다. 무과에 급제하여 숙종대 회령부사(會寧府使), 함경북도병마절도사 등을 역임하였는데, 경종대 신임옥사에 연루되어 관작을 삭탈 당하였다.

296) 이세최(李世最) : 1664~1726. 본관은 용인(龍仁), 자는 유량(幼良)이다. 아버지는 이순악(李舜岳)이며, 어머니는 윤문거(尹文擧)의 딸이고, 부인은 영의정 유상운(柳尙運)의 딸이다. 1699년(숙종25) 정시문과에 급제하여 1704년 정언 재직 시 호조판서 조태채(趙泰采)의 불법을 논죄하였다. 1711년 승지가 되고, 1724년(경종4) 이조참판에 올랐다. 1725년(영조1) 김일경을 비호하였다는 탄핵을 받고 유배 가서 유배지에서 죽었다.

英)²⁹⁹)·김중희(金重熙)³⁰⁰), 사간 양정호(梁廷虎)³⁰¹), 지평 이보욱(李普昱)³⁰²)·이광보(李匡

輔)³⁰³), 교리 권익순·이현장, 헌납 이진순(李眞淳)³⁰⁴), 정언 구명규(具命奎)³⁰⁵), 수찬 여선장·

---

297) 이명언(李明彦) : 1674~1755. 본관은 한산(韓山), 자는 계통(季通)이다. 형조판서 이규령(李
奎齡)의 아들이다. 1699년(숙종25) 식년시 진사가 되고, 1712년 정시문과에 급제하여
1713년 정언이 되어 정호(鄭澔) 등을 탄핵하였다. 1716년 홍문록에 올랐으며, 1719년
통신사 종사관으로 일본에 다녀왔다. 1722년 부제학으로서 상소하여 장희빈을 추보하라
고 청하였다. 이후 대사간·승지·대사헌 등을 역임하면서 노론 처벌에 앞장섰다가 1725년
(영조1) 유배되었다. 1727년 풀려나 형조참판이 되었다가 1728년 무신란에서 이일좌(李日
佐)의 공초에서 아들 이하택(李夏宅)의 이름이 나와 국문을 받았지만 풀려났다. 그렇지만
이후 노론의 집요한 탄핵을 받고 1737년 부자가 다시 붙잡혀서 심문 받고 각각 대정현(大靜
縣)과 정의현(旌義縣)에 정배되었는데, 이명언은 1753년 석방되었지만 1755년 을해옥사에
연루되어 처형되고 일가친척이 노륙(孥戮)되었다.
298) 정해(鄭楷) : 1673~1725. 본관은 연일(延日), 자는 여식(汝式)이다. 1705년(숙종31) 진사가
되고, 그 해 알성 문과에 급제하여 청요직을 두루 거쳤다. 1721년(경종1) 김일경·박필몽
등과 같이 노론 4대신을 4흉(凶)으로 몰아 논죄하는 소를 올려 이들을 위리안치 하게
하고, 이듬해 사사(賜死)시켰다. 1722년 장령을 거쳐 사간이 되어 노론을 비호하는 어유귀를
논죄하는 상소를 올렸다. 1724년 영조가 즉위하자 유배되었다가 이듬해 죽었다.
299) 윤대영(尹大英) : 1671~1740. 본관은 파평(坡平), 자는 정숙(正叔)이다. 1699년(숙종25) 식
년시에서 생원·진사에 모두 합격하고, 1710년 춘당대시(春塘臺試)에 급제하였다. 경종대
삼사에서 활동하면서 노론 탄핵에 가담하였다가 1725년(영조1) 유배되었다. 1727년
석방되어 다시 삼사에 진출하여 1736년 병조참의가 되었다.
300) 김중희(金重熙) : 1681~? 본관은 안동(安東), 자는 호경(皞卿)이다. 1710년(숙종36) 증광시
에서 생원·진사, 문과에 모두 급제하였다. 경종대 청요직을 두루 지내다가 1725년(영조1)
유배되었다. 1727년 석방되어 다시 삼사에 진출하였으며, 1739년 세자시강원 보덕(輔德)
이 되었다.
301) 양정호(梁廷虎) : 1683~? 본관은 남원(南原), 자는 직부(直夫)이다. 헌납 양성규(梁聖揆)의
아들이다. 1711년(숙종37) 식년시 생원이 되고 이듬해 정시문과에 장원급제하여 1716년
지평이 되었다. 1722년(경종2) 노론 4대신 처벌을 주장하는 합계에 참여하였다가 1725년
(영조1) 삭출되었다. 1727년 풀려나 1739년까지 승지를 지내다가 이해 형조참의가 되었다.
302) 이보욱(李普昱) : 1688~? 본관은 용인(龍仁), 자는 휘백(輝伯)이다. 1719년(숙종45) 증광문
과에 급제하여 청요직을 두루 거쳤다. 1723년(경종3) 이만성 등이 노론 4대신의 흉역에
참여하였다 하여 국문하기를 청하였다. 또 임인옥을 고변한 목호룡만 녹훈(錄勳)되자,
옥사를 다스린 여러 신하들이 함께 녹훈되어야 한다고 주장하였다. 이때 옥사를 담당한
대신들이 모두 소론이었던 만큼, 영조 즉위로 노론이 득세하자 김일경·목호룡의 여당으
로 몰려 탄핵을 받고 유배되었다. 1727년(영조3) 정미환국으로 다시 삼사에 진출하여
1743년과 1750년 승지가 되었다. 사후 1755년 을해옥사 당시 관작을 삭탈 당하였다.
303) 이광보(李匡輔) : 1687~1745. 본관은 전주(全州), 자는 좌백(左伯)이다. 이경직(李景稷)의

조익명, 부수찬 이명의(李明誼)306)- 등이 복합(伏閤)하여 청대하여 이건명에게 빨리 나라의 형벌을 바로잡으며, 이이명과 김창집의 노적을 환수하라는 명을 그치라고 청하였다.

주상이 처음에는 번거롭게 하지 말라고 비답하였는데, 대신 이하 좌우에서 번갈아 가며 아뢰어 힘껏 청하였지만 따르지 않으니, 잠시 물러났다가 다시 들어왔다. 박필몽이 말하기를, "원컨대 명백한 하교로 억울한 심정을 위로하는 것을 듣고 싶습니다." 하고, 최석항이 말하기를, "원컨대 대계를 쾌히 윤허하소서." 하니, 주상이 말하기를, "그대로 하라." 하였다.

김일경이 말하기를, "그렇다면 노적과 합계(合啓)를 모두 윤허하여 따르시겠습니까?" 하니, 주상이 말하기를, "그렇다." 하였다. 최석항이 말하기를, "그렇다면 조태채의 일은 결정한 것이 없습니까?" 하니, 주상이 말하기를,

---

현손이고 이진우(李眞遇)의 아들이다. 유생 시절에 최석정이 지은 글을 가지고 윤증을 제사한 일 때문에 노론측의 공격을 받아 정거(停擧) 당하였다. 1714년(숙종40) 증광문과에 급제하였으나 파방되자, 1715년 식년문과에 급제하여 청요직을 두루 지냈다. 1721년(경종1) 지평으로서 노론 4대신을 논죄하였다. 영조 즉위 직후 노론의 탄핵을 받아 유배되었다가 1727년(영조3) 정미환국(丁未換局)으로 등용되어 승지를 거쳐 대사간·도승지 등을 역임하였다.

304) 이진순(李眞淳) : 1679~1738. 본관은 전주, 자 자후(子厚), 호 하서(荷西)이다. 이경직(李景稷)의 증손, 이덕성(李德成)의 아들이다. 1708년(숙종34) 사마시에 합격하고, 1722년(경종2) 신천군수로 재직시 정시문과에 급제하여 정언이 되었다. 이해 이건명과 조태채를 처단하라는 합계에 참여하였다. 1724년 영조가 즉위하여 승지가 되었는데, 1725년(영조1) 탄핵을 받고 유배되었다가 1727년 정미환국으로 풀려났다. 그 뒤 대사헌·도승지 등을 역임한 뒤, 1738년 전라도관찰사로 나가 임소에서 죽었다.

305) 구명규(具命奎) : 1693~1754. 본관은 능성(綾城), 자 성오(性五), 호 존재(存齋)이다. 후에 구택규(具宅奎)로 개명하였다. 1714년(숙종40) 증광문과에 급제하여, 1722년(경종2) 지평·정언 등을 역임하였다. 1725년(영조1) 유배되었다가 1727년 풀려나 1739년에는 승지가 되었고 회양부사·부사직(副司直)을 역임한 뒤, 1744년 《속대전(續大典)》의 편찬에 찬집당상(纂輯堂上)으로 관여하였다. 1748년 공조참판, 1753년 한성부판윤이 되었다.

306) 이명의(李明誼) : 1670~1728. 본관은 한산(韓山), 자는 의백(宜伯)이다. 1702년(숙종28) 진사가 되고, 1712년 정시문과에 급제하여, 경종대 대사간 등을 역임하였다. 영조 즉위 뒤 김일경의 상소에 동참하였다는 죄로 귀양 갔고, 1728년(영조4) 무신란에 연루되어 고문을 당하다가 죽었다. 그 뒤 1755년에 역률(逆律)이 추시(追施)되었다가 순종 때 복권되었다.

"그렇다." 하였다.

이정제가 이이명과 김창집을 노적하고, 이건명을 정형할 일에 대하여 탑전(榻前, 임금의 자리 앞)에서 하교를 써냈다. 여러 신하들이 또 조태채를 안률(按律)하는 일에 대한 유음(兪音)을 내리기를 청하였으나, 주상이 끝내 결정짓지 않았다.

날이 이미 어두워져서 대신 이하 모두 물러났는데, 이명의가 나아가 말하기를, "오늘의 처분은 온 나라의 인심을 위로하기에 충분하니, 원컨대 이전처럼 어지럽게 고치지 마십시오."

하니 주상이 말하기를, "알았다." 하였다.

○ 장령 윤대영이 대략 다음과 같이 아뢰었다.

"정랑 윤세현(尹世顯)307), 직장 황상로(黃尙老)308)·한택규(韓宅揆), 참봉 박광세(朴光世)309) 등은 선정(先正)을 욕보이고 어진이를 해치는 여러 논의에 앞장서서 담당하지 않은 것이 없었으니 청컨대 모두 삭판하십시오."

○ **겨울**, 집의 이세덕이 대략 다음과 같이 아뢰었다.

"죄인 정호가 오직 어진이를 죽이는 것을 능사(能事)로 삼아서 중앙과

---

307) 윤세현(尹世顯) : 1656~? 본관은 해평(海平), 자는 회이(晦而)이다. 1699년 식년시에 급제하여 진사가 되었다. 이해 이봉서(李鳳瑞)에 맞서 송시열을 비호하는 상소를 올렸다가 성균관에서 유벌을 받았는데, 민진주(閔鎭周)의 상소로 풀려났다. 1722년(경종3) 호조정랑, 1725년(영조1) 종부시 주부, 장악원 첨정 등을 역임하였다.

308) 황상로(黃尙老) : 1683~1739. 본관은 창원(昌原), 자는 인득(仁得)이다. 황일호(黃一皓)의 증손이다. 1711년(숙종37) 진사가 되고, 1733년(영조9) 식년문과에 급제하여 사헌부 지평 등을 지냈다. 1714년 8월 12일에 관학 유생들이 당시 최석정이 대신 지은 윤증의 제문에서 송시열을 비판한 내용을 반박하고, 또한 최석정을 비난하였다.

309) 박광세(朴光世) : 1677~1748. 본관은 순천(順天), 자는 사영(士英)이다. 1711년 식년시에서 생원·진사시에 모두 합격하였다. 1715년에는 《가례원류》에 서문을 쓴 권상하를 변론하였다. 영조대 의금부 도사, 효릉봉사(孝陵奉事) 등을 역임하였다. 1736년(영조12) 송시열과 송준길의 문묘종사를 청하는 상소에 연명하였다.

지방에서 흘겨본 지 오래되었습니다. 외딴섬에 위리안치 하라고 빨리 명하십
시오."

○ 삼사 -대사헌 김일경, 지평 성덕윤(成德潤)310), 헌납 조원명, 정언 이광도(李廣道)311),
교리 이명의, 수찬 조익명- 에서 합사(合辭)하여 조태채를 빨리 법률에 의거하여
처단하라고 아뢰어 청하니, 주상이 아뢴 대로 하라고 하였다.

○ 녹훈 당상(錄勳堂上) 한배하가 청대하여 입시해서는 임진년(1712, 숙종38)
과옥(科獄) 때에 삭과(削科)312)당한 자인 오수원(吳遂元)313)·이헌영(李獻英)314)·

---

310) 성덕윤(成德潤) : 1689~? 본관은 창녕(昌寧), 자는 군택(君澤)이다. 성지선(成至善)의 손자
   이다. 1719년(숙종45) 진사가 되고 1722년 알성 문과에 급제하여 1723년 홍문록에 올랐다.
   1725년(영조1) 삭출되었다가 1727년 다시 등용되어 청요직을 두루 역임하고 1730년
   승지, 1737년 대사간 등을 지냈다.
311) 이광도(李廣道) : 1673~1737. 본관은 청해(靑海), 자는 대중(大中)이다. 1699년(숙종25) 진
   사가 되고, 1708년 식년문과에 급제하여 경종대 청요직을 두루 지냈다. 1725년(영조1)
   삭출되었다가 1730년 다시 등용되어 집의 등을 거쳐 1737년 종성부사가 되었는데 병으로
   사망하였다.
312) 삭과(削科) : 과방(科榜)에서 삭제하다. 곧 과거 급제를 취소하는 것을 말한다.
313) 오수원(吳遂元) : 1682~? 본관은 해주(海州), 자는 자장(子章)이다. 참판 오도일(吳道一)의
   아들이고, 한태동(韓泰東)의 사위이다. 1699년(숙종25) 증광시에 합격하여 생원이 되었
   고, 1712년 정시문과에 급제하였으나 과거부정이 문제되어 삭과되었다. 당시 시관이었던
   이돈(李墩)이 규정을 어기고 패초를 받든 뒤에 궁궐을 나가 오수원의 집에 들렀다는
   목격자들이 있어 잡혀가 조사를 받았다. 오수원은 이돈과 함께 유배되었으며, 1716년(숙
   종42) 과방(科榜)에서 삭제되었다.《肅宗實錄 38年 12月 2日, 42年 10月 28日》오수원은
   1722년(경종2) 복과(復科)되어 1723년 홍문록에 올라 청요직을 두루 지내다가 1725년(영조
   1) 다시 삭과되었는데, 1731년 다시 수찬이 되었다.
314) 이헌영(李獻英) : 1677~? 본관은 전주, 자는 언화(彦和)이다. 이사상(李師尙)의 아들이다.
   1696년(숙종22) 진사가 되고, 1712년(숙종38) 정시문과에 아우 이헌장(李獻章)과 함께
   급제하였다. 이때 과거시험의 부정이 몇 가지 저질러졌는데, 그중의 하나로서 이들
   형제의 답안지가 필적이 같다는 이유로 나포되었다. 그 뒤 여러 차례의 신문이 있었으나
   무죄로 처리되었으며, 1716년에는 주서(注書)에 천거되었으나 사간원의 탄핵으로 삭제
   되었다. 이후 임진년의 과폐(科弊)에 대한 논란이 계속되어 복과(復科), 삭제 등이 교차되
   다가 결국 복과하게 되었다. 이 사건이 이같이 몇 년간 지속된 것은 노론과 소론의
   대립에서 비롯되었는데, 그의 아버지 이사상은 소론의 준소 계열로 활약이 컸던 인물이

이헌장(李獻章) 및 이진급(李眞伋)³¹⁵)을 모두 복과(復科)³¹⁶)시킬 것을 청하자, 주상이 말하기를, "그대로 하라." 하였다.

○ 대제학 조태억이 상소하여 대략 다음과 같이 말하였다.

"여름 사이에 강현이 대신(臺臣) 정수기의 탄핵을 받자 이조참판 김일경이 대사성 이사상에게 편지를 보내서 말하기를,

'강대감의 일은, 또 문형(文衡, 대제학)을 천망(薦望)할 때 그 뜻이 서로 차이가 나자 병조와 형조의 두 대감이 정수기를 사주하여서 논핵하였다.'

하였습니다. 이른바 병조와 형조의 두 대감이란 이광좌와 신을 지목한 것입니다. 그때 김일경은 문형에 수망(首望)³¹⁷)으로 천거되었고, 이광좌와 신의 이름 또한 그 가운데 들어있었는데, 김일경이 편지를 쓴 의도는, 신 등이 강현에 대해 그를 먼저 하고 우리를 뒤로 한 것에 불만이 있는 것 같다는 것이었습니다.

심지어 정수기를 사주하여 강현을 탄핵했다는 것은, 신이 비록 변변치 못하지만 결코 이러한 일을 만드는데 이르지는 않았을 것입니다. 공공연하게 강요하고 터무니없는 무고를 더하여 편지에 옮겨 써서 진신(搢紳)들에게 전파하였으니, 그 의도는 과연 무엇이겠습니까?"

다. 그가 죽자 1723년(경종3)에는 증직되기까지 하였다. 그러나 영조가 즉위한 뒤 이 문제가 다시 논란이 되어 숙종대의 처음 전교(傳敎)대로 다시 시행할 것을 명하여 삭제되고 말았다.

315) 이진급(李眞伋) : 1675~1747. 본관은 전주, 자 여사(汝思), 호 서천(西泉)이다. 이경직(李景稷)의 증손, 이정영(李正英)의 손자, 이대성(李大成)의 아들이다. 1699년(숙종25) 생원·진사가 되고, 1712년 문과에 급제하였으나 시한이 지나 시권(試券)을 제출하였다 하여 삭과되었다. 1722년(경종2) 복과되어 1723년 홍문록에 올랐으나 출사하지 않았는데, 1725년(영조1) 다시 삭과되었다.

316) 복과(復科) : 과거에 급제한 사람의 이름을 방문(榜文)에서 지워 낙제시켰다가 다시 합격시키는 것이다.

317) 수망(首望) : 관리를 임명하기 위하여 이조와 병조에서 후보자 세 명을 주의(注擬)한 삼망(三望) 가운데 첫 번째 대상자를 가리킨다.

○ 장령 박징빈(朴徵賓)³¹⁸⁾이 대략 다음과 같이 아뢰었다.

"전 좌랑 윤순은 타고난 성품이 음흉하고 사특하며, 마음가짐이 몹시 험악하여, 말을 듣고 눈동자를 보면 끝내 길사(吉士)가 못되고, 아첨하여 술수를 부리므로 세상에서 요인(妖人)이라고 일컬었습니다.

지난 겨울에 일곱 신하가 항소(抗疏)하였을 적에³¹⁹⁾ 억지로 강개(慷慨)한 체하면서 큰소리를 쳤지만 실제로는 양다리를 걸친 채 몸을 피해 도망간 것을 차마 똑바로 바라볼 수 없으니, 청컨대 삭판하십시오."

○ 대사간 김동필(金東弼)³²⁰⁾이 상소하여 대략 다음과 같이 말하였다.

"공조판서 조태억은 김일경이 편지를 보낸 일을 끌어대어, 김일경이 문형을 자처하는 단서로 삼았으니, 맑은 조정의 재집(宰執)³²¹⁾의 반열에서 이처럼

---

318) 박징빈(朴徵賓) : 1681~? 본관은 비안(比安), 자는 중관(仲觀)이다. 1710년(숙종36) 증광문과에 장원하여 1722년(경종2) 장령이 되었는데, 이 해에 윤순을 탄핵하였다가 오히려 김동필의 반격으로 1723년 이성현감(利城縣監)으로 출보되었다. 그해 바로 장령으로 복귀하였지만 1725년(영조1) 김일경 일파로 몰려 유배되었다. 1727년 석방되었지만 실직에는 임용되지 못하였다.
319) 지난 …… 적에 : 1721년 12월에 나온 김일경 등의 상소를 말한다. 이로 인해 노론 4대신을 비롯하여 노론 대부분이 쫓겨나고 소론이 정국을 주도하는 환국이 이루어졌다. 윤순은 이 상소에 참여하지 않아서 소론 강경파로부터 비판을 받았다. 이것은 앞서 나온 조태억의 상소와 이 뒤에 나온 김동필의 상소 등과 함께, 소론이 집권한 뒤 준론(峻論)과 완론(緩論)으로 분열되고 있는 양상을 보여준다.
320) 김동필(金東弼) : 1678~1737. 본관은 상산(商山), 자 자직(子直), 호 낙건정(樂健亭)이다. 1704년(숙종30) 춘당대 문과(春塘臺文科)에 급제하고, 1707년부터 청요직을 두루 역임하였다. 1721년(경종1) 보덕으로 재직시 세제를 모해하려는 환관 박상검·문유도 등을 탄핵해 처벌받게 하였다. 1722년 임인옥사를 마무리하면서 홍문관 제학 김일경이 종묘에 토역(討逆)을 고하는 교문을 지었는데, 김동필은 이 교문에 인용한 말들이 문제가 있음을 들어 김일경을 논핵하였다. 1727년(영조3) 도승지와 한성판윤을 역임하면서 영조의 탕평책에 협조하였다. 1728년 무신란이 일어나자 남한순무 겸 동로경략사(南漢巡撫兼東路經略使)로 출전해 공을 세우고, 난이 평정된 뒤에 이조판서 등을 지냈다. 시호는 충혜(忠惠)이다. 저서로 《인접설화(引接說話)》가 있다.
321) 재집(宰執) : 임금을 돕고 모든 관원을 지휘하고 감독하는 일을 맡아보던 2품 이상의 벼슬을 가리킨다.

사람을 크게 부끄럽게 하는 일이 있을 줄은 생각도 못하였습니다. 문형은
진실로 학문과 재주로 애초부터 명망을 쌓아서 세상 사람들이 믿고 복종하는
자가 아니면 선발되어 참여하지 못하는데, 김일경이 갑자기 수망으로 천거되
었습니다. 그런데 비록 저번에 왕언(王言)을 대신 찬술한 글로써 보더라도
흉역을 저지른 무리의 지극히 흉악한 정절(情節)을 애초에 뜻을 다하여 묘사해
내지 못하고 황잡(荒雜)하고 어긋났습니다.

또 쓸데없는 말을 삽입하고, 사리에 어긋난 것을 인용하여 여러 사람들이
떠들썩하게 지껄이며 괴이하다고 지목하였으니, 그가 식견과 이해가 전혀
없다는 것을, 이것을 미루어 보아 알 수 있습니다. 심지어 스스로 근거 없는
말을 만들어 자기보다 앞선 사람을 배척하고 무함하여 반드시 전후(前後)의
문형으로 하여금 모두 불안한 마음을 품도록 하였습니다.

아! 김일경이 작년에 올린 상소 하나는 실로 종사를 다시 안정시킨 공이
있었으니, 조정에서 대우하는 것도 전날의 김일경으로 되돌아가지 않을
것이므로, 만약 휴척(休戚)의 뜻에 힘쓰고, 더욱 삼가고 조심하려는 의지를
갖고 노력하였다면, 누가 감히 비방하는 의논을 더하겠습니까?

오직 거칠고 어긋난 것이 습성이 되어 이기기를 좋아하는 마음을 부리고,
공로를 끼고 자만(自慢)하며 일 벌이는 것을 좋아하여, 조금이라도 그 뜻에
거슬리면 갑자기 제멋대로 야박하게 뿜어대며 심하게 조신(朝紳)을 꾸짖는
것이 시중꾼[僕隷]들에게 하는 것과 같아서, 몰아대는 기염을 사람들이 감히
어찌하지 못하였습니다. 수어사(守禦使)의 임무[322]를 수행할 때는 더욱 제멋대
로 재물을 탐내어 더러운 짓을 벌이며 방자하고 거리낌 없는 것이 심하였으니,
만약 조금이라도 재재하여 억제하지 않는다면, 반드시 조정을 무너뜨려
어지럽힌 뒤에야 그칠 것입니다."

---

322) 수어사(守禦使)의 임무 : 당시 김일경은 수어사로 재직 중이었다. 수어사는 인조 때
    남한산성을 개축하고 이를 수어하기 위해 설치한 수어청의 종2품직 장관을 가리킨다.
    김동필의 상소로 인하여 김일경은 부신(符信)을 바치고 교외로 나갔다. 《景宗實錄 2年
    11月 26日》

이어서 박징빈이 어리석고 경박하며, 거짓을 얽어서 근거 없는 일을 날조하여 윤순을 욕보인 죄를 논척하였다.

○ 대사헌 이세최가 상소하여 김일경이 무고를 당한 실정을 변론하였다.

○ 정언 유수(柳綬)323)가 대략 다음과 같이 아뢰었다.

"전 좌랑 윤순은 지위와 명망, 재주와 학문으로 동료들에게 추앙받았는데, 지난 겨울 종국(宗國, 종묘와 국가)이 장차 위기에 처했을 때 처음에는 두서너 명의 사우(士友)와 서로 상소하기로 약속하였다가 중간에 고향으로 내려가 끝내 일을 함께 하지 않습니다. 그런데 장령 박징빈은 일필(一筆)로 구단(句斷)하여 죄안을 구성하였으니, 이와 같은 풍습을 조장해서는 안 되므로, 청컨대 체직(遞職)하십시오.

김일경의 처사는 거칠고 경솔하였으니, 진실로 몹시 놀랍습니다. 다만 지난 겨울에 올린 상소 하나는 진실로 사직을 떠받치고 임금을 호위한 공로가 있었는데, 이것은 오로지 몸을 바쳐 나라를 위해 죽으려는 충정(忠情)에서 나온 것이었습니다.

그런데 장황하게 한 상소를 올려 편지를 핑계로 죄과(罪過)를 연출(演出)하여, '만족하게 여길 줄 모른다.'느니, '거리낌이 없다.'느니, '올빼미처럼 거침이 없다.[鴟張]'324)느니, '어그러뜨려 혼란스럽게 하였다.'는 등의 말은325) 그 뜻이

---

323) 유수(柳綬) : 1678~1755. 본관은 진주(晋州), 자 여회(汝懷), 호 성곡(聖谷)이다. 유순정(柳順汀)의 9대손이며 아버지는 이조참판 유진운(柳振運)이다. 남구만(南九萬)에게 수학하였다. 1706년(숙종32) 진사시에 급제한 뒤 괴음현감(槐陰縣監)을 지냈으며, 1721년(경종1) 증광문과에 급제하여, 1722년 정언이 되고 이후 청요직을 두루 거쳤다. 1725년(영조1) 삭출되었다가 1727년 승지가 되었다. 1755년 을해옥사에 연루되어 유배되었다.

324) 올빼미처럼 거침이 없다 : 원문은 "鴟張"이다. 올빼미가 날개를 편 것처럼 폭위(暴威)를 떨치다. 곧 형세가 굳세고 거침이 없음을 의미한다.

325) 만족하게 …… 말은 : 이것은 모두 김동필이 김일경을 비판한 상소에서 나온 말이다. 《景宗實錄 2년 11월 26일》 앞서 본서에 수록된 이 상소문에는 이러한 구절이 생략되거나 변형되어 있다.

얽어서 날조하는 데 있으니, 말이 지극히 위험하고 두려웠습니다. 어떻게 사간원[薇垣]의 수석(首席)에게 이처럼 아름답지 못한 풍습이 있을 것이라고 생각할 수 있겠습니까? 청컨대 김동필을 파직하고 서용(敍用)하지 마소서."

황극편(皇極編) 권11
노소(老少)

계묘년(1723, 경종3) 봄, 헌납 권익관(權益寬)이 아뢰어, 대략 다음과 같이 말하였다.

"이이명(李頤命), 김창집(金昌集)이 법에 따라 복주(伏誅)된 후, 그 복심(腹心)과 혈당(血黨)들이 은밀히 원한을 품고 있습니다. 문외출송된 죄인 김희로(金希魯)1), 전 도승지 신사철(申思喆)2), 전 대장 장붕익(張鵬翼)3), 전 부사 김취로(金取魯)4), 전 사간 김고(金槹)5), 전 현감 김영행(金令行)6) 등은 온 가족이 시골로

---

1) 김희로(金希魯) : 1673~1753. 본관은 청풍(淸風), 자는 성득(聖得)이다. 우의정 김구(金構)의 아들이고, 영의정 김재로(金在魯)의 형이다. 1702년(숙종28) 진사시에 합격하여 빙고별검(氷庫別檢) 등을 지냈다. 헌납 권익관의 탄핵을 받고 1723년 유배되었다가 영조가 즉위하면서 풀려나 강원감사(江原監司)·호조참판 등을 역임하였다.

2) 신사철(申思喆) : 1671~1759. 본관은 평산(平山), 자는 명서(明敍)이다. 공조좌랑으로 재직하던 중 1709년(숙종35) 알성문과에 급제하여, 1713년 홍문록(弘文錄)에 올랐다. 1723년(경종3) 권익관의 탄핵을 받고 장기(長鬐)에 유배되었다가 1725년(영조1) 풀려나 대사헌을 거쳐 호조·예조·공조판서 등을 역임하고, 1745년 판중추부사로 기로소에 들어갔다.

3) 장붕익(張鵬翼) : 1674~1735. 본관은 인동(仁同), 자는 운거(雲擧)이다. 1699년(숙종25) 무과에 급제, 선전관을 거쳐 창원부사를 지냈다. 1723년(경종3) 김창집의 당으로 몰려 귀양 갔다. 영조 즉위 후 풀려나 형조판서 등을 역임하였다.

4) 김취로(金取魯) : 1682~1740. 본관은 청풍(淸風), 자는 취사(取斯)이다. 김극형(金克亨)의 증손, 김징(金澄)의 손자, 김유(金楺)의 아들이며, 좌의정 김약로와 영의정 김상로의 형이다. 1707년(숙종33) 성균관 유생으로서 상소하여 김장생(金長生)을 문묘에 종사(從祀)하라고 청하였다. 1710년 증광문과에 급제하여 청요직을 두루 거쳤다. 1723년 권익관의 탄핵을 받고 울산에 유배되었다가 이듬해 영조가 즉위하자 풀려나 이조판서 등을 역임하였다. 1737년에 호조판서가 되었으나 영조의 탕평책에 맞서다가 파직당하고, 무주에 유배되었다. 시호는 충헌(忠獻)이다.

5) 김고(金槹) : 1670~1727. 본관은 청풍(淸風), 자는 봉년(逢年)이다. 1714년(숙종40) 문과에

내려갔는데 정작 자신은 서울 본가에 숨어 가마를 타고 자취를 숨긴 채
서로 왕래하며 미리 꼼꼼하게 대비하려고 혹은 부유한 집안에서 재물을
쓰는 데 인색하지 않거나 혹은 상복을 입은 몸으로 남몰래 은밀한 자리에
참석하는 등 그 정적(情跡)이 매우 은밀하여 인심이 의심하고 두려워하는
것이 바로 지난 16인과 더불어 다름이 없으니, 모두 극변(極邊)에 유배하소서.”

○ 정언 유수원(柳壽垣)7)이 상소하여, 대신8)이 편벽되고 사사로운 잘못을
저질렀다고 논하고, 이어 말하기를,
“정수기(鄭壽期)를 동벽(東壁)에 선발한 것9)은 사람들의 기대에 어긋난 일이
며 이정제(李廷濟)를 큰 고을에 임명한 일은 물정을 너무도 놀라게 하였습니다.
이정제는 조태채(趙泰采)가 복주되었을 때 천리 길에 특별히 사람을 보내어

급제하여 1719년 지평이 되었다. 1720년(경종 즉위) 윤지술을 변론하였다가 이진검의
탄핵을 받았다. 1723년 권익관의 탄핵을 받고 변방에 유배되었다. 1725년(영조1) 풀려나
집의를 거쳐 승지가 되자 소론 탄핵에 앞장섰다가 1727년 정미환국으로 파면되었다.
6) 김영행(金令行) : 1673~1755. 본관은 안동, 자 자유(子裕), 호 필운옹(弼雲翁)이다. 김상용
(金尙容)의 후손으로, 김시걸(金時傑)의 아들이다. 1723년(경종3) 김창집의 일당으로 몰려
권익관의 탄핵을 받고 기장현(機張縣)에 유배되었다가 1725년 영조가 즉위하자 사면되어
영천군수(榮川郡守) 등을 역임하였다.
7) 유수원(柳壽垣) : 1694~1755. 본관은 문화(文化), 자 남로(南老), 호 농암(聾菴)이다. 유상재
(柳尙載)의 손자이고, 유봉휘(柳鳳輝)의 조카이다. 1715년(숙종41) 진사시, 1718년 정시별
과에 급제하여, 1723년(경종3) 정언이 되었는데, 조태구 등 소론 대신들을 비판하였다가
파직 당했다. 영조가 즉위한 뒤에도 출사하지 않다가 1735년(영조12) 태천현감(泰川監)
이 되었다. 1741년 조현명이 추천하여 부호군에 제수되자 「관제서승도설(官制序陞圖說)」
을 지어 바쳐, 전랑 통청권(通淸權)을 혁파하도록 하였다. 제도 개혁을 통해서 국가를
쇄신하려는 구상을 담은 《우서(迂書)》를 저술하여 영조 탕평책을 뒷받침하였다. 그렇지
만 1755년 을해옥사에 연루되어 처형되었다.
8) 대신 : 조태구를 이른다. 유수원이 조태구를 비판한 것은 그가 김일경 등과 같은 준론에
속하였다는 것을 의미한다.
9) 동벽(東壁)에 선발한 것 : 벼슬아치가 모여 앉을 때 좌석의 동쪽에 앉던 벼슬로, 의정부의
좌찬성·우찬성, 승정원의 우승지·좌부승지, 홍문관의 직제학·전한·응교·부응교가 이
에 해당한다. 합좌의 기회가 많은 의정부, 승정원, 홍문관의 관원들에 대한 별칭으로
자주 사용되었다. 여기에서는 정수기를 의정부 좌참찬에 임명한 것을 가리킨다. 《景宗修
正實錄 3年 2月 18日》

짐바리 가득 부의물(賻儀物)을 보냈으니 이와 같이 더럽고 비굴한 사람을 조적(朝籍)10)에 그대로 둘 수 없습니다. 이정제를 사판(仕版)에서 삭제시키는 법을 속히 시행하소서."

하였다.

○ 이조참의 이진유(李眞儒)가 청대(請對) 입시하여, 김동필(金東弼), 유수원(柳壽垣)을 모두 외직에 보임할 것을 청하였다.11)

○ 성균관 유생 김범갑(金范甲) -140여 인- 등이 상소하여 송시열(宋時烈)이 음험하고 사특하며 명예를 훔치고 권력을 탐한 죄를 열거하고, 해조(該曹)로 하여금 도봉서원(道峯書院)에서의 향사를 철거12)하여 사전(祀典)을 중하게

10) 조적(朝籍) : 조정 관료들의 명부(名簿)이다.
11) 이진유(李眞儒)가 …… 청하였다 : 1723년(경종3)에 이조참의 이진유가 청대한 자리에서 김동필과 유수원을 외직으로 내보낼 것을 청하여, 경종의 윤허를 받았다. 이에 김동필을 광주목사로, 유수원을 예안현감(禮安縣監)으로 단부(單付)하였다. 이 일은 1722년 대사간 김동필이 상소하여 김일경이 교문(敎文)을 지은 일을 탄핵한 일이 있는데, 이와 관련하여 이진유가 김일경을 비호하기 위해 한 일로 해석되었다. 《景宗實錄 2年 11月 26日, 3年 1月 14日, 2月 23日》
12) 도봉서원 …… 철거 : 도봉서원은 1573년(선조6)에 조광조의 독서처였던 경기도 양주군 도봉산 아래에 건립한 서원으로, 이듬해 도봉으로 사액을 받았고 1696년(숙종22) 송시열을 추향함으로써 서울 지역에서 대표적인 노론 성향의 서원이 되었다. 송시열은 1689년(숙종15) 기사환국으로 사사된 이후 다시 1694년(숙종20) 갑술환국으로 정국이 반전되자 복관되었다. 이후 소론과 정국 주도권을 다투던 노론은 각처의 서원에 송시열을 제향하였고 이를 통해 정치적 명분을 확보하고 붕당의 기반을 강화하려는 의도를 드러내었는데, 도봉서원에 송시열을 병향해야 한다는 주장은 그 출발점이 되었다. 노론의 이러한 시도는 소론과 남인의 즉각적인 반발을 불렀다. 환국 이후 정국을 담당하고 있던 남구만 등 소론 세력은 오랫동안 조광조를 홀로 제향했던 도봉서원의 위상을 고려하여 송시열의 입향론은 무리라고 반대하였고, 정시한(丁時翰) 등 경향의 남인 세력도 이에 동조하였다. 송시열의 제향을 둘러싼 논란이 중앙 정국에서 정파 간의 대립으로까지 확산되자, 환국 이후 정국 경색을 원하지 않던 숙종의 정치적 판단에 따라 일단 추향하는 것으로 미봉되었다. 이후 경종 대 신임옥사를 거치며 정국이 다시 반전되어 노론이 대거 실세하게 되자 도봉서원의 문제가 다시 제기되었다. 소론이 정국을 장악한 상황에서 1723년(경종3) 3월, 관학 유생 김범갑 등이 상소하여 송시열을 도봉서원에서 출향(黜享)

하라고 청하였다.

○ 우의정 최석항(崔錫恒)이 아뢰기를,

"이조참의 이진유가 청대하여, 김동필은 장관의 출사를 기다릴 것 없이
단망(單望)으로 외직에 보임하고, 파직되어 있던 유수원은 단망으로 서용하며,
박징빈(朴徵賓)은 이전에 이미 외직에 보임되었으나 그 거리가 머니 가까운
읍에 옮겨 임명할 일을 재결 받았습니다. 이는 일찍이 없었던 일이니 이진유를
체직하여 그의 경박한 과실을 징계하소서."

하자, 주상이 윤허하였다.

○ 전 승지 이교악(李喬岳)[13]이 상소하여 김범갑이 무함한 실상을 변론하고,
김범갑을 통렬히 배척하여 방자히 굴지 못하게 할 것을 청하였다.

○ 사도(四道)의 유생 최탁(崔鐸) 등이 상소하여, 이교악이 방자하고 무엄하
다고 배척하고, 원우(院宇)에서 행해지는 외람된 제향을 거두어 달라고
청하였다.

○ 유학(幼學) 강조열(姜祖烈)이 상소하여 김범갑이 선왕을 능멸하고 선정을
음해한 죄를 논핵하고, 윤증(尹拯) 부자를 배향한 서원의 원판(院板)을 중수(重
修)[14]하라는 명을 거두어 달라 청하였다.

하도록 청하자 곧바로 출향이 결정되었다. 그러나 출향 후 1년이 못 되어 경종이
훙서(薨逝)하고 영조가 즉위하자, 바뀐 정세를 타고 송시열의 복향(復享)이 이루어졌다.

13) 이교악(李喬岳) : 1653~1728. 본관은 용인(龍仁), 자 백첨(伯瞻), 호 석음와(惜陰窩)이다.
송시열 문인이다. 1696년(숙종22) 사마시를 거쳐 1705년 알성 문과에 장원하여 청요직을
두루 지냈다. 1720년(경종 즉위)에 동지부사로 청나라에 다녀와서 대사간이 되었다.
이듬해 김일경의 소를 흉참(凶慘)하다고 비판하고, 도봉서원에서 송시열이 출향(黜享)되
자 항변하다가 유배되었다. 송시열을 도봉서원에서 출향시키지 말 것을 쟁론한 이교악의
상소는 《경종수정실록 3년 3월 23일》 기사에 보인다.

○ 유생 홍윤보(洪允輔) -안윤겸(安允謙), 유유(柳愈), 유언경(兪彦鏡), 한익창(韓益昌), 김잡(金襍), 남의관(南宜寬), 민백창(閔百昌)- 등이 전의감(典醫監)에 소청(疏廳)을 설치하고 통문(通文)을 돌렸는데, 그 대략에,

"선대왕께서 갑자기 신민을 버리시자 시배(時輩)들이 기회를 틈타 팔을 걷어붙이며 달갑게 여기고 있다. 우리 우암(尤菴) 노선생은 제향을 모시지 않은 곳이 없는데, 지금 김범갑, 최탁 등이 거짓을 날조하여 무함하고 욕보이며 도봉서원에서 출향시키기에 이르렀다. 아! 이 무슨 일이란 말인가? 사림이 일제히 분노하고 있으니, 한 번의 상소로 변통할 방책을 삼고자 한다."
하였다.

○ 예조판서 이조(李肇)가 아뢰기를,

"김범갑 등의 상소에 대한 비답에 '해당 관서로 하여금 품처하게 하라'는 하교가 있으셨습니다. 도봉서원은 선정신(先正臣) 조광조(趙光祖)15)를 향사하는 곳으로 조광조만을 단독 제향하여 그 사체가 진실로 중대하다 할 것인데, 근년에 일번인(一番人)16)이 송시열의 병향을 주장하여 당시에 이미 물의가

---

14) 윤증(尹拯) …… 중수(重修) : 1716년(숙종42), 윤선거·윤증 부자와 송시열 간 회니시비(懷尼是非)에 대하여 숙종이 윤선거의 문집인 《노서유고(魯西遺稿)》에 효종을 무함하는 내용이 있으니 훼판하고, 윤선거 부자의 관작을 삭탈하며, 윤선거의 사액서원(賜額書院)을 철거하라 명함으로써 노론을 지지하였다. 이를 병신처분(丙申處分)이라 하는데, 이로써 노론이 정국을 주도하게 되었다. 일련의 처분에 대하여 숙종은 "나의 자손들은 모름지기 이 뜻을 준수하여 굳게 지켜 흔들리지 말라." 당부하였다. 《肅宗實錄 42年 7月 25日, 7月 29日, 8月 24日》 이후 경종대 신임옥사를 거치며 노론을 축출한 소론이 정국을 장악하자 윤선거·윤증의 관작이 회복되고 증시(贈諡)되었으며, 서원의 사액(賜額)이 환급되고 문집의 간행도 허가되었다. 《景宗實錄 2年 8月 7日》
15) 조광조(趙光祖) : 1482~1519. 본관은 한양(漢陽), 자 효직(孝直), 호 정암(靜庵)이다. 17세 때 무오사화로 희천에 유배 중이던 김굉필(金宏弼)에게 수학하였다. 1515년(중종10) 안당(安瑭)의 천거로 관직에 나아갔고, 1518년 대사헌이 되어 도학정치(道學政治) 실현을 위해 각종 개혁을 단행하다 1519년 기묘사화(己卯士禍)가 일어나 사사되었다.
16) 일번인(一番人) : 당파나 이념을 달리하는 쪽의 사람들을 직접 가리키고자 하지 않을 때 쓰는 용어로, 여기서는 노론을 가리킨다.

일었습니다.

이에 고 상신 윤지선(尹趾善)[17]이 상소하여 병향을 중지할 것을 청해 이미 그렇게 하도록 윤허 받았으나, 과옥(科獄)[18] 죄인 이성휘(李聖輝)[19]가 하룻밤 사이 서둘러 입향(入享)해 버렸습니다. 당시 승정원에서 이미 병향했다는 뜻으로 진달하자 그대로 두게 한 데서 선대왕의 본 뜻을 또한 알 수 있는데, 많은 선비들의 공의(公議)가 다시 격발하였으니 그대로 둘 수 없는 문제이고 또 사체가 출향(黜享)에 관계되어 있으니 대신에게 하문하여 의견을 구하소서."

하였다. 우의정 최석항이 아뢰기를,

"도봉서원의 사체는 문묘(文廟)와 다름이 없어 전후의 유현(儒賢)들이 모두 배향되지 못하였으므로, 고 상신 송시열이 처음으로 병향(並享)되자 공의가 불만스러워 하였는데, 지금에 와 사론(士論)이 이미 일어나버렸으니 송시열의 병향을 그대로 둘 수 없습니다."

하자, 주상이 이르기를, "그렇게 하라." 하였다.

○ 진사 곽진위(郭鎭緯) -200여 인- 등이 상소하여, 송시열의 원통함을 신구하

---

17) 윤지선(尹趾善) : 1627~1704. 본관은 파평(坡平), 자 중린(仲麟), 호 두포(杜浦)이다. 이조판서 윤강(尹絳)의 아들이며, 우의정 윤지완(尹趾完)의 형이다. 1660년(현종1) 진사가 되고, 1662년 증광문과에 급제하여 청요직을 두루 거쳤다. 1688년 도승지까지 올랐는데, 1689년 기사환국으로 사직하였다. 1694년 갑술환국 이후 각조의 판서를 거쳐서 1696년 우의정을 거쳐 좌의정에 올랐다. 1698년 기로소(耆老所)에 들어갔고, 영중추부사를 거쳐, 행판중추부사(行判中樞府事)에 이르러 77세로 죽었다. 송시열의 도봉서원 배향에 반대하는 윤지선의 상소는 《숙종실록 22년 1월 15일》 기사에 보인다.

18) 과옥(科獄) : 과거 부정으로 인하여 발생한 옥사라는 뜻으로서, 여기서는 1699년(숙종25) 단종(端宗)의 복위를 경축하기 위해 시행한 증광문과(增廣文科) 때 발생한 기묘과옥(己卯科獄)을 말한다. 한세량(韓世良) 등 34인이 합격하였으나 출방(出榜) 후 부정행위의 전모가 드러나는 바람에 파방(罷榜)되고, 이후 3년에 걸쳐 상시관(上試官) 오도일(吳道一)을 비롯하여 수십 명이 유배되었다. 숙종대에는 과옥이 노·소론의 갈등과 연계되어 세 차례나 발생하였다.

19) 이성휘(李聖輝) : 1670~? 본관은 전주, 자는 인경(麟卿)이다. 이후원(李厚源)의 손자이고, 이선(李選)의 아들이다. 1699년(숙종25) 증광시에 을과 3위로 합격하였으나 과거 부정이 폭로되어 합격이 취소되고, 유배되었다.

였고, 출향의 명을 거두어 달라 청하였다.

○ 유배자 명단. -민진원(閔鎭遠), 서종급(徐宗伋)20), 정호(鄭澔), 황선(黃璿)21), 김진상(金鎭商)22), 이정익(李禎翊), 고봉헌(高鳳獻), 송상은(宋相殷), 신임(申銋), 안윤중(安允中), 이지규(李志達), 황상정(黃商鼎), 유척기(兪拓基)23), 이교악(李喬岳), 구정훈(具鼎勳)24), 윤정주(尹廷

20) 서종급(徐宗伋) : 1688~1762. 본관은 달성(達城), 자 여사(汝思), 호 퇴헌(退軒)이다. 권상하(權尙夏) 문인이다. 1711년(숙종37) 진사가 되고, 1719년 증광문과에 급제하여 정언이되었다. 1721년(경종1) 지평 재직시 세제의 대리청정을 건의했던 조성복을 두둔하다가유배되었다. 영조가 즉위하자 풀려나 형조판서 등을 역임하고, 1757년(영조33)에 기로소(耆老所)에 들어갔으며 이듬해 봉조하(奉朝賀)가 되었다. 저서로 《퇴헌유고(退軒遺稿)》가있고, 시호는 문정(文貞)이다.

21) 황선(黃璿) : 1682~1728. 본관은 장수(長水), 자 성재(聖在), 호 노정(鷺汀)이다. 1710년(숙종36) 진사가 되고, 그해 증광문과에 급제하여 청요직을 두루 거쳤다. 1721년(경종1)승지로 재직하다가 박필몽의 탄핵을 받아 유배되었다. 1725년(영조1) 복직되어 형조참판등을 거쳐 1727년 대사간이 되었다. 1728년 이인좌(李麟佐)의 난 때 거창 지방을 뒤흔든정희량(鄭希亮)의 난을 평정하였다. 시호는 충렬(忠烈)이다.

22) 김진상(金鎭商) : 1684~1755. 본관은 광산(光山), 자 여익(汝翼), 호 퇴어(退漁)이다. 김익훈(金益勳)의 손자, 김만채(金萬埰)의 아들이다. 1699년(숙종25) 진사가 되고 1712년 정시문과에 급제하여 청요직을 두루 거쳐 1720년 홍문록에 올랐다. 1716년 병신처분(丙申處分)뒤 윤선거를 봉안한 서원과 문집 목판을 훼철하라고 청하였다. 1719년 장희빈의 묘를이장할 때 동궁이 망곡(望哭)하려는 것을 저지하였다. 1722년(경종2) 신임옥사로 유배되었다가 영조가 즉위하자 이조정랑에 등용되었다. 1729년 탕평책의 일환으로 단행된기유처분(己酉處分)에 반발하여 사직하였다가 대사헌·좌참찬 등을 역임하였다. 문집으로 《퇴어당유고(退漁堂遺稿)》가 전한다.

23) 유척기(兪拓基) : 1691~1767. 본관은 기계(杞溪), 자 전보(展甫), 호 지수재(知守齋)이다.김창집 문인이다. 1714년(숙종40) 증광문과에 급제하여, 청요직을 두루 역임하다가1722년(경종2) 신임옥사 당시 탄핵을 받고 유배되었다. 1725년(영조1) 노론이 집권하면서경상도관찰사·호조판서 등을 거쳐 1739년 우의정에 올라, 임인옥사 당시 사사된 김창집·이이명의 복관(復官)을 건의해 신원(伸寃)시켰다. 만년에 김상로(金尙魯)·홍계희(洪啓禧)등이 영조와 사도세자 사이를 이간시키자 이를 깊이 우려했고, 이천보(李天輔)의 뒤를이어 1758년(영조34) 영의정에 올랐다. 1760년 영중추부사(領中樞府事)가 되었고, 이어서봉조하(奉朝賀)를 받고 기로소(耆老所)에 들어갔다. 저서로 《지수재집》이 있고, 시호는문익(文翼)이다.

24) 구정훈(具鼎勳) : 1674~1737. 본관은 능성(綾城), 자는 자수(子受)이다. 음보로 빙고별제(氷庫別提)를 지냈는데, 1723년(경종3) 김창집의 일파라고 하여 유배되었다. 1725년(영조1)풀려나 1734년 배천군수가 되었다.

舟), 김수천(金壽天), 조정만(趙正萬)²⁵⁾, 송상기(宋相琦)²⁶⁾, 정형익(鄭亨益), 조상경(趙尙絅),

윤양래(尹陽來)²⁷⁾, 윤재중(尹在重), 임욱(任勗)²⁸⁾, 홍용조(洪龍祚)²⁹⁾, 이정주(李挺周)³⁰⁾, 황보

겸(皇甫謙), 서명백(徐命伯), 이희조(李喜朝)³¹⁾, 김려(金勵), 이명익(李明翼)³²⁾, 이중협(李重協),

---

25) 조정만(趙正萬) : 1656~1739. 본관은 임천(林川), 자 정이(定而), 호 오재(寤齋)이다. 1681년
(숙종7)에 진사시에 장원 급제하여, 1684년(숙종10) 8월에 성균관 유생으로서 상소하여
윤증이 스승 송시열을 배반한 행위에 대해 낱낱이 아뢴 일이 있었다.《肅宗實錄 10年
8月 21日》1694년에 인현왕후가 복위되자 금오랑(金吾郞)이 되었고, 1699년에 강서현령(江
西縣令)을 지냈다. 1722년(경종2)에 일어난 임인옥사로 벽동(碧潼)과 영변(寧邊)으로 유배
되었다. 영조가 즉위한 후에 호조참판·공조판서·형조판서 등을 역임하였다. 김창협(金
昌協)·김창흡(金昌翕)·이희조(李喜朝) 등과 친교가 깊었다. 저서로《오재집(寤齋集)》이
있다.

26) 송상기(宋相琦) : 1657~1723. 본관은 은진(恩津), 자 옥여(玉汝), 호 옥오재(玉吾齋)이다.
예조판서 송규렴(宋奎濂)의 아들이고, 송시열 문인이다. 1684년(숙종10) 정시문과에
급제하여 청요직을 두루 지냈다. 1689년 기사환국으로 낙향하였다가 1694년 갑술환국으
로 장령이 되고, 이후 이조판서 등을 역임하였다. 1722년(경종2) 신임옥사에 연루되어
강진으로 귀양 가서 이듬해 유배지에서 죽었다.

27) 윤양래(尹陽來) : 1673~1751. 본관은 파평, 자 계형(季亨), 호 회와(晦窩)이다. 1699년(숙종
25) 진사가 되고, 1708년 식년문과에 급제하여 청요직을 두루 거쳤다. 1722년(경종2)
동지 겸 주청부사(冬至兼奏請副使)로 청나라에 가서 경종의 병약함을 발설했다는 죄목으
로 유배되었다. 1725년(영조1) 승지에 임용되어 공조참판을 거쳐 호조판서·대사헌 등을
역임하였다. 1746년 신임옥사에 관련된 소론의 뿌리를 뽑아야 한다고 주장했다가 한
때 삭직 되었다. 이 해에 판돈녕부사로 치사하고 봉조하(奉朝賀)가 되었다. 시호는
익헌(翼獻)이다.

28) 임욱(任勗) : 1680~1736. 본관은 장흥(長興), 자는 군보(君輔)이다. 1705년(숙종31) 증광무
과에 급제하여 훈련주부(訓鍊主簿)·희천군수(熙川郡守) 등을 거쳐 1721년(경종1) 용천부
사(龍川府使)가 되었는데, 1722년 임인옥사에 연루되어 유배되었다.

29) 홍용조(洪龍祚) : 1686~1741. 본관은 남양(南陽), 자 희서(羲瑞), 호 금백(金伯)이다. 1717년
(숙종43) 식년문과에 급제하여 청요직을 두루 거쳤다. 1721년(경종1) 연잉군의 세제
책봉에 반대하는 유봉휘를 처형하라고 상소하였다가 파직되었다. 이듬해 신임옥사로
유배되었다가 영조대 호조참의 등을 역임하였다.

30) 이정주(李挺周) : 1673~1732. 본관은 벽진(碧珍), 자는 석보(碩輔)이다. 1708년(숙종34) 식
년문과에 장원 급제하여 청요직을 두루 거쳤다. 1722년(경종2) 의주부윤 재직시 재물을
모았다는 이유로 탄핵받았다. 영조가 즉위한 뒤 승지로 재직하였으나 1727년 정미환국으
로 파면되었다가 1732년 진주목사가 되었다.

31) 이희조(李喜朝) : 1655~1724. 본관은 연안(延安), 자 동보(同甫), 호 지촌(芝村)이다. 이단상
(李端相)의 아들이며, 송시열 문인이다. 1680년(숙종6) 경신환국 뒤 유일(遺逸)로 천거되어
건원릉참봉(健元陵參奉) 등을 역임하다가 1717년 대사헌에 올랐다. 1721년(경종1) 신축환

서윤흥(徐允興), 김재정(金在鼎), 박치원(朴致遠), 이세복(李世福)[33], 유경유(柳慶裕), 이명룡(李命龍)[34], 어유룡(魚有龍), 이명회(李明會)[35], 김유경(金有慶)[36], 유하기(兪夏基)[37], 김영행(金令行), 홍성주(洪聖疇), 조흡(趙洽), 오중한(吳重漢)[38], 임방(任埅)[39], 김희로(金希魯), 신사철(申思

국으로 영암(靈巖)에 찬배되었다가 1723년 11월 철산(鐵山)으로 이배(移配) 도중 정주(定州)에서 죽었다. 저서로 《지촌집(芝村集)》이 있고, 시호는 문간(文簡)이다.

32) 이명익(李明翼) : 1702~1755. 본관은 전주, 자 성보(聖輔), 호 담존재(湛存齋)이다. 선조의 부친인 덕흥대원군(德興大院君)의 7대손이며 이홍술(李弘述)의 손자이다. 이홍술의 차남 이세정(李世禎)의 아들로서, 장남 이세희(李世禧)의 계자가 되었다. 1721년(경종1) 식년시에 합격하여 진사가 되었다. 1722년 임인옥사에서 이홍술에 연좌되어 유배되었다. 1725년(영조1) 풀려나 제릉참봉(齊陵參奉)·홍천현감(洪川縣監) 등을 지냈다.

33) 이세복(李世福) : 1695~1786. 본관은 전주이다. 1722년(경종2)에 임인옥사 당시 주모자로 지목된 이홍술(李弘述)과 연루된 이명좌(李明佐)·조송(趙松) 등이 투옥되어 국문(鞫問)을 받았다. 조송의 조카였던 이세복(李世福)은 돈을 출자하는 등 역모에 가담하였다는 혐의로 의금부(義禁府)에 투옥이 되었으며, 몇 차례의 심문 끝에 유배를 당하였다. 영조가 즉위한 이후 1725년(영조1)에 유배지에서 풀려났다.

34) 이명룡(李命龍) : 1708~1789. 본관은 함평(咸平), 자 성윤(聖允), 호 계일헌(戒逸軒)이다. 1722년(경종2) 김창집 처당(妻黨)의 지친(至親)으로 몰려 절도에 정배되었다가 1725년(영조1) 석방되어 법성첨사(法聖僉使)가 되었다. 1759년(영조35) 식년문과에 급제하여 병조정랑 등을 지냈다.

35) 이명회(李明會) : 1685~1727. 본관은 전주, 자는 제숙(際叔)이다. 1715년(숙종41) 식년시에 합격하여 진사가 되었다. 1722년(경종2) 이홍술의 종손(從孫)이고 이명좌(李明佐)의 형제라는 이유로 유배되었다가 1725년(영조1) 풀려나 돈녕도정(敦寧都正)이 되었다.

36) 김유경(金有慶) : 1669~1748. 본관은 경주(慶州), 자 덕유(德裕), 호 용주(龍洲)·용곡(龍谷)이다. 1693년(숙종19) 사마시에 합격하고, 1710년 증광문과에 급제하여 1716년 수찬이 되고 홍문록에 올랐다. 1722년(경종2) 이전에 의주부윤(義州府尹) 재직시 이정식(李正植)을 편비(褊裨)로 삼아 막하(幕下)에 두었다 하여 유배되었다. 1725년(영조1) 풀려나 호조참의가 되고, 1738년 공조판서가 되었다. 1744년 대사헌으로서 탕평책을 반대하다가 파직되었다. 1746년 좌참찬으로 관직에서 물러난 뒤 1748년 숭록대부에 특진되었다. 시호는 효정(孝貞)이다.

37) 유하기(兪夏基) : 1668~1733. 본관은 기계(杞溪), 자는 자화(子華)이다. 1710년(숙종36) 증광시에 합격하여 진사가 되었다. 희릉참봉(禧陵參奉)·공조좌랑·남평현감(南平縣監) 등을 지내다가 1722년(경종2) 종형 유상기(兪相基)의 《가례원류(家禮源流)》일로 이세덕(李世德)의 탄핵을 받고 유배되었다. 1724년(영조 즉위) 풀려나 호조정랑·태인현감(泰仁縣監) 등을 역임하였다.

38) 오중한(吳重漢) : 1666~1725. 본관은 흥양(興陽), 자는 은약(隱若)이다. 1687년(숙종13) 식년시 율과에 장원하고, 1697년 정시무과에 급제하였다. 문성첨사(文城僉使) 등을 지내다가 1722년(경종2) 남해현에 유배되어 유배지에서 사망하였다.

畠), 장붕익(張鵬翼), 김취로(金取魯), 김고(金橰), 강욱(姜頊), 권응(權膺), 조영복(趙榮福)40),

강계(姜啓), 신석(申晢)41), 박태준(朴泰俊), 김조택(金祖澤)42), 유숭(兪崇)43), 이의종(李義宗),

문덕린(文德麟)44), 박후응(朴厚應), 홍언도(洪彦度), 이오태(李悟泰), 박사익(朴師益)45), 윤홍(尹

39) 임방(任埅) : 1640~1724. 본관은 풍천(豊川), 자 대중(大仲), 호 수촌(水村)·우졸옹(愚拙翁)이
다. 송시열과 송준길 문인이다. 1663년(현종4) 사마시, 1701년(숙종27) 알성 문과에
급제하여 청요직을 두루 거쳐 1705년 승지, 1719년 공조판서가 되었다. 1721년(경종1)
연잉군의 세제 책봉을 주장하였다가 신임옥사로 귀양 가서 죽었다. 저서로 《논어취분(論
語聚分)》·《사가할영(史家割榮)》·《선문(選文)》·《철영시(掇英詩)》·《수촌집》 등이 있고,
시호는 문희(文僖)이다.

40) 조영복(趙榮福) : 1672~1728. 본관은 함안(咸安), 자 석오(錫五), 호 이지당(二知堂)이다.
김창협(金昌協) 문인이다. 1705년(숙종31) 사마시, 1714년 증광문과에 급제하여 청요직을
두루 지냈다. 1716년 윤선거(尹宣擧)의 선정(先正) 칭호를 금할 것을 청하였으며, 1720년
경종 즉위 뒤 승지를 지내다가 신임옥사로 파직되어 유배되었다. 1725년 노론의 집권으로
풀려나 도승지 등을 역임하였다.

41) 신석(申晢) : 1681~1724. 본관은 평산(平山), 자는 성여(聖與)이다. 도승지 신익전(申翊全)
의 증손, 이조판서 신정(申晸)의 손자이다. 1699년(숙종25)에 진사, 1718년 정시문과에
급제하여, 정언(正言)을 거쳐 이듬해 동지사의 서장관(書狀官)으로 청나라에 다녀왔다.
그 뒤 청요직을 두루 역임하다가 1722년(경종2)에 관작을 삭탈당하고, 이듬해 선산으로
유배되어 그곳에서 죽었다.

42) 김조택(金祖澤) : 1680~1730. 본관은 광산(光山), 자는 극념(克念)이다. 광성부원군(光城府
院君) 김만기(金萬基)의 손자, 호조판서 김진귀(金鎭龜)의 아들이고, 김춘택의 아우이다.
1721년(경종1) 정시문과에 급제하여 정언이 되었다. 1722년 임인년 옥사에 연루되어
유배되었다가 1724년(영조 즉위) 풀려나 이듬해 서용되어 승지에 올랐지만 1727년
삭출되었다.

43) 유숭(兪崇) : 1661~1734. 본관은 창원(昌原), 자는 원지(元之)이다. 1699년(숙종25) 증광문
과에 급제하여 청요직을 두루 지냈다. 1723년(경종3) 신임옥사로 파직되어 유배되었다가
이듬해 영조의 즉위로 풀려났다. 1727년(영조3) 정미환국으로 소론이 등용되자 이를
반대하다가 문외출송 되었다. 이듬해 이인좌의 난이 일어나자 호서소모사(湖西召募使)로
기용되고 이어서 도승지·공조참판 등을 역임하였다.

44) 문덕린(文德麟) : 1673~1739. 본관은 남평(南平), 자는 성휴(聖休)이다. 1708년(숙종34) 식
년문과에 급제하여 보령현감(保寧縣監)·병조좌랑·영암군수(靈巖郡守) 등을 역임하였다.
1723년(경종3) 임인옥사에 연루되어 유배되었다가 1725년(영조1) 풀려나 고성현령(固城
縣令) 등을 지냈다.

45) 박사익(朴師益) : 1675~1736. 본관은 반남(潘南), 자 겸지(兼之), 호 노주(鷺洲)이다. 박동량
(朴東亮)의 후손이다. 1710년(숙종36) 생원이 되고, 1712년 정시문과에 급제하여 정언
등을 거쳐 이조좌랑에 올랐다. 경종이 즉위하자 유봉휘와 조태구를 처벌하라고 강력하게
주장하였다. 1723년(경종3) 유배되었다가 영조가 즉위하자 풀려나 강화유수가 되었다.

泓)46), 권경(權炅), 윤봉의(尹鳳儀), 이징귀(李徵龜), 이명희(李命熙)47), 윤득인(尹得仁), 이현록

(李顯祿)48), 석지견(石之堅), 조흥필(趙興弼), 이수민(李壽民)49), 이수악(李壽岳), 김우채(金宇

采), 김원일(金元一), 조도빈(趙道彬)50), 이병상(李秉常)51), 오중주(吳重周)52), 황재(黃梓)53),

---

이후 대사헌을 거쳐 공조·예조판서 등을 지냈다. 시호는 장익(章翼)이다.

46) 윤홍(尹泓) : 1655~1731. 본관은 남원(南原), 자 정원(靜源), 호 정재(靜齋)이다. 삼학사(三學
士) 윤집(尹集)의 손자이고 송시열 문인이다. 1685년(숙종11)에 음보로 광릉참봉(光陵參
奉), 1721년(경종1) 능주목사 등을 지냈다. 1722년에 임인옥사가 일어나고, 그 공신
회맹(會盟) 때 어버이의 묘지를 돌본다는 핑계로 참여하지 않은 사실이 문제되어 금산(金
山)에 유배되었다. 1724년 풀려나 장악원정(掌樂院正)을 거쳐 돈녕부도정(敦寧府都正)
등을 역임하였다.

47) 이명희(李命熙) : 1671~1746. 본관은 연안(延安), 자는 혜백(惠伯)이다. 음보로 사포서별검
(司圃署別檢) 등을 지냈다. 1723년(경종3) 공신 회맹에 불참하여 유배되었다가 1725년(영
조1) 풀려나 돈녕도정(敦寧都正)·호조참의 등을 지냈다.

48) 이현록(李顯祿) : 1684~1730. 본관은 전주(全州), 자는 영보(永甫)이다. 우의정 이후원(李厚
源)의 현손이다. 1722년(경종2) 알성 문과에 급제하여 예조좌랑이 되었는데, 신임옥사
당시 소론을 규탄하였다가 유배되었다. 영조 즉위 후 풀려나 승지·대사간 등을 역임하다
가 1727년(영조3) 정미환국으로 파직되었다. 1728년 무신란 때 공을 세워 완릉군(完陵君)
에 봉해지고, 그 이듬해에는 형조참판·호조참판으로 부총관·비변사당상을 겸임하고,
이어 대사간·대사헌 등을 역임하였다.

49) 이수민(李壽民) : 1651~1724. 본관은 청해(靑海), 자는 일경(一卿)이다. 1676년(숙종2) 무과
에 급제하여 1717년 삼도통제사에 올랐다. 1722년(경종2) 김창집의 심복으로 몰려 국문을
받고, 1723년 제주 정의현(旌義縣)에 유배되어 이듬해 그곳에서 사망하였다. 1725년(영조
1)에 신원되어 병조판서에 추증되었다. 시호는 충정(忠貞)이다.

50) 조도빈(趙道彬) : 1665~1729. 본관은 양주(楊州), 자 낙보(樂甫), 호 수와(睡窩)·휴와(休窩)이
다. 1691년(숙종17) 진사시, 1702년 알성 문과에 급제하여 병조판서 등을 역임하였다.
신임옥사 때 사사된 작은아버지 조태채의 죄명에 연루되어 유배되었다. 영조 즉위로
풀려나 1726년(영조2) 우의정에 올랐다. 시호는 정희(靖僖)이다.

51) 이병상(李秉常) : 1676~1748. 본관은 한산(韓山), 자 여오(汝五), 호 삼산(三山)이다. 1705년
(숙종31) 생원시, 1710년 춘당대문과에 급제하여 청요직을 두루 거쳤다. 1721년(경종1)
이조참판 등을 지내다가 신축환국으로 파직되었다. 1725년(영조1) 대제학을 거쳐 지의금
부사를 지냈으나 정미환국(1727)으로 파직되었다가 이듬해 한성부판윤으로 기용되었
다. 1742년 공조판서·판돈녕부사에 이르러 기로소에 들어가 치사하고 봉조하(奉朝賀)를
받았다. 시호는 문청(文淸)이다.

52) 오중주(吳重周) : 1654~1735. 본관은 해주(海州), 자 자후(子厚), 호 야은(野隱)이다. 1680년
(숙종6) 무과에 급제하여, 수군절도사 등을 지냈으나, 1722년(경종2) 임인옥사 당시
유배되었다. 영조 즉위 뒤 금군별장 등에 기용되었으나 사퇴하였다. 1728년 무신란
당시 통제사로서 공을 세우고 이어 사퇴하였다.

신무일(愼無逸)54), 이정소(李廷㷞)55), 이유(李瑜)56), 송필항(宋必恒)57)-

○ 사형자 명단 -장세상(張世相), 이정식(李正植), 김창도(金昌道), 심상길(沈尙吉), 백망
(白望), 김용택(金龍澤), 이천기(李天紀), 정인중(鄭麟重), 정우관(鄭宇寬), 이홍술(李弘述), 이기
지(李器之), 유취장(柳就章), 심진(沈榗)58), 서덕수(徐德修), 이희지(李喜之), 김성절(金盛節)59),

---

53) 황재(黃梓) : 1689~1756. 본관은 창원(昌原), 자는 자직(子直)이다. 1718년(숙종44) 정시문
과에 급제하여 청요직에 진출하였다. 1721년(경종1) 소론의 탄핵을 받아 유배되었다가
1725년(영조1) 민진원(閔鎭遠) 등의 주청으로 다시 서용되어 1748년 대사헌에 올랐다.
1750년 동지부사로 청나라에 다녀와 호조참판이 되었다. 저서로 문집인 《필의재유고(畢
依齋遺稿)》가 있는데, 이 안에 두 차례에 걸쳐 청나라에 다녀온 견문을 기록한 기행문집
《갑인연행록(甲寅燕行錄)》과 《경오연행록(庚午燕行錄)》이 들어 있다.

54) 신무일(愼無逸) : 1676~? 본관은 거창(居昌), 자 경소(敬所), 호 백연(白淵)이다. 1702년(숙종
28) 진사가 되고, 1721년(경종1) 정시문과에 급제하여 청요직을 두루 역임하다가 신축환
국으로 삭출되고 1723년 유배되었다. 1725년(영조1) 풀려나 승지가 되었다. 1727년
정미환국으로 파면 당했다가 1729년 다시 승지가 되고, 1732년 대사간이 되었다.

55) 이정소(李廷㷞) : 1674~1736. 본관은 전주(全州), 자 여장(汝章), 호 춘파(春坡)이다. 1696년
(숙종22) 진사가 되고, 1714년 증광문과에 장원 급제하여 청요직을 두루 거쳤다. 1721년(경
종1) 노론 4대신과 함께 연잉군을 세제로 정책할 것을 발의하였다. 그러자 김일경
등이 노론 4대신을 4흉(四凶)으로 규정하며 공격하여 처벌하자, 그도 유배되었다. 1725년
(영조1) 풀려난 뒤 병조참판 등을 역임하였다. 시호는 충헌(忠獻)이다.

56) 이유(李瑜) : 1691~1736. 본관은 연안(延安), 자는 유옥(幼玉)이다. 이명희(李命熙)의 아들
이다. 1719년(숙종45) 증광시(增廣試)에 합격하여 생원이 되고, 같은 해 증광문과에
급제하여 청요직을 두루 지냈다. 1734년(영조10) 도승지, 1736년 이조·형조·병조판서
등을 역임하였다.

57) 송필항(宋必恒) : 1675~? 본관은 은진(恩津), 자는 원구(元久)이다. 1702년(숙종28) 식년시,
1714년(숙종40) 증광문과에 급제하여 청요직을 두루 역임하였다. 1725년(영조1) 임인옥
사를 고변한 목호룡을 끝까지 추문하지 않은 것에 대해서 마음이 아프다고 영조에게
아뢰었다. 또한 언로를 어지럽혔다고 유봉휘(柳鳳輝)·이현장(李顯章)·남태징(南泰徵)
등을 탄핵하였다.

58) 심진(沈榗) : 1650~1722. 본관은 청송(靑松), 자는 진경(晉卿)이다. 1676년(숙종2) 무과에
급제하여 1702년 내금위장(內禁衛將)이 되었다. 1722년(경종2) 임인옥사가 일어나 조카인
심상길에 연루되어 옥사하였다.

59) 김성절(金盛節) : ?~1722. 김상용(金尙容)의 서얼 후손이다. 1721년(경종1) 신축환국 직후
'혈당을 만들어' 모의하고 있다고 탄핵 받았으며, 1722년 목호룡의 고변으로 투옥되었다.
그는 조흡과 더불어 삼수 가운데 독약을 쓰는 일에 참여한 혐의를 받고 복주(伏誅)되었다.
김씨 성의 궁인(宮人)이 어선(御膳)에 독약을 탔다는 말이 김성절의 공초 내용에 있는데

이헌(李瀗), 이명좌(李明佐)[60], 우홍채(禹洪采), 홍순택(洪舜澤)-

○ **여름**, 지평 황정(黃晸)[61]이 아뢰어 대략 다음과 같이 말하였다.

"이교악의 상소는 주제와 관계없는 말을 새롭게 지어내어 미친 듯이 꾸짖고 어지럽게 떠들며 오로지 선정(先正)을 비난하고 모욕하는 것만을 통쾌하게 여겼으니, 이는 모두 흉적 신구(申球)의 남은 뜻이자 역적 김창집(金昌集)이 남긴 계략입니다. 올바른 이를 해치고 어진 이를 무함한 그의 죄는 이루 다 말할 수 없을 정도이니, 극변에 원찬하소서."

○ 경기 유생(儒生) 김홍석(金弘錫) -50인- 등이 상소하여,[62] 대략 다음과 같이 말하였다.

이 말은 경종을 독살했다는 혐의에 대한 단초를 열어 놓았다.

60) 이명좌(李明佐) : 1681~1722. 본관은 전주, 자는 사우(士遇)이다. 동생은 이명회(李明會)·이명진(李明晉)·이명협(李明協)·이명익(李明翼)이다. 그 외 서제(庶弟) 이명징(李明徵)·이명저(李明著)가 있다. 1721년(경종1) 식년시에 합격하여 생원이 되었다. 1722년 종조(從祖)인 이홍술의 죄에 연좌되어, 백시구·우홍채·유성추 등과 함께 국청에 잡혀 들어갔다가 심문 도중 죽었다.

61) 황정(黃晸) : 1689~1752. 본관은 장수(長水), 자는 양보(陽甫)이다. 아버지는 황이장(黃爾章)이다. 1717년(숙종43) 진사가 되고, 1719년 춘당대문과에 급제하여, 경종대 지평을 거쳐 영조대 호조참판 등을 역임하였다.

62) 김홍석(金弘錫) 등이 상소하여 : 김홍석 등은 이 상소에서 성혼(成渾)이 윤선거의 외조부가 된다는 이유로 송시열과 김창협이 공공연히 성혼을 음해하였다고 주장하고 그들의 직명(職名)을 추탈하도록 청하였다. 《景宗實錄 3年 5月 1日》 예송과 회니시비를 거치며 송시열은 노·소 분기의 기준을 춘추대의와 주자학에 두고 있었으며, 소론이 난신적자의 당여로 전락하게 된 연원을 찾기 위해 기축옥사와 임진왜란을 전후로 성혼 및 성혼 문하가 보인 정치적 행적에 대한 논란을 제기하였고, 김창협은 이러한 송시열의 견해에 적극 동조하였다. 송시열은 존주(尊周)와 도학(道學)의 정통성을 내세워서 북인·남인을 정국에서 배제하려 하였는데, 서인 내에서 이에 반대하는 세력이 소론으로 결집하자 이들마저도 난신적자 집단으로 몰아가려고 시도하여 이러한 논란이 일어났으며, 이로 인해 가열된 성혼 및 그 문하에 대한 논란은 서인 내 노론과 소론의 정치적 분화 과정을 그대로 반영하며 확대 가열되어 갔다. 본문에서 김홍석 등이 송시열과 김창협을 배척하는 상소를 올린 것은 송시열과 노론의 정국운영 방식에 대한 서인 내부의 반발 정도를 보여준다.

"선정신 문성공(文成公) 이이(李珥)[63]와 문간공(文簡公) 성혼(成渾)[64]은 우리 동방의 명도(明道)와 이천(伊川)[65]입니다. 두 현인에 대하여 송시열은 하나같이 존모(尊慕)하여 차이가 없었는데, 윤증(尹拯) 부자와 한번 틈이 생긴[66] 이후로는 성혼이 윤증의 외조라는 이유로 공공연히 성혼에게 노여움을 옮겨

---

63) 이이(李珥) : 1536~1584. 본관은 덕수(德水), 자 숙헌(叔獻), 호 율곡(栗谷)·석담(石潭)·우재(愚齋)이다. 1548년(명종3) 13세 때 진사 초시에 합격하고, 1558년 별시문과에 장원급제하였다. 전후 아홉 차례의 과거에 모두 장원해 '구도장원공(九度壯元公)'이라 일컬어졌다. 선조(宣祖)대에 이조판서를 지내면서 당쟁을 완화시키기 위해 노력하여, 후대 탕평론(蕩平論)의 선구자가 되었다. 문묘에 배향되었고, 시호는 문성(文成)이다.

64) 성혼(成渾) : 1535~1598. 본관은 창녕(昌寧), 자 호원(浩原), 호 묵암(默庵)·우계(牛溪)이다. 현감 성수침(成守琛)의 아들이다. 1551년(명종6)에 생원·진사의 양장(兩場) 초시에는 모두 합격했으나 복시에 응하지 않고 학문에만 전심하였다. 이이의 친구로서 이이의 권유로 출사하여 이조참판 등을 역임하였다. 1589년 기축옥사를 전후하여 동인의 집중적인 공격을 받았다. 1592년 왜란 당시에는 일본과의 화의를 주장하였다가 선조의 미움을 받았다. 죽은 뒤 1602년에 기축옥사와 관련되어 삭탈관작 되었다가 1633년(인조11)에 복관사제(復官賜祭)되었다. 좌의정에 추증되었으며, 문간(文簡)이라는 시호가 내려졌다. 저서로 《우계집(牛溪集)》과 《주문지결(朱門旨訣)》·《위학지방(爲學之方)》 등이 있다.

65) 명도(明道)와 이천(伊川) : 명도 선생(明道先生)이라 불리었던 정호(程顥, 1032~1085)와 이천 선생(伊川先生)이라 불리었던 정이(程頤, 1033~1108) 형제를 이른다. 성리학을 창시한 북송오자(北宋五子)에 속하였으며 《이정전서(二程全書)》 등의 저술을 남겼다.

66) 윤증(尹拯) …… 생긴 : 윤선거·윤증 부자와 송시열 사이에 생긴 갈등과 대립을 이른다. 윤선거(尹宣擧, 1610~1669)의 본관은 파평(坡平), 호 미촌(美村)·노서(魯西), 자 길보(吉甫)이다. 성혼의 외손이자 윤황(尹煌)의 아들이며 윤증의 부친이다. 병자호란 이후 강화도에서 혼자 살아남은 것을 자책하여 출사하지 않고, 학문에만 정진하였다. 벗이었던 송시열과 윤휴가 학문·정치적으로 대립하자, 이를 중재하다가 결국 송시열과 대립하게 되었다. 1669년(현종10) 윤선거의 사후, 아들 윤증은 스승이자 부친의 벗이었던 송시열에게 묘갈명을 지어달라고 부탁하였다. 송시열은 이를 허락하였으나 정작 윤선거의 일생을 평가하는 중요한 부분에서는 대부분 박세채(朴世采)가 지은 행장의 내용을 인용하는 것으로 대신하여 윤선거의 생전 행적에 대해 갖고 있던 불만을 간접적으로 드러냈다. 송시열의 이러한 태도를 두고 소론 측에서는 윤증이 송시열에게 부친의 묘갈명을 청하면서 함께 보냈던 〈기유의서(己酉擬書)〉 때문에 송시열이 윤선거에게 원한을 품고 묘갈명을 부정적으로 지었다고 보았다. 〈기유의서〉는 윤선거가 죽기 직전에 송시열에게 보내려 썼던 편지로, 여기에는 송시열의 정치 행태를 비판하는 내용이 다수 담겨 있었다. 송시열로부터 묘갈명을 전해 받은 윤증은 이후 송시열에게 몇 차례 편지를 보내 내용을 수정해 줄 것을 요청하였는데 송시열이 이에 소극적으로 임하자 이 문제는 결국 노·소론 간의 갈등으로 발전하였다.

왕래하는 서신 속에 성혼을 폄하하는 뜻을 조금씩 내보이기 시작하였습니다.

  정묘년(1687, 숙종13), 성혼의 후손 성지선(成至善)[67]이 윤증의 고제(高弟)로
서 동문(同門)인 나양좌(羅良佐)[68] 등과 상소하여 스승이 당한 무함을 변론하
자[69], 송시열이 크게 분노하여 공공연하게 무함과 모욕을 가하였습니다.
그렇지만 감히 직접 배척하지는 못하고 문원공(文元公) 김장생(金長生)[70]의
말[71]을 가탁(假托)하여 구실로 삼아서, 문묘종사[72] 때 근거 없는 말들을 만들어

<hr>

67) 성지선(成至善) : 1636~1693. 본관은 창녕(昌寧), 자 여중(汝中), 호 제안재(制安齋)이다.
   성혼의 현손으로, 윤선거와 윤증에게 수학하였다. 1672년(현종13) 천거로 참봉(參奉)이
   되고 의금부 도사(義禁府都事)·남평현감(南平縣監)을 거쳐 1686년(숙종12) 진위 현령(振威
   縣令)을 지냈다. 그 뒤 두 스승에 대한 세상의 무고(誣告)가 점점 심해지자 사직하고
   파산(坡山)에 돌아가 독서와 수양으로 여생을 보냈다.
68) 나양좌(羅良佐) : 1638~1710. 본관은 안정(安定), 자 현도(顯道), 호 명촌(明村)이다. 나만갑
   (羅萬甲)의 손자이자 목사(牧使) 나성두(羅星斗)의 아들이며 영의정 김수항의 처남이다.
   윤선거 문인으로서, 과거에 뜻을 두지 않고 학문과 수양에 전념하였다. 송준길의 추천으
   로 희릉 참봉·동몽교관·상의원 주부의 벼슬을 받았으나 모두 사퇴하였고, 1683년(숙종9)
   잠시 평강현감을 지내다가 1685년 공조좌랑·충청도 도사 등에 임명되었으나 역시
   사퇴하였다. 1687년 스승 윤선거의 억울한 누명을 벗기려고 상소하여 영변에 유배되었다
   가 이듬해 풀려났다. 1689년 기사환국으로 매형 김수항과 매제 이사명이 극형을 당하자
   혼자 천리 길을 달려가 이사명의 상을 치르고 돌아왔다. 1706년(숙종32) 처음으로 장령을
   지냈다. 저서로 《명촌잡록(明村雜錄)》이 있다.
69) 성지선이 …… 변론하자 : 1687년(숙종13) 2월에 송시열이 상소하여 윤증에 대해 언급하
   면서 그 부친 윤선거가 주자(朱子)의 학설에 이견(異見)을 내세운 윤휴를 비호하였다고
   비난하였는데, 성지선이 나양좌, 조득중과 함께 상소하여 스승의 억울함을 하소연하고
   송시열이 윤증을 미워하여 그 부친의 일까지 소급하여 헐뜯는 것이라고 아뢰었다.
   이 상소가 논란이 되어 나양좌는 영변에 유배되었고 성지선과 조득중은 사판(仕版)에서
   이름이 삭제되었다. 《肅宗實錄 13年 2月 4日, 3月 17日》
70) 김장생(金長生) : 1548~1631. 본관은 광산(光山), 자 희원(希元), 호 사계(沙溪)이다. 대사헌
   김계휘(金繼輝)의 아들이다. 1560년(명종15) 송익필(宋翼弼)로부터 사서(四書)와 《근사록
   (近思錄)》 등을 배웠고, 20세 무렵에 이이(李珥)의 문하에 들어갔다. 1578년(선조11) 학행
   (學行)으로 천거되어 창릉참봉(昌陵參奉) 등을 역임하였다. 광해군대에는 연산에 은둔하
   여 학문에만 전념하였다. 1623년 인조반정 이후 동지중추부사까지 올랐지만 사직하고
   낙향하여 송시열·송준길 등 많은 제자를 길러냈다. 예학(禮學)을 깊이 연구하여 아들
   김집(金集)에게 계승하게 하였다. 저서로 《상례비요(喪禮備要)》·《가례집람(家禮輯覽)》·
   《전례문답(典禮問答)》·《의례문해(疑禮問解)》 등 예에 관한 것이 있고, 《근사록석의(近思
   錄釋疑)》·《경서변의(經書辨疑)》와 《사계선생전서(沙溪先生全書)》가 전한다. 1717년(숙
   종43) 문묘에 배향되었고, 시호는 문원(文元)이다.

내었는데, 김장생이 해주 유생과 문답한 이야기를 거짓으로 지어내어, '처음에
는 이이만을 단독으로 종사하라고 청하는 것이 좋겠다는 뜻이 있었다.'고
말하였습니다.

　또 말하기를, '을해년(1635, 인조13) 성균관에서 상소하였을 때,[73] 송준길(宋
浚吉)[74]이 이이만의 단독 종사를 힘써 주장하였다.' 하였습니다. 아! 그가
비록 갖가지로 꾸며댔으나 그것을 분변할 수 있는 증거를 스스로 만들어
놓았습니다. 《양현연보(兩賢年譜)》[75]에 따르면 황해도의 오첨(吳瞻) 등이 상

---

71) 김장생(金長生)의 말 : 김장생이 지은 〈송강행록(松江行錄)〉에는 성혼 사후 그 자손 문인
　　들의 처신에 대한 비판뿐만 아니라 기축옥사 당시 성혼의 무리한 처사가 신묘년(1591,
　　선조24) 서인의 화를 불렀음을 암시하는 내용이 있었으므로 당시 성혼 문하와 김장생
　　문하 사이에는 불편한 감정이 없지 않았다. 성혼의 외손인 윤선거는 〈송강행록〉에
　　오류가 많음을 지적하며 이는 정홍명(鄭弘溟)이 자신의 부친인 정철(鄭澈)을 옹호하고자
　　김장생에게 사실에 어긋난 일들을 전해주었기 때문일 것이라고 의심하였다. 《魯西遺稿
　　續集 書松江邪正辨後 示宋李諸益》
72) 문묘종사 : 이이(李珥)와 성혼(成渾)의 문묘종사를 이른다. 1635년(인조13) 5월 11일에
　　성균관 유생 송시형(宋時瑩) 등 270여 명이 이이와 성혼을 문묘에 종사하자는 내용의
　　상소를 올린 이래 집권 서인 세력은 꾸준히 이 두 사람의 문묘종사를 주장, 국가
　　차원에서 자파의 도통(道統)을 정립하려는 노력을 기울였으나 남인의 반발과 국왕의
　　암묵적 반대로 실현되지 못하고 있었다. 이후 이이와 성혼은 1680년(숙종6) 경신환국으로
　　서인이 남인을 몰아내고 집권한 후 문묘에 배향되었다가 1689년 기사환국으로 서인이
　　힘을 잃으면서 문묘에서 축출되었고, 다시 1694년 갑술환국으로 서인이 남인을 축출한
　　이후 재차 문묘에 배향되었다.
73) 을해년 …… 때 : 1635년(인조13) 5월 11일에 성균관 유생 송시형 등 270여 명이 이이와
　　성혼을 문묘에 종사하자는 내용의 소를 올린 일을 이른다.
74) 송준길(宋浚吉) : 1606~1672. 본관은 은진(恩津), 자 명보(明甫), 호 동춘당(同春堂)이다.
　　이이(李珥)를 사숙하고, 김장생의 문하생이 되었다. 1649년 김집이 이조판서로 기용되면
　　서 송시열과 함께 발탁되었다. 효종은 북벌에 대한 의지를 과시하고 그 실천을 독려하기
　　위해 1658년 2월 자신의 승통(承統)을 반대했던 송준길에게 초구(貂裘)를 하사하여 각별한
　　총애의 뜻을 보였다. 현종 즉위 후 자의대비의 복상 문제로 이른바 예송이 일어났는데
　　송시열이 기년설(朞年說)을 주장할 때 그를 지지하였다. 이에 남인 윤휴·허목·윤선도
　　등의 3년설과 논란을 거듭한 끝에 기년제를 관철시켰다. 1675년(숙종1) 허적·윤휴·허목
　　등의 공격을 받아 관작을 삭탈 당하였다가, 1680년 경신환국으로 서인이 재집권하면서
　　관작이 복구되었다.
75) 양현연보(兩賢年譜) : 1665년(현종6) 송시열이 보완한 이이의 연보와 윤선거가 보완한
　　성혼의 연보를 합간하여 만든 《율곡우계이선생연보(栗谷牛溪二先生年譜)》를 이른다.

소76)하여 양현의 종사를 청하였고, 지경연 정엽(鄭曄)77)이 또 문묘종사에 양현을 함께 천거할 것을 청하였습니다.

《양현연보》는 바로 송시열이 편집한 것이고, 이 말78)도 송시열이 발설한 것입니다. 송시열은 전후로 한 사람인데 어찌하여 사실들을 참고하고 입증하며 연보를 편집한 6, 7년 동안 보지도 못하고 듣지도 못한 말을, 하루아침에 갑작스럽게 성혼의 손자에 대해 노여워하여 성혼을 폄하한 날에 한단 말입니까!

또한 윤홍민(尹弘敏)의 상소79)는 을해년(1635, 인조13)에 있었고, 김장생은 신미년(1631, 인조9)에 죽었으니 그 사이의 시간이 이미 5년인데, 문답을 했다고 설정해놓고 자기 멋대로 높이고 낮춘 것은, 이러한 사실에 근거해보면 송시열이 무함하였다는 것을 알 수 있습니다. 양현을 함께 종사할 것을 청하자는 의론은 이미 계해년(1623, 인조1) 반정 초에 정해졌는데, 을해년에 와 어찌 다른 의론이 있었겠습니까? 송준길이 이이의 단독 종사를 주장했다는 설이야말로 터무니없는 거짓이었던 것입니다.

이어서 성혼의 아들인 증(贈) 판서 성문준(成文濬)80)까지 아울러 무함하고

---

76) 황해도의 …… 상소 : 황해도 해주의 진사 오첨(吳瀸) 등 40명이 상소하여 이이와 성혼의 문묘종사를 청한 일을 이른다. 《仁祖實錄 3年 2月 22日》

77) 정엽(鄭曄) : 1563~1625. 본관은 초계(草溪), 자 시회(時晦), 호 수몽(守夢)이다. 송익필·성혼·이이의 문인으로, 대사헌·우참찬 등을 역임하였다. 광해군대 성혼의 문인으로 배척당해 좌천되었다. 폐모론에 반대하여 은거하였다. 저서로 《근사록석의(近思錄釋疑)》와 《수몽집》이 있다. 우의정에 추증되었고, 시호는 문숙(文肅)이다.

78) 이 말 : 을해년(1635, 인조13) 성균관에서 상소할 때, 송준길이 이이만을 단독으로 종사하라고 주장하였다는 말을 이른다.

79) 윤홍민(尹弘敏)의 상소 : 1635년(인조13) 6월 19일 황해도 생원 윤홍민 등 48인, 파주 유생 유응태(兪應台) 등 36인, 경기 유생 신희도(辛喜道) 등 33인이 모두 상소하여 이이·성혼의 문묘종사를 청하고 또 성혼이 무함을 입은 실상을 개진하였다.

80) 성문준(成文濬) : 1559~1626. 본관은 창녕, 자 중심(仲深), 호 창랑(滄浪)이다. 성혼의 아들이다. 1585년(선조18) 사마시에 합격하여 연은전참봉(延恩殿參奉)·세자익위사세마(世子翊衛司洗馬)를 지냈다. 아버지가 무욕(誣辱) 당하게 되자 벼슬을 버리고 임천(林泉)에서 14년간 은거하였다. 1623년(인조1) 인조반정 뒤 사포서사포(司圃署司圃)를 거쳐, 영동현감(永同縣監)을 역임하였다. 저서로 《태극변(太極辨)》·《홍범의(洪範義)》·《창랑집(滄浪集)》이 있다.

모욕하였는데, 그 하나는 '성혼 문하의 제공(諸公)들이 정인홍(鄭仁弘)[81]에게 빌붙어 오로지 송강(松江)에게 모든 허물을 돌리니, 문원 선생(文元先生)이 크게 배척하였다.'[82]라고 한 말입니다. 아! 세상을 떠난 아비의 친한 벗을 배신하고 간악한 역적과 결탁했다는 것인데, 이것이 어떤 죄안(罪案)인데, 사감(私憾)을 끼고 이미 백골이 된 현인에게 억지로 뒤집어씌우다니, 어찌 이다지도 무엄하단 말입니까?

또 송시열 자신이 고 상신 김상헌(金尙憲)[83]과 문답했다는 설을 지어내고, 상헌의 말을 빙자하여 이르기를,

'나 또한 성문준의 좋지 못한 처신을 알고 있다. 성문준이 일찍이 길에서 조차석(曺次石)[84]을 만났는데, 「선생은 편안하십니까?」 하며 가장 먼저 정인홍의 안부를 묻고, 또 「선생은 언제 올라오십니까?」라고 하며 성심으로 존모하는 듯한 자세를 취하였다.'

하였습니다. 조차석은 남명(南冥)의 손자이자 정인홍의 문객이라고 합니다.

---

81) 정인홍(鄭仁弘) : 1535~1623. 본관은 서산(瑞山), 자 덕원(德遠), 호 내암(來菴)이다. 조식(曺植) 문인으로, 우의정·영의정 등을 역임하였다. 광해군대 대북정권을 이끌고 큰 영향을 미쳤으나 인조반정으로 참형되었다. 정인홍을 비롯한 북인 측은 기축옥사 때 최영경의 죽음을 두고 성혼이 정철을 사주하여 죽인 것으로 간주하고, 성혼과 정철에 대한 공격을 집요하게 전개하였다.

82) 성혼 …… 배척하였다 : 송시열의 주장에 따르면, 기축옥사 후 정인홍이 정철을 간흉(奸凶)으로, 성혼을 간당(奸黨)으로 규정하고 공격하자 성혼의 아들 성문준이 정인홍 등 북인들과 화해를 모색하였는데 이로써 정인홍의 원망이 정철에게 집중되게 되었다고 한다. 이에 김장생이 성문준에게 편지를 보내어, 정인홍에 대한 그의 처신이 분명하지 못한 것을 책망하였다고 한다. 《宋子大全 答尹汝望吉甫, 成滄浪公墓碣銘》

83) 김상헌(金尙憲) : 1570~1652. 본관은 안동(安東), 자 숙도(叔度), 호 청음(淸陰)·석실산인(石室山人)이다. 1623년 인조반정 이후 시비, 선악의 엄격한 구별을 주장해 서인의 영수가 되었다. 병자호란이 일어나자 주화론(主和論)을 배척하고 끝까지 주전론(主戰論)을 펴다가 인조가 항복하자 안동으로 은퇴하였다. 1639년 청나라의 출병 요구에 반대하는 소를 올렸다가 청나라에 압송되어 6년 후 귀국하기도 하였다. 효종이 즉위해 북벌을 추진할 때 그 이념적 상징으로 간주되어 '대로(大老)'로 불리며 존경 받았다. 1653년(효종 4) 영의정에 추증되었으며, 1661년(현종2) 효종 묘정에 배향되었다.

84) 조차석(曺次石) : 1552~1616. 본관은 창녕(昌寧)이다. 남명 조식의 서자(庶子)로서, 의령현감(宜寧縣監)을 지냈다. 이 상소문에서 조차석을 남명의 손자라고 말한 것은 오류이다.

남명은 고 징사(徵士)85) 조식(曺植)86)의 호이니, 이러한 이야기는 이치에 맞지
않는 주장일뿐더러 실로 정인홍에게 아첨하는 말입니다. 아! 너무도 심합니다.
성문준의 문장과 도덕, 올바른 행동의 실상은 그 성대한 것이 아비의
뜻을 계승한 아름다움87)을 지녔으므로, 유림의 선배들이 모두 그 뒤를 따르지
않는 사람이 없었습니다. 그의 어진 면모가 이와 같았는데 어찌 정인홍에게
빌붙었겠습니까?

김창협(金昌協)88)은 김상헌의 후손으로서, 성혼을 태산처럼 우러르던 할아
비의 뜻을 잊고 송시열의 여론(餘論)에 빌붙어 망령되이 논의를 펼쳐서 할아비
를 배신하고 간인(奸人)과 당을 이루어 방자하게 현인을 무함한 죄를 지었으니,
어찌 다 주벌할 수 있겠습니까?

일전에 향유(鄕儒) 김도기(金道基)라는 자가 상소 한 통을 올려 아뢰기를,
'성문준은 성혼의 아들로서 화복(禍福)에 마음이 동요되어 정인홍에게 아첨
하고 정철(鄭澈)89)을 비난하였으니, 다른 사람이야 말해 무엇 하겠습니까?

85) 징사(徵士) : 학덕이 높아 조정의 부름을 받은 선비를 가리킨다.
86) 조식(曺植) : 1501~1572. 본관은 창녕(昌寧), 자 건중(楗中), 호 남명(南冥)이다. 1539년(중종
34)에 유일(遺逸)로 천거되어 헌릉 참봉(獻陵參奉)에 제수되었으나 나아가지 않았고,
평생 학문연구와 후진교육에만 힘썼다. 광해군 때 영의정에 추증되었다. 저서에 《남명
집》 등이 있다.
87) 아비의 …… 아름다움 : 원문은 "堂構之美"이다. "당구(堂構)"는 '긍당긍구(肯堂肯構)'의
준말로, 가업을 이어받아 발전시키는 것을 비유하는 말이다. 《서경》〈대고(大誥)〉의
"아버지가 집을 지으려 하여 이미 설계까지 끝냈다 하더라도, 그 자손이 집터도 닦으려
하지 않는다면 어떻게 집이 완성되기를 기대할 수 있겠는가.[若考作室, 旣底法, 厥子乃不肯
堂, 矧肯構.]"라는 말에서 비롯된 것이다.
88) 김창협(金昌協) : 1651~1708. 본관은 안동(安東), 자 중화(仲和), 호 농암(農巖)·삼주(三洲)이
다. 김수항의 아들이자 송시열의 문인이다. 1669년(현종10) 진사시에 합격하고, 1682년
(숙종8) 증광문과에 장원 급제하여 청요직을 두루 거쳤다. 청풍부사로 있을 때 1689년
기사환국으로 아버지가 진도에서 사사되자, 사직하고 영평(永平)에 은거하였다. 1694년
갑술환국으로 아버지가 신원됨에 따라 예조판서 등에 임명되었으나, 모두 사직하고
학문에만 전념하였다. 저서로 《농암집(農巖集)》·《주자대전차의문목(朱子大全箚疑問
目)》·《논어상설(論語詳說)》·《오자수언(五子粹言)》·《이가시선(二家詩選)》 등이 있고, 편
저로는 《강도충렬록(江都忠烈錄)》·《문곡연보(文谷年譜)》 등이 있다. 숙종 묘정에 배향되
었으며, 시호는 문간(文簡)이다.

……,'

하였습니다.90) 이는 바로 송시열의 말로 신들이 이미 모두 논변하였으니 김도기의 무지함이야 책망해 무엇 하겠습니까? 그렇지만 임금에게 아뢰는 상소문에 올랐는데, 한 번도 그 죄를 성토한 적이 없으니, 어찌 책망할 수 없다 하여 죄주지 않을 수 있겠습니까?

아! 저 송시열이라는 자의 허위(虛僞)는 숨기기 어렵고 거짓 술수는 남김없이 드러났습니다. 국시(國是)가 확정되어 도봉서원에서의 배향이 철거되자 사림의 분노가 조금이나마 풀렸다 하겠으나 그의 관작은 여전히 남아 있으니, 바라건대 속히 추탈(追奪)을 명하시어 그가 스승을 무함하고 현인을 무고한 죄를 드러내소서.

또한 김창협의 직명(職名)을 추탈하라 명하시어 그가 할아비를 배신하고 간인과 당을 이룬 죄를 밝히고, 김도기 같은 자에게는 다만 정배(定配)하는 벌을 내리며, 또한 성문준을 파산서원에 다시 추배(追配)할 것을 해당 관서에 명하여, 나라 사람으로 하여금 공경하여 본받는 바가 있게 하소서."

주상이 "묘당(廟堂)으로 하여금 품처하게 하라." 하였다.

---

89) 정철(鄭澈) : 1536~1593. 본관은 연일(延日), 자 계함(季涵), 호 송강(松江)이다. 1545년(명종 즉위) 을사사화와 1547년 양재역 벽서사건으로 부친과 맏형이 화를 당하였다. 임억령(林 億齡)에게 시를 배우고, 양응정(梁應鼎)·김인후(金麟厚)·송순(宋純)·기대승(奇大升)에게 학문을 배웠다. 또 이이(李珥)·성혼(成渾)·송익필(宋翼弼) 등과 교유하였다. 1561년(명종 16) 26세에 진사시와 이듬해 문과 별시에 장원 급제하여 벼슬길에 나아갔다. 청요직을 두루 거치고 1583년(선조16) 예조판서로 승진하고 이듬해 대사헌이 되었으나 동인의 탄핵을 받아 다음해인 1585년에 사직, 고향인 창평으로 돌아가 4년간 은거생활을 했다. 이때 〈사미인곡〉〈속미인곡〉등의 가사와 시조·한시 등 많은 작품을 지었다. 1589년 정여립(鄭汝立)의 모반사건이 일어나자 우의정으로 발탁되어 서인의 영수로서 최영경(崔 永慶) 등을 다스리고 다수의 동인들을 추방했다. 다음해 좌의정에 올랐고 인성부원군(寅 城府院君)에 봉해졌다가 1591년 건저 문제로 파직 당했다. 1592년 임진왜란이 일어나자 경기·충청·전라 체찰사를 지내고 이듬해 사은사로 명나라에 다녀왔으나 동인의 모함으로 사직하였다. 저서로 시문집인 《송강집》과 시가 작품집인 《송강가사》가 있다. 시호는 문청(文淸)이다.

90) 김도기라는 …… 하였습니다 : 1717년(숙종43) 충청·전라 두 도 유생을 대표하여 김도기 등이 상소로 김장생에 대하여 변론하면서 나온 말이다. 《肅宗實錄 43年 5月 20日》

○ 부사 어유봉(魚有鳳)91) -20여 인- 등이 상소하여, 김홍석 등이 송시열·김창협을 무함하고 욕보인 죄를 변별하고, 명지(明旨)를 내려 김홍석 등을 통렬히 배척할 것과, 김홍석의 상소에 대해 묘당으로 하여금 품처하게 한 명을 거두어 참설(讒說)의 유행을 막고 사문(斯文)을 빛나게 해달라고 요청하였다.

○ 충청·전라·경상·경기·황해 유생 윤현(尹俔) 등이 상소하여, 대략 다음과 같이 말하였다.

"김홍석이 성혼의 무거운 명망에 기대어 거리낌 없이 송시열을 무함하면서, 거짓을 꾸미고 농간을 부리며 제멋대로 송시열의 죄안을 만들었으니, 너무도 통탄스럽습니다. 심지어 성문준이 공의에 죄를 얻어 사류에게 버림받은 것을 두고 오히려 무함을 당하였다 하며 감히 그를 구하여 변론하는 말을 아뢰었으니 그 또한 무엄합니다.

성문준은 식견이 흐리멍덩하여 화복에 동요되는 것을 면치 못하고 간악한 역적 정인홍에게 아부하며 선친의 벗인 정철에게 허물을 돌려 배척하였습니다. 김장생이 편찬한 《송강행록(松江行錄)》 및 정홍명(鄭弘溟)92)이 이명준(李命

91) 어유봉(魚有鳳) : 1672~1744. 본관은 함종(咸從), 자 순서(舜瑞), 호 기원(杞園)이다. 경종의 장인 어유귀(魚有龜)의 형이고, 김창협(金昌協) 문인이다. 1699년(숙종25) 사마시에 합격해 진사가 되었는데, 이때 과거 시험의 부정을 보고 대과 응시를 단념하였다. 1706년 우의정 김창집(金昌集)의 천거를 받고 천안군수에 임명되었고, 1718년 장령(掌令)을 거쳐 이듬해 집의(執義)에 올랐다. 1722년(경종2) 신임옥사로 스승 김창협이 화를 당하자 유생들과 함께 스승을 변호하다가 파직되었다. 영조가 즉위하자 관직에 다시 복귀해 1734년(영조10) 호조참의, 이듬해 승지가 되었다. 1738년 세자시강원찬선(世子侍講院贊善)이 된 뒤 영조로부터 지극한 대우를 받으면서 세자의 스승으로도 불렸으나, 1742년 자신이 맡고 있는 직분을 감당할 수 없다고 사퇴하였다. 당대의 학자로 명망이 높았으며 학문적으로는 이른바 낙론(洛論)으로서 권상하(權尙夏)의 문인 이간(李柬)의 인물성동론(人物性同論)을 지지하였다. 저서로 《기원집(杞園集)》·《경설어록(經說語錄)》, 편서로 《오자수언(五子粹言)》·《논어상설(論語詳說)》·《주자어류요략규송(朱子語類要略閨誦)》 등이 있다.

92) 정홍명(鄭弘溟) : 1582~1650. 본관은 연일(延日), 자 자용(子容), 호 기암(畸庵) 또는 삼치(三癡)이다. 정철의 아들이고, 송익필과 김장생의 문인이다. 1616년(광해군8) 문과에 급제, 인조대에 사헌부 집의, 대사성 등을 역임하였다. 저서로 《기옹집(畸翁集)》·《기옹만필(畸

俊)93)에게 보낸 편지94)에는 그 사실이 모두 수록되어 있는데, 성문준은 윤근수(尹根壽)95)에게 보낸 편지에서 이에 대해 제대로 된 해명을 하지 못한 채 부끄럽고 죄송하다는 말만 늘어놓았습니다. 그런데도 김홍석이 감히 제멋대로 교묘히 거짓을 꾸며 김장생이 기록한 내용을 송시열 자신이 보탠 것이라 하였으니, 이것은 바로 자기 말이 궁색한 것을 알고 회피하는 말을 한 것입니다!

또 고 판서 김창협의 문집에서 삼현(三賢)을 나열하여 서술하면서 성혼은 언급하지 않았다는 이유로 이것을 일러 '조종하였다.' 하였으니, 이 무슨 말입니까? 비록 문집에서는 성혼을 거론하지 않았으나, 김창협이 나양좌에게 보낸 편지96)에서는 정암(靜庵, 조광조의 호), 퇴계(退溪, 이황의 호), 우계(牛溪, 성혼의 호), 율곡(栗谷, 이이의 호)을 칭송하며 또한 '그들의 어짊은 같습니다.' 라고 하였는데, 김홍석은 잘 보지도 않고 이러한 말을 한단 말입니까!

아! 오늘날 사문(斯文)의 재액(災厄)이 극에 달하였습니다. 홍석이 사사로운

翁漫筆)》이 있고, 시호는 문정(文貞)이다.

93) 이명준(李命俊) : 1572~1630. 본관은 전의(全義), 자 창기(昌期), 호 잠와(潛窩) 또는 퇴사재(退思齋)이다. 병마절도사 이제신(李濟臣)의 아들이고, 이정암(李廷馣)·이항복·성혼의 문하에서 수학하였다. 1601년(선조34) 생원시에 합격하고, 1603년 정시문과에 장원하여 성균관전적, 병조좌랑 등을 지냈다. 1613년(광해군5) 계축옥사 때 영덕으로 유배되었다가, 1623년 인조반정으로 장령에 복직되어 호조참판 등을 역임하였다. 1644년 좌찬성에 추증되었다. 저서로 《잠와유고(潛窩遺稿)》가 있다.

94) 정홍명(鄭弘溟)이 …… 편지 : 일명 '원성서(怨成書)' 혹은 '잠와서(潛窩書)'로 불리는 이 편지는 정홍명이 성혼의 문인인 잠와(潛窩) 이명준에게 보낸 것으로, 내용은 주로 기축옥사의 실형(失刑) 문제만이 부각되어 그 책임이 모두 정철에게 돌려지는 현실에 대한 개탄으로 이루어져 있다. 실형은 사세상 어쩔 수 없었음에도 역적을 토벌한 의리는 날로 망각하고 암암리에 역옥을 기묘·을사년의 사화에까지 비유하고 있으며, 연소한 신진들이 흑백을 가리지 못한 채 그릇된 말을 끝없이 답습하고 있으니 이는 한 집안의 사사로운 절통함에 그치지 않는다는 항변이 그 주된 내용을 이루고 있다. 《畸庵集 續錄 答李昌期書》

95) 윤근수(尹根壽) : 1537~1616. 본관은 해평(海平), 자 자고(子固), 호 월정(月汀)이다. 영의정을 지낸 윤두수(尹斗壽)의 동생이고, 이황(李滉) 문인이다. 선조(宣祖)대에 예조판서, 좌찬성 등을 역임하였고, 광국공신(光國功臣) 1등, 호성공신(扈聖功臣) 2등에 녹훈되었다.

96) 김창협이 …… 편지 : 을유년(1705, 숙종31) 김창협이 외숙인 명촌(明村) 나양좌에게 보낸 편지를 이른다.

원망을 앞세워 무함의 말을 일삼는 것은 실로 성혼을 위한 것이 아니라, 감히 송시열에 대한 추죄(追罪)를 청하여 윤선거·윤증의 사사로운 원수를 갚으려는 계책이니, 신은 실로 통분할 따름입니다. 엎드려 바라건대 도봉서원에 송시열을 다시 배향하라는 명을 속히 내리시고 홍석의 상소에 대해 품처하라는 하교를 거두시어 홍석의 무리가 선정에게 해악을 끼친 죄를 바로잡으소서."

○ 임인년(1722, 경종2), 정청(庭請)의 중지를 의논할 때, 경재(卿宰), 삼사(三司)의 관원으로서 그대로 맹종[97]하였다고 현고(現告)[98]한 사람은 조도빈(趙道彬), 오중주(吳重周), 이병상(李秉常), 신석(申晳), 이정소(李廷熽), 이유(李瑜), 황재(黃梓), 신무일(愼無逸)이었다.

○ **가을**, 해서 유생 박번(朴蕃), 호남 유생 나정일(羅廷一) 등이 상소하여, 김홍석이 남의 사주를 받고 앞장서서 상소하여 선정을 무함한 죄를 논핵하였다.

○ 승정원 –승지 김시환(金始煥)·박희진(朴熙晉)·여필용(呂必容)[99]·심중량(沈仲良)[100]·

---

97) 정청(庭請)의 …… 맹종 : 1721년(경종1) 10월 10일 세제에게 대리청정을 명하는 경종의 비망기가 내려지자 그 명을 거두도록 정청(庭請)하였는데, 같은 달 17일 정청을 중지하고서 김창집 등 노론 4대신이 연명으로 차자를 올려 대리청정의 명을 받들겠다고 하였다. 4대신이 정청의 중지를 논의하며 정청에 함께 참여하였던 신하들의 의견을 물었는데, 이때 정청의 중지에 적극 동조하며 세제의 대리청정을 관철시키려 하였던 사람들을 '유락(唯諾)', 즉 '예, 예'하며 맹종한 사람들이라고 하였다. 《景宗實錄 1年 12月 6日》

98) 현고(現告) : 국가의 행정 지시 사항이나 일반 범죄 사실 등을 해당 관청이나 관원에게 신고하거나 고발하다.

99) 여필용(呂必容) : 1655~1729. 본관은 함양(咸陽), 자는 휴경(休卿)이다. 1683년(숙종9) 증광시 생원이 되고, 증광문과에도 급제하여 1694년 지평, 1702년 승지가 되고, 1724년 영조 즉위 후 호조참판이 되었다.

100) 심중량(沈仲良) : 1658~? 본관은 청송(靑松), 자는 사성(師聖)이다. 도승지 심재(沈梓)의 아들이고, 복창군(福昌君) 이정(李楨)의 사위이다. 1675년(숙종1) 생원이 되고, 1687년 알성문과에 급제하여, 1690년 홍문록에 올랐다. 이후 청요직을 두루 거쳐 1692년 승지가

유명응(兪命凝)101)·양정호(梁廷虎)- 에서 아뢰기를,

"해서 유생 박번 등이 지난 해 심봉위(沈鳳威)가 선정을 모독한 의론을 주워 모아 윤선거를 무함하고 송시열을 구원하였는데, 그 말들이 지극히 장황하였습니다. 그리고 송시열을 추죄하자는 청에 대해서는 조정에서 이미 시행하지 않기로 하였으니 본디 변별할 만한 여지도 없는 일입니다. 이러한 소장을 봉입하여 분란을 야기하는 것은 마땅하지 않다는 뜻을 감히 아룁니다."

하니, 전교하기를, "봉입하지 말라." 하였다.

○ 지평 유시모(柳時模)102)가 아뢰었는데, 그 대략에,

"국시(國是)가 확정된 후인데 박번·나정일 등이 또 새로운 말을 만들어내었습니다. 선정신 이이(李珥)를 위해 변무(辨誣)한다 칭하면서 선정 윤선거의 문집 중 한 조항의 말을 끄집어내어 단장취의(斷章取義)103)하고 거짓으로 꾸며대어 교묘하게 말을 만들었습니다. 비록 원소(原疏)를 물리쳤다 하나 내용의 대강을 살펴보면 그 음흉한 의도를 알 수 있습니다. 소두(疏頭) 박번은 극변(極邊)에 정배하시고 나정일은 변원(邊遠)에 정배하소서."

하자, 아뢴 대로 하라 하였다.

되었다. 형 심최량(沈最良)과 아우 심계량(沈季良)도 모두 문과에 급제하였다.

101) 유명응(兪命凝) : 1659~1737. 본관은 기계(杞溪), 자는 평중(平仲)이다. 1695년(숙종21) 별시문과에 급제하여 1699년 정언 이후 청요직을 두루 지냈다. 1701년에는 장희빈(張禧嬪)을 구원하기 위하여, 노론측의 공격을 받고 있던 최석정(崔錫鼎)을 옹호하다가 해직되기도 하였다. 1722년(경종2) 승지가 되었는데, 1725년(영조1) 삭출되었다가 1727년 다시 승지로 복귀하여 1735년 대사간이 되었다.

102) 유시모(柳時模) : 1672~? 본관은 문화(文化), 자는 군해(君楷)이다. 1711년(숙종37) 생원이 되고, 1721년(경종1) 증광문과, 1737년(영조13) 문과 중시에 거듭 합격하였다. 1723년 헌납을 시작으로 청요직을 두루 거쳤다. 영조 즉위 직후 정언으로서 김일경의 반교문을 개찬하라고 청하였다가 김일경을 배척하는 듯하지만 실은 엄호하는 것이라 하여 체직되고 진해현감(鎭海縣監)으로 나갔다. 1730년 장령, 1737년 병조참지가 되었다.

103) 단장취의(斷章取義) : 문장에서 필요한 부분만을 인용하거나 자기 본위로 해석하여 쓰는 것을 이르는 말이다.

○ 호조참의 김동필(金東弼)¹⁰⁴⁾이 상소하였는데, 그 대략은 다음과 같다.

"재신(宰臣)이 대변(對辨)한 소장은 종이 가득 늘어놓기를 다른 말은 없고 스스로를 해명하는 말 뿐이었습니다만, 유독 문형(文衡)이라는 한 조항에 있어서는 의심과 노여움이 매우 깊었고 그 뜻은 위태롭고 불안하였습니다.¹⁰⁵⁾

아! 재신이 유언비어로써 사람을 무함한 것¹⁰⁶⁾은 이미 진신(搢紳) 사이의 수치라 할 것입니다. 사람으로는 이름이 삼관(三館)의 천망¹⁰⁷⁾에 올랐으면서 '정수기(鄭壽期)를 사주하였다.'는 설을 스스로 만들었고,¹⁰⁸⁾ 문장으로는 포고

---

104) 김동필(金東弼) : 1678~1737. 본관은 상산(商山), 자 자직(子直), 호 낙건정(樂健亭), 이다. 1704년(숙종30) 춘당대 문과(春塘臺文科)에 급제하고, 1707년부터 청요직을 두루 역임하였다. 1721년(경종1) 보덕으로 재직시 세제를 모해하려는 환관 박상검·문유도 등을 탄핵해 처벌하게 하였다. 1722년 임인옥사를 마무리하면서 홍문관 제학 김일경이 종묘에 토역(討逆)을 고하는 교문을 지었는데, 김동필은 이 교문에 인용한 말들이 문제가 있음을 들어 김일경을 논핵하였다. 1727년(영조3) 도승지와 한성판윤을 역임하면서 영조의 탕평책에 협조하였다. 1728년 무신란이 일어나자 남한순무 겸 동로경략사(南漢巡撫兼東路經略使)로 출전해 공을 세우고, 난이 평정된 뒤에 이조판서·공조판서를 지냈다. 시호는 충혜(忠惠)이다. 저서로 《인접설화(引接說話)》가 있다.

105) 유독 …… 불안하였습니다 : 1722년(경종2) 4월, 김일경은 대제학의 수망(首望)에 올랐으나 결국 이광좌(李光佐)가 대제학이 되고 자신은 제학에 머물게 되자 불만을 품고 이사상에게 편지를 보내 소론 일각의 음모의 소산으로 몰아갔다. 이에 대해 대사간 김동필이 비판하자 대사헌 김일경이 스스로를 변명하는 소를 올렸다. '재신(宰臣)이 대변(代辨)한 소장'이란 김일경의 이 상소를 가리킨다. 《景宗實錄 3年 4月 4日》

106) 재신이 …… 것 : 김일경이 이사상에게 편지를 보내어 문형에 대한 의망을 둘러싸고 이광좌와 조태억이 정수기를 사주하여 강현을 탄핵하였다고 말한 것을 가리킨다. 이것을 거론한 조태억의 상소는 본서의 권10 끝부분에 보인다.

107) 삼관(三館)의 천망 : 삼관은 홍문관·예문관·교서관(校書館)을 가리키는데, 여기서는 김일경이 홍문관 대제학에 천거된 일을 가리킨다.

108) 이름이 …… 만들었고 : 김일경은 자신을 수망에 천거한 강현(姜鋧)이 대관 정수기의 탄핵을 받자, 이는 이광좌·조태억이 자신들을 수망에 올리지 않은 강현에게 불만을 가지고 대관 정수기를 사주하여 일어난 일이라 보았다. 《景宗實錄 2年 4月 11日, 11月 22日》 앞서 거론한 조태억 상소는 그에 대한 반박 상소이다. 이 일은 김일경이 지은 반교문(頒敎文)에 대한 비판, 노론 4대신을 처벌할 것을 청하는 상소에 동참하지 않은 윤순(尹淳)을 김일경의 일파인 박징빈(朴徵賓)이 탄핵하여 사판(仕版)에서 삭제하도록 한 일 등과 맞물리며, 노론에 대한 처벌의 범주와 그 주도권을 둘러싸고 소론이 완소(緩少)와 준소(峻少), 급소(急少) 등으로 나뉘고 있음을 잘 보여주는 사건이었다. 즉 노론에 대해 강경한 처벌 입장을 취하던 세력들이 급소로, 노론의 처벌 대상을 주모자로

할 말을 대찬(代撰)하면서 그 말을 적절히 취사(取捨)하지 못하여[109] 거칠고 조악하며 식견이 전무함을 볼 수 있으니, 그를 사원(詞垣)[110]의 대제학으로 추천하는 것은 결코 논할 수 있는 일이 아니었습니다.

삼가 살펴보건대 근래의 한 풍습은 토역(討逆)을 대경(大經)이나 상분(常分)으로 보지 않고, 문득 토역할 수 있느냐, 토역할 수 없느냐로써 사람을 제압하는 하나의 재갈로 삼아서 그 좋아하고 싫어하는 것에 따라서 억양(抑揚)이 결정되니, 이와 같은 세력이 맑은 조정에 있는 것은 결코 옳지 않습니다.

그런데도 저 재신은 도리어 꾸짖는 말로 공로와 능력을 포장하여 자신의 몸을 보호하는 갑옷으로 삼고, 신이 규책(糾責)한 말에 대해서는 왕세충(王世充)

한정하자는 주장과 함께 급소의 맹주인 김일경에 대해 비판적인 인사들이 완소와 준소로 자리하였는데, 이러한 대결구도에 대해 준소는 완소에 비해 보다 중도적인 입장을 취하는 세력들로 구성되었다. 구체적으로 완소는 서명균·윤순·정수기·조최수를 비롯해 조문명·송인명·박사수 등이 해당한다. 《景宗修正實錄 2年 5月 3日》급소 계열은 김일경·이진유·박필몽·이사상 등이 해당하며, 중도적인 입장의 준소에는 조태구와 최석항을 비롯해 이광좌·이태좌·조태억 등이 해당한다.

109) 포고할 …… 못하여 : 1722년(경종2) 9월 21일 임인옥사(壬寅獄事)를 마무리하면서 종묘에 토역(討逆)을 고하는 교문을 반포하였는데, 이 교문은 당시 홍문관 제학이었던 김일경이 지어 올린 것이었다. 그 내용 중 특히 문제가 된 것은 왕위 계승을 놓고 골육간의 살육을 나타내는 '종무(鍾巫)'와 '접혈금정(蹀血禁庭)' 고사의 인용이었다. 종무의 변은 노나라의 공자 우보(羽父)가 환공(桓公)을 부추겨 은공(隱公)의 시해를 허락받은 다음 은공이 종무를 모신 사당에 제사 지내러 가는 길에 자객을 시켜 살해한 일을 가리킨다. 환공은 은공의 서제(庶弟)이다. 《承政院日記 景宗 4年 4月 24日》·《春秋左氏傳 隱公 11年》 말하자면 김일경은 노론 4대신을 공자 우보에, 영조를 환공에, 경종을 은공에 빗대어 말함으로써 임금인 형을 시해하는 데 동생이 관련되었음을 넌지시 나타내고자 이 고사를 인용한 것이라 할 수 있다. 또한 '접혈금정', 즉 '대궐 뜰에 유혈이 낭자하여 피를 밟고 다닌다.'는 구절은 당나라 고조(高祖)의 장자 이건성(李建成)과 그의 아우 이세민(李世民)이 왕위를 다투다가 이세민이 현무문(玄武門)으로 들어가 이건성을 죽였을 때의 모습을 형용한 문구이다. 《資治通鑑 唐紀 高祖》·《英祖實錄 卽位年 11月 9日》 이 고사의 인용은 사람들에게 왕세제 연잉군이 형인 경종을 죽이고 왕위를 차지하려는 음모에 가담하였음을 넌지시 암시하는 말로 받아들여졌다. 김일경이 찬술한 교문은 《경종실록 2년 9월 21일》 기사로 수록되어 있는데, '종무'는 사람들의 권개(勸改)로 인해 김일경 자신이 삭제하였고 '접혈금정'은 은연중 간접적인 표현으로 삽입되었다.

110) 사원(詞垣) : 홍문관이나 예문관 등 문학하는 신하가 봉직하는 부서를 이르는 말로, 이 명칭은 문학하는 신하를 사신(詞臣)이라 칭하는 데에서 유래하였다.

과 두건덕(竇建德)을 위하여 원수를 갚는 것과 같다[111]고 치부하니, 대신(臺臣)
이 같은 샘물에서 함께 목욕하고 같은 노래를 함께 부름이 괴이할 것이
없습니다."[112]

○ 경상도 유학(幼學) 정만원(鄭萬源) 등이 상소하여, 대략 다음과 같이
말하였다.

"수년(數年) 이래 머리와 얼굴을 바꾸고 잇달아 상소하여 기어이 갈등을
일으키고서야 만족하려는 자들은 그 목적이 선정신 송시열에게 있었으니,
이에 정안(定案)은 번복되고 도봉서원에서의 배향 또한 철거되었습니다. 구천
의 넋에 대한 복수가 진실로 너무 심하였고, 흉당(凶黨)의 염원이 마침내
이루어졌습니다.

그런데 김홍석 무리는 도대체 어떤 물건이길래 흉심을 그치지 못하고
또 다시 그 틈을 엿보아 한 통의 소를 올려서 더욱 흉패한 짓을 자행하고
심지어 추삭(追削)[113]하라 청하기에 이르러서는, 돌아보고 두려워하는 마음이
없으니, 아! 통탄스럽습니다.

저들이 40년 간 주장해온 말은 오로지 윤선거·윤증 부자에게 빌붙어 송시열
을 추악하게 헐뜯는 바탕으로 삼아 온 것이었습니다. 지금은 한층 더 밀어
올려서 송시열이 윤선거의 외조인 선정신 문간공(文簡公) 성혼(成渾)을 모욕하
고 비난했다[114]고 주장하였는데, 거짓을 날조하여 갖가지로 꾸며내는 것이

---

111) 왕세충(王世充)과 …… 같다 : 겉으로 내세우는 말과 실제 의도가 다른 것을 말한다.
     당 태종(太宗)이 즉위하기 전에 왕세충과 두건덕(竇建德)을 쳐서 멸하였는데, 뒤에 태종의
     형인 이건성과 아우인 이원길(李元吉)이 권력을 다투어 자신을 죽이려 하니, 태종이
     아버지인 고조에게 "형제들이 저를 죽이려는 것은 왕세충과 두건덕을 위하여 원수를
     갚아 주려는 것과 같습니다." 하고는 이들을 사살하였다.《舊唐書 高祖二十二子列傳》
112) 대신(臺臣)이 …… 없습니다 : 사간원 정언 유수(柳綏)가 김일경을 구원하고 김동필을
     비판한 계사(啓辭)를 가리켜 말한 것이다. 유수의 계사는 본서의 권10 맨 끝에 보인다.
113) 추삭(追削) : 1723년(경종3) 5월 1일, 경기 유생 김홍석(金弘錫) 등이 상소하여 송시열의
     관작을 추삭하라 청한 일을 이른다.
114) 송시열이 …… 비난했다 : 1687년(숙종13) 왕명으로 진행된 김장생의 문집 간행을 계기로

비록 교묘하고 치밀하나, 내세운 말이나 의견의 대부분은 조리도 없고 맥락도 이루지 못하였습니다.

신들이 깊이 통탄하는 것은, 송시열은 삼조(三朝)에서 예우하신 신하이자 백대의 종사(宗師)이고, 선왕의 유훈(遺訓)이 천지에 드높으며, '너는 나의 뜻을 준행하라.'는 하교는 다른 일을 위한 것이 아니었는데도 저들은 방자하게 굴고 있고, 삼공의 반열에 있는 자는 감히 선왕의 본의가 아니라는 말을 성명의 앞에서 진달하였다는 것입니다.115)

신하로서 선조(先朝)를 섬길 마음이 있다면 말의 패륜함이 어찌 한결같이 이 지경에 이를 수 있단 말입니까? 안윤중(安允中), 곽진위(郭鎭緯)의 상소는 선왕의 유훈을 그대로 해설한 것에 불과한데 흉당으로 지목하여 먼 변방으로 쫓아버려서 마치 사사로운 원수를 갚는 것 같이 하면서 오히려 그에 미치지 못할까 두려워하는 듯하였습니다.

심지어 최탁(崔鐸)은 '물이 스미는 듯한 참소(譖訴)' 등의 말로써 선조를 무함하고 욕보이며116) 그 무엄함이 극에 달하였으니 그 죄를 면하기 어려운 것이 상전(常典)인데도 지금 조정에서는 선왕을 위해 용기를 내서 분별하여 밝힌 사람이 하나도 없습니다. 하늘에 계신 선왕의 영령이 이 무리를 저버린 것이 무엇이기에 이 무리의 패악과 모욕이 이렇듯 조금의 여지도 없이 자행되고 있는지, 신은 알지 못하겠습니다.

송시열이 서인의 양대 거두라 할 성혼과 이이 사이에 차이를 두지 않을 수 없다고 주장하여 노론과 소론 간에 논쟁이 야기되었다. 송시열은 회니시비의 와중에 김장생이 지은 〈송강행록(松江行錄)〉에 윤증의 외증조부인 성혼의 사후 그 자손 문인들의 처신에 대한 비판뿐만 아니라 기축옥사 당시 성혼의 무리한 처사가 신묘년(1591, 선조24) 서인의 화를 불렀음을 암시하는 내용이 있음을 새삼 상기시키며 윤증 측을 공격하였다.

115) 삼공의 …… 것입니다 : 1722년 영의정 조태구와 우의정 최석항이 올린 계사에서 나온 말이다. 본서의 권10에 보인다.

116) 최탁(崔鐸)은 …… 욕보이며 : 1723년(경종3) 3월 13일, 최탁 등이 상소하여 난적(亂賊)의 효시인 송시열의 도봉서원 제향을 중지할 것을 청하였는데, 그 내용 중에 '선대왕 숙종 대왕이 수년 간 숙환을 앓을 때 서서히 스며드는 참소가 곳곳에서 이르렀다.[昔我先大王積年沈痼之中, 浸潤之愬, 無所不至.]'라고 한 말을 이른다.

바라건대 선조의 유지를 각별히 따르고 수많은 선비들의 공의를 속히 유념하시어, 김홍석 등을 전후하여 선정을 비방한 무리들에게 즉시 엄중한 형벌을 거행하시고 안윤중 이하 유배 간 선비들을 일체 방면하소서. 그리고 과오를 깨닫고 뉘우친다는 교지를 새롭게 내리시어 사정(邪正)의 구분을 명쾌하게 바로잡으소서."

○ 헌납 권익관이 상소하여, 대략 다음과 같이 말하였다.

"저번에 신이 9명에 대해 아뢴 일[117]은 실로 국인(國人)들이 모두 함께 지목한 일을 헤아려 국가의 우환을 방지하고 간악한 이들을 쳐내기 위한 방책이었는데, 지척인 어전에서 유음(兪音)[118]을 받들게 되어 다행히도 간당(奸黨)은 흩어지고 숨은 근심은 조금 해소되었습니다.

그런데 그후 4명의 죄인[119]을 양이(量移)[120]해 달라는 청을 신하들을 접견하며 즉시 윤허하였고, 또 찬배된 2명을 모두 석방하라는 명을 녹수(錄囚)[121]하는 날에 내리시니[122], 제방(隄防)은 모두 무너지고 죄적(罪籍)은 다 풀려, 나라를 걱정하는 신의 고심은 모조리 헛된 일이 되고 말았습니다.

4흉[四凶]의 죄는 비록 크고 작은 차이는 있다하나 반역이라는 점은 같습니다. 조태채(趙泰采)는 역적으로서 사사(賜死)되었는데, 그 자식들은 편안히

---

117) 신이 …… 일 : 1723년(경종3) 1월, 권익관의 계청으로 김재로를 이산군(理山郡)으로, 신사철을 장기현(長鬐縣)으로, 장붕익을 종성부(鍾城府)로, 김취로를 울산부(蔚山府)로, 김고를 경성부(鏡城府)로, 김영행을 기장현(機張縣)으로, 김희로를 위원군(渭原郡)으로, 강욱을 삼수군(三水郡)으로, 구정훈을 동래부(東萊府)로 찬배한 일을 이른다. 《景宗實錄 3年 1月 19日》
118) 유음(兪音) : 신하의 의견에 임금이 답하는 말이나 글을 가리킨다.
119) 4명의 죄인 : 권익관의 계청으로 유배된 사람 가운데 김재로·김희로 형제와 김취로, 신사철 등을 가리킨다. 《景宗實錄 3年 5月 10일》
120) 양이(量移) : 섬이나 변지로 멀리 귀양 보냈던 사람의 죄를 감등하여 내지나 가까운 곳으로 옮기는 일을 이른다.
121) 녹수(錄囚) : 수금된 죄수의 성명, 죄상, 신문, 처결 상황을 기록하는 것을 말한다.
122) 찬배된 …… 내리시니 : 윤각(尹慤)과 유성추(柳星樞)를 석방한 일을 가리킨다. 《景宗實錄 3年 2月 18日》

있으니 이미 악을 벌하는 법과는 괴리가 있습니다.

하물며 그 아들인 조관빈(趙觀彬)[123]이 김제겸(金濟謙)과 의기투합하였음은 세상이 다 알고 있는 사실이고, 조태채가 역모(逆謀)에 빠진 것 또한 대개 관빈이 길을 연 것입니다. 조관빈은 선인문(宣仁門)에서 종사(宗社)를 부지한 일[124]에 대해 도리어 원망을 품고 지친(至親)[125]을 원수 보듯 하며 마침내 감히 스스로 관계를 단절하였으니 그 마음의 소재를 진실로 헤아릴 수 없고, 또한 광증(狂症)이 있다 거짓 핑계를 대니 그 행동거지가 간궤합니다. 신이 생각하건대 조태채의 세 아들을 각각 외딴섬에 유배하시어 왕법의 엄중함을

---

123) 조관빈(趙觀彬) : 1691~1757. 본관은 양주(楊州), 자 국보(國甫), 호 회헌(悔軒)이다. 1714년 (숙종40) 증광문과에 급제하여 1715년 도당록에 올랐다. 노론 4대신 조태채의 아들로, 신임옥사 때 화를 당한 아버지에 연좌되어 1723년(경종3) 유배되었다가 1725년(영조1)에 풀려났다. 1731년에 대사헌으로서 신임옥사의 전말을 상소하여, 소론의 대표 인물인 이광좌와 송인명을 직접 지목해 탄핵하였으며, 조문명을 겨냥해 탕평당(蕩平黨)의 사람으로서 임금의 신뢰를 받고 있으면서도 나라를 구원할 방도를 생각지 않고 자신의 이익만을 도모하고 있다는 등의 말로 논척하였다. 이후 대사헌·호조판서 등을 역임하였다. 저서로 《회헌집》이 있고, 시호는 문간(文簡)이다.

124) 선인문(宣仁門)에서 …… 일 : 선인문은 창경궁의 협문(夾門)이다. 1721년(경종1) 10월, 노론 4대신이 정청을 중지하고 비변사에서 왕세제의 대리 절목(節目)을 강정(講定)하고 있을 때, 우의정 조태구가 선인문으로부터 사약방(司鑰房)에 들어가 사람을 승정원에 보내 청대하고, 이광좌 등은 금호문(金虎門)을 통해서 들어가 또한 각각 청대하여 대리청정을 저지하고자 하였다. 당시 승정원에서는 조태구가 대간의 논계를 받고 있으므로 청대하는 것은 옳지 않다 하며 이를 아뢰지 않았는데 경종이 승정원을 경유하지 않고 직접 환관을 보내 조태구를 인견하겠다는 명을 내렸다. 이때 최석항·이광좌·이조·한배하·김연·이태좌·이집 등도 연이어 당도하여 청대하자 경종이 진수당(進修堂)에서 인견하였고, 마침내 이들의 의견을 받아들여 대리청정의 명을 거두었다. 《景宗實錄 1年 10月 17日》

125) 지친(至親) : 조태구(趙泰耉, 1660~1723)를 가리킨다. 1721년 정언 이정소의 건저상소(建儲上疏)와 노론 4대신의 주청에 의해 연잉군이 세제로 책봉되자, 유봉휘로 하여금 반대의 소를 올리게 하였다. 또한 노론이 세제의 대리청정을 주장하자 최석항 등과 함께 이를 반대, 대리청정의 환수를 청하여 관철시켰다. 이어 같은 해 12월 전 승지 김일경과 이진유·윤성시 등이 상소하여 건저를 주장하던 노론 4대신을 사흉(四凶)으로 몰아 탄핵한 뒤 결국 4대신의 사사(死賜)를 관철시키고 영의정에 올라 최석항·김일경 등과 국론을 주도하였다. 1725년(영조1) 신임옥사의 원흉으로 탄핵을 받고 관작이 추탈되었다가 1908년(순종2)에 복관되었다.

보이셔야 합니다."

○ 우의정 이광좌(李光佐)가 차자를 올려, 대략 다음과 같이 말하였다.

"권익관이 상소하여 9명의 유배 죄인[126]과 2명의 죄수[127]의 일에 논하였는데, 신은 경악을 금치 못하였습니다. 김희로(金希魯), 신사철(申思喆)의 모친이 길거리를 떠돈다 하는데, 두 사람에 대해 신이 후하게 하려는 것이 아니라 그 모친들의 소식을 전해 듣고 가여운 마음에 감히 이들을 조금 내지(內地)로 양이하여 서로 의지하게 하자는 뜻을 경연에서 진달하였습니다.

또 윤각(尹慤)[128]과 유성추(柳星樞)[129]에 대해 작년에 형문(刑問)을 정지하였을 때[130] 신이 옥사의 체모 상 당연한 일이라 여겨 그 곡절을 힘껏 진달하여 재결을 받았던 것은 부득이하여 나온 일이었습니다."

○ 계복(啓覆)[131]하려고 입시하여, 지평 조지빈(趙趾彬)[132]이 아뢰기를,

---

126) 9명의 유배 죄인 : 김재로·신사철·장붕익·김취로·김고·김영행·김희로·강욱·구정훈을 이른다.

127) 2명의 죄수 : 윤각(尹慤)과 유성추(柳星樞)를 이른다.

128) 윤각(尹慤) : 1665~1724. 본관은 함안(咸安), 자는 여성(汝誠)이다. 아버지는 진사 윤익상(尹翊商)이다. 1711년 이이명의 특천으로 금위중군(禁衛中軍)이 되었고, 1720년(경종 즉위)에 병조참판, 이어서 총융사(摠戎使) 등을 지냈다. 1721년 신축옥사에 관련되어 외딴섬에 안치되어 여러 해 동안 구금되었고, 1724년 의금부에 투옥, 장살(杖殺)되었다. 영조 즉위 후 신원되어 병조판서에 추증되었다.

129) 유성추(柳星樞) : 1657~1732. 본관은 진주(晉州), 자는 천일(天一)이다. 부친은 병마절도사(兵馬節度使) 유탄연(柳坦然)이고, 종질로 무민공(武愍公) 유혁연(柳赫然)이 있다. 1676년(숙종2) 무과에 급제하여, 포도대장·황해도병마절도사 등을 역임하였다. 신임옥사 당시 유배되었다가 1725년(영조1) 풀려나 평안도병마절도사 등을 지냈다. 사후에 분무원종공신(奮武原從功臣)으로서 병조판서에 추증되었다.

130) 윤각(尹慤)과 …… 때 : 두 사람은 모두 임인년 옥사에서 은화를 낸 것으로 형신을 받았지만 자백을 하지 않고 버티자 형신을 중지하고, 감사(減死)하여 외딴섬에 위리안치하였다. 《景宗實錄 3年 1月 15日》

131) 계복(啓覆) : 사형에 처할 죄인을 서울에서 세 차례에 걸쳐 다시 심리하는 것을 말한다. 세 차례 중 1차와 3차 때에는 임금과 신하가 모여 심리하였고, 2차 때에는 형조에서만 심리하여 문서로 보고하였다.

"전 감사 홍우전(洪禹傳)133)은 성상께서 대리청정 하던 날 감히 소를 하나 올려 명을 도로 거두어 달라 청하고, '놀랍고 당혹스러우며 근심스럽고 개탄스럽다.'는 말을 하기까지 하였습니다.134) 그 말이 심히 놀랍고도 통탄스러우니, 청컨대 원찬(遠竄)하소서."

하니, 아뢴 대로 하라고 하였다.

○ 유학(幼學) 홍우저(洪禹著) -80여 인- 등이 상소하여, 신치운(申致雲)135)이 권상하(權尙夏)136)를 무함하고 욕보인 정상137)을 배척하였다. 승정원에서는

---

132) 조지빈(趙趾彬) : 1691~1730. 본관은 양주(楊州), 자는 인지(麟之)이다. 조태억의 아들이다. 1718년(숙종44) 정시문과에 급제하여, 1723년(경종3) 홍문록에 올랐다. 1725년(영조1) 노론의 탄핵을 받고 유배 갔다가 1727년 풀려나 이조좌랑이 되었으며, 승지·대사간 등을 역임하였다.

133) 홍우전(洪禹傳) : 1663~1728. 본관은 남양(南陽), 자 집중(執中), 호 구만(龜灣)이다. 송시열 문인이다. 1702년(숙종28) 진사시, 1719년 별시문과에 급제하여 청요직에 진출하였다. 1722년(경종2) 박필몽의 탄핵을 받아 삭직되어 은거하였다가 이듬해 조지빈의 탄핵을 받았고, 1724년 유배되었다. 영조대 복직되어 공조참판 등을 역임하였다. 1727년(영조3) 수원부사로서 소론인 남구만·윤지완·최석정 등을 숙종의 묘정에서 출향할 것을 주장하다가 관작을 삭탈 당하였다.

134) 성상께서 …… 하였습니다 : 홍우전이 숙종 말년에 세자(후일의 경종)가 대리청정 하는 것에 이의를 제기한 상소문은 《숙종실록 45년 11월 10일》 기사에 보인다.

135) 신치운(申致雲) : 1700~1755. 본관은 평산(平山), 자는 공망(公望)이다. 영의정 신흠(申欽)의 5세손, 대사간 신면(申冕)의 증손으로서, 신종화(申宗華)의 손자이다. 1721년(경종1) 증광문과에 급제하여 청요직을 두루 지냈다. 1723년 노론 거두 권상하·이희조 등을 축출하는 데 앞장섰다. 1725년(영조1) 노론의 탄핵을 받고 관작을 삭탈했다가 1727년 다시 청요직에 진출하여 승지 등을 역임하였지만 노론의 탄핵이 집요하게 이어졌다. 1755년 나주괘서사건이 있은 후 심정연(沈鼎衍)·김인제(金寅濟)·박사집(朴師緝) 등과 함께 모반사건에 연루되어 경상북도 흥해군에 유배되었다가 처형당하였다.

136) 권상하(權尙夏) : 1641~1721. 본관은 안동(安東), 자 치도(致道), 호 수암(遂菴)·한수재(寒水齋)이다. 송준길·송시열의 문인이다. 1660년(현종1) 진사가 되어 성균관에 들어가 수학하였다. 1689년(숙종15) 기사환국으로 남인이 득세하여 송시열이 사약(賜藥)을 받게 되자 그는 유배지로 달려가 스승의 임종을 지켰으며, 의복과 서적 등의 유품을 가지고 돌아왔다. 그 후 송시열의 유언에 따라 괴산 화양동(華陽洞)에 만동묘(萬東廟)와 대보단(大報壇)을 세워 명나라 신종(神宗)과 의종(毅宗)을 제향하였다. 1703년 찬선, 1712년 이조판서, 1717년 좌의정, 1721년(경종1) 판중추부사에 임명되었으나 나가지 않았다. 충북

'권상하에 대해 이미 조정에서 추탈의 법을 시행하였는데, 방자하게도「선정
(先正)」이라는 두 글자를 소장에 썼으니 지극히 무엄합니다.'라는 말과 함께
소를 봉입하였다.

○ **겨울**, 대사헌 이진유(李眞儒) -장령 윤빈(尹彬)[138]- 등이 조관빈 형제를
각각 절도에 유배하라고 청하였다.

○ 삼사 -대사헌은 위와 같고, 집의 조원명(趙遠命), 장령 이광도(李廣道), 장령 한
사람은 위와 같다.[139] 사간 김중희(金重熙), 정언 이진수(李眞洙)[140]·윤서교(尹恕敎)[141], 옥당
오명신(吳命新)·여선장(呂善長)·윤유(尹游)- 에서 복합(伏閤)하여 김씨 성의 궁인[142]

청풍(淸風)의 한수면 황강리에 한수재(寒水齋)를 짓고 평생 벼슬을 하지 않은 채 은거하며
제자들을 길렀다. 저서로《한수재집(寒水齋集)》·《삼서집의(三書輯疑)》등이 있고, 시호
는 문순(文純)이다.

137) 신치운(申致雲)이 …… 정상 : 1723년(경종3) 11월 27일과 12월 3일에 지평 신치운이
권상하의 관작을 추탈하기를 청하는 계사를 올린 것을 가리킨다.《承政院日記 景宗
3年 11月 27日, 12月 3日》

138) 윤빈(尹彬) : 1686~? 본관은 파평(坡平), 자는 덕휘(德輝)이다. 1713년(숙종39) 증광문과에
급제하여, 1723년(경종3) 정언이 되었다. 이해 조태채의 세 아들을 유배시키라고 청하여
관철시켰다. 이 일로 1726년(영조2) 북청(北靑)으로 귀양 갔다가 1727년 정미환국으로
풀려나 오랫동안 사헌부 장령으로 재직하였다.

139) 장령 …… 같다 : 위 기사에 나온 윤빈(尹彬)을 말한다.

140) 이진수(李眞洙) : 1684~1732. 본관은 전주(全州), 자 자연(子淵), 호 서간(西澗)이다. 이경직
(李景稷)의 증손이고, 이덕성(李德成)의 아들이다. 1713년(숙종39) 생원시, 1723년(경종3)
증광문과에 급제하여 청요직을 두루 거쳤다. 1725년(영조1) 유배되었다가 이듬해 풀려나
1729년 승지에 오르고, 뒤에 황해도관찰사를 지냈다.

141) 윤서교(尹恕敎) : 1677~1739. 본관은 파평(坡平), 자는 근보(近甫)이다. 1713년(숙종39) 증
광문과에 급제하여 1723년(경종3) 정언이 되었다. 김씨 성을 가진 궁인을 논한 것
때문에 1725년(영조1) 탄핵 받고 경상도 남해현 외딴섬에 위리안치 되었다가 1727년
석방되었다.

142) 김씨 성의 궁인 : 1722년(경종2) 3월 27일 목호룡은 노론 세력이 경종을 시해하기 위해
구상했다는 내용의 삼수(三手)를 고변하였다. 그중 독약을 쓰는 소급수(小急手)에 참여한
일로 고변된 김성절(金盛節)의 초사에서 "정유년(1717, 숙종43) 금평위(錦平尉)의 사행(使
行) 때 이기지(李器之) 부자가 역관 장 판사(張判事)를 시켜 독약을 사오게 하였고, 이를

을 의금부에 출부(出付)할 것을 청하였다.

○ 좌의정 최석항, 우의정 이광좌 등이 2품 이상을 거느리고 빈청(賓廳)에서 아뢰어 김씨 성의 궁인을 조사해 내라고 청하였다.

갑진년(1724, 경종4) 봄, 정언 이성신(李聖臣)[143]이 지사 홍치중(洪致中)의 마음가짐이 간사하다고 논핵하며 파직할 것을 청하였으나 윤허하지 않았다.

○ 삼사 -대사헌 이세최(李世最), 대사간 유명응(兪命凝), 집의 김시환(金始煥), 장령 박장윤(朴長潤)[144], 지평 이저(李著)[145], 헌납 조익명(趙翼命), 홍문관 박필기(朴弼夔)[146]·조진희(趙鎭禧)[147]·조지빈(趙趾彬), 정언 구명규(具命奎)·박사제(朴師悌)[148] 등- 에서 김씨

정우관으로 하여금 장세상에게 전하게 한 후 수라간을 담당하는 김 상궁으로 하여금 당시 동궁이던 경종에게 시험하게 하였다.”고 하였는데, 본문에서 소론 측이 색출을 주장한 김씨 성의 궁인은 이 김 상궁을 가리킨다. 이에 대해 노론 측에서는 독약을 사왔다는 장씨 성의 역관과 이 독약을 경종의 음식에 탔다는 김씨 성의 상궁이 없다는 사실, 그리고 경종이 음식을 먹고 토한 일은 1720년(숙종46)에 있었던 일임을 들어 임인년의 옥사가 날조된 무고임을 주장하였다.《景宗修正實錄 2年 9月 21日》

143) 이성신(李聖臣) : 1677~1725. 본관은 연안(延安), 자는 여량(汝良)·여량(汝亮)이다. 관찰사 이정신(李正臣)의 아우이다. 1711년(숙종37) 진사시, 1723년(경종3) 증광문과에 급제하여, 1724년 정언이 되었다.

144) 박장윤(朴長潤) : 1679~? 본관은 밀양(密陽), 자는 원백(遠伯)이다. 1711년(숙종37) 식년문과에 급제하여 1723년(경종3) 지평이 되었다. 이이명이 지은 숙종 지문을 고치자고 주장하였다가 1725년(영조1) 이의천(李倚天) 등의 탄핵을 받고 유배되었다.

145) 이저(李著) : 1689~1737. 본관은 성주(星州), 자는 중현(仲玄)이다. 1719년(숙종45) 별시문과에 급제하여, 1724년(경종4) 지평, 1727년(영조3) 장령, 1735년 사간 등을 지냈다.

146) 박필기(朴弼夔) : 1674~1728. 본관은 반남(潘南), 자는 일재(一哉)이다. 박황(朴潢)의 증손, 박태손(朴泰遜)의 아들이다. 1719년(숙종45) 별시문과에 급제하여 교리가 되고, 1723년(경종3) 홍문록에 올랐다. 1727년(영조3) 김창집의 처조카였는데, 인륜을 저버리고 김일경에 붙었다고 탄핵 받고 유배되었다가 정미환국으로 풀려났다. 1728년 무신란이 일어나자 아우 박필현(朴弼顯)에 연좌되어 교형(絞刑)에 처해졌다.

성의 궁인 일에 대해 잇달아 아뢰었다.

○ 부제학 이사상(李師尙)이 상소하여, 대략 다음과 같이 말하였다.

"조녀(趙女)149)가 저주를 행한 정황은 그 간교하고 간악함이 극심하므로 끝까지 조사하여 법을 바르게 시행하는 일을 결코 멈출 수 없습니다. 그런데 그 단서가 경상 감사 김동필(金東弼)의 집에서 처음 발각되었으므로 그 간의 곡절에 대해 동필은 분명 상세히 알고 있을 것이니 동필에게 먼저 물은 다음 그 죄상을 속속들이 규명하는 것이 옥체(獄體)의 당연한 일인데, 법을 집행하는 자리에 있는 이들은 아직까지도 별다른 조치가 없으니, 신은 적이 개탄스럽습니다.

신이 조참(朝參) 때에 들으니, 큰 추위가 지나고 따스한 봄이 생동할 때이므로 관대한 법을 시행함이 마땅하다150)는 말을 누누이 진달하고, '외영(外影)'·'봉

───────────

147) 조진희(趙鎭禧) : 1678~1747. 본관은 한양(漢陽), 자는 천우(天佑)이다. 1712년(숙종39) 정시문과에 급제, 1717년 주서가 되어 숙종의 정유독대(丁酉獨對)의 내용을 밝히라고 상소하였다. 1720년 경종이 즉위한 뒤 정언·지평 등을 지내면서 소론으로서 노론을 배척하는 데 가담하였으며, 1723년 홍문록에 올랐다. 1725년(영조1) 삭출되었다가 1727년 풀려나 다시 부수찬이 되자 서원의 첩설을 훼철하라고 청하여 실현시켰다. 1734년 승지가 되었다.

148) 박사제(朴師悌) : 1683~? 본관은 반남(潘南), 자는 순보(順甫)이다. 후에 박사순(朴師順)으로 개명하였다. 1714년(숙종40) 증광시에서 진사가 되고, 1723년(경종3) 증광문과에 급제하여 1724년 정언이 되었다. 1725년(영조1) 노론의 탄핵을 받고 유배되었다가 1727년 지평이 되었다. 박사순으로 개명한 이후 1733년 윤취상의 질서(姪壻)로서 박필몽의 심복으로 몰려서 삭판 당했다. 1734년 그 아들 박수원(朴洙源)이 격고(擊鼓)하여 그 아비의 원통함을 호소하고, 인척이었던 이광보(李匡輔)의 상소로 다시 등용되어 1735년 지평이 되었다. 이후 노론의 집요한 탄핵을 받고 안주목사(安州牧使)·마전군수(麻田郡守) 등을 역임하였다. 정조대에 《현고기(玄皐記)》를 편찬한 박종겸(朴宗謙)은 그의 손자이다.

149) 조녀(趙女) : 조녀는 조태채의 딸로서, 임원군(林原君) 이표(李杓)의 아들 이정영(李廷煐)의 아내이다. 신임옥사 때 아비가 역모 죄인으로서 죽임을 당하자 조태구를 비롯해 옥사를 주도한 소론 대신들 및 시가(媤家)를 집안의 원수로 여겨 저주를 행하였다는 혐의를 받고 정배(定配)되었다. 김동필은 그녀의 남편 이정영(李廷煐)의 자형(姊兄)이 된다. 《景宗實錄 3年 12月 17日》

150) 관대한 …… 마땅하다 : 이진수(李眞洙)는 1724년(경종4) 4월 상소하여, 이사상이 지목하

객(縫客)'151)이 목숨을 부지할 수 있게 된 것 또한 다행이라고 하였습니다. 이는 곧 천토(天討)가 끝나자마자 그 죄를 씻어주려는 것이니, 뒷날의 계책으로는 좋을 것이나 국가는 장차 어떻게 되겠습니까?

근래의 일을 가만히 살펴보니, 토역(討逆)의 뜻은 점점 느슨해지고 사의(私意)를 따르는 폐습은 점점 고질이 되고 있습니다. 역적 윤지술을 신구한 사람이 거듭 대관(臺官)의 논핵을 입었는데도 청현직에 발탁하여152) 마치 이러한 풍조를 숭상하고 장려하는 듯하고, 권귀에게 아첨하여 허물과 비방이 쌓였는데도 웅진(雄鎭)에 천거153)하여 관직을 제수하였으니 -이정제(李廷濟)- 거의 의심할 생각이 없는 듯합니다. 조정 법도의 문란함과 국가 형세의 쇠락이 이루 말할 수 없습니다."

○ 지평 윤용(尹容)154)이 아뢰었는데, 그 대략에,

여 논척한 사람은 자신이라며 삭직해 줄 것을 청하였다. 《承政院日記 景宗 4年 4月 22日》 당시 이사상의 이 상소는 노론에 대한 처벌의 범주와 그 주도권을 둘러싸고, 급소(急少) 김일경의 일파인 이사상이 준소(峻少) 이광좌를 경계하며 그 일파라 할 수 있는 이진수를 탄핵한 것으로 간주되었다. 《景宗實錄 4年 2月 5日》

151) 외영(外影)·봉객(縫客) : 1722년(경종2) 4월 13일에 행한 국문에서 목호룡이 김용택의 공초에 대해 "김용택, 이천기, 백망 등이 연루된 이른바 삼수 사건에서 홍용조(洪龍祚)가 임금의 근신이면서도 외부에서 그들을 도와주며 그림자처럼 따랐다.", "이른바 '소급수·대급수·평지수·봉객(縫客)' 등의 말은 적배(賊輩)들이 날마다 서로 입으로 전하여 외던 말"이라고 하였다. 이로 볼 때, 외영은 홍용조를 가리키는 것이라 하겠으나, 봉객은 구체적으로 누구를 지칭하는 것인지 분명히 알 수 없다. 《景宗實錄 2年 4月 13日》

152) 윤지술을 …… 발탁하여 : 이것은 서명균을 가리킨다. 《景宗實錄 4年 2月 5日》

153) 웅진(雄鎭)에 천거 : 이정제를 전라감사에 임명한 것을 이른다. 《景宗實錄 4年 2月 30日》

154) 윤용(尹容) : 1684~1746. 본관은 파평(坡平), 자는 수보(受甫)이다. 병조판서 윤지인(尹趾仁)의 아들이며, 소론의 영수인 영의정 윤지완(尹趾完)의 조카이다. 어머니는 판중추부사 이정영(李正英)의 딸이다. 1722년(경종2) 정시문과에 급제하여 다음 해 홍문록에 선발되었다. 이후 청요직을 두루 역임하다가 1724년 영조 즉위 직후 파직 당했다. 1727년(영조3) 다시 부수찬이 되고, 1728년 형조참의, 1733년 승지, 1745년 공조판서에 올랐다가 1746년 대사헌을 끝으로 사망하였다.

"부제학 이사상(李師尙)은 평생의 행실이 '탐비(貪鄙)' 두 글자를 벗어나지 못했습니다. 영남 감영(監營)에서 돌아올 때 그 막비(幕裨)가 장물(贓物)을 교부(交付)하라는 독촉을 받은 일이 있고, 전라도 관찰사로 부임하기도 전에 먼저 요사한 첩의 요구 때문에 저리(邸吏)가 곤욕을 치르기도 하였으니, 이러한 사람이 이와 같은 관직을 차지하는 것도 이미 진신(搢紳)의 수치라 할 것입니다.

또한 일전에 그가 올린 소의 내용을 보니, 김동필·이진수(李眞洙)의 일을 논한 것이 더러는 계략을 꾸며 함정에 빠뜨리는 데 가깝고 또 더러는 거짓을 날조하여 무함한 데 가까워서 그 마음씀씀이가 아름답지 못하고 문구도 편벽된 것이었습니다. 청컨대, 관작을 삭탈하소서."

하니, 아뢴 대로 하라 하였다.

○ 대사헌 박태항(朴泰恒)이 상소하여, 대략 다음과 같이 말하였다.

"지평 윤용이 이사상의 관작을 삭탈하라 청하며 아뢴 내용은 추잡한 비방과 날조된 거짓이 끝이 없었습니다. 이사상은 조정에 나와서 그 언행에 본말(本末)이 있고, 거침없이 직언하는 절조와 충정(忠正)한 언론으로 말미암아 흉당으로부터 가장 많은 시기와 질시를 받고 배척과 무함을 당해 일찍이 하루도 조정에서 편안한 날이 없었습니다.

정국이 바뀐155) 초, 모두들 앞뒤를 살피며 비위를 맞추고 아첨하는 와중에 몸을 떨쳐 일어났으며, 망적(望賊)156)이 기회를 엿보고 신임(申銋)이 상소하여

---

155) 정국이 바뀐 : 신축환국 및 임인년의 옥사를 이른다. 1721년(경종1) 노론에서 소론으로 정권이 교체되었는데, 신축년에 정권이 교체되었다는 의미에서 신축환국이라고 한다. 당시 노론 측에서는 경종의 나이가 30세가 넘었는데 후계자가 없자 왕세제를 세울 것을 요구했다. 왕세제의 책봉과 관련된 노론 측의 요구는 관철되었으나, 이후 노론 측이 추진한 대리청정 요구는 소론 측의 반격으로 실패하였다. 신축환국 이후 소론이 정국을 주도하는 상황에서 1722년 노론 측이 삼수로 경종을 시해하려고 했다는 목호룡의 고변을 계기로 임인옥사가 발생하였다. 신임옥사는 종전까지 붕당이 사문(斯文)에 관계된 시비를 벌이던 데서 왕위 계승과 관련된 논란으로 변질되며 충역(忠逆) 논쟁으로 이어져 살육이 자행되는 결과를 가져왔다.

156) 망적(望賊) : 왕세제 연잉군의 응사(鷹師)였던 백망을 이른다. 1722년(경종2) 3월 28일

합세[157]하던 날, 가장 먼저 간계(奸計)의 싹을 꺾어버리고 섬으로 쫓아버려서, 마침내 흉악한 음모와 역적의 실상이 탄로 났고 원흉과 대악이 모두 상형(常刑)을 받으니, 국론이 이로 말미암아 확정되었고 천토가 이 때문에 더욱 엄중해졌습니다.

그때 이사상이 아니었다면 사태는 위태로워졌을 것입니다. 그의 지조와 절개, 언론과 주장은 실로 청류(淸流)들이 크게 의지하는 바이니, 홍문관 부제학에 이 사람을 버리고 누구를 택하겠습니까?

연소한 신진들이 갑작스레 악언(惡言)을 가하였으나 구성한 죄안들은 모두 거짓으로 꾸며낸 것입니다. 이사상은 처음에 전라도 관찰사에 제수되었다가 이어 개성 유수(開城留守)로 옮겼고, 얼마 후 대사간으로서 상경하였습니다. 1개월도 안 되어 3번이나 그 직책을 옮겨 다녔으니, 원래 저리를 내려 보낸 일이 없는데, 어찌 요사한 첩이 요구하는 일이 있었겠습니까? 이 일 하나만으로도 무함임을 알 수 있습니다.

임금의 주벌(誅伐)이 막 끝나자마자 역적을 토벌하는 데 온 몸을 던진 사람이 가장 먼저 공격을 받아 선류(善類)의 사기는 꺾였으니, 이 무슨 상황이며 이 무슨 언론이란 말입니까? 그리고 이사상 또한 잘못이 있으니, 서명균(徐命均)에 대해 예전의 주장을 다시 제기한 것은 너무 심한 처사이고, 김동필에 대해 먼저 옥사를 물으라고 한 것도 잘못입니다.

목호룡의 고변으로 인하여 경종의 시해 또는 폐출을 모의한 죄목으로 백망 등이 수금되었다. 백망은 공초에서, 소론과 남인이 세제를 모해하려 하였다고 역으로 고변하였는데, 여기에는 당시 추국을 담당하고 있던 조태구·최석항·김일경·심단 등의 이름도 거론되었다. 국청에서는 이 일을 불문에 붙였으며, 문목에서 벗어난다고 하여 기록하지 않았다. 《景宗修正實錄 2年 3月 29日, 4月 4日》

157) 신임(申銋)이 …… 합세 : 신임(1639-1725)의 본관은 평산(平山), 자 화중(華仲), 호 한죽(寒竹)이다. 당시 사직(司直)이던 신임은 이 상소에서 조태구·최석항·김일경 등의 이름이 죄인 백망(白望)의 공초에서 거론되었는데도 옥사를 상규(常規)대로 처리하지 않고 허실(虛實)을 변정(辨正)하지도 않은 채 마무리를 지으려 한다고 비판하였다. 이 상소로 인해 신임은 대사간 이사상·승지 황이장 등의 논핵을 받고 제주에 위리안치 되었다. 《景宗實錄 2年 4月 2日》

그렇다 하더라도 전하께서 윤용이 아뢴 말을 즉시 윤허하신 것은 충정(忠貞)을 권장하고 경악(經幄)을 대우하는 도리가 아니니, 삭탈하라는 명을 거두심이 마땅합니다.

헌신(憲臣)이 하는 행동을 가만히 살펴보건대, 첫 번째 아뢴 것과 두 번째 아뢴 것이 다 동배(同輩)에 속한 사람에 대한 것인데 털을 불어 흠을 찾듯 억지로 잘못을 들추는 데만 마음을 쓸 뿐 모두 지적할 만한 것이 없습니다. 바라건대 특별히 윤용을 파직하시어 불안을 조성하는 풍습을 진정시키소서."

○ 문학 이진수(李眞洙)가 상소하여, 대략 다음과 같이 말하였다.

"부제학 이사상이 조참 때 신이 아뢴 내용을 가지고 신의 이름은 언급하지 않은 채 노골적으로 배척하였는데 그 지적한 뜻이 예사롭지 않습니다. 삼수(三手)의 흉악한 역모[158]는 천고에 보기 드문 역변(逆變)이니 죄를 다스리는 도는 마땅히 엄중해야지 소홀해서는 안 되니, 풍병(風病)을 앓아 실성한 사람이 아니고서야 누가 감히 '외영(外影)'·'봉객(縫客)'과 같은 부류의 죄를 씻어 주려 하겠습니까? 그 구구하고 지나친 염려는 신이 진달한 본뜻을 전혀 알지 못하는 것입니다. 신이 아뢴 말은 다음과 같습니다.

'나라를 다스리는 도는, 비유컨대 눈과 서리가 내린 뒤에는 반드시 따스한 봄날이 이어지는 것과 같습니다. 지금 역적들이 모두 섬멸되었고 국옥(鞫獄) 또한 마무리 단계이니, 너그럽고 어진 뜻을 미루어 휴식의 방도로 삼기

---

158) 삼수(三手)의 흉악한 역모 : 노론 세력이 경종을 시해하기 위해 구상했다고 전하는 삼급수(三急手)를 이른다. 삼급수란, 보검을 이용한 대급수(大急手), 독약을 이용한 소급수(小急手), 전지(傳旨)를 위조하는 평지수(平地手)를 가리킨다. 대급수는 김용택이 보검을 백망(白望)에게 주어 숙종의 국상 때 담장을 넘어서 궁궐로 들어가 당시의 세자인 경종을 시해하려고 한 것을 말한다. 소급수는 이기지 등이 상궁 지씨(池氏)로 하여금 독약을 타서 세자를 시해하려고 하였다는 것으로 실제 1720년에 시행되었다고 하였다. 평지수는 이희지가 언문(諺文)으로 세자를 무고하고 헐뜯는 말로 가사(歌詞)를 지어 궁중에 유입시키고, 또 숙종의 명령을 자신들이 꾸며서 세자를 폐위시키려 하였다는 것이다. 《景宗實錄 2年 3月 27日》 삼수역안(三手逆案)을 내용으로 하는 임인옥사는 영조의 즉위 후 노론의 정국 주도가 고착되는 가운데 노론에 대한 소론의 무고로 규정되었다.

바랍니다.

또한 이전에 탄핵을 받은 이들로 말하자면, 그 이유가 흉당의 집에 출입하였거나 흉당과 혼인 관계에 있기 때문이었습니다. 역모가 드러나기 전에 어떻게 그가 역을 행할 것을 알고 관계를 끊을 수 있겠습니까? 심지어 무관이 현직 재상집에 출입하는 것은 예사로운 일인데 그 종적이 의심스러워 보인다는 이유로, 혹은 그 동배들의 비방을 이유로 하여, 「역적 아무개와 친밀하다」는 문구 하나로 단숨에 단정 짓고 헤아리기 어려운 죄과(罪過)로 몰아넣었습니다.

반역을 범한 것은 극악한 대죄이나 반역을 범하지 않았으면 무고한 일반인이니, 만약 무고한 일반인을 극악한 대죄를 저질렀다 의심하고 역적과 구분 없이 뒤섞어 칭하며 억지로 몰아버리면 어찌 원통함이 심하다 하지 않겠습니까? 근래 탄핵 소장에 이름이 언급되었으나 그 죄가 모호한 사람이 헤아릴 수 없이 많고, 탄핵을 받지 않은 사람 또한 안으로 의구심을 품고 발을 포개고 서서 불안해하니 인심이 안정되지 못하고 풍습이 크게 무너져 진실로 작은 근심이 아닙니다.'

이 말의 맥락을 상세히 따져보면 과연 일언반구라도 유신(儒臣)[159]이 말한 내용과 비슷한 것이 있습니까? 신은 국가를 위한 심대한 계책이라 하였고, 저 사람은 '국가가 장차 어찌 되겠느냐'고 하였으니, 서로의 견해가 어긋난 것이 이다지도 심합니다!"

○ 지평 이정필(李廷弼)[160]이 아뢰었는데, 그 대략에,

"전 부제학 이사상을 삭탈하라고 아뢴 것은 상정(常情) 밖에서 나와서,

---

159) 유신(儒臣) : 홍문관의 관원을 지칭하는 말로, 여기서는 부제학 이사상을 가리킨다.
160) 이정필(李廷弼) : 1672~1735. 본관은 전주, 자 양보(良甫)·태보(台甫), 호 월담(月潭)이다. 양영대군(讓寧大君) 이제(李禔)의 10대손이고, 통덕랑(通德郎) 이상백(李相佰)의 아들이며, 이정걸(李廷傑)의 아우이고, 이정일(李廷一)의 형이다. 1691년(숙종17) 진사가 되고, 1710년 증광문과에 급제하여, 1724년(경종4) 지평이 되었다. 1726년(영조2) 함안군수(咸安郡守)를 거쳐 1727년 승지가 되었다. 1728년 무신란 당시 합천군수로 있었는데, 그 행적이 논란이 되어 탄핵 당했다.

그의 평생을 거론하며 문구 하나로 단숨에 단정지어 버렸으니, 사람을 논하는 방도가 이와 같아서는 안 됩니다. 청컨대, 윤용을 파직하소서."

라고 하니, 아뢴 대로 하라 하였다.

○ 정언 이성신(李聖臣)이 아뢰었는데, 그 대략에,

"이사상의 사람됨은 흐리멍덩하고 식견이라고는 전혀 찾아볼 수 없어서, 집에서는 일컬을만한 품행이 없고 처신은 거칠고 비루하다는 비판이 많습니다. 윤용이 그에 관해 아뢴 말은 작고 세세한 일을 논하였을 뿐인데, 박태항은 오로지 편당(偏黨)만을 일삼아 쓸데없는 말로 이사상을 비호하였고, 심지어 '충정(忠貞)', '지조와 절개' 등의 말로 치켜세우며 권장하는 것이 지극하였으니 그 말이 가소롭습니다."

하고, 또 말하기를,

"그가 '첫 번째 아뢴 것과 두 번째 아뢴 것이 다 동배(同輩)에 속한 사람에 대한 것'이라고 하였는데, 이 무슨 말입니까? 윤용이 전후로 논핵한 내용이 반드시 하나하나 다 타당하다고 할 수는 없으나 구차하게 편짓기를 좋아하지 않고 자기 뜻에 따라 논열한 것은 또한 높이 평가할 일임에도 박태항은 붕당을 비호하는 풍습을 오늘날의 대각(臺閣)에 바라고 있습니다.

진실로 이 말대로라면 동배에 속한 사람에게 비록 잘못이 있다 해도 입을 다물고 가만히 있어야 한단 말입니까? 뜻밖에도 나라에 재앙을 끼치는 논의가 갑자기 노성(老成)한 사람의 입에서 튀어나왔으니, 청컨대 박태항을 파직하소서."

하였다.

○ 지평 이보욱(李普昱)이 상소하여, 대략 다음과 같이 말하였다.

"부제학 이사상이 올린 소는 진실로 과오가 있으나 윤용이 아뢴 말은 오로지 격분에서 나왔습니다. 이사상의 평생을 거론하며 문구 하나로 단숨에 단정 지어 버리니, 이것이 공의(公議)에서 그르다 하는 점입니다.

이사상의 준엄하고 바른 언의(言議)와 우뚝한 지조는 다른 조신들과 비교해 보아도 견줄만한 이가 드무니, 대사헌이 소를 올려 윤용을 배척한 것은 오로지 공적인 마음에서 나온 것이지 어찌 털끝만큼이라도 편당에 가까워 그러한 것이겠습니까?

그런데도 간신(諫臣)[161]은 윤용의 지나친 의론을 그대로 답습하여 이사상에 대한 추악한 비방을 가일층 더하였고, 아울러 대사헌에게도 똑같은 모욕을 제멋대로 행하며 견책하여 파직할 것을 청하기에 이르렀으니, 도대체 무슨 의도입니까? 대사헌이 올린 상소에서 '모두 다 동배(同輩)에 속한 사람에 대한 것'이라 운운한 것은 대개 윤용의 논계가 일을 더 심각하게 악화시키는 것을 개탄하였기 때문입니다.

80 노인이 무엇을 더 바라고, 기꺼이 스스로 당을 비호하고 나라를 그르치는 데에 빠지겠습니까? 간신이 본뜻은 헤아리지 못하고 나라에 재앙을 끼친다고 배척하니, 간신을 체직시켜 허황된 논의를 진정시키는 것이 마땅합니다."

○ 도당록(都堂錄)[162] −5점 오수원(吳遂元), 4점 조덕린(趙德隣)[163]·홍정상(洪廷相)[164]·

---

161) 간신(諫臣) : 대사헌 박태항의 파직을 청한 정언 이성신을 이른다.
162) 도당록(都堂錄) : 홍문관 관원의 선발 과정 중 의정부, 이조, 홍문관 당상이 모여 본관록(本館錄)과 이조록(吏曹錄)을 검토하여 적합한 후보를 추가한 뒤에 일정한 점수를 얻은 사람으로만 작성한 명단이다. 보통 홍문관의 관원을 선발할 때는 모두 세 단계의 절차를 거친다. 첫 번째 단계는 문신이나 문과 급제자 중에서 적합한 후보를 뽑은 뒤에 홍문관의 현직 관원이 모여 후보의 이름 밑에 권점(圈點)을 찍어 그 권점의 숫자에 따라 순위를 정하는 것이다. 이를 본관록(本館錄) 혹은 홍문록(弘文錄)이라고 하였다. 두 번째 단계는 본관록을 행한 뒤에 이조에서 본관록에 선발된 후보를 다시한번 검증하였는데 이를 이조록이라고 하였다. 세 번째 단계는 의정부·이조·홍문관 당상들이 모여 홍문관과 이조를 거쳐 올라온 명단을 검토하여 후보의 이름에 권점을 찍어 적합 여부를 판정하는 것이다. 이때 일정한 점수를 얻지 못한 사람은 탈락시키고 나머지 사람만을 가지고 점수 순서에 따라 명단을 작성하였는데, 이를 도당록이라고 하였다.
163) 조덕린(趙德隣) : 1658-1737. 본관은 한양(漢陽), 자 택인(宅仁), 호 옥천(玉川)·창주(滄洲)이다. 1678년(숙종4) 진사가 되고, 1691년 문과에 급제하였지만 충청도사(忠淸都事) 등을

이진급(李眞伋)·조진희(趙鎭禧)·조최수(趙最壽)·김홍석(金弘錫)[165]·이광보(李匡輔)·강박(姜

樸)[166]·이거원(李巨源)[167]·조지빈(趙趾彬)·윤광익(尹光益)[168]·박필기(朴弼夔)·이보욱(李普

昱)·신치운(申致雲)·이광덕(李匡德)[169]·윤용(尹容)·성덕윤(成德潤)·이진수(李眞洙)-

전전하다가 1724년(경종4) 도당록에 오르고, 1725년(영조1) 비로소 수찬이 되었다. 이해
10월 당쟁의 폐해를 논하고 노론을 비판하였다가 종성(鍾城)에 유배되었다. 1727년
풀려나 1728년 승지가 되었다. 1737년 앞서의 상소가 문제되어 제주로 귀양가는 도중에
강진에서 사망하였다. 이후 1750년, 1756년 관작이 회복되었다가 환수되는 일이 반복되었
다. 1788년(정조12) 관작이 복구되었다가 1803년(순조3) 다시 추탈되었다.

164) 홍정상(洪廷相) : 1677~1730. 본관은 남양(南陽), 자는 사보(士輔)이다. 1705년(숙종31) 생
원이 되고, 1710년 증광문과에 급제하여, 1723년(경종3) 홍문록에 올랐다. 1724년 수찬,
1727년(영조3) 장령(掌令)·헌납(獻納), 1728년 의주부윤(義州府尹) 등을 역임하였다.

165) 김홍석(金弘錫) : 1676~? 본관은 광산(光山), 자는 윤보(胤甫)이다. 승지 김세정(金世鼎)의
손자이고, 박세당(朴世堂)의 사위이다. 1702년(숙종28) 생원시에 장원, 1714년 증광문과에
급제하여 1716년 승문원정자가 되었지만 경신환국 때 송시열(宋時烈)을 비판하는 성균관
유생들과 내응했다는 이유로 사간원의 탄핵을 받아 파직되었다. 1717년 사직 이대성(李大
成) 등과 연명으로 세자청정(世子聽政)을 반대하는 상소를 올렸다. 1722년(경종2) 지평으
로서 김창집 등을 탄핵하는 한편, 조태구를 공격하였다. 1723년 홍문록, 1724년 도당록에
올랐지만 1725년(영조1) 삭출되었다.

166) 강박(姜樸) : 1690~1742. 본관은 진주, 자 자순(子淳), 호 국포(菊圃)이다. 1714년(숙종40)
절일제(節日製)에 장원하고, 이듬해 식년문과에 급제하여 민진원·어유귀를 탄핵하여
유배되었다. 1723년(경종3) 풀려나 홍문록에 오르고, 수찬이 되었다. 1727년(영조3)
윤지술을 탄핵하여 다시 유배되었다가 정미환국(丁未換局)으로 다시 청요직에 나아갔는
데 1728년 무신란에 연루되어 출사가 막히게 되었다. 저서로 《국포집》·《국포쇄록(菊圃瑣
錄)》 등이 있다.

167) 이거원(李巨源) : 1685~1755. 본관은 한산(韓山), 자는 이준(彝準, 而準)이다. 1717년(숙종
43)에 정시문과에 장원 급제, 1722년(경종2) 사헌부지평으로서 노론 탄핵에 일조를
하였다. 1723년 이성신(李聖臣)을 탄핵했으며, 영조 즉위 후 이의연(李義淵)을 탄핵하고
김일경을 구원했다가 파직되었다. 1725년(영조1) 유배되었다가 1727년 풀려났으나 금고
에 처해졌다. 1755년 춘천의 역모 사건과 심정연(沈鼎衍)의 흉서사건(凶書事件)이 일어나
자, 신치운(申致雲)·박사집(朴師緝)·심악(沈鐸)·유수원(柳壽垣) 등과 함께 붙잡혀 친국
후에 효시되었다. 이 사건으로 이광좌·최석항·조태억 등은 관작을 추탈 당하였다.

168) 윤광익(尹光益) : 1686~1746. 본관은 파평(坡平), 자는 형중(亨仲)이다. 1715년(숙종41) 식
년시에서 진사가 되고, 1718년(숙종44) 정시문과에 급제하여 1723년(경종3) 도당록에
올랐다. 1724년 영조 즉위 뒤 수찬·교리 등을 지내다가 1725년(영조1) 부수찬으로서
사직 상소를 올리고 나가지 않았다. 1727년 이후 다시 청요직에 진출하여 영조 탕평책을
협찬하였다.

169) 이광덕(李匡德) : 1690~1748. 본관은 전주, 자 성뢰(聖賴), 호 관양(冠陽)이다. 이경석(李景

○ 장령 이단장(李端章)[170]이 아뢰기를,

"이조판서 유봉휘(柳鳳輝)[171]는 공로가 이미 드러났고 그 명성이 성대하나 출처(出處) 한 가지 일에 있어서는 물정(物情)에 맞지 않습니다. 출사하지 않으면 그만이지만 이미 한 번 출사했으니 직명이 있는 곳이라면 어디든 취사(取捨)가 없어야 마땅한데도, 이조와 호조의 관직은 제수될 때마다 번번이 출사하고, 예조와 한성부의 직임은 별다른 이유 없이 굳이 사양하였습니다. 선조(先朝)의 시호(諡號)를 논의하는 것과 대빈(大嬪)을 존숭(尊崇)[172]하는 것은 그 경중이 자연히 구별됨에도 더러는 나오고 더러는 나오지 않으니, 이

澳)의 현손이고, 대제학 이진망(李眞望)의 아들이며, 어머니는 탕평론을 최초로 주창했던 박세채(朴世采)의 손녀이다. 1722년(경종2) 정시문과에 급제하여, 1723년 도당록에 올랐다. 1724년 지평으로서 민진원을 석방하라고 주장하였다가 체차되었다. 1724년 영조 즉위 뒤 청요직을 두루 거치고, 1739년 동지 겸 사은부사(冬至兼謝恩副使)로 청나라에 다녀온 뒤 대제학·예조참판을 지냈다. 1741년 이른바 위시사건(僞詩事件)이 일어났을 때 아우인 지평 이광의(李匡誼)가 김복택(金福澤)을 논죄하다가 국문을 받자, 이광의를 구하려고 변론해 정주에 유배된 뒤 다시 친국을 받고 해남에 이배되었다. 이듬해 풀려나와 과천에 은거하던 중, 1744년 서용(敍用)하도록 명이 내려 한성부우윤·좌윤 등에 임명되었으나 관직을 사양하였다. 만년에는 급소계열로 노선을 바꾸었으나 쓰이지 못한 채 죽었다. 저서로는 《관양집》이 있다.

170) 이단장(李端章) : 1664~1727. 본관은 경주(慶州), 자는 상보(相甫)이다. 이유태(李惟泰)의 손자이다. 1705년(숙종31) 증광문과에 급제하여 경종대 장령을 거쳐 영조대 헌납·사간 등을 역임하였다. 1727년(영조3) 정미환국 때 영부사 민진원 등 101인과 함께 파직되었다.

171) 유봉휘(柳鳳輝) : 1659~1727. 본관은 문화(文化), 자 계창(季昌), 호 만암(晩菴)이다. 영의정 유상운(柳尙運)의 아들이다. 1684년(숙종10) 진사가 되고, 1699년 식년문과에 급제하여 청요직을 두루 지냈다. 1721년(경종1) 노론이 왕세제 연잉군의 대리청정을 시도하자 강력히 반대하여 철회시키고 임금을 우롱하고 협박한 죄를 다스려야 한다는 명분으로 노론을 실각시켰다. 1725년 영조가 즉위한 뒤 탕평책에 힘입어 우의정에 이어 좌의정에 올랐으나 신임옥사를 일으킨 주동자라는 노론의 집요한 공격을 받고 이듬해 면직되었고, 이후 민진원 등의 논척으로 경흥에 안치되어 유배지에서 죽었다.

172) 대빈(大嬪)을 존숭(尊崇) : 대빈은 경종의 생모인 옥산부대빈(玉山府大嬪) 장씨(張氏)를 이른다. 장씨에 대한 추보(追報)는 1720년 7월, 유학 조중우가 장씨를 추보하여 명호(名號)를 정하자고 상소한 데서 비롯되었다. 이후 논의를 거쳐 1722년 1월 10일 우의정 최석항이 별묘(別廟)를 세우고 명호를 정할 것을 청하여 윤허를 받았으며, 동년 10월 10일 장씨를 옥산부대빈으로 추존하였다. 《景宗實錄 卽位年 7月 21日, 1年 12月 19日, 2年 1月 10日·21日, 2年 10月 10日》

무슨 의리입니까? 신은 실로 통분스럽습니다.

더욱 이해할 수 없는 것은 지난번 옥후(玉候)가 한 달여 동안 불편하시고 자성(慈聖)이 한 달 내내 편찮으셔서 약원(藥院)은 숙직하고 신료들은 근심걱정에 경황이 없었는데 전후 문후를 여쭈는 반열에 모두 참석하지 않았습니다. 비록 다리의 병으로 인해 걸음을 걷기 어렵기 때문이라 핑계 대었으나, 유봉휘가 궁문 안을 능히 출입할 수 있고 또한 정석(政席)173)에서 배궤(拜跪)도 할 수 있는 것을 보면, 문후를 여쭈는 자리에 어찌 억지로라도 나아가 한번 참석하지 못한단 말입니까?"

하였다.

○ 홍문관 -교리 임광(任珖)174), 조지빈(趙趾彬)- 에서 차자를 올려 유봉휘를 구원하고, 이어 이단장이 온당치 못한 논의를 일삼기 좋아한다고 배척하며 파직을 청하니 아뢴 대로 시행하라 하였다.

○ 수찬 윤용이 상소하여, 이단장이 온당치 못한 논의를 일삼기 좋아하는 죄를 논핵하고, 삭직을 청하였다.

○ 약방이 들어와 진찰하였다. 우의정 이광좌가 아뢰기를,
"사헌부에서 이조판서 유봉휘를 처벌하라고 계청하였는데, 신이 보고 몹시 놀라서 막 차자를 기초하여 그것이 옳지 않다고 논하려 하였는데, 홍문관의 차자가 먼저 들어갔습니다. 대각(臺閣)이 재상(宰相)에 대하여 진실로

---

173) 정석(政席) : 관원의 임명과 출척에 관한 일을 의논하는 자리를 이른다.
174) 임광(任珖) : 1686~1743. 본관은 풍천(豐川), 자는 경휘(景輝)이다. 우참찬 임상원(任相元)의 손자, 승지 임수간(任守幹)의 아들이다. 1708년(숙종34) 식년시에서 진사가 되고, 1713년 증광문과에 급제하여 1724년(경종4) 수찬이 되었다가 남평현감(南平縣監)으로 나갔다. 1727년(영조3) 부수찬이 되고 이후 청요직을 두루 거치다가 1728년 무신란 관련자에 대한 탄핵을 회피하였다고 삭출 당했다. 1732년 이후 헌납·사성 등을 역임하였다.

관료로서 잘못이 있을 때 규찰하고 적발하여 논핵하는 것은 어찌 아름다운
일이 아니겠습니까? 그러나 이단장의 논핵은 모두 아무런 근거도 없으며
그 늘어놓은 말들은 모두 터무니없는 내용입니다. 홍문관의 차자와 유신(儒臣)
의 상소에서 이에 대해 상세히 다 아뢰었으니, 성상께서 특별히 개석(開釋)175)
하시어 속히 출사하도록 면려하심이 마땅할 것입니다."

하자, 주상이 "그대로 하라." 하였다. 이광좌가 아뢰기를,

"외방에서 외람되이 행하는 제향들을 비록 상세히 알 수는 없으나 시험삼아
보고 들은 내용을 말하자면 송규렴(宋奎濂),176) 이수언(李秀彦),177) 이세백(李世
白),178) 이기홍(李箕洪)179)의 원우(院宇)가 극히 외람되고 난잡하다 하니, 해당

---

175) 개석(開釋) : 무고하게 혐의를 받은 신하의 죄를 풀어주는 것을 이른다.
176) 송규렴(宋奎濂) : 1630~1709. 본관은 은진(恩津), 자 도원(道源), 호 제월당(霽月堂)이다.
    송준길(宋浚吉) 문인으로, 송시열·송준길과 함께 삼송(三宋)으로 일컬어졌다. 1654년(효
    종5) 식년문과에 급제하여 숙종대 대사헌 등을 역임하였다. 회덕의 미호서원(美湖書院)에
    제향되었다. 시호는 문희(文僖)이고, 저서로 《제월당집(霽月堂集)》이 있다.
177) 이수언(李秀彦) : 1636~1697. 본관은 한산(韓山), 자 미숙(美叔), 호 농계(聾溪)·취몽헌(醉夢
    軒)이다. 송시열 문하에서 수학하였다. 1660년(현종1) 사마시에 합격하고, 1669년 정시문
    과에 급제하여 숙종대 대사헌 등을 지냈다. 1687년(숙종13) 나양좌 등이 송시열을 비판하
    자 상소를 올려 스승을 변론하였다. 1689년 기사환국 때 병조참판에서 파직되어 초산(楚
    山)에 유배되었다가 1694년 갑술옥사로 풀려 나와 형조판서에 올랐으며, 이어 대사헌으로
    서 오도일을 탄핵하다가 전라도 관찰사로 좌천되었다. 청주의 국계사(菊溪祠)에 제향되
    었으며, 시호는 정간(正簡)이다.
178) 이세백(李世白) : 1635~1703. 본관은 용인(龍仁), 자 중경(仲庚), 호 우사(雩沙)·북계(北溪)이
    다. 목사 이정악(李挺岳)의 아들이며, 김상헌의 외증손, 김수항의 외종질이다. 1657년(효
    종8) 진사시에 합격해 성균관에 들어갔으며 그 곳에서 송준길(宋浚吉)의 가르침을 받았
    다. 1675년(숙종1) 증광문과에 급제하여, 대사헌 등을 거쳐 1700년에 좌의정에 올랐다.
    노론의 중심인물로서 소론, 남인과의 정치적 대립에서 중요한 역할을 하였다. 문집으로
    《우사집》이 있고, 시호는 충정(忠正)이다.
179) 이기홍(李箕洪) : 1641~1708. 본관은 전주(全州), 자 여구(汝九), 호 직재(直齋)이다. 과거에
    응시하지 않고, 학문 연구와 후진 교육에 전념하였다. 송시열 문인으로서 1689년(숙종15)
    스승이 제주에 유배되자 이를 변론하다가 유배되었다. 1697년에 통천현감과 청풍부사를
    잠시 역임하였다가 이듬해 장령에 전임되자, 인주치도(人主治道)에 관한 소만 올리고
    사퇴하였다. 그 뒤 연풍(延豊)에 내려가 문산(文山)에 수락정(壽樂亭)을 세워 그곳에
    살면서, 권상하(權尙夏)와 함께 경사(經史)를 강론하였다. 저서로 《자성편(自省編)》·《직
    재집》 등이 있다.

관찰사에게 빨리 명을 내려 기한을 정해 훼철하게 하소서."

하자, 주상이 "그대로 하라." 하였다.

○ 수찬 박필기(朴弼夔)가 상소하여, 대략 다음과 같이 말하였다.

"전 부제학 이사상에 대한 공격이 날이 갈수록 점점 더 심해지니, 이는 상서롭고 좋은 일이 아니며, 이조판서 유봉휘가 사람들로부터 입은 비방은 더욱 망극합니다. 이단장이 유봉휘가 조야로부터 깊은 신망을 받고 있음을 이미 알고 있으면서도 거짓을 얽어 죄를 만든 것은 모두 사리에 가깝지 않은데, 사헌부의 관직을 빙자하여 참소하는 말을 교교하게 만들어냈으니 어찌 대각(臺閣)으로 대우하여 용서할 수 있겠습니까? 신의 생각으로는 먼저 이단장에게 삭출의 법을 행하여 호오(好惡)의 구분을 분명하게 보이시고, 이로써 향후 참소하는 입을 막아야 합니다."

○ 장령 이정걸(李廷傑)[180] -지평 이중관(李重觀)[181]- 등이 전 감사 유명홍(兪命弘)[182]의 탐욕과 야비함, 불법을 자행한 실상을 논핵하고 법에 따라 처벌할

---

180) 이정걸(李廷傑) : 1666~1730. 본관은 전주(全州), 자 수이(秀爾)·순보(舜甫), 호 백파(栢坡)이다. 윤증(尹拯) 문인이고, 이정필(李廷弼)·이정철(李廷喆)의 형이다. 1712년(숙종38) 정시 문과에 급제, 경종 때 정언·장령 등을 지냈다. 1725년(영조1) 승지에 올라 윤증 부자의 억울함을 신변하였다. 1727년 다시 승지가 되고 1729년 한성부우윤으로 승진하였다. 이해 공조참판을 거쳐 이듬해 동지의금부사가 되었다. 저서로 《노회록(魯懷錄)》이 있다.

181) 이중관(李重觀) : 1674~1733. 본관은 전주, 자는 국빈(國賓)이다. 1699년(숙종25) 식년시에서 생원이 되고, 1719년 증광문과에 급제하여, 1724년(경종4) 지평이 되었다. 1724년 영조 즉위 직후 안변부사(安邊府使)로 나갔다. 1727년(영조3) 정미환국 이후 지평 등을 거쳐 승지에 올랐다. 1728년 정호(鄭澔)를 양이(量移)하라는 명을 복역하였다가 파직 당했다. 1728년 서용되어 병조참지가 되었다가 1731년 다시 승지가 되었다. 1732년 진주목사(晉州牧使)로 나갔다가 이듬해 임지에서 사망하였다.

182) 유명홍(兪命弘) : 1655~1729. 본관은 기계(杞溪), 자 계의(季毅), 호 죽리(竹里)이다. 1673년 (현종14) 진사가 되고, 1682년(숙종8) 증광문과에 급제하여 1688년 지평이 되었으나, 이듬해 기사환국으로 파직되었다. 1692년 사헌부의 탄핵을 받고 형 유명웅(兪命雄)과 같이 사판(仕版)에서 삭거(削去)되었다. 1694년 갑술환국 이후 청요직을 두루 거치고 1718년 도승지가 되었다. 경종대 한성좌윤·전라감사를 지내고, 1724년 영조가 즉위하고

것을 청하자, 아뢴 대로 하라고 하였다.

○ 진사 정봉징(鄭鳳徵) 등이 상소하여, 대략 다음과 같이 말하였다.

"《가례원류(家禮源流)》183)의 서문과 발문 문제에 대해, 신들은 한 번 분변하여 여러 왜곡된 의혹을 타파하려고 합니다.

윤선거가 유계(兪棨)184)와 함께 여러 예서(禮書)의 본말을 두루 고찰하여 《가례원류》를 지었습니다.185) 그런데 저들 권상하와 정호의 무리는 도대체 어떤 심장을 가졌기에, 서문과 발문에서 패악한 거짓을 제멋대로 꾸며대어 한편으로는 '소진(蘇秦)과 장의(張儀)의 수단을 썼다.'186) 하고, 또 한편으로는

───────────

노론이 집권하자 이듬해 대사간·경기감사를 거쳐 1726년(영조2) 예조판서, 1727년 우참찬 등을 역임하였다. 시호는 장헌(章憲)이다.

183) 가례원류(家禮源流) : 유계(兪棨)가 《가례》에 관한 여러 글을 분류, 정리한 책이다. 이를 통해 유계는 가례의 연원과 그 발달을 비교·고찰하여 가례의 본질과 그 전개과정을 이해하는 데 참고가 되기를 기대하였다. 원래 이 책은 유계가 단독으로 엮은 것이 아니라 윤선거와 같이 엮은 것이고, 그 뒤 윤선거의 아들이자 유계의 문인이기도 한 윤증도 증보에 참여하였다. 그런데 유계와 윤선거가 죽고 난 이후 노·소론의 대립이 격화되는 가운데 1711년(숙종37) 좌의정 이이명이 품신하여 용담현령(龍潭縣令)으로 있던 유계의 손자 유상기(兪相基)가 유계의 독자적인 저술인 것처럼 간행하였다. 이를 계기로 노론과 소론 간 주요 분쟁 요인 중 하나가 되었다.

184) 유계(兪棨) : 1607~1664. 본관은 기계(杞溪), 자 무중(武仲), 호 시남(市南)이다. 김장생 문인이다. 예학과 사학에 정통하였으며, 송시열·송준길·윤선거·이유태(李惟泰) 등과 더불어 충청도 유림의 오현(五賢)으로 일컬어졌다. 1630년(인조8) 진사과에 합격하고, 1633년 식년문과에 급제하였다. 1636년 병자호란 당시 시강원 설서로서 척화론을 주장하다가 유배되었다. 1639년 풀려나 금산의 마하산(麻霞山)에 서실(書室)을 짓고 은거하였을 때 《가례집해(家禮集解)》를 개작하여 《가례원류(家禮源流)》를 편찬하였다. 1649년(효종 즉위) 인조의 묘호를 정하는 문제로 유배되었다가 1652년 풀려나 송시열 등의 추천으로 다시 등용되어, 1659년 대사성·부제학 등을 역임하였다. 이해 효종이 죽고 예송이 일어나자 서인으로서 기년설을 지지하였다. 1662년(현종3) 예문관 제학을 거쳐 1663년 대사헌·이조참판 등을 지냈다. 저서로 《여사제강(麗史提綱)》·《시남집(市南集)》 등이 있으며, 시호는 문충(文忠)이다.

185) 윤선거가 …… 지었습니다. : 《가례원류》의 편찬자에 대하여 유계(兪棨) 측에서는 유계가 편찬하고 윤선거·윤증 부자는 교감만 했을 뿐이라고 주장하였고, 윤증 측에서는 이 책은 유계가 단독으로 편찬한 것이 아니라 윤선거와 같이 엮은 것이고, 윤증 또한 이후 많은 증보하였다고 주장하였다.

'부탁한 사람이 적임자가 아니다.'[187]라고 하며, 선정을 비방하여 남의 공을 자기 것으로 가로챈 사람으로 치부해 버립니까?

전하께서 유현(儒賢)을 예우하고 사특하고 무함하는 이들을 배척하는 까닭은 선왕의 본뜻을 우러러 본받고자 하는 것으로 이미 모두 차례로 거행해 왔는데, 지금 이 일에 대해 아직도 처분을 분명하게 내리지 않아서 선현을 무함하고 비방하는 글을 지금까지도 책 앞에 붙이게 되었으니 어찌 흠전(欠典)이 아니겠습니까? 속히 서문과 발문을 불 속에 던져버려 거짓 무고의 말들을 영원히 씻어버리소서."

○ 장령 박장윤(朴長潤)이 흉역 이이명이 지은 지문(誌文)을 개찬[188]할 것을 청하자, 아뢴 대로 하라고 하였다.

○ 생원 이석조(李錫祚) 등이 상소하여, 독약을 쓴 궁비(宮婢)[189]를 조사해

---

186) 소진(蘇秦)과 …… 썼다 : 당시 《가례원류》의 서문을 권상하가 지었는데, 그 서문에서 윤증을 비난하며, '소진(蘇秦)·장의(張儀)의 수단(蘇張手段)'이란 말과 정자(程子) 문인으로 배사(背師)한 형서(邢恕)를 들어 말한 '형칠낭패(邢七狼狽)'라는 글귀를 사용하였다. 이는 곧 윤증도 소진·장의와 같이 송시열과의 갈등 과정에서 권모술수를 사용하였으며, 형서가 정자를 배신했듯이 윤증도 송시열을 배반하였다는 주장이다. '형칠'이라고 한 것은 형서의 자가 칠(七)이기 때문이다.

187) 부탁한 …… 아니다 : 정호는 《가례원류》 발문(跋文)에서 "아, 선생이 이 책에 대해 이와 같이 공이 있는데, 불행히도 부탁한 사람이 적임자가 아니라서 세상에 잘못 전해져, 이 책이 윤선거에게서 나왔다고 의심하게 되었다."라며 윤증을 비판하였다. 《文巖集 家禮源流跋》

188) 흉역(凶逆) …… 개찬 : 1724년(경종4) 4월 30일, 장령 박장윤이 발계하여, 숙종의 지문(誌文)은 흉역 이이명이 지은 것이니 유궁(幽宮) 곁에 묻을 수 없다고 하며 속히 그 지문을 삭거(削去)하고 다시 짓도록 명할 것을 청하였다. 《景宗實錄 4年 4月 30日》

189) 독약을 쓴 궁비(宮婢) : 임인옥사를 처리하는 과정에서 어선(御膳)을 관장하는 김씨 성을 가진 궁인이 성궁(聖躬)에 독약을 시용(試用)하였다는 말이 김성절(金盛節)의 공초에서 나왔는데, 이후로 삼사에서 이 궁비를 찾아내어 죄를 다스릴 것을 계속 청하였다. 이 일은 소급수에 관련된 일로, 소론은 영조가 즉위한 후에도 이 궁비를 찾아내어 죄를 다스리라고 집요하게 청하였다. 《景宗實錄 2年 8月 18日》

내 왕법을 바르게 하라고 청하였다. 또 말하기를,

"국가의 균축(鈞軸)190)을 담당한 신하가 병든 몸을 수레에 싣고 나아가야
한다는 의리는 생각하지 않고, 자기 집에 편안히 누워 대론(大論)을 예사롭게
넘겨보고 물러날 자리를 돌아보며 지리하게 병을 앞세우니, 신들이 생각하기
에 대신의 병은 역적 궁비에게는 다행입니다."

하였다.

○ 부교리 박필기가 상소하여, 이석조가 억지로 단정한 것은 그 의도가
오로지 역적을 토벌하는 의리에만 있는 것은 아니라고 논척하니, 전교하기를,

"석조가 대신을 배척하니191) 너무나도 놀랍다. 그 소를 돌려주고, 원지(遠地)
에 정배하라."

하자, 우부승지 정사효(鄭思孝)192)가 상소하여, 원배(遠配)의 명을 거두어달
라고 청하였다.

○ 부교리 박필기가 상소하여, 속히 명을 거두어 사기(士氣)의 저상(沮喪)을

---

190) 균축(鈞軸) : 균(鈞)은 균(鈞)으로 도자기를 만드는 물레이고, 축(軸)은 수레바퀴를 지탱하
는 굴대로, 나라의 중임(重任)이나 정승의 자리를 비유하는 말로 쓰인다.

191) 석조가 대신을 배척하니 : 이석조가, 역적의 토죄에 적극적으로 나서지 않고, 오히려
병을 핑계로 인입(引入)한 이광좌(李光佐)를 배척한 일을 이른다. 《景宗實錄 4年 5月
18日》

192) 정사효(鄭思孝) : 1665~1730. 본관은 온양(溫陽), 자는 자원(子源)이다. 정뇌경(鄭雷卿)의
손자이고, 형조판서 정유악(鄭維岳)의 아들이다. 1683년(숙종9) 진사가 되고, 1689년
증광문과에 급제하여, 1693년 지평이 되었다. 1697년 중시(重試) 문과에 장원 급제한
뒤 여러 관직을 두루 거치고, 1723년(경종3) 강원도관찰사가 되었으며, 이듬해 승지를
거쳐 1727년(영조3)에 전라도관찰사가 되었다. 1728년 무신란에 가담한 정상이 드러나
유배되었다. 1730년 3월에는 궁인(宮人)인 순정(順正) 등이 대궐에 뼛가루 등을 묻어
동궁과 옹주를 저주한 일이 발각되었고, 4월에 최필웅(崔必雄)이라는 자가 대궐에 몰래
들어와 화약을 훔쳐 내어 방화를 계획한 일이 발각되었다. 모두가 무신란에 가담하였던
정사효 집안사람들이 주도한 혐의를 받고 국문을 받다가 물고(物故)되었다. 《英祖實錄
6年 3月 9日, 4月 16日》

막아달라고 청하였다.

○ 장령 이중관(李重觀)이 아뢰어, 이석조가 권력에 의지하여 남을 무함하는 간계를 부렸다고 배척하고, 이어 박필기가 이석조를 비호[193]한 잘못을 논핵하며 그의 체직을 청하였다.

○ 헌납 서종하(徐宗廈)[194]가 상소하여 아뢰기를,

"사론(士論)은 오로지 격절(激切)하기에 힘쓰는 법이니 꺾어버리는 것은 옳지 않습니다. 유신(儒臣, 박필기)이 재차 소를 올려 명을 거두어 달라 청한 것은 사기를 진작하고 언로를 열기 위함인데, 헌신(憲臣, 이중관)이 하나같이 탄핵하고 체직을 청하니, 신은 개탄스럽습니다."

하였다.

○ 정언 황정(黃晸)·김유(金濰)[195], 장령 이정필(李廷弼) 등이 잇달아 박필기·서종하가 상소한 유생[196]을 구원하려고 한 잘못을 논하였으며, 홍문관에서

---

193) 박필기가 …… 비호 : 사기(士氣)의 저상(沮喪)을 들어, 이석조를 원배(遠配)하라는 명을 거두어달라고 청한 일을 이른다. 《景宗實錄 4年 5月 18日》

194) 서종하(徐宗廈) : 1670~1730. 본관은 달성(達城), 자는 비세(庇世)이다. 1711년(숙종37) 식년문과에 급제하여 삼사의 여러 관직을 거쳐 참의에 이르렀다. 1721년(경종1) 노론 4대신을 처벌할 것을 청하는 김일경의 상소에 연명한 7인 가운데 하나로서 신축환국을 주도하였다. 영조가 즉위하자 그 해에 관작을 삭탈당하고 이어 유배되었다. 1728년(영조4) 서소문(西小門)의 괘서(掛書)의 변이 일어나 이인좌(李麟佐) 등이 밀풍군(密豐君)을 추대하는 반란을 일으켰다. 이에 관련된 혐의로 유배지에서 서울로 압송되어, 신문을 받던 중 매를 맞고 죽었다. 죽은 뒤인 1755년 역적으로 추시(追弑)되었다가 순종 때 복권되었다.

195) 김유(金濰) : 1685~? 본관은 안동, 자는 여즙(汝楫)이다. 1702년(숙종28) 생원이 되고, 1710년 증광문과에 급제하여 경종·영조 연간 청요직을 두루 거치고, 1731년(영조7) 승지가 되었다. 1739년 대사간으로 있다가 '임금을 업신여긴 죄'로 기장현(機張縣)에 천극(栫棘)되었는데, 이듬해 풀려났다.

196) 상소한 유생 : 병을 핑계로 역적의 토죄에 적극적으로 임하지 않는다는 이유로 우의정 이광좌를 배척한 생원 이석조(李錫祚)를 이른다.

차자를 올려 서종하의 상소 내용 중 사리에 어긋난 부분을 논핵하고 그의 체직을 청하였다.

○ **가을**, 대사헌 이명언(李明彦)이 상소하여, 대략 다음과 같이 말하였다. "만약 조정의 신하들이 정갈한 마음으로 하나 되고 군신이 함께 화합하여 유신(維新)의 교화를 우러러 받든다면 대도(大道)에 오를 수 있고 소강(小康)도 어렵지 않게 이룰 수 있을 것입니다. 그러나 시기와 의심이 싹트고 공격을 그치지 않아 창·칼이 뒤따르고 따로 문호(門戶)를 세우고자 분열하고야 말았으니, 아! 또한 심합니다.

신이 일찍이 제 역량을 헤아리지 못하고 망령되이 조정(調停)의 의론을 주장했는데, 일은 시행되지 못하고 몸은 이미 만신창이가 되어, 이때 이미 신은 떠나려는 뜻이 있었습니다.

아! 우리 나라 붕당의 폐해는 그 유래가 이미 오래되었습니다. 우리 성명(聖明)의 때에 이르러서는 그 재앙이 더욱 치성해져 삼수(三手)의 역변이 일어나 거의 나라 없는 지경에 이르렀습니다.

지금 신하된 자들은 마땅히 한 마음으로 힘을 합해 탕평(蕩平)을 하려는 성상의 마음에 부응해야 하나 이러한 생각들을 하지 못하고 오직 붕당으로 나누려고만 하는데, 지금 또 다시 갈라지고 쪼개져 알력만을 일삼는다면 다만 조정이 제대로 서지 못할 뿐만 아니라 위태로운 재앙이 장차 여기에서 시작될 것입니다. 지금 이러한 일을 자행하는 자들은 그것이 나라를 병들게 하는 일임을 알면서도 그저 화복(禍福)을 두려워하고 권리를 다투어 자기의 사익을 채우려는 데 불과합니다.

신에게 세상사 돌아가는대로 그대로 순응하면 가만히 앉아서 부귀를 누리고 평생토록 편안하고 즐겁게 해주겠다고 해도, 신은 차라리 물러가 말라죽을지언정 편당을 지어 천하 후세에 죄를 짓고 싶지 않습니다."

○ **8월,** 경종이 훙(薨)하고, 세제(世弟)가 즉위하였다.

○ 양사 -대사헌 이명언(李明彦), 집의 윤회(尹會), 장령 유시모(柳時模), 지평 이진수(李眞洙)- 에서 김창집·이이명의 육시(戮尸)[197]에 대해 다시 아뢰었다.

○ 비망기를 내렸다.

"저지른 죄는 무거우나, 성후(聖后)[198]와 동기인 사람이 몇이나 되겠는가? 인산 날짜가 이미 정해졌으니, 지금 방환하여 서울에서 한번 곡하게 한다면, 하늘에 계신 영령께서도 분명 기뻐하실 것이다. 전 판서 민진원(閔鎭遠)[199]을 특별히 석방하라."

승정원에서 -남취명(南就明), 이중술(李重述)[200], 유수(柳綏)- 복역(覆逆)[201]하고 명을 거두어 달라 청하자, 주상이

"선후(先后)의 영령을 위로하기 위함이니, 속히 중지하고 번거롭게 하지 말라."

유시하였다. 집의 윤회(尹會)가 명을 거두어 달라 청하며 여러 번 아뢰기를

---

197) 김창집·이이명의 육시(戮尸) : 김창집은 1722년(경종2) 4월 29일에, 이이명은 같은 해 4월 30일 사사(賜死)되었는데, 그해 9월 이후 김일경을 필두로 한 소론은 두 사람이 너무 가벼운 형벌을 받았다고 하여 육시의 형벌을 추가할 것을 지속적으로 주장하였다.

198) 성후(聖后) : 숙종의 계비 인현왕후(仁顯王后, 1667~1701)를 이른다. 아버지는 여양부원군(驪陽府院君) 민유중(閔維重)이며, 어머니는 은진 송씨(恩津宋氏)로 송준길(宋浚吉)의 딸이다. 1681년(숙종7) 가례(嘉禮)를 올리고 숙종의 계비가 되었다. 1689년 기사환국으로 폐서인 되었다가 1694년 갑술환국으로 복위하였고, 1701년 원인 모를 질병으로 승하하였다.

199) 민진원(閔鎭遠) : 1664~1736. 1722년(경종2) 임인년 옥사로 유배되었다가, 1724년 영조가 즉위하자 우의정에 올랐다. 이듬해 유봉휘를 유배시켰으며, 송시열의 증직(贈職)을 상소하고 그해 좌의정이 되었다.

200) 이중술(李重述) : 1681~? 본관은 경주(慶州), 자는 선지(善之)이다. 1714년(숙종40) 증광문과에 급제하여, 1721년(경종1) 지평, 1724년 승지가 되었다. 1725년(영조1) 유배되었다가 1727년 풀려나 다시 승지가 되고, 1728년 종성부사(鍾城府使), 1736년 단양군수(丹陽郡守) 등을 역임하였다.

201) 복역(覆逆) : 명령 출납을 관장하는 승지들이 부당하다고 여기는 왕명에 대해 출납을 거부하고 다시 아뢰어 재고(再考)를 청하는 일을 이른다.

그치지 않자, 주상이 노하여 특명으로 삭출(削黜)하였다.

○ **겨울**, 대사간 권익관이 상소하여 대략 말하기를,

"대행 대왕께서 흉악한 무리가 권력을 잡던 날에는 사악한 기운을 말끔히 쓸어버렸고, 삼수(三手)의 모의가 일어난 날에는 수괴를 모두 섬멸하였습니다. 우리 전하께서는 대행 대왕의 뜻을 잘 계승하시고 대행 대왕의 사업을 잘 펼치시어, 대행 대왕의 유업(遺業)을 잇는데 더욱 힘쓰소서."

하자, 주상이 좋은 말로 비답을 내렸다.

○ 유봉휘를 정승에 임명하였다.[202]

○ 청주 유생 정규상(鄭奎相)이 상소하여, 송시열을 복향(復享)하고 권상하를 복관(復官)하라고 청하였다.[203]

○ 유학(幼學) 이의연(李義淵)[204]이 구언(求言)에 응하여 상소하였는데[205],

---

202) 유봉휘를 …… 임명하였다 : 영조는 1724년 왕위에 오른 직후 당쟁의 폐해를 절감하고 그 타파를 천명하였다. 그래서 소론인 이광좌를 영의정으로, 유봉휘를 좌의정으로 삼고, 조태억을 우의정으로 발탁하였다.《英祖實錄 卽位年 10月 3日》

203) 정규상(鄭奎相)이 …… 청하였다 : 1724년(영조 즉위년) 11월 청주 유학 정규상의 상소를 필두로 송시열의 향사(享祀)와 권상하의 관작을 회복시켜 달라는 상소가 잇달았으나 계속 윤허하지 않다가, 1725년(영조1) 1월 경상도 유학 김인수(金麟壽) 등 740여 인이 올린 상소를 계기로 결국 권상하의 관작을 회복시켜 주도록 명하였다.《英祖實錄 卽位年 11月 6日, 1年 1月 11日》

204) 이의연(李義淵) : 1692~1724. 본관은 전주(全州), 자 방숙(方叔), 호 유시재(有是齋)이다. 1724년 영조 즉위 후 겨울에 구언(求言)이 있었는데, 포의(布衣)로서 이에 응하여 신임옥사를 일으킨 소론 주동자의 축출을 주장하다가 유배되었다. 그런데 소론의 집요한 탄핵으로 국문을 받다가 옥사하였다.

205) 이의연(李義淵)이 …… 상소하였는데 : 이의연은 영조 즉위년(1724) 재이(災異)로 인한 구언(求言)에 응하여 유학(幼學)의 신분으로 상소하여 신축년과 임인년에 세제 책봉과 대리청정을 반대한 세력을 죄주기를 청하였다. 이 상소로 인해 영의정 이광좌, 좌의정 유봉휘, 우참찬 김일경 등이 상소하여 인책하며 이의연을 죄주기를 청하여, 이의연은

그 대략은 다음과 같다.

"생각컨대 대행 대왕에게는 불행히도 부지런해야 할 정사(政事)를 권태롭게
여기는 병환이 있었으므로, 선왕의 고명(顧命)을 받은 신하들이 종묘사직의
대계(大計)를 깊이 생각하고 동조(東朝)²⁰⁶)의 성교(聖敎)를 받들어 전하를 저위
(儲位)에 세움으로써 나라의 대본(大本)을 정하고 서무(庶務)를 협찬하게 하였습
니다.

그런데 저 뭇 소인배들만이 틈을 엿보고 흉악한 뜻을 드러내어, '한밤중에
황망하게[半夜蒼黃]²⁰⁷), '은밀히 천위를 옮긴다.[陰移天位]²⁰⁸)는 등의 말로 민심
을 동요시키고, 북문(北門)으로 잠입²⁰⁹)하여 마침내 그 계략을 이루었습니다.
성상의 총명을 가리고 재앙을 빚어내어 교목세가(喬木世家)²¹⁰)를 남김없이

외딴섬에 정배되었다. 이후 이의연에 대한 국문 요청이 이어지자 영조는 이를 허락하였
고, 이의연은 국문을 받던 도중에 사망하였다. 《英祖實錄 即位年 11月 6日·7日·8日·26日,
12月 5日》

206) 동조(東朝) : 대왕대비인 인원왕후(仁元王后) 김씨(1687~1757)를 가리킨다.

207) 한밤중에 황망하게[半夜蒼黃] : 노론의 주도로 연잉군을 왕세제로 정할 때 밤늦게 청대해
서 경종에게 종용하였는데, 소론 측에서 그 과정상의 잘못을 지적하여 한 말이다.
1721년(경종1) 8월 23일 유봉휘가 올린 상소에 "半夜嚴廬, 一請再請, 使莫重莫大之擧, 終至於
草率之歸, 國體反輕, 殆不成樣, 人心疑惑, 久而靡定, 臣誠莫曉其何以至此也."라고 한 것과,
이 해 10월 12일 사직 박태항(朴泰恒) 등의 연명 상소에 "半夜蒼黃, 尺紙猝降, 而大臣熟睡,
三司寂默, 漠然無一分匡拯底因."이라고 한 말 등을 인용한 것으로 보인다.

208) 은밀히 …… 옮긴다[陰移天位] : 1721년(경종1) 10월, 한세량이 세제의 참정(參政)을 청한
집의 조성복을 청토하는 상소에서 "하늘에는 두 개의 태양이 없고, 땅에는 두 임금이
없다.[天無二日, 地無二王.]", "몰래 천위를 옮기려 한다.[陰移天位]"라고 한 말을 가리킨다.
《景宗實錄 1年 10月 12日》

209) 북문(北門)으로 잠입 : '북문'은 원래 경복궁의 북문인 신무문(神武門)을 가리킨다. 1519
(중종14) 기묘사화 때, 남곤과, 심정 등 훈구 대신들이 중종의 밀지(密旨)를 받고 승지와
사관 몰래 신무문을 통해 입궐하여 조광조 등의 신진 사류를 제거한 사건이 있었다.
1721(경종1) 10월 17일에 대간의 탄핵을 받고 궐 밖에 물러나 있던 우의정 조태구가
신하들이 일반적으로 다니는 문로(門路)가 아니고 창경궁 협문인 선인문(宣仁門)을
통해 입궐하여 왕세제에게 대리청정하게 하라는 명을 거두기를 청한 끝에 명을 거두겠다
는 윤허를 받아냈다. 여기에서는 조태구가 했던 일을 기묘사화 당시의 사건에 빗대어서
선인문을 북문이라고 지칭한 것이다. 《景宗實錄 1年 10月 17日·19日》

210) 교목세가(喬木世家) : 여러 대에 걸쳐서 국가의 중요한 자리에 있으면서 국가와 운명을

주륙211)하였고, 심지어는 '금정접혈(禁庭踱血)'212)이란 말을 꺼내기까지 하였으니, 그 꾸민 계략이 음흉하고 참혹하여 차마 말하지 못할 것이 있습니다.

　지금 전하의 책무는 뭇 소인배들이 혼탁하게 어지럽힌 죄를 속히 바로잡아 신축년(1721, 경종1) 이후의 일이 모두 우리 선대왕(先大王)의 본뜻이 아니었음을 밝히는 것보다 앞서는 것이 없는데, 즉위하신지 수개월 동안 줄곧 주저하고만 계시니, 신인(神人)의 분노가 이 때문에 풀리지 않고 천지의 기운은 이로 인해 조화를 잃었습니다. 원로(元老)가 무함을 당하자 우레와 바람에 벼가 쓰러지고[風雷偃禾], 간신(姦臣)이 정사를 어지럽히자 천둥 번개에 나무가 뿌리 뽑혔으니,213) 재이(災異)의 원인은 예로부터 그런 것입니다.

　함계하는 집안을 말한다. 《맹자》〈양혜왕 하(梁惠王下)〉에 "고국은 높이 치솟은 나무가 있다는 말이 아니요, 대대로 신하를 배출한 오래된 집안이 있음을 의미한다."라는 말을 인용한 것이다.

211) 남김없이 주륙 : 신축년(1721, 경종1)부터 임인년(1722, 경종2)까지 노론과 소론의 갈등이 옥사로 확대되어 노론 계열이 대거 숙청된 신축·임인년의 옥사를 이른다. 1721년 노론 측은 왕세제의 책봉과 함께 왕세제에 의한 대리청정을 도모하였다. 그러나 소론 측의 반격으로 결국 대리청정 시도는 실패로 돌아가고 노론은 정계에서 축출되었는데 이를 신축옥사 또는 신축환국이라고 한다. 신축환국 이후 소론이 정국을 주도하는 상황에서 1722년 노론 측이 삼수로 경종을 시해하려고 했다는 목호룡의 고변을 계기로 임인옥사가 발생하였다. 신임옥사는 종전까지 붕당이 사문(斯文)에 관계된 시비를 벌이던 데서 왕위 계승과 관련된 논란으로 변질되며 충역(忠逆) 논쟁으로 이어져 살육이 자행되는 결과를 가져왔다.

212) 금정접혈(禁庭踱血) : 1722년(경종2) 9월 21일 임인옥사(壬寅獄事)를 마무리하면서 종묘에 토역(討逆)을 고하는 교문을 반포하였는데, 이 교문은 당시 홍문관 제학이었던 김일경(金一鏡)이 지어 올렸다. 그런데 그 내용 중 왕위 계승을 놓고 골육간의 살육이 언급된 '대궐 뜰에 유혈이 낭자하여 피를 밟고 다닌다.'는 구절이 논란이 되었다. 접혈금정은 당나라 고조의 장자 이건성과 그의 아우 이세민이 왕위를 다투다가 이세민이 현무문(玄武門)으로 들어가 이건성을 죽였을 때의 모습을 형용한 문구이다. 《資治通鑑 唐紀 高祖》·《景宗實錄 2年 9月 21日》 이 문구는 아우인 영조가 형인 경종을 죽이고 왕위를 차지하려는 음모에 가담하였다고 해석될 여지가 많았다.

213) 원로가 …… 뽑혔으니 : 주나라 무왕(武王)이 죽자 나이 어린 성왕(成王)을 보필하여 주공(周公)이 섭정하였는데, 관숙(管叔)이 다른 형제들과 함께 주공이 왕위를 넘본다는 유언비어를 퍼뜨렸다. 이에 주공이 동도(東都)로 물러나 지냈는데 2년째 되는 가을에 크게 천둥 번개를 동반한 바람이 몰아쳐 아직 수확하기 전인 벼가 다 쓰러지고 큰 나무가 뽑혀나가는 재이가 발생하였다. 이 일을 계기로 성왕이 금등(金縢)의 글을

지금 전하께서 두려워하고 삼가는 마음으로 다시 도모하시어 뭇 소인배의 죄를 바로잡고 선왕의 뜻을 드러내신다면 형혹성(熒惑星)이 궤도를 옮겨가고[214] 상상(祥桑)이 말라 죽는[215] 것이 어찌 전대(前代)에만 국한된 아름다운 일이겠습니까?

사문(斯文)의 시비(是非)에 대해서는 숙종[肅廟]의 유교(遺敎)가 밝고 밝은데,[216] 흉악한 무리들은 출향(黜享)[217]에 거리낌이 없었고, 윤지술(尹志述)의 충직함과 억울함에 사림이 지금껏 눈물을 흘리고 있는데 복향(復享)의 은전과 충직에 대한 포상이 아직도 즉시 시행되지 않고 있으니, 이 또한 재앙을 불러들인 단서가 아니겠습니까?"

승정원에서 다음과 같이 아뢰었다.

"유학(幼學) 이의연이 응지(應旨)[218]를 핑계로 올린 상소는 그 한 편(篇)의

열어 주공의 충심을 알게 되고 친히 동도에 나아가 주공을 맞이해 돌아왔다. 《書經 金縢》 이는 주 성왕을 경종에, 주공을 노론 4대신에 빗대어 말한 것이다.

214) 형혹성(熒惑星)이 …… 안내하고 : 형혹성은 오성(五星) 중 화성(火星)의 이칭(異稱)이다. 남방의 화덕(火德)을 관장하여 법을 집행하는 것을 주관하고 요얼(妖孼)을 살피는 역할을 하므로 예로부터 이 별이 나타나면 병란이 일어난다고 여겼다.

215) 상상(祥桑)이 …… 죽는 : 은나라 태무(太戊) 때에 요상한 뽕나무와 곡식[祥桑穀]이 조정 뜰에 함께 나서 하룻저녁 사이에 한 아름이나 자라났다. 이에 태무가 두려워하며 이척(伊陟)에게 물으니, 이척이 "신이 듣건대 요사스런 것은 덕을 이기지 못한다고 합니다. 임금님의 정치에 결점이 있을지도 모르니, 임금님은 덕을 닦으십시오.臣聞妖不勝德. 帝之政, 其有闕與, 帝其修德.]"라고 하여 태무가 그 말을 듣고 덕을 닦으니, 요상한 뽕나무가 말라 죽었다는 고사가 전한다. 《史記 殷本紀》

216) 사문(斯文)의 …… 밝은데 : 1716년(숙종42), 윤선거·윤증 부자와 송시열간 회니시비(懷尼是非)에 대하여 숙종이 윤선거의 문집인 《노서유고(魯西遺稿)》에 효종을 무함하는 내용이 있으니 훼판하고, 윤선거 부자의 관작을 삭탈하며, 윤선거의 사액서원(賜額書院)을 철거하라 명함으로써 노론을 지지하였다. 이를 병신처분이라 하는데, 이는 회니시비를 둘러싸고 심각해진 노·소의 대립과 분쟁에 왕이 직접 관여하여 처분을 내린 것이었다. 이로써 소론은 학문적, 정치적으로 이념과 명분에서 심각한 타격을 입어 정국에서 소외되었고, 노론은 숙종의 인정과 지원을 받아 정국을 주도하게 되었다. 《肅宗實錄 42年 8月 24日》

217) 출향(黜享) : 조광조의 제향 서원인 도봉서원에 배향되었던 송시열을 1723년(경종3) 출향했던 일을 이른다.

218) 응지(應旨) : 국왕이 구언의 전교를 내리면 이에 응하여 상소하는 것을 이른다.

정신이 오로지 역당을 비호하고 선류를 일망타진하자는 데 있습니다. 심지어 '북문으로 잠입하여 마침내 그 계략을 이루었다.', '재앙을 빚어내어 교목세가를 주륙하였다.'는 등의 말을 방자하게 발설하는가 하면, '모두 우리 선대왕의 뜻이 아니었다.'고 말한 것과 같은 것은 가리키는 뜻을 헤아리기 어려우니, 그가 위로 선왕을 무함하여 욕보이고 사사로이 흉역을 비호한 실상은 너무나도 통탄스럽습니다. 그 나머지 조정 신료들을 거짓으로 무함하여 화를 전가시키려 마음먹고 사문의 시비를 현란시키며 윤지술의 요악(妖惡)함을 치켜세운 것은 거론할 겨를도 없습니다."

○ 비망기를 내렸다.

"지금 이의연의 상소를 보니 오로지 당을 비호하는 내용으로, 지금껏 입에 올릴 수 없었던 말들을 어지러이 일으켰다. 아! 신축년(1721, 경종1)의 하교219)는 지금 돌이켜 생각해도 마음이 진정되지 않고 저려 오는데 도대체 무슨 심정으로 다시 이러한 주장을 제기한단 말인가? 이러한 소장은 즉시 도로 내주는 것이 마땅하다.

지금 만약 이 일을 가지고 서로 공격을 주고받는다면 어찌 화기(和氣)를 손상시키지 않겠는가? 아! 나를 가까이에서 보좌하는 신하들은 먼저 관후하고

---

219) 신축년의 하교 : 왕세제에게 서무를 대리하게 하라는 조성복의 건의에 대해 경종이 세제의 대리청정을 허락한다는 내용으로 내린 비망기를 이른다. 그러나 승정원과 옥당이 청대하고 소론인 좌참찬 최석항이 심야에 또 청대하여 명을 거둘 것을 강력히 청하니 경종이 명을 거두었다. 그런 지 3일 만에 경종이 다시 대리청정 하라는 비망기를 내리자, 세제를 비롯하여 노론과 소론 모두가 명을 거둘 것을 청하고 정청(庭請)까지 하였는데, 정청한 지 3일 만에 노론 4대신을 중심으로 정청을 중지하자는 논의가 나왔다. 최석항과 이광좌 등 소론은 정청 중지를 강력히 반대하였으나 10월 17일 노론 4대신이 결국 정청을 중지하고 대리청정의 명을 받들겠다는 연명 차자를 올렸다. 이런 상황에서 당시 대간의 탄핵을 받고 궐 밖에 물러나 있던 조태구가 신하들이 일반적으로 다니는 문로(門路)가 아닌 선인문을 통해 입궐하여 청대하였는데, 탄핵 중이라 하여 승정원에서 이를 거절하니 사알(司謁)을 통해 청대하여 끝내 경종을 만나보고 대리청정의 명을 거두도록 설득시켰다.

공평한 마음을 갖기에 힘쓰라."

○ 홍문관에서 이거원(李巨源), 이진수가 청대(請對)하여 입시하였다. 이거원이 다음과 같이 아뢰었다.

"이의연의 상소 내용이 흉패하였는데, 전하께서 그 정상을 이미 통촉하고 계시겠지만 감히 조목조목 간략하게 밝혀보겠습니다. 이른바 '한밤중에 황망하게[半夜蒼黃]'는 유봉휘의 상소 중에 나온 말220)이고, '은밀히 천위를 옮긴다.[陰移天位]'는 한세량(韓世良)221)의 상소 중에 나온 말222)입니다.

유봉휘는 그때 당시 김창집의 무리가 한밤중에 거듭 청하며223) 그 거조를

---

220) 한밤중에 …… 말 : 1721년(경종1) 8월 23일 유봉휘가 올린 상소에는 "半夜嚴廬, 一請再請, 使莫重莫大之擧, 終至於草率之歸, 國體反輕, 殆不成樣, 人心疑惑, 久而靡定, 臣誠莫曉其何以至此也." 하였으며, 이해 10월 12일 사직 박태항 등의 연명 상소에서는 "半夜蒼黃, 尺紙猝降, 而大臣熟睡, 三司寂默, 漠然無一分匡捄底因."이라고 하였다. 본문에서 교리 이거원이 '반야창황'이라는 구절을 유봉휘의 소어(疏語)라고 하였는데, 의미는 일맥상통하지만 박태항 등 연명 상소의 구절로 보는 것이 더 정확한 듯하다.

221) 한세량(韓世良) : 1653~1723. 본관은 청주(淸州), 자는 상오(相五)이다. 1675년(숙종1) 증광시에 합격하여 진사가 되고, 1699년 증광문과에 장원 급제하여, 1714년 승지가 되었다. 1721년(경종1) 노론이 세제의 대리청정을 주장하자 조태구·유봉휘 등과 함께 반대하였다. 이 일로 노론의 반발을 초래했지만 경종이 비호하여 무사하였다. 1721년 함경도 관찰사로 나갔다가 1723년 대사헌에 임명되었지만 감영에서 사망하였다.

222) 은밀히 …… 말 : 한세량이 1721년(경종1) 세제의 참정(參政)을 청한 집의 조성복을 처벌하기를 청하는 상소를 올렸는데, 그 상소에 "하늘에는 두 개의 태양이 없다.[天無二日]", "몰래 왕위를 옮기려 한다.[陰移天位]"라는 등 노론 측의 역심(逆心)을 의심하는 말이 있었다. 《景宗修正實錄 1年 10月 12日》

223) 김창집의 …… 청하며 : 숙종이 승하하고 경종이 왕위에 오른 직후 노론이 주도하는 정국에서 노론은 당시 경종의 나이가 30세를 넘겼는데도 후사가 없다는 것을 문제로 제기하였다. 노론 측의 행동은 1721년(경종1) 8월 20일 정언 이정소가 상소하여 저사(儲嗣)를 세우라 요청하며 본격화되었다. 이정소의 상소를 계기로, 영의정 김창집과 좌의정 이건명 등이 원임대신과 육조 판서 등을 모아 논의하여 연잉군을 왕세제로 세울 것을 건의하였다. 이들은 노론 측 신하들을 거느리고 한밤중인 2경에 청대(請對)하여 입시한 자리에서 후계자를 세우는 일은 종사(宗社)의 대계(大計)를 위한 것이라고 거듭 주장하면서 속히 결단을 내리기를 종용한 끝에 경종의 윤허를 받아내고, 이어 경종에게 즉시 인원왕후 김씨의 뜻을 물어 수필(手筆)을 받아오도록 요구하였다. 4경에 다시 김창집 이하 신하들이 입시를 허락하도록 재촉하니, 파루(罷漏) 후에 경종이 이를 허락하여

허둥지둥 조급히 한 것은 실로 국본(國本)을 무겁게 여기는 체모가 아니므로 이를 지적한 것에 불과할 뿐, 어찌 다른 뜻이 있어 한 말이겠습니까? 그런데도 전하로 하여금 이 일로 유봉휘를 추죄(追罪)하게 하려 하니, 그 마음씀이 어찌 너무도 흉악하고 참혹하다 하지 않겠습니까?

한세량의 상소는 조성복(趙聖復)의 상소[224] 때문에 나온 것입니다. 당시 흉당조차도 조성복을 절도에 위리안치하기를 청하였으니, 성복의 죄를 알 수 있습니다. 이의연이 이로써 한세량의 죄를 삼고자 하니, 어찌 위험하지 않겠습니까?

'북문으로 잠입하였다.[北門潛入]'고 한 것은 고 상신 조태구가 청대한 일을 말합니다. 당시 대행 대왕께서 진수당(進修堂)에 계셨는데 조태구가 선인문(宣仁門)을 통해 가까운 길로 들어와 일을 청할 수 있었으니, 곧 대리청정(代理聽政)의 명을 도로 거두어 달라는 것이었습니다.

역적 김창집의 무리가 새벽녘에 연명 차자를 올렸다가 조태구의 입대(入對) 소식을 듣고 허둥지둥 따라 들어와 조태구와 함께 대리청정의 명을 도로 거두어 달라고 청하였으니, 태구의 명분이 바르고 언론이 합당하였음을 알 수 있습니다. 사람들은 모두 조태구를 사직신(社稷臣)으로 여기고 있으나 그 때의 흉당은 신무문(神武門)의 일에 비유하며 국문하려고까지 하였고 지금 이의연의 소어(疏語)도 같은 맥락에서 나왔습니다.

'대궐 뜰에 유혈이 낭자하여 피를 밟고 다닌다.[禁庭蹀血]'는 말은 김일경(金一

신하들이 입시한 자리에서 자전의 수필을 보인 후 연잉군을 후계자로 삼는다는 전지를 써서 내도록 하였다.《景宗實錄 1年 8月 20日》소론의 반발 속에서 같은 해 8월 21일 연잉군이 왕세제로 책봉되었으나, 이 사안을 둘러싸고 정국이 급속도록 냉각되면서 양측의 공방이 계속되었다.

224) 조성복의 상소 : 소론 측의 반발 속에서 1721년(경종1) 8월 21일 연잉군이 왕세제로 책봉되었으나, 이 사안을 둘러싸고 정국이 급속도록 냉각되면서 노·소론, 양측의 공방이 계속되었다. 이런 와중에 같은 해 10월 10일 조성복이 상소하여 왕세제에게 서무를 대리하도록 하자고 청하였다.《景宗實錄 1年 10月 10日》조성복의 상소는 경종의 권한을 제한하려는 정치적 의도가 뚜렷했으므로, 이로 인해 노론과 소론의 갈등은 걷잡을 수 없는 양상으로 확산되었다.

鏡)이 작성한 반교문의 구절입니다. 몇 해 전 역적의 공초에서 궁성에 병력을 배치할 계획을 세웠다는 말이 있었으므로225) '접혈(蹀血)', 즉 '유혈이 낭자하여 피를 밟고 다닌다.'는 구절을 넣었던 것입니다.

'접혈', 두 글자는 고문(古文)에서 많이 나오는 말로, '장안신접혈(長安新蹀血)' 같은 류가 무한정인데도 이 구절로 무함하려 합니다. 옛날 유자광(柳子光)이 문자로 남을 무함하더니226) 성명(聖明)의 세상에 이러한 주장이 있을 줄 어찌 생각이나 했겠습니까?

가장 통탄스러운 것은 '선왕에게 부지런해야 할 정사(政事)를 권태롭게 여기는 병환이 있었다.'고 말한 것과, '신축년(1721, 경종1) 이후의 일은 모두 선왕의 본의가 아니었다.'고 말한 것이니, 이것이 어찌 오늘날 차마 입 밖으로 낼 수 있는 말입니까?

하교에서 이를 당론으로 간주하셨는데, 이른바 당론이란 서로가 옳다 그르다를 주장하는 것일 뿐 이처럼 역적과 편당한 흉악한 사람을 어찌 당론으로 논할 수 있겠습니까? 만약 통쾌한 처분을 내리지 않으신다면 군신의 윤리는 이로 인해 다 무너지게 될 것입니다. 신들이 야심한 시각에 청대한 것은 이의연의 죄를 분명하게 바로잡고자 해서입니다."

이진수가 아뢰기를, "흉패한 그의 죄를 분명하게 다스리소서." 하였고,

---

225) 몇 …… 있었으므로 : 임인옥사의 죄수들 가운데 김창도(金昌道)와 유취장(柳就章)의 공초(供招)에 관련 내용이 나온다. 궁성에 병력을 배치한다는 계획은, 1721년(경종1) 10월에 경종이 왕세제에게 대리청정하게 하라는 명을 내린 일로 인해 신하들이 명의 철회를 요구하는 정청(庭請)을 하다가 그달 16일에 노론 4대신을 중심으로 정청을 중지하자는 논의가 나왔는데, 바로 그 시점에 있었던 일이다. 당시 김창집의 주도 하에 자신들이 부리기 좋은 인물로 훈련도감의 관원을 구성한 다음, 정청 중지 이후 이들에게 궁성을 호위하게 하여 소론 인사들의 입궐을 저지함과 동시에 소론 인사들의 상소를 차단하고자 하였다고 한다. 《景宗實錄 2年 5月 13日, 7月 21日》

226) 유자광(柳子光)이 …… 무함하더니 : 무오사화(戊午士禍)를 가리킨다. 유자광은 1498년 (연산군4) 이것을 주도한 인물로, 본문에서 "문자로 남을 무함"했다는 것은 사관(史官) 김일손(金馹孫)이 《성종실록》의 사초(史草)에 스승인 김종직(金宗直)이 지은 〈조의제문(弔義帝文)〉을 수록하였는데, 유자광이 이것을 가지고 세조를 욕한 것이라고 무함하여 많은 사림 세력을 제거한 사건이다.

승지 이명의(李明誼)227)가 아뢰기를,

"어찌 당론으로 논할 수 있겠습니까? 4흉(四凶)228)을 높이며 '우레와 바람에 벼가 쓰러졌다.[風雷偃禾]'는 등의 말로 은연중 그들을 주공(周公)에 비교하였으니, 이는 다만 역당을 비호하는데 그칠 뿐만이 아닙니다. 만약 그 죄를 분명하게 다스리지 않는다면 흉당의 잔당들이 잇달아 일어나 나라가 나라답지 못하게 될 것입니다."

하였다. 이거원이 아뢰기를,

"유봉휘 등이 어찌 전하의 충신이 되지 않겠습니까? 그런데도 이의연이 감히 이 일을 가지고 무함하니, 이처럼 흉악하고 교활한 무리는 엄한 말로 통렬히 배척한 후에야 성덕을 빛낼 수 있을 것입니다."

하자, 이진수가 아뢰기를,

"유봉휘를 비롯한 신하들이 선왕의 충신이 아니었다면 모르겠으나 이미 선왕의 충신이었으니 또한 전하의 충신입니다. 4흉이 선왕의 죄인이 아니었다면 모르겠으나 이미 선왕의 죄인이었으니 또한 전하의 죄인입니다."

하니, 이명의가 아뢰기를,

"이의연은 어찌 선왕 때는 한 글자도 아뢰지 않다가 성상께서 즉위한 지금에 와서야 비로소 아뢴단 말입니까? 그의 의도는 오로지 참소하여 이간질하려는데 있을 뿐입니다."

하였다. 주상이 말하기를,

"신축년의 하교를 신하된 자가 어찌 감히 내게 제기한단 말인가? 그 소를 돌려주라 한 것은 이 때문이다. 아래 단락 금등(金縢)의 일이 주공(周公)에

---

227) 이명의(李明誼) : 1670~1728. 본관은 한산(韓山), 자는 의백(宜伯)이다. 1702년(숙종28)에 진사가 되고, 1712년 정시문과에 급제하였다. 1718년 정언이 되어 이이명과 이희조 등을 탄핵하다가 도리어 유배되었다. 경종대 소론이 집권하자, 교리 등을 거쳐 대사간 등을 지냈다. 영조가 즉위하자 김일경의 상소에 동참하였다는 죄로 귀양 갔고, 1728년(영조4) 무신란(戊申亂)에 연루되어 고문을 당하다가 죽었다.

228) 4흉(四凶) : 노론 4대신, 즉 김창집·이이명·이건명·조태채를 이른다.

비견한 내용229)임을 나 또한 알고 있다. 그러나 성인은 광부(狂夫)의 말도 택하는 법이니,230) 택하지 않을 것이라면 쓰지 않으면 그만이다.

나를 가까이에서 보좌하는 직임의 유신(儒臣)들은 오늘날 당고(黨錮)의 폐단231)이 있다고 여기는가? 없다고 여기는가? 신축년의 일이 일어난 원인을 따져 볼 때 그 근원이 무슨 일에 있다고 보는가?

광망한 자는 광망하다고 치부해 버리면 그만이니, 그의 말을 쓰지 않으면 그 또한 마땅히 스스로 그만둘 것이다. 구언의 교지가 내리자 한때의 광망한 자가 틈을 노리고 나온 것에 대해 어찌 반드시 극죄(極罪)로 처벌해야만 직성이 풀린단 말인가? 추죄(追罪)까지 하는 것은 지나친 듯하다."

하자, 이거원이 아뢰기를,

"광망하다는 것은 언사가 과격함을 이르는 것입니다. 그런데 이의연은 신축년 역변을 역(逆)이라 하지 않았고 심지어 선왕을 무함하기에 이르렀으니, 편향된 당론[偏論]이라고 치부할 수 없습니다."

하였고, 이진수가 아뢰기를,

"신축년의 역변은 저들이 대행 대왕을 전혀 안중에 두지 않았기 때문에 화를 입게 될까 두려워하는 마음이 있어 실행하기에 이른 것이니, 어찌 당론이라고 말할 수 있겠습니까?"

---

229) 금등(金縢)의 …… 내용 : 금등은 원래 주나라 주공이 무왕의 병을 낫게 하기 위하여 자신이 대신 죽게 해 달라고 하늘에 기원한 글이다. 여기에서는 이의연의 상소에서 《서경(書經)》〈금등〉의 구절을 인용하여, 주나라 성왕을 경종에, 주공을 노론 4대신에 빗대어 말한 것을 가리킨다.

230) 성인은 …… 법이니 :《사기(史記)》〈회음후열전(淮陰侯列傳)〉의 "지혜로운 자도 천 가지 생각 중에 반드시 하나의 잘못이 있고, 어리석은 자도 천 가지 생각 중에 반드시 하나의 옳음이 있다. 그러므로 '광부의 말이라도 성인은 채택한다.'고 하는 것이다.[智者千慮, 必有一失, 愚者千慮, 必有一得. 故曰'狂夫之言, 聖人擇焉'.]"라는 말을 인용한 것이다.

231) 당고(黨錮)의 폐단 : 동한 말엽 환제(桓帝) 때 환관(宦官)들이 정권을 장악하자, 진번(陳蕃)·이응(李膺) 등이 이를 바로잡고자 공박하였는데 환관들은 이들을 도리어 당인(黨人)이라고 지목하여 종신토록 금고(禁錮)한 사건을 가리킨다. 이후 영제(靈帝) 때 또다시 진번 등이 환관들을 제거하려다가 일이 사전에 누설되어 환관 조절(曹節)이 두무(竇武)·진번·이응 등 1백여 인을 죽이고 전국 학자 6-7백 인을 연좌시켜 처벌하였다.《後漢書 黨錮列傳》

하였다. 이명의가 아뢰기를,

"전하께서는 그의 상소에 대해 광망하다 하며 돌려주셨지만 신은 성상께서 깊이 살피지 못하신듯하여 걱정스럽습니다. 지난번 전하께서 민진원을 특별히 풀어 주라는 명을 내리셨으므로 지금 이러한 상소가 나온 것이니, 만약 엄히 다스리지 않는다면 이후 반드시 신축년의 역안(逆案)을 뒤집어야 한다고 청하는 자가 나오게 될 것입니다."

하자, 주상이 말하기를,

"이러한 일들은 물리치고 배척하면 그만이지, 끝내 추죄하기에 이른다면 국가의 체모가 어찌 구차해지지 않겠는가? 이의연을 지금 죄준다 해도 향곡(鄕曲) 곳곳에 몇 명의 이의연이 있는지 모르는데 그때마다 승지와 홍문관은 모두 죄를 청할 수 있겠는가?"

하였다. 이거원이 아뢰기를,

"주상께서 통렬히 응징하신다면, 사람은 모두 병이(秉彝)의 마음을 지니고 있으니 누가 기꺼이 역당이 되려는 마음을 먹겠습니까?"

하자, 이진수가 아뢰기를,

"하교가 이와 같으니 실로 예상 밖의 일입니다. 신들의 주청을 속히 윤허하시는 것이 어떻겠습니까?"

하자, 주상이 말하기를,

"이미 비망기를 내렸는데 어떻게 추죄할 수 있겠는가? 차후로 이러한 일이 있으면 그때 가서 찬배(竄配)든 유배든 할 수 있지만, 이의연은 죄를 줄 수 없다. 유신(儒臣)이 비록 지키는 바가 있다 하나 나 또한 지키는 바가 있으니, 더 이상 강권하지 말라."

하였다. 이진수 등이 다시 민진원의 방환이 불가하다는 뜻을 번갈아 진달하였으나, 주상이 들어주지 않았다.

○ 대사간 권익관이 상소하여 대략 말하기를,

"이의연은 대행 대왕을 무함하고 전하를 기만하고 흉역(凶逆)과 편당을 지어 조정 신료들을 궁지로 몰아넣으려는 계략을 꾸몄는데도 전하께서는 사정(邪正)을 분명하게 밝히고 통렬히 배척하여 기강을 범하고 인륜을 무너뜨린 죄를 다스리지 않으시고, 단지 '사당(私黨)을 비호한다.[護黨]'라고만 지목하시니, 신은 진실로 우려스러워 탄식할 뿐입니다.

저들 뭇 흉적들이 감히 탐천(貪天)[232]할 마음을 품고 정책(定策)[233]의 공을 차지하고자 처음에는 임금 자리를 바둑 두듯이 보았고 끝내는 찬탈하지 않고서는 만족하지 않기에 이르렀으니, 왕망(王莽)·조조(曹操)·사마의(司馬懿)·환온(桓溫)[234]의 무리가 바로 그러한 예입니다.

혈당(血黨)의 남은 무리가 전하의 마음을 은밀히 떠보며 흉역을 변환시키려 하여, 한편으로는 '대행 대왕에게는 부지런해야 할 정사(政事)를 권태롭게 여기는 병환이 있었다.' 하고, 또 한편으로는 '모두 선대왕의 본뜻이 아니었다.' 하고, '우레와 바람에 벼가 쓰러졌다.' 하며 주공 같은 성인에 비견하기까지 하였으니, 아! 통탄스럽습니다. 과감하게 결단을 내리시어 극형에 처하신다면 실로 종사와 나라에 다행일 것입니다."

하니, 답하기를,

"내가 이의연을 엄히 다스리지 않는 것이 어찌 봐 주려는 뜻이 있어서이겠는가? 지금 '정책하였다.', '내게 충성하였다.' 등의 말은 비록 의연의 말을

---

232) 탐천(貪天) : 임금의 성덕으로 이루어진 공을 자기 공으로 삼는다는 뜻이다. 《춘추좌씨전》희공(僖公) 24년 기사에 "임금의 공을 탐내어 자기 힘으로 이룬 체하는구나.[貪天之功, 以爲己力乎.]"라고 했다.

233) 정책(定策) : 천자를 세우고 그 사실을 간책(簡策)에 써서 종묘에 고했던 고사에서 유래하여, 후세에는 대신이 임금을 옹립하는 일을 뜻하는 말로 쓰였다.

234) 왕망(王莽) …… 환온(桓溫) : 이들은 모두 제위 찬탈에 직간접으로 간여한 인물들이다. 왕망은 애제(哀帝)를 폐위하고 평제(平帝)를 독살한 뒤 신(新)나라를 세웠고, 조조는 헌제(獻帝)를 폐위하고 스스로 위나라 왕이 되었다. 사마의(司馬懿)는 위나라 명제(明帝)가 죽은 후 실권을 장악하여 손자 사마염(司馬炎)의 진(晉)나라 건국에 초석을 다졌고, 환온(桓溫)은 동진(東晉)의 권신(權臣)으로 황제 혁(奕)을 폐위하고 간문제(簡文帝)를 옹립한 후 찬탈의 음모를 꾸미다가 이루지 못하고 병사(病死)하였다.

인용한 것이라 하나 마치 내가 이 때문에 이의연을 용서해 주었다고 여기는
듯하니, 이는 모두 나의 진심이 제대로 전달되지 못하였기 때문에 일어난
일이다."

하였다.

○ 지평 서종하(徐宗廈)가 아뢰어, 상소한 이의연을 잡아들여 엄히 국문함으
로써 왕법을 바로 잡으라고 청하였다.

○ 영의정 이광좌가 차자를 올려 대략 말하기를,

"이의연의 상소에 저도 모르게 모골이 송연하고 심장이 떨렸습니다. 신은
선인문을 통해 들어가지는 않았지만 동시에 함께 청대했던 사람입니다.[235]
잘 모르겠습니다만, '마침내 그 계략을 이루었다.'는 것은 무엇을 이르는
말입니까? '선왕의 뜻이 아니었다.'는 한 구절은 천지간에 사람이라면 마음에
품고 입에 올릴 수 있는 말이 아니니, 신은 통탄스러운 마음을 이기지 못하겠습
니다."

하자, 주상이 답하기를,

"경의 해를 뚫는 충성은 내 이미 상세히 알고 있다. 경이 불안해 할 이유가
없다."

하였다.

○ 청주 유학(幼學) 송재후(宋載厚)가 상소하여 송시열, 권상하가 무함을
당하였음을 아뢰고, 또 말하기를,

"하늘에 사무치는 김일경의 죄는 이루 다 기록하기 힘듭니다만 지난 날

---

235) 선인문을 …… 사람입니다 : 김창집 등이 정청을 중지하고 비변사(備邊司)에서 왕세제의
     대리 절목(節目)을 강정(講定)하고 있을 때, 우의정 조태구가 선인문으로부터 사약방(司鑰
     房)에 들어가 사람을 승정원에 보내 청대하고, 이광좌 등은 금호문(金虎門)을 통해서
     들어가 또한 각각 청대하여 이를 저지하고자 하였다.

반교문의 일로 말하자면, 그 하나가 '노나라의 공자 휘(翬)가 종무(鍾巫)에서 행한 해괴한 기교를 답습하였다.',236) '조고(趙高)가 사구(沙丘)에서 쓴 술수를 썼다.'237) 하였고, 또 하나는 '대궐 뜰에 유혈이 낭자하여 피를 밟고 다니는 것을 면치 못하였다.' 하였습니다.

종무는 노나라 환공 때의 공자 휘의 일이고, 사구는 조고와 호해(胡亥)의 일이며, 접혈은 당나라 태종의 현무문(玄武門)의 일238)이거늘, 그가 어찌 감히 이 일들을 인용하여 성궁을 핍박하고 양궁 사이를 거리낌 없이 무함한단 말입니까? 비록 그의 동당(同黨)들도 그 문구가 바르지 못함을 싫어하여 '종무' 한 구절은 부표하여 바로잡았으나 '금정접혈(禁庭蹀血)' 네 글자는 끝내 써 내어 8도에 반포되었으니 복장(腹腸)에 역심(逆心)이 가득 차서 성상으로 하여금 그 무한한 모멸을 받게 할 것이라는 것을 예상할 수 있었습니다.

그런데도 조정에 가득한 신하들은 예사롭게 넘겼고 당시 대제학으로 있던 자239)는 짐짓 모르는 척하며 도리어 김일경이 문장에 능하다고 칭송하였으니

---

236) 노나라의 …… 답습하였다 : 노나라의 공자(公子) 휘(翬)가 은공(隱公)을 살해한 사건으로, 종무(鍾巫)의 변(變)을 이른다. 작위를 탐했던 휘는 은공에게 서제(庶弟) 환공(桓公)을 죽이라고 청하였는데, 은공이 듣지 않자 거꾸로 환공을 충동질하여 은공을 죽였다. '종무'는 정나라 대부 윤씨(尹氏)가 모시던 가신(家神)으로, 은공은 공자시절 정나라에 포로로 잡혔다가 종무에게 기도하여 풀려난 일이 있었으므로 노나라로 돌아와서 '종무'를 모시던 사당을 지었는데, 그곳에서 암살되었다. 이 고사는 동생이 왕위를 노려 형을 살해했다는 뜻을 함의하고 있는데, 김일경은 이 고사를 인용함으로써 삼수(三手)의 모의 가운데 용사(勇士)를 시켜 칼을 품고 궁중에 들어가 왕을 시해하려 하였던 대급수(大急手)에 세제인 연잉군이 가담하였음을 암시하였다.

237) 조고(趙高)가 …… 썼다 : 사구(沙丘)는 진시황이 병이 걸려 죽은 곳이다. 진시황이 천하를 순행할 때 조고가 부새령(符璽令)으로 따라갔는데, 시황이 죽음에 임박해서 장자(長子)인 부소(扶蘇)를 불러 후사를 이으라는 내용의 편지를 조고에게 전했으나 조고가 시황제의 사망과 이 편지를 감추고 이사(李斯)와 결탁하여 가짜 조서(詔書)를 내려 부소를 자살하게 하고, 막내아들인 호해(胡亥)를 황제로 삼았다. 따라서 본문의 이 구절은 신하의 간사한 술수로 대통을 이을 형을 죽이고 아우가 왕위를 계승한다는 뜻이 내포되어 있다고 할 수 있다.

238) 당 …… 일 : 당나라 고조 무덕(武德) 9년(626)에 이세민이 태자인 형 이건성(李建成)과 제왕(齊王)인 아우 이원길(李元吉)을 죽이고 태자의 자리에 올랐던 현무문의 변고를 말한다. 《新唐書 太宗本紀》

그 마음 씀씀이를 전혀 헤아릴 수 없습니다.

몇 해 전 유봉휘가 올린 상소240)에 역심이 숨겨져 있음은 길 가는 사람도 다 알고 있습니다. 당고의 화변이 어느 시대인들 없었겠습니까만 이 무리처럼 독을 뿜어 선류(善類)를 해친 자들은 없었습니다.

나라 벼슬아치의 절반이 모두 험한 재와 깊은 바다에 유배되었고, 양조(兩朝)에서 예우한 유현(儒賢)이 길에서 고꾸라져 죽었으며, 나이 90의 노쇠한 중신(重臣)도 해도(海島)에 갇혔습니다. 심지어 옹알이를 하는 어린아이까지 처벌을 받고 각기 궁벽한 바닷가에 던져졌고 골육은 뿔뿔이 흩어졌습니다.

살아서는 원훈(元勳)이자 국구(國舅)였던 존귀한 신분의 사람이 죽어서는 의지할 데 없이 떠도는 귀신이 되었으니,241) 하늘에 계신 익릉(翼陵)242)의 혼령이 분명 아득한 저세상에서 침통해하고 계실 것입니다.

민진원(閔鎭遠)을 특별히 풀어 주라는 성상의 간절하고 지성스러운 하교가

---

239) 당시 …… 자 : 1722년(경종2) 9월 21일 임인옥사를 마무리하면서 당시 홍문관 제학이었던 김일경이 종묘에 토역을 고하는 교문을 찬술하였다. 그런데 당시 대제학은 조태억이었으므로 그도 김일경이 교문을 짓는 데에 참여하였다는 논란이 일었으며, 이는 후에 조태억이 탄핵당하는 빌미가 되었다. 《景宗修正實錄 2年 9月 21日》

240) 유봉휘가 …… 상소 : 1721년(경종1)에 연잉군을 저위로 세우고 위호(位號)를 '왕세제'로 정한 이튿날인 8월 23일, 행 사직 유봉휘가 상소하여 저위를 세우는 과정에서 노론 측 신하들이 임금을 우롱하고 협박한 죄를 다스려야 한다고 주장한 것을 가리킨다. 《承政院日記 景宗 1年 8月 23日》

241) 살아서는 …… 되었으니 : 광성부원군(光城府院君) 김만기(金萬基, 1633~1687)를 이른다. 본관은 광산(光山), 자 영숙(永淑), 호 서석(瑞石) 또는 정관재(靜觀齋)이다. 김장생의 증손이고, 인경왕후의 아버지이다. 작은아버지인 김익희(金益熙)에게서 수학했으며, 송시열 문인이다. 1680년(숙종6) 경신환국 때 훈련대장으로서 허견(許堅) 옥사를 다스려 보사공신(保社功臣) 1등에 책록되었다. 아들 김진규(金鎭圭), 손자 김양택(金陽澤)의 3대가 문형(文衡)을 맡았다. 노론의 과격파로서 1689년 기사환국으로 남인이 정권을 잡자 삭직되었다가 뒤에 복직되었다.

242) 익릉(翼陵) : 숙종의 비이자 광성부원군 김만기의 딸 인경왕후(仁敬王后, 1661~1680)의 능이다. 본관은 광산(光山)이며 성은 김씨(金氏)이다. 1671년(현종12)에 세자빈에 책봉되고, 1674년 숙종의 즉위와 함께 왕비에 진봉되었다. 두 딸을 낳았으나 모두 일찍 죽었고 인경왕후도 20세에 천연두가 발병하여 일찍 사망하였다. 능은 경기도 고양시 서오릉 내 익릉(翼陵)이다.

내리자 윤회(尹會)가 계사를 올려 무함한 것이 선후(先后)에게 미쳤으니[243] 삭출의 벌도 너무 가벼운 처벌이라 할 것인데, 경연관과 승지들이 잇달아 구호하고 대관(臺官)들을 사주하여 날마다 연계(連啓)를 일삼게 하였으니, 그들의 방자함과 무엄함이 어찌 이 지경에 이르렀단 말입니까?"

하자 주상이 소를 도로 내주라고 명하였다.

○ 우의정 조태억(趙泰億)이 청대(請對), 입시하여 이의연이 흉역을 비호한 죄를 힘써 논핵하고 전형(典刑)을 분명하게 시행하라 청하자, 주상이 말하기를,

"내가 본래 이의연을 비호하려는 것이 아닌데 신하들이 내 뜻을 몰라주니 개탄스럽다. 이의연은 절도에 안치하는 것이 마땅하다. 대간에서는 국문하라고 청하는데, 이는 분명 너무 지나친 처사이다."

하자, 조태억이 말하기를,

"우리 선대왕께서 종묘사직의 대계를 숙고하시어 전하를 저위(儲位)에 세우셨습니다. 그런데 이의연의 소에서는 이 광명정대한 거사를 은연중 흉역한 무리가 정책(定策)한 공로로 돌리고 선대왕께서는 전혀 간여한 바가 없는 듯이 말하였습니다. 그가 선왕을 무함하고 전하를 기만한 죄는 이루 다 주벌할 수 없는데, 어찌 흉역을 비호했다는 죄목으로 논할 수 있겠습니까? 공의로써 말하자면 천하 만세의 역적이요, 신하로서 말하자면 같은 하늘을 이고 살 수 없는 원수입니다."

하였다. 주상이 말하기를,

"나의 심사(心事)를 나도 모르는데, 조정 신하들이 어찌 알겠는가? 내 마음은 천지신명께서 입증할 수 있을 것이니, 내가 사저(私邸)에 있을 때, '고죽청풍(孤竹淸風)'[244] 네 글자를 벽 위에 써놓았는데 지금까지 그대로 있다.

---

243) 윤회(尹會)가 …… 미쳤으니 : 영조가 민진원을 석방하라고 하면서, "하늘에 계신 성후(聖后)의 영령께서 기뻐하실 것이다." 하자, 집의 윤회가 민진원을 석방하라는 명을 취소할 것을 청하면서, "하늘에 계신 선후(先后)의 영령께서 매우 싫어하실 것입니다." 하였다. 《英祖實錄 卽位年 10月 8日·10日·13日》

이의연의 소어(疏語)가 두서없음은 대사간[권익관]의 상소에 대한 비답에서 이미 말하였다. 그가 흉역을 비호하는 것을 내 모르지 않으나, 이러한 부류는 굳이 일일이 죄를 줄 것까지는 없다. 공자께서 '미워함을 너무 심히 하면 난을 부르게 된다.'[245] 하셨으니, 내 뜻 또한 이와 같다."

하자, 조태억이 말하기를,

"전하께서 신의 진언을 흔쾌히 윤허하시어 이의연을 절도에 정배하라는 특명을 내리시니, 감탄을 금하지 못하겠습니다."

하였다. 주상이 말하기를,

"송재후의 상소에서 '선왕의 옛 신하들[簪履舊臣]'[246]이라 한 것은 또한 당론에서 나왔다. 또 진신안(搢紳案)을 보니 대부분 군직(軍職)을 맡았던 사람들로서 흉역을 저지른 부류가 아니니, 죄를 깨끗이 씻어주고 등용한다면 어찌 흉역을 분명히 밝히는 방도가 되지 않겠는가?"

---

244) 고죽청풍(孤竹淸風) : 고죽은 옛 국명이다. 백이(伯夷)와 숙제(叔齊)는 고죽군(孤竹君)의 두 아들이었는데, 고죽군이 생전에 숙제를 후사로 삼으려 하였으나, 숙제가 형인 백이에게 왕위를 사양하였다. 백이가 아버지의 명령이라 하고 마침내 도망가 버리므로, 숙제 또한 왕위에 오르기를 싫어하여 도망가 버렸다. 마침내 고죽국 사람들이 가운데 아들을 왕으로 옹립하였다. 또 한편 백이와 숙제는 은나라가 망한 뒤로는 의리상 주나라 곡식을 먹을 수 없다 하여 수양산(首陽山)에 은거하며 고사리만 캐 먹고 살다가 결국 굶어 죽었다. 《史記 伯夷列傳》 여기서는 당시 세제의 지위에 있던 영조가 스스로를 숙제에게 비겨 왕위를 사양하고 백이, 숙제의 청절(淸節)과 고풍(古風)을 본받겠다는 의미로 쓴 말로서, 자신이 왕위를 탐하는 사람이 아니라는 것을 강조하는 표현이다. 이 말은 나중에 영조가 노론을 견제하기 위해서도 소환되었다.
245) 미워함을 …… 된다 : 《논어》 〈태백(泰伯)〉에서, "인(仁)하지 못한 사람을 너무 심히 미워하면 난을 부르게 된다.[人而不仁, 疾之已甚, 亂也.]" 하였다.
246) 선왕의 옛 신하들 : 이 구절의 전체 맥락은 다음과 같다. "아! 조정이 당여(黨與)를 이루어 임금의 형세가 날로 고립되고 있으니 지금은 바로 신하가 피를 토하는 심정으로 충언을 다해야 할 때입니다. 그런데 선왕 때의 구신(舊臣)과 조정의 반열에 출입하는 이들 중에 근교(近郊)에 물러나 칩거하거나 도성까지 달려와 곡한 자들이 제법 되기는 하나 대부분 두려워하고 주저하여 과감히 나서서 말한 자가 한 사람도 없으니, 신은 이에 대해 개탄스러운 심정이 듭니다. 噫! 黨與成下, 主勢日孤, 則此正臣子沬血盡言之日, 而簪履舊臣, 從班出入之人, 或屛伏近郊, 或奔哭都下者, 不爲不多, 擧皆畏怵逡巡, 無一人言之者, 臣竊爲之慨然也.]"《承政院日記 英祖 卽位年 11月 6日》

하자, 조태억이 말하기를,

"신이 대행조(大行朝) 때 일찍이 유복명(柳復明)을 서용하자는 뜻을 진달한
일이 있습니다.247) 조정에서 정청(庭請)하다가 대리청정의 명에 순종하여
따르려 할 때248) 온 조정이 휩쓸려 들어갔는데 유복명만은 이에 맞서 힘껏
다투었으니 지극히 가상합니다."

하였다.

○ 동학 훈도(東學訓導) 이봉명(李鳳鳴)249)이 상소하여, 대략 말하기를,

"조태구가 먼저 '혐의를 무릅썼다.'250)는 말을 앞에서 주창하였고, 유봉휘
가 이를 이어 '우려스럽고 의혹이 든다.'251)는 말을 뒤에서 발설하였습니다.

---

247) 신이 …… 있는데 : 조태억이 유복명에 대해, 신축년(1721, 경종1) 대신이 대리청정의
     명을 거두기를 청하는 정청을 정지하려 할 때 대신에게 항거하며 의견을 달리하였으니
     장려하여 기용해야 한다고 주장한 일을 이른다. 《承政院日記 景宗 3年 1月 25日》

248) 조정에서 …… 때 : 1721년(경종1) 10월 10일 세제에게 대리청정을 명하는 경종의 비망기
     가 내려지자 그 명을 거두도록 정청하였는데, 같은 달 17일 정청을 중지하고서 김창집
     등 노론 4대신이 연명으로 차자를 올려 대리청정의 명을 받들겠다고 하였다. 4대신이
     정청의 중지를 논의하며 정청에 함께 참여하였던 신하들의 의견을 물었는데, 이때
     정청의 중지에 적극 동조하며 세제의 대리청정을 관철시키려 하였던 사람들을 '유락(唯
     諾)', 즉 '예, 예'하며 순한 사람들이라고 하였다. 《景宗實錄 1年 12月 6日》

249) 이봉명(李鳳鳴) : 1682~1746. 본관은 서림(西林), 자 방서(邦瑞), 호 구포(九苞)이다. 1708년
     (숙종34) 식년시 진사가 되었다. 1721년(경종1) 유봉휘를 토죄하라는 상소에 연명하였다.
     1723년 증광문과에 급제한 뒤 이듬해에 동학(東學)의 훈도(訓導)가 되었다. 1724년 영조
     즉위 직후 김일경 등을 토죄하라고 상소하였다가 유배되었다. 1725년(영조1) 풀려나
     1726년 병조좌랑·전라도사 등을 지내다가 1727년 정미환국으로 의금부에 수금되었다가
     1729년 풀려나 1731년 전적, 1735년 어천찰방(魚川察訪) 등을 지냈다.

250) 혐의를 무릅썼다 : 1720년(경종 즉위) 11월에 청나라 칙사가 조선에 조문 와서 세자와
     종실의 자질(子姪)을 만나 보기를 청하자, 우의정 조태구가 이를 받아들여서는 안 된다는
     내용의 차자를 올렸는데, 거기에 "상국(上國)에서 열국(列國)의 임금을 조문함에 있어서
     그 배신(陪臣)이 된 아우와 조카에게까지 아울러 미치는 경우는 옛적에 이런 사례가
     없었습니다. 상국에서 이를 시행하는 것은 실례(失禮)가 되고, 배신이 이를 받아들이는
     것은 혐의를 무릅쓰는 것이 됩니다." 하였다. 《景宗修正實錄 即位年 11月 26日》

251) 우려스럽고 …… 든다 : 1721년(경종1) 8월에 노론의 주도 하에 연잉군을 후계자로 정하고
     위호(位號)를 왕세제로 정하였다. 이에 대해 소론인 유봉휘가 문제를 제기한 상소에,

김일경 같은 자는 그 악행을 그대로 답습하여 한편으로는 '칼을 품은 일이 종무의 변과 같았다.[懷刀鍾巫]' 했고, 또 한편으로는 '대궐 뜰에 유혈이 낭자하여 피를 밟고 다닌다.[蹀血禁庭]' 했으니, 그가 어찌 감히 성궁(聖躬)을 은밀히 배척하고 노골적으로 핍박하며, 참혹한 무욕을 또한 선왕에게까지 미치게 한단 말입니까?"

하자, 주상이 답하기를,

"응지(應旨)를 핑계삼아 대신을 거짓으로 얽어 무함하니, 진실로 해괴하다."

하였다.

○ 비망기를 내렸다.

"교문(敎文)은 장주(章奏)와 차이가 있으니, 이는 곧 왕언(王言)을 대찬(代撰)하는 것이므로 신중에 신중을 기해야 함이 분명하다. '대궐 뜰에 유혈이 낭자하여 피를 밟고 다닌다.[蹀血禁庭]', '칼을 품은 일이 종무의 변과 같았다.[懷刀鍾巫]'는 두 구절은 비록 옛사람의 말이기는 하나, 《춘추(春秋)》와 《강목(綱目)》의 어디에 씌어 있는가? 김일경의 관작을 삭탈하고 문외출송하라. 직책이 경악(經幄)에 있으면서 흉역을 비호하는 것이 이와 같으니, 청대한 홍문관 관원 이거원(李巨源)[252]을 특별히 체직하라."

승정원 -이중술(李重述), 이명의- 에서 김일경에 대한 삭탈의 명을 거두어 달라 복계(覆啓)하자, 주상이 "편당을 비호하는 폐습을 떨쳐버리지 못하니,

---

"신이 삼가 듣건대, 정언 이정소가 상소하여 저위(儲位)를 세우기를 청한 데 대해 성상께서 '대신의 의견을 물은 다음 내게 물어 처리하라.'라고 비답을 내리셨다고 합니다. 신은 이 소식을 듣고서 놀랍고 당황스러우며 근심스럽고 의혹이 듦을 견딜 수 없었습니다.[臣伏聞正言李廷熽疏請建儲, 聖批以議大臣稟處爲答. 臣聞來, 不勝其驚遑憂惑矣.]"하였다. 《承政院日記 景宗 1年 8月 23日》

252) 청대한 …… 이거원(李巨源) : 홍문관 교리 이거원이 수찬 이진수(李眞洙)와 함께 청대하여 유학 이의연(李義淵)의 상소 내용의 흉참함에 대해 조목조목 반박하며 처벌하기를 청하였는데, 그때 1722년(경종2)에 김일경이 지은 토역반교문(討逆頒敎文)에 있는 '대궐 뜰에 유혈이 낭자하여 피를 밟고 다닌다.'는 말에 대해 김일경을 변호하는 발언을 하였다.

진실로 해괴하다." 하니, 이중술 등이 패초(牌招)를 받고도 나아가지 않았다.

○ 호군 김상옥(金相玉)²⁵³⁾ -유봉명(柳鳳鳴), 전 현감 박사성(朴師聖)- 등이 상소하
여, 임금을 무함한 부도한[誣上不道] 죄를 지은 역적 김일경을 속히 처형하고
아울러 흉역을 비호한 신하들에게도 찬축의 벌을 시행하라 청하였으나 주상
이 윤허하지 않았다.

○ 응교 조익명(趙翼命)이 상소하여, 이의연의 처벌을 청하고, 이거원 등을
체차하라고 한 명을 거두어 달라 빌었으나 주상이 '이해할 수 없다.'는 말로
배척하였다.

○ 비망기를 내렸다.
"김일경이 쓴 교문을 가만히 생각하노라면 나도 모르게 심장이 찢기는
듯하다. 차마 인용할 수 없는 일을 감히 대찬(代撰)하는 글에 쓰다니, 빈전(殯殿)
에서 울부짖으며 차라리 죽어버리고 싶다. 악을 엄히 징치하는 도리에 비추어
볼 때 삭출에 그칠 수 없으니 절도에 안치하라. 김일경이 범한 죄는 그
관계된 바가 지극히 중대한데, 신하 된 자가 어찌 감히 그를 비호한단 말인가?
그날 복역(覆逆)하였던 승지²⁵⁴⁾를 삭출하라."

---

253) 김상옥(金相玉) : 1683~1739. 본관은 연안(延安), 자 언장(彦章), 호 소와(疏窩)이다. 장령
    김호(金灝)의 아들이다. 1709년(숙종35) 알성문과에 장원 급제하여 1718년 도당록에
    올랐다. 1724년 영조가 즉위하자, 노론 선비들과 함께 상소하여 소론 김일경·목호룡
    등을 제거하는 데 앞장섰다. 1728년 무신란이 일어나자 동지의금부사(同知義禁府事)가
    되었다. 난이 평정된 뒤 탕평책을 반대하여 영조의 노여움을 사서 귀양 갔다가 이듬해
    풀려났다. 1739년에 호조참판이 되었다.
254) 그날 …… 승지 : 영조 즉위년 11월 9일, 김일경을 삭출하고 그를 비호한 교리 이거원을
    체차하라는 내용의 비망기가 내리자, 승정원의 좌승지 이중술(李重述)과 동부승지 이명
    의가 계사를 올려 명을 거두어 달라 청하였다.

○ 전 군수 이봉익(李鳳翼)²⁵⁵⁾이 상소하여 이삼(李森)에게 찬극(竄殛)²⁵⁶⁾의 형전을 시행하고,²⁵⁷⁾ 윤취상(尹就商)에게는 나라의 형벌을 속히 시행하라²⁵⁸⁾ 청하였다.

○ 승정원 -김동필, 조원명- 에서 재계(再啓)하여 복역한 승지를 삭출하라는 명을 거두어 달라 청하자, 주상이 따랐다.

○ 경기 유생 최보(崔補)가 상소하여 대략 다음과 같이 말하였다.
"김일경이 감히 당나라 왕가의 골육 간 참변²⁵⁹⁾을 끌어다 대찬(代撰)한 교문에 인용하고, 노나라 환공(桓公)이 임금을 시해한 악행²⁶⁰⁾을 소장의 내용에 뒤섞어 넣었으니, 이는 실로 신하에게는 한 하늘을 이고 살 수 없는

---

255) 이봉익(李鳳翼) : 1671~1743. 본관은 여흥(驪興), 자는 사휘(士輝)이다. 1724년 어영청(御營廳)의 군수(軍需)를 탕진한 어영대장 이삼(李森)을 치죄하도록 상소하였는데, 이는 대개 이삼이 김일경의 당여였기 때문이다.

256) 찬극(竄殛) : 찬(竄)은 몰아내서 금고(禁錮)하는 것, 극(殛)은 가두어서 곤궁하게 하는 것으로 모두 순임금이 사흉(四凶)에게 베푼 형벌이다.

257) 이봉익(李鳳翼)이 …… 시행하고 : 전 군수 이봉익이 상소하여 군수(軍需)를 탕진한 어영청의 이삼을 죄주기를 청하였다. 이 상소에서 이봉익은, 어영청은 다른 군문에 비하여 비축이 있었는데 이삼이 대장이 된 다음 재물을 남용하여 군수가 간 곳이 없으며, 관계를 체결하느라 분주하고 종적이 수상하여 사람들이 모두 손가락질을 하니, 병권(兵權)을 거두고 찬극(竄殛)의 형벌을 시행하라고 하였다. 이삼에 대한 이봉익의 탄핵은 윤증의 문인이자 경종대 총융사·한성부 우윤 등을 거쳐 어영대장으로 있던 소론 이삼에 대한 공격이었다. 《英祖實錄 卽位年 11月 11日》

258) 윤취상에게는 …… 시행하라 : 이봉익은 상소에서 윤취상에 대해 성품이 본디 음흉(陰凶)하고 불법을 자행하였으며 역적 김일경과 평소 허물없이 친하게 지냈는데도 형조판서의 자리에 태연하게 앉아 있으니 몹시 방자하다고 하였다. 《承政院日記 英祖 卽位年 11月 11日》

259) 당나라 …… 참변 : 당나라 고조의 장자 이건성과 그의 아우 이세민이 왕위를 다투다가 이세민이 현무문으로 들어가 이건성을 죽였을 때의 모습을 형용한 '금정접혈(禁庭蹀血)' 고사를 이른다.

260) 노나라 …… 악행 : 노나라의 공자 우보(羽父)가 환공(桓公)을 부추겨 은공(隱公)의 시해를 허락 받은 다음 은공이 종무를 모신 사당에 제사 지내러 가는 길에 자객을 시켜 살해한 '회인종무(懷刃鍾巫)' 고사를 이른다. 우보는 공자(公子) 휘(翬)의 자이다.

원수입니다.

삼사(三司)의 신하들은 《춘추》의 의리에 완전히 어둡고 승정원의 관원들은 감히 구호(救護)할 궁리를 하니, 위로는 대신으로부터 아래로는 일반 신료들까지 흉적 일경에게 충성을 다할 줄만 알지 전하에게 충성을 바칠 줄은 모르고 있습니다.

국가의 권력을 휘두르는 대신은 악역(惡逆)의 죄과에 수범(首犯)으로 몰려 있고,261) 조정이 의지하는 어영대장은 손가락질 당하는 처지를 면치 못하고 있으니,262) 저들이 흉적 김일경과 긴밀하게 결탁한 사이여서 그러한 것이 아닌 줄 어찌 알겠습니까?

이의연의 말이 비록 중도를 넘었으나 재변으로 인해 구언하는 날을 맞아 감히 숨김없이 간언하는 정성을 보인 것인데, 전하께서 일개 상신(相臣)에게 휘둘릴 줄263) 어찌 생각이나 했겠습니까? 신은 애석할 따름입니다."

승지 김동필(金東弼)·정석삼(鄭錫三), 이조참판 이세최(李世最)가 청대하여 입시하였다. 김동필이 최보가 이의연을 신구한 죄를 논하자, 주상이 말하기를,

"김일경의 일은 비록 옛사람들도 이러한 문자를 많이 사용했다고 말하나, 그 출처가 도대체 어디인가? 그의 죄는 절도정배에 그치지 않지만 이미 참작하여 죄를 정한 것인데, 불만과 원한을 품은 일단의 무리가 내 심중을 헤아리지 못하고 계속해서 나오는 것은 혹 용서할 만한 점이 있으나, 최보는 비망기를 내린 후 다시 이와 같은 소를 올렸으니, 그 죄가 이의연보다 심하다.

261) 국가의 …… 있고 : 동학 훈도 이봉명이 상소하여 유봉휘를 고 조태구와 함께 흉역의 괴수라 칭하고, 역적 김일경 등과 함께 국법에 의거해 처단할 것을 청한 일을 이른다. 《英祖實錄 卽位年 11月 9日》
262) 어영대장은 …… 있으니 : 전 군수 이봉익이 상소하여 군수를 탕진하고 속내가 음흉스러운 어영대장 이삼을 죄주기를 청한 일을 이른다. 《英祖實錄 卽位年 11月 11日》
263) 일개 …… 줄 : 본문의 일개 상신은 우의정 조태억을 가리킨다. 이의연의 상소에 대해 영조가 상소를 돌려주라고만 하고 처벌하지 않자 조태억이 청대하여 그는 선왕을 무함한 자라며 토죄하기를 청하였다. 이에 영조가 "말이 비록 지나치더라도 내가 허물하지 않겠다."는 그간의 입장을 철회하고 이의연을 절도에 정배하라는 명을 내렸다. 《英祖實錄 卽位年 11月 11日》

도배(島配)에 처하니, 오늘 바로 압송하라."

하였다. 김동필이 말하기를,

"김일경은 사납고 경솔한 데다 거칠고 조잡하여 문임(文任)[264]의 직책에 맞지 않는다고 신이 본래 말하였습니다만,[265] 어찌 유봉휘가 상소에서 한 말[266]처럼 깊은 뜻이 있겠습니까? 만약 김일경에게 다른 의도가 있어 그러한 구절을 쓴 것이라면 어찌 엄히 응징할 일이 아니겠습니까? 이는 그저 커다란 망발을 한 것에 불과하니, 망발을 한 죄를 물어 처벌하는 것이라면 일경 또한 무슨 할 말이 있겠습니까? 그렇지만 대역부도(大逆不道)의 죄로써 처벌한다면 이는 김일경에게 합당한 죄명이 아닙니다."

하자, 주상이 말하기를,

"이거원, 이진수에 대해 식견이 있다 생각해왔는데, 이번에 김일경을 신구(伸救)하는데 극력 힘을 쓰니 편당을 비호하는 폐단을 여기에서 볼 수 있었다. 우상과 고 영상[267]을 신구한다면 그렇다 하겠지만 어떻게 김일경을 신구할 수 있던 말인가?

승선(承宣)이 이른바 '김일경을 악역(惡逆)이라 하는 것은 지나치다.'고 한

---

264) 문임(文任) : 홍문관과 예문관의 제학(提學)을 이른다. 임금의 교문이나 대외적인 문서를 맡아보던 벼슬을 통칭한다.

265) 신이 본래 말하였습니다만 : 1722년(경종2) 9월 21일 홍문관 제학이던 김일경이 종묘에 토역(討逆)을 고하는 교문(敎文)을 지어 올렸는데, 교문에 노나라와 당나라의 일을 인용하여 '회인종무(懷刃鍾巫)'와 '접혈금정(蹀血禁庭)'이라는 말을 썼다. 이는 모두 동생이 형을 시해하고 왕위를 찬탈하는 내용이다. 당시 대사간 김동필은 교문에 인용된 말이 황잡하여 온당함을 잃었다는 점 등을 들어 그를 논핵하였다. 《景宗實錄 2年 9月 21日》·《承政院日記 景宗 2年 11月 26日, 4年 4月 24日》

266) 유봉휘가 …… 말 : 1721년(경종1) 8월에 노론의 주도 하에 연잉군을 후계자로 정하고 위호(位號)를 왕세제로 정하였다. 이에 이튿날인 8월 23일, 행 사직 유봉휘가 상소하여 저위(儲位)를 세우는 과정에 대해 "신은 이 소식을 듣고서 놀랍고 당황스러우며 근심스럽고 의혹이 둘을 견딜 수 없었습니다.[臣聞來, 不勝其驚遑憂惑矣.]"라고 문제를 제기하는 한편 노론 측 신하들이 임금을 우롱하고 협박한 죄를 다스려야 한다고 주장하였다. 《承政院日記 景宗 1年 8月 23日》

267) 우상과 고 영상 : 우상은 조태억, 고 영상은 조태구를 이른다.

말은 진실로 맞는 말이다. 김일경에 대한 처분은 또한 이봉명(李鳳鳴)의 소[268]를 본 후에 내린 것이 아니라, 승지의 소에서 '사람들이 모두 떠들썩하다.'[269]라는 말을 본 후 그것이 공의(公議)임을 알게 되어 처분을 내린 것이다."

하였다. 김동필이 말하기를,

"이의연에 대한 처분은 대각(臺閣)의 청을 따름이 마땅하고, 이봉명 또한 처벌하지 않을 수 없습니다."

하자, 주상이 말하기를,

"흉역의 죄를 범한 것은 아니니 너무 심한 처벌을 할 필요는 없으나, 그렇다고 그냥 둘 수도 없으니 아울러 원배(遠配)하라."

하였다.

○ 주상이 김일경의 교문이 나온 후 삼사에서 한 사람도 죄를 청한 사람이 없음을 책망하였다.

○ 사직 이기익(李箕翊)[270]이 역적 김일경을 잡아들여 국문하고 전형(典刑)을

---

268) 이봉명(李鳳鳴)의 소 : 1724년(영조 즉위년) 11월 9일, 동학 훈도 이봉명이 올린 소를 이른다. 이봉명은 이 상소에서 김일경이 반교문과 소장에 동생이 형을 시해하고 왕위를 찬탈하는 내용인 '접혈금정(蹀血禁庭)'과 '회인종무(懷刃鍾巫)'라는 말을 인용한 것은 영조를 은밀히 배척한 것이라고 논척하며 죄줄 것을 청하였다. 이봉명은 아울러 조태구와 유봉휘를 흉역의 괴수라고 지목하였으며, 조태구가 자성(慈聖)의 언교(諺敎)를 막은 일은 위험한 일을 도모하려는 의도에서 나온 것이라고 주장하였다. 《英祖實錄 卽位年 11月 9日》·《承政院日記 英祖 卽位年 11月 12日》
269) 사람들이 …… 떠들썩하다 : 1722년 대사간 김동필이 상소하여 교문(敎文) 내용을 가지고 김일경을 탄핵하였을 때, "사람들이 떠들썩하게 그가 지은 글을 광망하고 괴이하다고 지목하였다.[衆口譁然, 指爲狂怪.]"고 한 구절을 이른다. 《景宗實錄 2年 11月 26日》·《承政院日記 英祖 卽位年 11月 12日》
270) 이기익(李箕翊) : 1654~1739. 본관은 전주, 자 국필(國弼), 호 시은(市隱)이다. 1687년(숙종 13) 진사가 되어, 성균관에 입학하였는데, 1694년 성균관 유생을 이끌고 송시열의 신원(伸冤)을 위한 상소를 올려 윤허 받았다. 1713년 60세의 나이로 증광문과에 급제하여, 청요직을 두루 거치고 1717년 좌부승지에 발탁되었다. 1725년(영조1) 병조참판 등을 역임하고, 1736년에 지돈녕부사·공조판서 등을 지냈다. 시호는 양정(良靖)이다.

속히 시행하라고 청하자, 주상이 "이미 처분을 내렸다." 답하였다.

○ 도승지 박필몽(朴弼夢)이 상소하여 대략 다음과 같이 말하였다.

"흉역의 무리가 기회를 틈타 사감(私憾)을 풀고 있습니다. 이의연(李義淵)이 상소하여 앞에서 선창하고, 이봉명(李鳳鳴)과 이한동(李漢東)이 뒤를 이어 상소하여[271] 전하의 마음을 점점 깊이 떠보는 것이 갈수록 심해져서 최보(崔補)의 상소에 이르러 극에 달하였습니다. 터무니없는 흉언으로 사람들을 속이고 조정의 신료들을 헤아릴 수 없는 죄과로 몰아넣고 있으니, 이는 진실로 선왕을 무함하고 모욕한 흉적에게 저자에서 주륙하는 형전을 아직까지 시행하지 않고 있기 때문입니다.

즉위 초 전하께서 정승을 무겁게 의지하시고 성의가 가득 넘쳤는데, 참소하는 이가 이간질을 하며 죄를 얽기 위해 못하는 짓이 없는 바람에 서너 명의 대신이 잇따라 처분을 기다리고 있으니 이 무슨 일이란 말입니까? 엎드려 바라건대, 우선 흉적 이의연을 가장 무거운 형률로 처치하시어 대행왕께서 입은 참담한 무욕을 씻어 주소서.

허윤(許玧)이 올린 상소[272]에

'홍문관이 야대(夜對)에서 궁인(宮人)의 일을 두고「무슨 꺼리고 혐의할 것이 있습니까?」라는 등의 말을 하여 방자하게 성궁을 핍박하였습니다.'

---

271) 이한동(李漢東)이 …… 상소하여 : 1724년(영조 즉위년)에 교서관 박사 이한동이 경종의 인산(因山)에 능행하겠다는 명을 거두어 달라는 상소를 올렸다. 그는 상소에서 효종 때 김상헌이 효종의 능행을 만류하며 올린 상소를 언급하여 "그때와 지금은 사기(事機)가 같습니다."라고 하였다. 다음 날 좌승지 김동필은 당시 김상헌이 상소에서 "능행하신 사이 예측하지 못한 변고가 닥칠 수 있다."라고 한 말을 지적하며, 이한동의 의도는 변고가 곧 들이닥칠 듯이 하여 성상을 두렵게 하고 인심을 미혹시키려는 계책이라 하였다. 이에 영조는 남을 참소하는 저의가 지극히 음험하다 하여 상소를 불태우라고 명하였다. 《英祖實錄 卽位年 11月 11日》

272) 허윤(許玧)이 올린 상소 : 1724년(영조 즉위) 9월 29일의 소대(召對)에서 박필몽이, 경종을 독살하려 하였던 궁인을 색출하여 내쫓을 일을 아뢰었는데, 허윤이 박필몽의 언사를 논핵한 상소를 올렸다. 《承政院日記 英祖 卽位年 9月 29日, 11月 12日》

라는 말이 있었습니다. 비록 이름을 거론하지는 않았으나 야대 때 진달한 사람은 신입니다. '혐의하고 꺼린다.'는 애당초 마음에 싹틀 수도 입에 올릴 수도 없는 말인데, 허윤이 어디에서 이러한 말들을 듣고 바로 '성궁을 핍박했다.'는 것을 죄안으로 삼는지 모르겠습니다."

주상이 답하기를,

"터무니없는 거짓을 날조하여 무함한 말인데 무슨 언급할 가치가 있겠는가?"

하였다.

○ 부수찬 성덕윤(成德潤)이 상소하여, 이의연을 속히 처형하라 청하고, 민진원을 석방해서는 안 된다고 하였다.

○ 전 정랑 임주국(林柱國)[273]이 상소하여, 역적 김일경을 엄히 추국하라 청하고, 이어 유봉휘와 이삼의 죄, 그리고 전후 신하들이 역적을 비호한 죄를 논하였다.

승정원 -승지 박필몽 외에는 위와 같다.- 에서, 임주국이 상소에서 교문의 일을 언급할 때 말한 대제학[主文]은 우의정 조태억을 가리킨다[274]는 것과, 조태억은 조태채의 지친[275]이므로 교문에는 간여할 수 없었다는 뜻을 아뢰어

---

273) 임주국(林柱國) : 1672~1748. 본관은 평택(平澤), 자는 필경(弼卿)이다. 1717년(숙종43) 온양 별시문과에 급제하여, 1721년(경종1) 예조좌랑이 되었다. 1724년(영조 즉위) 소론 대신 유봉휘와 어영대장 이삼의 처벌을 강력히 요구하여 관직에서 쫓겨났다. 이듬해 지평으로 상소하여 소론 김일경과 조태억, 남인 목호룡 등을 논핵하였다. 1726년에는 헌납으로서 민진원과 이관명, 신세웅(申世雄) 등을 서용하라고 주장하였다. 1727년 정미환국으로 파면 당했다가 1728년 병조참지, 1736년 승지, 1746년 형조참판이 되었다.
274) 교문의 …… 가리킨다 : 1722년(경종2) 9월 21일 임인옥사를 마무리하면서 당시 홍문관 제학이었던 김일경이 종묘에 토역을 고하는 교문을 찬술하였는데, 당시 대제학이 조태억이었다. 임주국은 상소에서 교문을 지을 때는 대제학과 서로 충분히 의논하는 법인데 당시 대제학이었던 조태억이 대수롭지 않게 넘겼다고 비판하였다. 《英祖實錄 卽位年 11月 14日》

올리자, 주상이 원소(原疏)를 돌려주고 임주국을 사판에서 삭제하라 명하였다.

○ 전 찰방 신방(申昉)276)이 상소하여, 김일경의 흉역에 대해서 전후 조정 신료들이 끝내 한마디 말도 하지 않고 상호 당여가 되어 기필코 신구하려 한 죄를 논핵하였다.

○ 정언 유시모(柳時模)가 아뢰기를,

"교문은 일의 체모가 지극히 중차대한데, 김일경이 찬술한 반교문은 출처가 어딘지를 생각하지 못하였고, 그 말이 미친 헛소리 같은데도 전혀 신중을 기하여 살피지 않았습니다. 속히 예문관에 명하여 상의 뜻을 여쭌 다음 개찬(改撰)하게 하소서."

하니, 아뢴 대로 따랐다. 이어 비망기를 내리기를,

"개찬을 청한 것은 옳고, '망령되이 인용했다.'는 말도 타당하다. 그러나 '생각하지 못했다.'는 말은 내가 실로 이해하지 못하겠다. 아뢴 말이 비록 배척하는 듯하나 그 의도는 사실 엄호하는 것이니, 유시모를 체차하라."

하고, 특별히 진해 현감을 제수하였다.

우의정 조태억이 입시하여 유시모를 내지(內地)로 옮길 것을 청하자 윤허하였다. 조태억이 말하기를,

"김일경의 문자가 나온 후 김동필만 그에 대해 알았던 것이 아니라 조정 안의 여러 의론이 떠들썩하였습니다. 그때 신은 지친이 죄를 받고 교문에 언급된 일277) 때문에, 영의정 이광좌는 일경으로부터 혹독한 의심과 비방278)

---

275) 조태억은 …… 지친 : 노론 4대신 중 한 사람인 조태채는 조태억의 종형이다.

276) 신방(申昉) : 1686~1736. 본관은 평산(平山), 자 명원(明遠), 호 둔암(屯菴)이다. 할아버지는 영의정 신완(申琓), 아버지는 신성하(申聖夏), 어머니는 박세채의 딸이다. 1717년(숙종43) 사마시, 1719년 별시문과에 급제하여, 경종대 헌납 등을 거쳐 영조대 이조참판 등을 역임하였다.

277) 지친이 …… 일 : 1722년(경종2)에 역적을 토벌한 일을 종묘에 고하고 교문을 반포하였는데, 이때 교문을 당시 대제학 조태억이 아닌 홍문관 제학 김일경이 지어 올렸다. 조태억

을 받은 일 때문에 감히 간여할 수 없었으니, 어찌 김일경에 대해 털끝만큼이라
도 용서할 뜻이 있어서이겠습니까?"

하자, 주상이 이르기를,

"내 이미 '빈전(殯殿)에서 울부짖으며 차라리 죽어버리고 싶다.'279)고 말하
였는데, 그 뒤의 소장(疏章)들에서 이에 대해 언급한 자가 한 사람도 없었다."

하였다. 조태억이 말하기를,

"김일경은 평소 인사(人事)가 지극히 거칠고 조잡하였으므로 결국 이러한
일이 있게 되었습니다."

하자, 주상이 이르기를,

"김일경의 일이 있은 후, 소장들은 이에 대해 침묵할 뿐 한마디 말도
없었다. 김홍석(金弘錫)은 혐의가 풀렸는데도 끝내 출사하지 않았고, 윤용(尹容)
·조최수(趙最壽)·조익명(趙翼命) 등은 여러 번 패초를 어겼다. 오늘날의 조정
신하는 곧 선왕의 신하들인데, 어찌 한마디 말도 없을 수 있는가? 모두
파직하라."

하였다. 승정원에서 복역하니 주상이 하교하여 책망하였다.

○ 영의정 이광좌가 주상에게 다음과 같이 아뢰었다.

자신은 이 교문에 간여할 수 없었다고 하였는데, 그 이유로 교문에 종형인 조태채가
역적 중의 한 명으로 거론되었음을 들었다. 《景宗實錄 2年 9月 21日》

278) 혹독한 의심과 비방 : 1722년(경종2)에 대제학을 의망할 때 강현(姜鋧)이 천망(薦望)을
주관하여 김일경을 수망(首望)으로 천거하였다. 그런데 영상 조태구가 이광좌를 수망으
로 의망하고는 김일경을 홍문관 제학으로 조처하였다. 그러자 김일경이 이를 분하게
생각하여, 자신을 수망으로 천거한 강현에게 불만을 품은 조태억과 이광좌가 대관
정수기를 사주하여 강현을 탄핵하게 하였다고 당시 이조판서였던 대사성 이사상의
편지에 답을 하였다. 이 일로 이광좌가 대제학에서 체차되었다. 《景宗實錄 2年 4月
11日, 11月 22日》

279) 빈전(殯殿)에서 …… 싶었다 : 영조가 비망기를 내려 김일경을 절도에 안치하되 당일로
배소에 압송하라 명하면서, 김일경이 반교문에 차마 인용할 수 없는 일을 방자하게
썼으므로 빈전에서 울부짖으며 차라리 죽고 싶다는 소회를 토로하였다. 《英祖實錄
即位年 11月 11日》

"김동필이 상소한 후, 신은 그 전에 이미 탄핵을 받고 강상(江上)으로 물러나 있었고, 원접사(遠接使)로서 꼬박 5개월 동안 왕래하다가 그 후 병조판서로서 조정에 들어왔습니다.280)

무릇 매사는 세월이 오래되면 구습을 답습하기 마련입니다. 김일경의 이력은 참판 중에 비교할 대상이 없을 정도였으므로 신도 막지 못하였고, 자급을 올려 병조판서와 호조판서로 의망하기까지 하였습니다. 당시의 의론을 따라 어쩔 수 없이 한 일이지만 이 또한 신의 죄입니다. 그러나 대제학에는 끝내 의망하지 않았고, 그가 이조판서로 의망되었을 때에도 굳게 고집하여 허락하지 않았습니다.

그런데 최보(崔補)가 신이 김일경과 사사로운 친분이 있는 것처럼 의심하였으니,281) 이처럼 거짓을 날조하는 말은 진실로 사실 여부를 가릴 가치도 없습니다. 또한 일이 김일경과 연관되면 사람들이 문득 원한을 갚는다 의심할까봐 이와 같이 중대한 일에 분명한 말로 엄히 배척하지 못하였으니, 실로 면목이 없어 얼굴을 들 수가 없습니다."

주상이 이르기를,

"내가 본래 학문이 깊지 못하지만 김일경이 인용한 말을 마음으로 이미 의심하고 있었는데, 이봉명의 소장을 보니 그 출처를 상세히 밝혀 놓았고, 또 김동필의 소장을 보고 더욱 자세히 알게 되어 이에 처분을 내렸다. 지난번 홍문관의 신하가 김일경의 일을 힘껏 변론282)하는 모습에서 당론에 얽매인

---

280) 김동필이 …… 들어왔습니다 : 《경종실록》에 의하면, 김일경을 탄핵하는 김동필의 상소는 1722년 11월 22일에 있었는데, 그 직전인 11월 20일 이광좌는 우의정 최석항과 함께 헌납 구명규의 탄핵을 받고 강교(江郊)로 나갔다. 이광좌가 원접사가 된 것은 같은 해 12월 16일이었으며, 다시 병조판서에 제수된 것은 1723년 2월 10일이었다.

281) 최보(崔補)가 …… 의심하였으니 : 경기 유학(幼學) 최보가 상소하여, '위로 대신(大臣)부터 아래로 일반 관료들에 이르기까지 김일경과 같은 역심을 품었다.'라며 김일경을 비호하는 무리를 처벌할 것을 주장하면서 영의정 이광좌를 논척하였다. 《英祖實錄 卽位年 11月 12日》

282) 홍문관의 …… 변론 : 1724년(영조 즉위년) 11월 6일, 홍문관 교리 이거원과 수찬 이진수(李眞洙)가 청대하여, 이의연이 노론 4대신의 신원과 소론의 처단을 주장하는 상소를

것을 볼 수 있었는데 어찌 그들이 김일경을 비호한 것이 아니라 할 것인가?"

하자, 이광좌가 말하기를,

"이거원(李巨源)은 일찍이 김일경과 갈등을 빚은 일이 있고, 이진수도 사사로이 김일경을 비호할 사람이 아닙니다."

하니, 주상이 이르기를,

"소장에서도 입을 다물고 한 마디 말이 없으니, 어찌 탄식하지 않겠는가?"

하였다. 이광좌가 말하기를,

"이의연의 일은 관계되는 바가 지극히 중요하니, 지금 별도의 처분을 내려야만 인심이 복종할 것입니다."

하자, 주상이 이르기를,

"인산(因山)을 치른 후 국청을 여는 것이 마땅하며, 이때 김일경에 대해서도 똑같이 국청을 열 것이다."

하였다.

○ 전 정언 나학천(羅學川)[283]이 상소하여, 대략 다음과 같이 말하였다.

"전하께서는 작은 몸으로 외롭게 저 한편의 몇몇 사람들에게 의지하며 스스로 친하고 믿을 만한 사람들이라고 생각하십니다만, 신은 친하고 믿을 만한 사람은 거의 없고 나머지는 모두 소원한 사람일까 염려스러우니, 그렇다면 전하의 사람이 너무 적지 않으며, 전하의 형세가 너무 외롭지 않습니까?

더구나 지금은 사대부라는 족속이 셋으로 나뉘어서, 이른바 서인, 남인, 소북이 그것입니다. 서인은 또 나뉘어 둘이 되었는데, 이른바 소론이 바로

올린 것에 대해 그 내용을 조목조목 논척하였다. 이 과정에서 김일경이 인용한 '금정접혈(禁庭蹀血)'에 대해, 이거원이 고문에도 다수 나오는 문구라고 말함으로써 결과적으로 김일경을 비호하는 발언을 하였다. 《英祖實錄 即位年 11月 6日》

283) 나학천(羅學川) : 1658~1731. 본관은 수성(壽城), 자 사도(師道), 호 창주(滄洲)이다. 1683년(숙종9) 증광문과에 급제하여 지평·정언, 면천군수(沔川郡守)·서천군수(舒川郡守)를 역임하였다. 영조 즉위 후 상소하여, 소론 우위의 정국운영과 노론이 남인을 '명의죄인(名義罪人)'으로 몰아서 배척하는 것을 비판하였다. 이후 좌승지, 형조참의 등을 지냈다.

그중 하나입니다. 지금은 셋을 버리고 그 하나만을 쓰시니, 신은 잘 모르겠습니다만 버림받은 자는 모두 소인이고 기용된 자는 모두 정말 군자입니까?

조종조(祖宗朝)에서 관청을 세우고 관직을 둔 것이 어찌 다만 어느 한편 사람들의 부귀와 이록의 밑천을 마련해주려는 것이었겠습니까? 심지어 과거는 인재가 처음 벼슬길에 나아가는 발판인데, 하늘이 인재를 내려 주는 일이 어찌 사람이 때를 잘 만났는지 때를 못 만났는지에 따라 달라지겠습니까?

신축년(1721, 경종1) 이후로 공도가 더욱 무너져 대과와 소과의 방안(榜眼)284)은 모두 세력 있는 집안이 차지하였으니, 조정에 가득한 고관 중에 사람들의 손가락질을 받지 않을 이가 몇이나 되겠습니까? 때를 만나지 못한 사람 중에 요행히 기회를 잡는다 해도 미처 천거를 받기도 전에 결국 버려지고 말았으니 통탄스럽습니다.

옛날의 당론은 그 다투는 것이 공(公)이었지만, 지금의 당론은 그 다투는 것이 사(私)입니다. 위로 대신으로부터 아래로 서관(庶官)에 이르기까지 하나의 당으로 결탁하여 공가(公家)의 명기(名器)를 거머쥐고 개인 가문을 위하여 농단을 일삼아서, 한쪽으로는 불러 모으고 한쪽으로는 막아서며 삼망(三望)에 빠뜨린 사람이 있을까 손발을 분주하게 놀리는 모습이 흡사 어린아이가 숨바꼭질하는 것과 같습니다.

하루종일 도모하는 바라고는 부귀를 얻지 못할까 근심하고 부귀를 잃을까 걱정하는 마음285) 뿐, 나랏일에 대해서는 아무런 뜻도 두고 있지 않습니다. 비록 나라에 충성을 다하는 한 두 사람이 있다 해도 또한 스스로 벗어나지 못하고 끝내 한통속이 되어 버립니다.

---

284) 방안(榜眼) : 과거에서 수석 합격인 장원(壯元)에 이어 차석으로 합격한 사람을 이르는 말인데, 여기에서는 과거 합격자 명단을 통칭한 용어로 사용되었다.

285) 부귀를 …… 마음 : 《논어》〈양화(陽貨)〉에 "비루한 사람과는 함께 임금을 섬길 수 있겠는가? 부귀를 얻기 전에는 얻을 것을 걱정하고, 이미 얻고 나서는 잃을 것을 걱정하니, 만일 잃을 것을 걱정한다면 못하는 짓이 없게 된다.[鄙夫可與事君與哉? 其未得之也患得之, 旣得之患失之, 苟患失之無所不至矣.]"라는 말을 인용한 것이다. 나라의 안위보다 개인의 이해득실만을 따지는 소인배의 소행을 가리킨다.

이쪽도 하나의 당이요 저쪽도 하나의 당이니, 누가 옳고 누가 그른지, 누가 사악하고 누가 올바른지 어찌 알겠습니까? 오직 인군이 편당이 없고 편벽됨이 없는 곳에 황극(皇極)을 세우고[286] 소광(昭曠)[287]하고 청명(淸明)한 데에 마음을 둔다면, 나에게 있는 권도(權度)[288]에 시비(是非)·사정(邪正)의 형체가 자연히 드러나게 될 것입니다.

그런데 신이 미처 이해하지 못한 일이 있습니다. 지난날 황일하(黃一夏)와 정호(鄭澔)의 상소[289]를 두고 당시의 신하들은 함정으로 몰아넣는 것이라고 여겼는데, 그 큰 뜻을 따져 보면 모두 우리 전하를 보호하려는 것이었습니다. 궁중이 위태로운 상황에서 또한 다른 사람이 말하지 못한 것을 말했다 할 수 있는데, 말한 것에 대해 상을 받기는커녕 죄를 받아 유배되기에 이르렀습니다. 당초 이정소(李廷熽)의 상소[290] 또한 종사(宗社)를 위한 계책이었는데 어찌 그리 애석하게 여기는 뜻이 없습니까?

그리고 목내선(睦來善)과 이현일(李玄逸)이 지은 죄는 언어와 문자의 잘못[291]

---

286) 편당이 …… 세우고 : 황극은 제왕(帝王)이 천하를 통치할 때 지켜야 할 원칙을 말한다. 본문의 구절은 《서경》〈홍범(洪範)〉의 "편벽됨이 없고 편당함이 없으면 왕의 도가 탕탕하며, 편당함이 없고 편벽됨이 없으면 왕의 도가 평평하며, 상도(常道)에 위배됨이 없고 기울어짐이 없으면 왕의 도가 정직할 것이니, 그 극(極)에 모여 그 극에 돌아올 것이다.[無偏無黨, 王道蕩蕩, 無黨無偏, 王道平平, 無反無側, 王道正直, 會其有極, 歸其有極.]"라는 말을 인용한 것으로서, 이것은 조선후기 탕평론의 전거(典據) 가운데 하나이다.

287) 소광(昭曠) : 밝고 드넓은 본원의 경지를 뜻한다.

288) 권도(權度) : 권은 무게를 다는 저울추, 도는 길이를 재는 자로, 사물을 헤아리는 기준이나 법도를 이른다.

289) 황일하(黃一夏)와 …… 상소 : 환관 박상검이 궁인과 결탁하여 왕세제를 폐위하려고 도모하다가 발각된 사건에 관한 상소이다. 황일하는 이 사건의 죄인을 국문하지 말고 사형하도록 청한 삼사(三司)와 죄인인 석렬·필정의 자결을 방임한 관원을 탄핵하는 상소를 올렸다. 《景宗實錄 1年 12月 25日》정호도 죄인을 국문하지 말고 사형하도록 청한 삼사(三司)의 잘못을 논핵하는 상소를 올렸다. 《景宗實錄 2年 1月 2日》

290) 이정소(李廷熽)의 상소 : 신축년(1721, 경종1) 8월 20일, 정언 이정소가 경종이 후사가 없으므로 종사를 위한 대책으로서 연잉군을 세제로 책봉하기를 청하는 상소를 올린 일을 이른다. 《景宗實錄 1年 8月 20日》

291) 목내선(睦來善)과 …… 잘못 : 인현왕후의 폐출을 고하는 주문(奏文)을 가지고 청나라에 갈 때 부사 신후재(申厚載)가 좌의정 목내선에게 저들이 힐문하면 어떻게 대답해야

에 불과한데, 수년 간 유배된 것은 그 죄 때문이었지만, 풀려나 전리(田里)로 돌아간 것은 그 죄를 사면해 준 것이며, 이후 관작이 회복된 것은 선왕이 용서한 것이었습니다. 비록 죄를 주었지만 이미 사면하였고 용서하였으나 당사자들은 뼈마저도 모두 썩어 버렸는데, 지금에 와서 붙인 죄명이 처음과 다름이 없고 그 자손들마저 폐고 시켰으니, 아! 또한 너무도 심합니다.

심지어 기사년(1689, 숙종15) 당시의 사람들을 지목하여 '명의(名義) 죄인'[292]이라고 하니, 이는 참으로 사람을 옴짝달싹 못하게 묶어두는 좋은 제목입니다. 당시 신하로서 충절을 다 바친 사람은 박태보(朴泰輔)[293] 한 사람뿐이었습니다. 만약 박태보가 그 당시 조정의 신하들을 꾸짖으며 '그대들은 어찌하여 나처럼 목숨을 바치지 않는가?'라고 한다면, 참으로 감히 그 책망을 피하지 못하고 또한 죄를 받기에 겨를이 없어야 할 것입니다.

그런데 만약 박태보가 자기 당에서 나온 사람이라며, 당시 그 당의 대신, 삼사로서 박태보와 함께 조정에 있던 자들이 모두 박태보를 자처하며 충절을

할지를 물었다. 목내선은 '불공불경(不恭不敬)'으로 대답하라고 하였는데, 인현왕후가 폐비될 때 주상이 들추어낸 죄과에는 '불공순(不恭順)'이라는 세 글자는 있었지만 '불경(不敬)'이라는 글자는 없었다. 이 일로 목내선은 갑술년(1694, 숙종20)에 인현왕후가 복위된 뒤 위리안치 되었다.《肅宗實錄 15年 8月 11日, 20年 5月 12日》이현일은 인현왕후가 폐위되었을 때 올린 상소에서 '중전의 도리를 지키지 않아 스스로 천륜을 끊었다.'라는 등의 말을 한 것이 불손(不遜)하다는 탄핵을 받고 갑술년에 종성부(鍾城府)에 위리안치 되었다.《肅宗實錄 15年 9月 24日, 20年 7月 5日》

292) 명의(名義) 죄인 : 기사년(1689, 숙종15), 숙종이 인현왕후를 폐하려 하자 좌의정 목내선과 우의정 김덕원(金德遠) 등이 정청하였는데, 왕의 정지 명령이 내리자 다음날 곧바로 정지하였다. 이후 1694년(숙종20) 갑술환국 때 이 사안이 다시 거론되었는데, 이 문제는 남인이 서인으로부터 '명의 죄인', 즉 신하로서 중전의 폐위를 죽음으로써 막지 않고 반나절만에 정청을 접은 것은 불충(不忠)이라는 공격을 받는 빌미가 되었다.

293) 박태보(朴泰輔) : 1654~1689. 본관은 반남(潘南), 자 사원(士元), 호 정재(定齋)이다. 박세당의 아들이자, 윤황의 외증손이다. 1675년(숙종1) 사마시에 합격하여 생원이 되고, 1677년 알성 문과에 장원해 청요직을 두루 역임하였다. 1683년 서인이 노론과 소론으로 분열되자 소론으로 좌정하였다. 1689년 인현왕후의 폐위를 강력히 반대하다가 숙종의 친국을 받고 유배 가는 도중에 사망하였다. 저서로《정재집(定齋集)》, 편서로《주서국편(周書國編)》이 있고, 시호는 문열(文烈)이다.

다하지 못했다고 다른 사람들을 꾸짖는다면, 이는 50보를 도망친 사람이 100보
도망친 사람을 비웃는 것²⁹⁴⁾에 가깝지 않겠습니까? 신은 내심 우습습니다.

숙종 대왕께서 일찍이 하교하시기를,

'기사년의 일을 어찌 광해군 때의 일에 견준단 말인가? 만약 당시 신하들이
머리를 짓찧으며 힘써 간쟁하지 못하여 범중엄(范仲淹)과 공도보(孔道輔)의
죄인²⁹⁵⁾이 되었다고 한다면 혹 괜찮겠으나 어찌 견주기에 적절하지 않은
일을 가지고 견줄 수 있단 말인가? 옛말에 「돌을 던져 쥐를 잡으려다 그릇이
깨질까 염려된다.」²⁹⁶⁾ 하였는데, 어찌 감히 이와 같이 하는가?'

하셨습니다. 크구나! 왕의 말씀이여! 말이 엄정하고 뜻이 올바르기가 해와
별처럼 밝게 빛났습니다. 남구만(南九萬)²⁹⁷⁾과 윤지완(尹趾完)²⁹⁸⁾ 또한 어찌

---

294) 50보를 …… 것 : 양나라 혜왕이 정사에 힘쓰는데도 이웃 나라보다 백성이 불어나지
않는 이유를 묻자 맹자가, 이웃 나라와 혜왕의 정사(政事)를 비교해 보면 전쟁터에서
무기를 끌고 도망가면서 50보를 도망간 뒤에 멈춘 사람이 100보를 도망간 사람을
비웃는 것과 같다고 한 구절을 인용한 말이다. 《孟子 梁惠王 上》

295) 범중엄(范仲淹)과 …… 죄인 : 송나라 인종(仁宗)의 비 곽 황후(郭皇后)가 인종이 총애하는
궁녀의 뺨을 때리다 잘못하여 인종의 뺨을 친 죄로 폐위되었는데, 그때 공도보와
범중엄이 죽음으로 간언하였다. 《宋史 仁宗郭皇后列傳》·《孔道輔傳》 숙종은 이것을 인용
하여 인현왕후가 폐위될 때 죽음으로 간언하지 않은 신하들을 범중엄과 공도보의
죄인이라고 말할 수는 있다고 본 것이다.

296) 돌을 …… 염려 된다 : 가의(賈誼)의 〈치안책(治安策)〉에 나오는, "돌을 던져 쥐를 잡고자
하나 그릇이 깨질 것을 꺼린다.[欲投鼠而忌器]"는 말을 인용한 것이다. 국가의 존립을
위해서는 말을 가려서 해야 한다는 뜻으로 인용하였다.

297) 남구만(南九萬) : 1629~1711. 본관은 의령(宜寧), 자 운로(雲路), 호 약천(藥泉)·미재(美齋)이
다. 개국공신 남재(南在)의 후손이고, 송준길(宋浚吉) 문인이며, 박세당(朴世堂)의 처남이
다. 효종대 문과에 급제하여 현종대 함경도 관찰사, 숙종대 영의정 등을 역임하였다.
1694년 갑술환국 이후 숙종의 탕평책을 적극 협찬하다가 노론의 집요한 공격을 받았다.
특히 세자를 보호하기 위해 생모인 장희빈 가문에 대한 처벌을 늦추려고 노력하다가
자주 처벌을 받았다. 숙종 묘정(廟庭)에 배향되었고, 시호는 문충(文忠)이다.

298) 윤지완(尹趾完) : 1635~1718. 본관은 파평(坡平), 자 숙린(叔麟), 호 동산(東山)이다. 좌의정
윤지선(尹趾善)의 아우이다. 1657년(효종8) 사마시, 1662년(현종3) 증광문과에 급제해
청요직을 두루 지냈다. 1675년(숙종1) 송시열을 구원하다가 관직을 박탈하였다. 1680년
경신환국 이후 병조판서까지 올랐다가 1689년 기사환국으로 유배되었다. 1694년(숙종20)
갑술환국 직후 우의정에 올랐다가 1695년 영돈녕부사가 되었다. 1717년 숙종이 좌의정

기사년 사람들의 입장을 위하여 말하였겠습니까? 그렇지만 오히려 명의(名義)로써 죄를 묻지는 않았습니다. 윤지완은 소를 올려 아뢰고[299] 남구만은 의견을 건의하여, 힘껏 쟁론하지 못했던 신하들의 죄를 말하는 것으로써 그 명의라는 것이 근거가 없다는 것[300]을 밝혔습니다.[301]

그런데 오늘날의 신하들은 임금의 하교가 있지도 않았는데 굳이 당론에 치우친 의론을 고집하며 억지로 부당한 죄를 덮어씌우면서 쥐를 잡다 그릇이 깨질까 염려하는 마음은 안중에도 없으니, 신하의 분수와 의리에 비추어보아 과연 어떠합니까?"

주상이 좋은 말로 답하였다.

○ 호군 정동후(鄭東後)[302]가 상소하여, 대략 다음과 같이 말하였다.

"역적 김일경은 선왕을 터무니없는 거짓으로 핍박하였고 성상을 모욕하고 능멸하였으니, 실로 천지간에 용납하기 어려운 죄를 지었는데도 저 혈당(血薰)은 성상의 근밀(近密)에 포진하고 있으면서 김일경을 옹호하는 말들을 잇달아 제기하였습니다. 혹은 '어구 상의 사소한 잘못'이라 핑계대거나 혹은 '망발'이라 칭하는 등 자기들 멋대로 비호하는 실상이 환히 드러나 가릴 수 없게

이이명(李頤命)과 독대(獨對)한 후 세자[景宗]에게 청정(聽政)을 명하자 청정을 반대하고 이이명을 논척하였다. 숙종 묘정에 배향되었고, 시호는 충정(忠正)이다.

299) 윤지완은 …… 아뢰고 : 갑술환국 이후 윤지완은 우의정으로 출사하여, 숙종에게 기사남인에 대한 처벌을 완화하라고 주장하였다. 《肅宗實錄 20年 9月 23日》

300) 남구만은 …… 것 : 남구만은 인현왕후가 폐위될 때 힘써 간하지 못했던 신하의 죄를 광해군 때의 군흉(群凶)이 인목대비의 폐출을 청한 일에 비교하여 가볍게 논할 수 없다고 주장하였다. 《肅宗實錄 21年 6月 6日》

301) 윤지완은 …… 밝혔습니다 : 1694년 갑술환국 이후 남구만과 윤지완 등 소론 탕평파 대신들은 기사남인에 대한 처벌을 완화하고 유능한 남인을 등용해야 한다고 줄기차게 주장하였다. 이로 인해 노론 당인들로부터 남인과 같은 명의죄인이라고 공격받았다.

302) 정동후(鄭東後) : 1659-1735. 본관은 동래(東萊), 자 후경(厚卿), 호 송애(松崖)이다. 1705년(숙종31) 식년문과에 장원 급제하여, 청요직을 두루 거쳤다. 1724년 영조가 즉위한 뒤 상소하여 김일경을 비호하는 대신과 삼사를 탄핵하였다. 1725년(영조1) 승지, 1727년 공조참의 등을 역임하였다.

되었으니 찬출(竄黜)의 법을 시행하는 것이 마땅합니다.

유시모의 계사 중에 '출처를 생각하지 못했다.'는 등의 말은 지극히 간교하고 사특하니, 영읍(嶺邑)의 외직에 보임한 것도 너무 가벼운 처벌이라 할 것인데, 승지는 작환(繳還)303)을 청하기에 이르렀고, 이어서 상신(相臣)은 임지(任地)를 바꾸어 달라고 청하였으니, 그 방자하고 무엄함에 신은 적이 통탄할 뿐입니다.

몸이 삼공의 반열에 있으면 그 토역(討逆)의 의리는 삼사에 있는 사람과 비교하여 상대적으로 무거울 뿐만이 아닌데 도리에 어긋난 흉언을 예사롭게 보아 넘기고 높이 장려하고 발탁하여 하고 싶은 대로 하게 하였습니다. 분명한 명이 내렸는데도 김일경의 주벌을 청하는 말 한 마디도 없어, 그를 삭출하고 도배(島配)하고 가극(加棘)304)하고 국문하는 일이 모두 특교(特敎)에서 나왔으니, 대신이 전하를 저버림이 어찌 이 지경에 이르렀단 말입니까?"

○ 전 장령 채응복(蔡膺福)305)이 상소하여 다음과 같이 말하였다.

"먼저 역적 김일경을 토죄하고, 이어서 교문을 다시 찬술하라고 명하여 나라 안 모든 사람들이 무상부도(誣上不道)한 죄를 훤히 알게 하기를 청합니다. 연신(筵臣)이 이봉명을 찬배(竄配)할 것을 청한 것은 이른바 '두건덕(竇建德)을 위하여 원수를 갚는다.'306)는 것이니, 말은 받아들이면서 말한 사람을 죄주는

---

303) 작환(繳還) : 임금의 전교(傳敎)에 잘못된 부분이 있다고 여겨질 경우 승지가 전교를 하달하지 않고 되돌려 올리고 환수하기를 청함을 이른다.

304) 가극(加棘) : 죄인이 거처하는 곳에 가시 울타리를 둘러친 상태에서 추가로 가시울타리를 더 둘러치는 벌을 이른다.

305) 채응복(蔡膺福) : 1675~1744. 본관은 평강(平康), 자는 석오(錫五)이다. 1711년(숙종37) 식년문과에 급제하여 1721년(경종1)에 장령이 되었다. 영조 즉위 직후 이의연을 비호하고 김일경을 성토하다가 삭출되었다. 1725년(영조1) 다시 삼사에 진출하여 유봉휘 등을 논핵하는 계사에 참여하였다가 1727년 정미환국으로 파직되었다. 1732년 다시 등용되어 사간·집의 등을 역임하였다.

306) 두건덕(竇建德)을 …… 갚는다 : 당나라 태종이 천하를 평정할 때에 왕세충(王世充)과 두건덕을 토참(討斬)한 일이 있었는데, 후에 태종의 형 이건성과 아우 이원길이 권력을

이치가 어디에 있습니까?

또 듣기에 상소한 유자(儒者)[307]를 국문하라는 명이 내렸다는데, 광망한 발언을 한 사람이야 진실로 애석할 것이 없습니다만 전하께서 구언하던 날 이미 '말이 비록 중도에 지나치더라도 내가 허물하지 않을 것이다.'라는 전교를 내리셨는데 말을 했다는 이유로 죄를 받는 자들이 전후로 잇달아 나오고 있습니다. 지금 또 소를 올린 유자를 엄히 신문하게 하시니, 구언하는 성지(聖旨)는 헛된 글이 돼버렸고 허물하지 않겠다는 전교는 도리어 신뢰를 잃고 말았습니다. 바라건대 신의를 얻는 방도를 힘써 밝혀 어진 교화에 누를 끼치지 마소서."

하자, 주상이 그 소를 돌려주라고 명하였다.

○ 지평 김시빈(金始鑌)[308] -이보욱(李普昱)- 등이 역적을 비호한 채응복의 죄[309]를 논하고, 절도에 안치할 것을 청하였으나 윤허하지 않았다.

다투어 태종을 죽이려고 하니, 태종이 고조에게 "형제들이 저를 죽이려는 것은 왕세충과 두건덕을 위해 원수를 갚는 것과 같습니다." 하였다. 《舊唐書 高祖二十二子列傳 隱太子建成》 본문의 연신(筵臣)은 이봉명의 처벌을 청한 김동필을 가리키는 말로, 채응복은 고사에 빗대어 김동필이 이봉명에게 죄줄 것을 청한 일은 김일경을 위해 원수를 갚아 주는 것과 같다고 비판한 것이다.

307) 상소한 유자(儒者) : 1724년(영조 즉위년) 11월 6일 유학 이의연이 응지 상소를 올려, 노론 4대신의 신원(伸冤)과 소론의 처단을 주장하였다. 《英祖實錄 卽位年 11月 6日》 이 상소로 인해 이의연은 외딴섬에 정배되었고, 이후 국문을 받던 도중에 사망하였다.

308) 김시빈(金始鑌) : 1684~1729. 본관은 함창(咸昌), 자 휴백(休伯), 호 백남(白南)이다. 1702년 (숙종28) 사마시에 합격하고, 그해 별시문과에 급제하였다. 1724년(영조 즉위) 장령 재직시 탕평책을 두둔하다 오히려 화근이 되어 명천군수로 좌천되었다. 1728년 무신란이 영남지방으로 확대되자 채성윤(蔡成胤)의 천거로 영남의 요충을 방비하는 데 적합한 인물로 뽑혀 울산부사가 되었다. 그곳에 부임하여 폐습을 과감히 개선하는 등 선정을 베풀다가 임지에서 죽었다.

309) 역적을 …… 죄 : 사헌부 관원 김시빈과 이보욱은 노론 4대신의 신원과 소론의 처단을 주장한 유학 이의연을 역적으로 규정하고, 그에 대한 처벌을 반대한 채응복에 대해 호역(護逆), 즉 역적을 비호하였다고 공격하였다. 《英祖實錄 卽位年 11月 26日》

○ 경기, 충청, 전라 3도의 유생 송상광(宋相光) 등이 상소하여 송시열의 복향(復享)과 권상하의 복관(復官)을 청하였다.

○ 경기, 충청 양도의 유생 박지혁(朴趾爀) 등이 상소하여, 두 선정(先正)에게 복향과 급첩(給牒)의 은전[310]을 베풀어 달라 청하고, 또 말하기를,

"이의연은 시국을 근심하는 강개(慷慨)한 선비인데 간흉들이 일제히 일어나 번갈아가며 죄를 얽어 무함하였습니다. 이광좌의 무리가 병신년의 처분[311]을 두고 선왕의 본의가 아니었다고 몰아가고 있는데, 어찌하여 이의연을 처벌한 법을 이광좌에게 먼저 적용하지 않으시고 이의연만 이러한 극률(極律)에 걸려들게 하십니까?"

하자, 주상이 극변에 정배하라 명하였다.

○ 전 지평 이의천(李倚天)[312]이 상소하여 다음과 같이 말하였다.

"권익관(權益寬), 이명언(李明彦), 윤용(尹容)의 무리가 서로 잇따라 상소하여, '도움을 받아 즉위하였다.', '추대를 받았다.', '과연 편안히 여기셨겠습니까?'[313]

---

310) 두 …… 은전 : 송시열을 도봉서원에 복향하는 것과 권상하의 관작을 회복하는 것을 이른다.
311) 병신년의 처분 : 1716년(숙종42), 윤선거·윤증 부자와 송시열간 회니시비에 대하여 숙종이 윤선거의 문집인 《노서유고》에 효종을 무함하는 내용이 있으니 훼판하고, 윤선거 부자의 관작을 삭탈하며, 윤선거의 사액서원을 철거하라 명함으로써 노론을 지지하였다. 이를 병신처분이라 하는데, 이로써 노론이 정국을 주도하게 되었다. 《肅宗實錄 42年 8月 24日》
312) 이의천(李倚天) : 1676~1753. 본관은 전주, 자 사립(斯立), 호 박직와(樸直窩)이다. 1713년(숙종39) 증광문과에 급제하여 1721년(경종1) 지평이 되었는데, 조태구를 탄핵하였다가 영암군에 유배되었다. 1725년(영조1)에는 이삼·이광좌·조태억 등을 처벌하라 상소하였다. 1726년 동부승지에 올랐는데, 1727년 정미환국으로 정배되었다가 1740년 다시 승지가 되었다.
313) 도움을 …… 여기셨겠습니까 : 1724년(영조 즉위) 11월 10일, 이명언이 노론 4대신의 신원과 소론의 처벌을 주장한 이의연의 국문을 청하며 올린 상소에 나오는 말이다. 해당 구절의 원문은 "전하께서 그때 결국 이 무리의 도움을 받아 즉위하였다면 …… 이에 대해 과연 마음이 편안할 수 있겠습니까?殿下於其時卒受此輩之援立 …… 其果能安於

등의 설을 주장하니, 모두 지극히 패악합니다. 또한 듣기에 대신이 '정책국로(定策國老)', '문생천자(門生天子)'라는 말을 진달하였다[314] 하니, 이 소식을 듣고 저도 모르게 뼈가 서늘해지고 심장이 얼어붙는 듯 했습니다.

아! 역적 김일경의 일이 있었던 이후로 시험 삼아 조정의 신하들을 보건대, 어찌 한 사람이라도 임금을 위해 토적(土賊)을 청하는 말을 하는 사람이 있었습니까? 유시모(柳時模)의 '출처를 생각하지 못했다.[不思出處]'는 등의 말이나 김시빈의 '의도가 있었느니 없었느니[有心無心]'[315]하는 말은 교묘하게 꾸며 대는 현란한 말로 전하의 뜻을 엿보고 시험해 본 것이었습니다. 아! 통탄스럽습니다.

역적 김일경이 유배지로 갈 때에는 관망하고 미적거리며 시간을 끌었고, 잡아들이라는 명이 내린 지 열흘이 되었는데도 아직 근기(近畿) 지역에 머물러 있으니, 나라 안의 말들이 떠들썩하고 사람들이 모두 분개하고 있습니다. 그 사이에 무슨 모의가 있었는지 모릅니다만, 신은 복역(覆逆)한 승지, 역적을 비호한 홍문관과 김시빈, 의금부의 당상과 낭청을 모두 찬출(竄黜)해야 한다고 생각합니다.

此가", 그리고 "어찌 일찍이 흉도들의 추대를 받았다 하여 이 무리를 용인한 바가 있었겠습니까?[豈嘗以凶徒之所擁立, 有所假貸於此輩?]"이다. 《承政院日記 英祖 卽位年 11月 10日》

314)　대신이 …… 진달하였다 : 1724년(영조 즉위) 11월, 조태억이 청대하여 아뢰면서 경종 때 왕세제의 대리청정을 청한 노론을 '정책국로(定策國老)'·'문생천자(門生天子)'에 빗대어 비판한 일이 있었다. 문생천자란 당나라 말기에 환관이 권세를 자행하여 천자를 마치 시관(試官)이 문생 보듯 하였기 때문에 생겨난 말이며, '정책국로'란 정책을 좌우하며 천자를 세운 국가의 원로라는 의미로 역시 환관을 의미한다. 곧 환관과 같은 소인배들이 어리석은 임금을 옹립한다는 의미로 쓰이는 용어들이었기 때문에, 본문에서 이의천은 조태억이 김일경의 뜻을 그대로 답습하여 영조를 위협하고 있다고 비판하고 있는 것이다. 《英祖實錄 卽位年 11月 8日》

315)　의도가 있었느니 없었느니[有心無心] : 장령 김시빈이 "김일경이 반교문에 인용한 내용은 참으로 몹시 흉악합니다. 만약 진정 어떠한 생각을 품고[有心] 그런 글을 썼다면 만 번 죽임을 당해도 애석하지 않을 것이고, 설령 다른 의도 없이[無心] 인용하였더라도 이미 죄를 성토하였으니 죄명(罪名)의 무거움이 과연 어떠하겠습니까." 하였는데, 이 말로 인하여 삭출(削黜)되었다. 《承政院日記 英祖 卽位年 11月 25日》·《英祖實錄 1年 2月 20日》

박윤동(朴胤東)316)이 지은 만사(輓詞)의 뜻 -대행 대왕의 만장을 찬진(撰進)하였는데, 그 내용에 "위험한 길은 천 겹으로 험하고, 보위는 한바탕 꿈처럼 처량했네.[危塗閱歷千層險, 寶座凄凉─夢空]"라는 구절이 있었다.- 은 음험하고 참혹하니, 샅샅이 신문하여 그 죄를 속히 바로잡으소서."

주상이 그 상소를 돌려주라고 명하였다.

○ 국청의 죄인 이의연이 형신 끝에 물고(物故)되었다.

○ 전 좌랑 이태징(李台徵)이 상소하였는데, 대략 말하기를,

"신이 보건대, 국청의 신하들이 비호한 정상은 처음부터 환히 드러나서, 비록 엄명에 쫓겨 부지런히 국청을 설치하기는 했지만, 흉역의 정상을 기꺼이 하나하나 파헤칠 것이라고 기대할 수 없으니, 친림하시어 직접 심문하시는 것이 아마도 무방할 듯합니다. 글을 지을 때에는 으레 문구를 서로 의논하여 확정하는 사람이 있는 법이므로 필시 같은 마음으로 함께 의논한 사람이 있었을 것이니, 이 하나의 조목으로 그 정상을 알아낼 수 있을 것입니다."

하자, 주상이 답하기를,

"이와 같이 이간질로 의혹을 자아내는 말은 보고 싶지 않다."

하였다. 위관(委官) 이광좌, 조태억, 의금부 당상 심수현(沈壽賢)317), 남취명, 황이장이 모두 상소하여 대죄하자, 주상이 위로하고 달래었다.

○ 충청도 유학(幼學) 홍득일(洪得─) 등이 상소하여 말하기를,

---

316) 박윤동(朴胤東) : 1673~? 본관은 밀양(密陽), 자는 세백(世百)이다. 1723년(경종3) 별시문과에 급제하여 1724년 지평이 되어 김동필을 탄핵하였다. 영조 즉위 직후에는 경종의 만사(輓詞)가 문제되어 이의천의 탄핵을 받았다. 1730년(영조6)에 장령이 되었다.
317) 심수현(沈壽賢) : 1663~1736. 본관은 청송(靑松), 자 기숙(耆叔), 호 지산(止山)이다. 심억(沈檍)의 증손이며, 응교(應敎) 심유(沈濡)의 아들이다. 1704년(숙종30) 춘당대문과에 급제하여 1706년 홍문록에 올랐다. 1722년(경종2) 공조판서를 거쳐, 1727년(영조3) 우의정, 1733년 영의정에 올랐는데, 1736년 판중추부사로 있다가 사망하였다.

"전하께서는 단지 한 사람의 김일경이 있는 것만 알고 김일경과 같은 사람이 여럿 있는 것은 알지 못하여 김일경에게 김일경을 다스리게 하였으니, 그 간악한 정상을 어떻게 밝혀낼 수 있겠습니까? 백망(白望)이 그 초사(招辭)에서, 결탁하여 뇌물을 써서 양전(兩殿)318)을 모해하려 한 자로 가장 먼저 김일경을 고발하였는데,319) 마치 모르는 일처럼 지워버리고 쓰지 않았습니다.

이에 대해 문사랑(問事郎)320)과 도사(都事)가 쟁론하자 그 일을 대충 기록하고는 허둥지둥 대명(待命)하였다가 급히 청대하여 백망이 죽게 되자 살길을 찾으려 한 말이라고 치부해 버리고, 이후로는 양전에 관계되는 말은 일체 거론하지 말게 하자고 말하였습니다.

신임(申銋)이 대략 그 죄를 논핵하자 도리어 거짓을 날조해 절도에 안치해 버리고 백망을 때려죽여 그 종적을 지워버리니, 인심이 지금까지도 의혹을 품고 있습니다. 무릇 이 몇 가지 단서들에 대해 누가 일일이 문제를 제기하고 실상을 밝혀낼 수 있겠습니까? 바라건대 전하께서는 그들의 술수에 빠지지 마소서."

라고 하자, 주상이 답하기를,

"마음이 격렬해져서 나온 것이기는 하지만 의심이 너무 지나치니, 실로 받아들일 수 없다."

하였다.

---

318) 양전(兩殿) : 대왕대비전인 인원왕후와 대전인 영조를 이른다.
319) 백망(白望)이 …… 고발하였는데 : 1722년(경종2) 3월 28일 목호룡의 고변으로 인하여 경종의 시해 또는 폐출을 모의한 죄목으로 백망(白望) 등이 수금되었다. 백망은 공초에서, 소론과 남인이 세제를 모해하려 하였다고 역으로 고변하였는데, 여기에는 당시 추국을 담당하고 있던 조태구·최석항·김일경·심단 등의 이름도 거론되었다. 국청에서는 이 일을 불문에 붙였으며, 문목에서 벗어난다고 하여 기록하지 않았다. 《景宗修正實錄 2年 3月 29日, 4月 4日》
320) 문사랑(問事郎) : 문사낭청(問事郎廳)의 준말로, 나라의 큰 죄인을 신문하기 위해 왕명으로 설치한 임시 관청인 국청(鞫廳)을 비롯해 정국(庭鞫)·성국(省鞫) 등에 차출되어 위관(委官)과 의금부 당상, 형방승지의 지휘에 따라 죄인의 국문에 참여해 기록과 낭독을 맡은 임시벼슬이다.

○ 우의정 조태억, 승지 정석삼이 청대하여 홍득일의 상소에서 나온 말이 위태롭고 패악하다고 극론하고 죄줄 것을 청하였지만 주상이 윤허하지 않았다.

○ 전 참의 박성로(朴聖輅)321)가 상소하여, 김일경과 결탁하여 같이 모의한 자들의 자취를 캐어내라 청하자, 주상이 간계를 부려 남을 모함한다고 책망하고 그 상소를 돌려주게 하였다.

○ 주상이 김일경을 친국하고, 하교하기를,
"김일경의 상소와 목호룡(睦虎龍)의 고변서322)를 상호 참조해 살펴보니 어의(語意)가 흉참하고 함께 모의한 자취가 현저하게 드러났다. 목호룡도 똑같이 국문하라."
하였다.

○ 국청 대신이 입시하자, 주상이 이르기를,

---

321) 박성로(朴聖輅) : 1681~? 본관은 함양(咸陽), 자는 재중(載仲)이다. 1705년(숙종31) 증광문과에 급제하여 1713년 정언이 되었다. 1717년 헌납으로서 좌의정 이이명이 독대한 잘못을 논하였다. 1724년 영조가 즉위하자 김일경을 비호하는 소론을 탄핵하였다. 이듬해 승지·형조참의 등을 역임하였다.

322) 목호룡(睦虎龍)의 고변서 : 1722년(경종2) 3월 27일, 목호룡은 노론이 숙종 승하 직후부터 세 가지 방법을 통해 경종을 시해하려 했다고 고변하였다. 역모의 내용은 노론이 숙종 말년부터 음모를 꾸며 대급수·소급수·평지수라는 이른바 삼수(三手)로써 왕세자였던 경종을 제거하고 이이명을 옹립하려 했다는 것이다. 고변 내용 중에는 왕세제는 물론 대비에까지 저촉되는 불온한 말이 적지 않았으므로, 이틀 뒤 세제가 사위(辭位)할 뜻을 표명하기도 하였다. 소론은 이 고변을 계기로 신축년에 노론이 〈대리청정절목〉을 연명해서 올린 것을 삼수의 한 형태인 평지수로 파악하여 노론 4대신을 역괴로 몰았다. 7-8개월간에 걸친 국옥으로 노론 4대신을 위시한 60여 명의 노론 인사들이 장폐(杖斃)되거나 사형에 처하여졌는데, 이를 임인옥사라고 한다. 《景宗實錄 2年 3月 27日·29日》 이 임인옥사에 대해 소론은 역정(逆情)이 분명한 역옥이라 하였고, 반면 노론은 소론에 의해 조작된 무옥(誣獄)이라 하여 팽팽히 대립하였다.

"목호룡이 지금 이미 형장 아래 죽었으니, 검시(檢屍) 후 백망의 사례에 따라 육시(戮屍)하라. 김일경은 비록 결안(結案)을 바치지는 않았으나 조사기(趙嗣基)323)의 사례324)에 따라 거행하라."

하교하자, 이광좌, 조태억이 이르기를,

"이의연은 그 무함이 선왕에게까지 미쳐 그 죄가 김일경·목호룡 두 사람과 다르지 않으니 똑같은 형을 시행함이 마땅합니다."

하였다. 판의금 심수현이 말하기를,

"이의연은 경폐(徑斃)325)한 지 이미 오래 되었으니, 시신을 파내어 육시하는 것은 죽은 뒤 즉시 육시하는 것과는 차이가 있습니다."

라고 하니, 주상이 말하기를,

"추가로 육시하는 것을 제외한 가산 적몰 등의 일은 똑같이 거행하라."

라고 하였다.

○ 진 헌납 정택하(鄭宅河)326)가 상소하여, 김일경을 저자에서 효수하고

---

323) 조사기(趙嗣基) : 1617~1694. 본관은 한양(漢陽), 자는 경지(敬止)이다. 1648년(인조26) 식년문과에 급제하여 1675년(숙종1) 홍문록에 올랐는데, 1680년 경신환국으로 유배되었다. 1689년 기사환국으로 복직하였는데, 1694년 갑술환국으로 사형당했다.

324) 조사기(趙嗣基)의 사례 : 1680년(숙종6)에 송시열을 무함한 죄로 유배되었던 조사기는 1689년 기사환국으로 신원된 후, 다시 자신의 억울함과 송시열의 잘못을 열거한 소를 올렸다. 여기에서 그는 명성왕후를 명종 때 수렴청정을 한 문정왕후(文定王后)에 빗대어 비난하였다가 서인들의 공격을 받았다. 당시는 남인이 권력을 잡고 있었으므로 무사할 수 있었으나, 1694년 갑술환국으로 서인들이 집권하고 이 문제가 다시 거론되자 숙종의 어명으로 모두 12차례에 걸쳐 국문이 진행되었고 결안(結案)을 내지 않은 채 곧바로 참형에 처해졌다.

325) 경폐(徑斃) : 형(刑)이 확정되기 이전 또는 형을 집행하기 전에 죄수가 갑작스레 죽는 것을 이른다.

326) 정택하(鄭宅河) : 1693~1741. 본관은 연일(延日), 자는 자중(子中)이다. 1715년(숙종41) 식년문과에 급제하여 청요직을 두루 지냈다. 경종 즉위 이후 세제 책봉문제를 둘러싸고 김일경 등의 탄핵을 받아 노론 4대신과 함께 파직되었다. 영조가 즉위하면서 다시 기용되어 헌납·사간 등을 역임하였다. 1727년 정미환국으로 삭직되고, 1729년 광주(光州)로 찬배되었다가 2년 뒤 풀려나 승지·돈녕부 도정 등을 지냈다.

역률(逆律)로써 다스리라고 청하자, 주상이 따랐다. -김일경의 일이 있은 후
대신과 삼사에서는 한 사람도 그에 대한 징토를 청하는 사람이 없었는데, 그가 죄를
받은 후에는 모두 말하기를, "일경으로부터 미움과 모욕을 받았던 까닭에 혐의스러워
말할 수 없었다." 하여 변명의 단서로 삼았다고 한다.-

○ 지사(知事) 권성(權愭)[327]이 상소하여, 대략 다음과 같이 말하였다.

"전하께서 잠저(潛邸)에 계실 때부터 전후로 무함을 당하신 것이 지금까지
여러 차례나 되었습니다. 박상검(朴尙儉)[328]이 창도(倡導)하자 목호룡이 그
뒤를 잇고 김일경이 주관하였으니, 그 무함과 모욕은 천고에 없던 일이었습니다.

진실로 사람의 마음을 지닌 자라면 피를 뿌리며 토벌을 청해야 마땅했는데,
흉도의 음모를 모르는 척 그 실상을 구명(究明)하지도 않고 그 도당을 묻지도
않은 채 차율(次律)로 결단하여 지레 먼저 형을 집행해버려서, 성궁을 무함한
일에 대해서는 끝내 명백하게 조사하지 않았으니, 신은 통분할 따름입니다."

---

327) 권성(權愭) : 1653~1730. 본관은 안동, 자 경중(敬仲), 호 제월재(霽月齋)이다. 1683년(숙종9)
진사가 되고, 1687년 문과에 장원급제하여 청요직을 두루 지냈다. 1721년(경종1) 한성부
판윤 재직시 신축환국으로 삭직되었다가, 1725년(영조1) 노론이 집권하자 부총관·판윤·
공조판서 등을 역임하였다. 정미환국(1727)으로 다시 물러났다가 형조판서 등에 여러
차례 기용되었으나, 사퇴하고 여생을 마쳤다.

328) 박상검(朴尙儉) : 1702~1722. 평안도 영변(寧邊) 출신의 내관으로, 본관은 충주(忠州)이다.
어려서 심익창(沈益昌)에게 글을 배운 인연으로 심익창과 교분이 있던 김일경과
교류하게 되었고, 이 친분은 내관이 되어서도 계속되었다. 1722년(경종2) 1월 왕세제가
입직궁관(立直宮官)과 익위사관(翊衛司官)에게, 내관들이 생명을 위협하니 독수(毒手)를
피하고자 사위(辭位)한다는 뜻을 알리면서 이른바 '박상검 옥사'가 일어났다. 다음날
대신들의 주청으로 경종은 박상검과 문유도(文有道)를 국문하였는데, 당시 혐의 내용은
박상검이 김일경의 사주를 받고 왕세제가 경종에게 문침(問寢)하는 길을 막아 불화를
조성하는 한편 대전의 궁녀들로 하여금 왕세제를 헐뜯는 말을 하도록 시켜 왕세제를
제거하려고 하였다는 것이었다. 《경종수정실록 2년 9월 21일》 기사에는 "박상검이
김일경의 손발이 되어 안팎에서 선동"하였다는 내용이 보이나, 사건의 전모가 밝혀지기
전 박상검이 환열(轘裂)에 처해진 관계로 이 사건은 전모가 채 밝혀지기 전에 흐지부지
마무리되었다.

○ 생원 이덕보(李德普)³²⁹⁾ -190여 인- 등이 상소하여, 송시열을 도봉서원에 복향하고, 권상하·이희조를 복관하라고 청하였다. 승정원에서 아뢰기를, "이덕보의 상소 중에

'대행 대왕께서 평소에 「성고(聖考, 숙종)의 이 하교를 나는 반드시 거스를 것이다.」 하셨습니까? 결코 그러할 리가 없음을 알고 있습니다.'

라는 말이 있고, 또한

'대행 대왕께서는 마음으로 반드시 「내가 기만당한 것이다. 나는 미처 바로잡지 못하였으나 나에게는 동생이 있으니 반드시 그 일을 바로잡을 수 있을 것이다.」 생각하셨을 것입니다.'

라는 말이 있습니다. 아! 저들이 어찌 감히 억지로 날조한 거짓말을 선대왕에게 덮어씌우며 이와 같이 무엄할 수 있단 말입니까?"

하자, 주상이 그 상소를 돌려주라 명하고, 말이 도리를 잃었다고 책망하며 이덕보를 3년간 정거(停擧)하게 하였다.

○ 대사헌 오명준(吳命峻)³³⁰⁾이 상소하여 대략 말하기를,

"영의정 이광좌는 일신을 파렴치한 곳에 던져두고 이 세상을 더럽고 비천한 곳으로 이끌고 있습니다. 경연에서 아뢰는 말이나 소를 올리는 일을 남을 시켜 대신하게 하고, 하루 종일 도모하는 바라고는 오직 당여를 널리 심는

329) 이덕보(李德普) : 1689~1751. 본관은 벽진(碧珍), 자는 군시(君施)이다. 1721년(경종1) 증광시에 합격하여 생원이 되었다. 1724년(영조 즉위) 생원으로서 상소하여 송시열을 도봉서원에 복향하고, 권상하와 이희조를 복관하라고 청하면서 윤증 일당을 처벌해 달라고 청하였다. 이 일로 3년간 정거(停擧)하는 처벌을 받았다.
330) 오명준(吳命峻) : 1662~1727. 본관은 해주(海州), 자는 보경(保卿)이다. 병조판서를 지낸 오도일(吳道一)의 손자이고, 아버지는 오수량(吳遂良)이며, 어머니는 영의정 여성제(呂聖濟)의 딸이다. 우의정을 지낸 오명항(吳命恒)의 형이다. 1684년(숙종10) 진사시에 합격하고, 1694년 알성문과에 장원 급제하여 1695년 정언(正言)이 되었다. 1715년 《가례원류》 시비에서 정호를 탄핵하여 파직시켰고, 1716년 윤선거를 비난한 신구(申球)를 비판하였다. 경종대 도승지, 형조판서 등을 역임하였다. 1724년 영조가 즉위한 뒤 영의정 이광좌를 비난하는 상소로 삭탈관작 문외출송 되었다.

것밖에 없습니다.

　무릇 인재의 선발과 관련하여서는 오로지 자신의 애증(愛憎)을 따를 뿐이고 진실로 그의 사당(私黨)이면 반드시 발탁하려 하므로, 사람들이 모두 깊이 우려하면서도 그 위세를 두려워하여 말을 하는 사람이 없으니 신은 통분할 뿐입니다."

　하자, 주상이

"조정이 분열된 모습을 보니, 장차 나라가 나라답지 못한 상황에 이를 것이다."

　하교하여 책망하고, 특명으로 오명준을 삭출하였다.

　○ 지평 유엄(柳儼)331)이 상소하여, 터무니없는 거짓을 날조한 오명준의 죄를 논핵하고 조적(朝籍)에서 영원히 삭제할 것을 청하였다.

　○ 진사 신집(申鏶)332) 등이 상소하여 세상을 떠난 스승 이희조가 터무니없는 무함을 참혹하게 받고 서쪽 변방에 유배되어 죽었다고 아뢰고, 시원하게 원한을 풀어 달라고 빌었다.

　○ 함경 도사 조명신(趙命臣)333)이 상소하여 대략 다음과 같이 말하였다.

---

331) 유엄(柳儼) : 1692~1752. 본관은 진주(晉州), 자 사숙(思叔), 호 성암(省庵)이다. 중종반정의 공신 유순정(柳順汀)의 후손이다. 1723년(경종3) 증광문과에 급제, 이듬해에 정언(正言)이 되었다. 1728년(영조4) 홍양현감(洪陽縣監) 당시 무신란에 대한 조치를 잘못했다는 탄핵을 받고 삭판(削版)되었다. 그러나 바로 서용되어 1729년 도당록에 들고 이후 청요직을 두루 거쳐 1730년 승지가 되었다. 이후 각도 감사를 거쳐 1745년 공조판서에 올랐으며, 그 해 한성부판윤에 임명되어 청양군(菁陽君)에 봉해졌다. 시호는 혜정(惠靖)이다.
332) 신집(申鏶) : 1693~? 본관은 평산(平山), 자는 계중(季重)이다. 이희조 문인이다. 1723년(경종3) 증광시에 급제하여 진사가 되어, 1724년(영조 즉위) 이희조의 억울한 죽음을 신원해 달라고 상소하였고, 1725년에는 윤지술을 신원해 달라는 상소, 이광좌와 유봉휘를 토죄하는 상소 등에 연명하였다. 1735년과 1740년에는 송시열과 송준길의 문묘배향을 청하는 상소에, 1741년에는 서원 훼철을 반대하는 상소 등에 연명하였다.

"김일경의 대역부도한 죄는 옛 사첩(史牒)에도 드문 일로 궤참(跪斬)334)의 형벌을 사용해도 징토하기에 부족하다 할 것인데 굽혀서 조사기(趙嗣基)의 전례를 따라 차율(次律)만을 시행하였으니 형정을 잘못 집행한 예로 무엇이 이보다 심하겠습니까?

역적 김일경의 마음은 길 가는 사람들도 모두 알고 있는데 오직 전하를 지척에서 모시는 직책의 저들과 대각에 있는 사람들만 징토를 청하지 않을 뿐만 아니라 도리어 비호하기에 급급하여 '의도가 없었다.'고 치부하거나 '생각하지 못했다.'는 핑계를 대고 있습니다. 신은 그날의 승지와 대신(臺臣), 그리고 그밖에 김일경을 비호하려던 자들에게 모두 정배(定配)의 형벌을 시행해야 한다고 생각합니다.

몇 해 전 신임(申銋)과 정호(鄭澔)가 올린 한 통의 상소335)는 진실로 노신의 진심어린 우려에서 나온 것이었는데, 무함하려 작정하고 죄안을 만들어 3년 동안 천극(栫棘)의 형벌을 가하여, 저들이 죽을 날이 머지않았으니, 신은 개탄스럽습니다."

주상이 좋은 말로 답하였다.

○ 성균관 사예(司藝) 백시광(白時光)이 상소하여, 대략 말하기를,

---

333) 조명신(趙命臣) : 1684~? 본관은 순창(淳昌), 자는 명중(明仲)이다. 1713년(숙종39) 생원·진사가 되고, 이듬해 증광문과에 급제하여, 1719년 황산찰방(黃山察訪), 1721년(경종1) 전라도사(全羅都事)를 거쳐 1724년 함경도사(咸鏡都事)가 되었다. 1725년(영조1) 비로소 장령이 되고, 이듬해 승지가 되었다.

334) 궤참(跪斬) : 죽은 사람에게 극형을 가하는 부관참시(剖棺斬屍)를 가리킨다. 진나라 왕돈(王敦)은 반역을 일으켰다가 실패하고 죽었는데, 명제(明帝)가 무덤을 파서 그 시체를 꺼내어 의관을 태우고 꿇어 앉혀 목을 베게 하였다.

335) 신임(申銋)과 …… 상소 : 신임의 상소는 조태구·최석항·김일경 등의 이름이 죄인 백망의 공초에서 거론되었는데도 옥사를 상규대로 처리하지 않고 허실을 변정(辨正)하지도 않은 채 마무리를 지으려 한다는 비판의 내용이었다. 《景宗實錄 2年 4月 2日》 정호의 상소는 궁인과 결탁하여 왕세제를 폐위하려고 도모하다가 발각된 환관 박상검을 국문하지 말고 그대로 사형시키라고 청한 대신들을 논핵하는 내용이었다. 《景宗實錄 2年 1月 2日》

"근일의 처분에 대해 신이 적이 개탄스러워 하는 점은 전하에게 충성하고 흉역을 토벌하려는 사람은 당을 비호한다고 배척하시고, 전하를 잊고 흉역을 비호하는 사람은 충신으로 장려하시는 것입니다. 신은 잘 모르겠습니다만 역적 김일경이 과연 전하에게 충성을 바쳤습니까?"

하자, 주상이 당을 비호한다고 책망하고 그 상소를 돌려주게 하였다.

《皇極編四》校勘·標點

皇極編　卷之十

老少

　　壬寅二年春, 司直鄭澔疏略曰：“年垂八耋, 疾病沈痼, 凡干世事都不省識. 近聞殿下新有大處分, 先朝禮遇之大臣盡行斥逐, 下曁言事之臣·太學之生, 非碪鑽卽荐棘, 未諳有何事端·有甚罪逆, 而臣亦先朝舊物耳, 縮伏悚慄, 恭俟嚴譴.

　　忽伏聞國本有[1]動搖之漸, 慈聖下哀痛之敎, 豈意聖世遽有此事? 當初建儲時, 慈敎有曰‘<u>孝廟血脈·先王骨肉, 惟主上與延礽君而已</u>’, 只此一敎, 可泣鬼神. 一種無嚴之輩敢懷不悅之意, 迭出敲撼, 動搖而後已, 則三聖血脈幾何不絶耶? 今此一二宦妾交搆之計, 亦豈所可獨辦[2]者哉?

　　尤可駭者, 慈聖手敎, 雖未知旨意之如何, 而關係旣大, 事面亦重, 固當頒示臣僚, 使人曉然, 爲大臣者乃反從中沮格, 汲汲封還, 使慈聖哀痛切迫之意黯昧不章. 且於登對之時, 當以設鞫得情爲請, 而乃反以徑先正刑, 齊聲力陳, 是何意思? 從古宵小之輩亂人國家者, 其爲情節, 雖或敗露, 惟其傍伺逞毒之心必不但已.”

　　○ 司直<u>南道揆</u>疏略曰：“罪人斯得, 逆節彰著, 則苟有一分忠愛之心者, 固當請覈嚴討之不暇, 而乃反緩緩歇治, 視若尋常. 使二婢相繼自斃, 兩宦尙稽

---

1) 有：底本에는 없다. 국립중앙도서관 소장《御製皇極編》(청구기호 : 한古朝56-나105, 이하 ‘《御製皇極編》’으로 표기함)에 근거하여 보충하였다.

2) 辦：底本에는 “辨”으로 되어 있다. 《御製皇極編》에 근거하여 수정하였다.

輸情, 懲討之義, 果安在哉? 喉司·賓廳之啓, 旣曰'締結'云, 此非一二婦寺所自獨辦, 若究覈不明, 使亂臣賊子少無懲畏, 則臣恐此後作俑者, 非獨此逆堅而已."

○ 政院啓曰: "司直鄭澔使家僮呈疏, 以慈敎[3]之還爲[4]封入·逆堅之直請正刑爲大臣·廷臣之罪案, 包藏禍心, 語極危險."

○ 　承旨朴彙登疏請李箕翊·柳復明·趙尙絅·黃一夏·沈宅賢·金在魯·李志逵·許玧·鄭澔等九人換面迭出, 造意陰凶, 明下備忘, 嚴辭退斥.

○ 備局堂上引見時, 吏曹參判金一鏡曰: "殿下旣在千乘之位, 則私親生育之恩固宜追報, 下詢大臣處之何如[5]?" 右議政崔錫恒請別立祠宇·別立稱號, 祭需令該曹封進以重事體. 工曹判書韓配夏·戶曹判書金演·承旨金始慶·司諫李眞儒·持平朴弼夢等皆以爲"允合情理".
　禮曹收議, 趙泰耉以爲: "天理人情之所不容已, 而方被人言, 不敢獻議."
　領府事金宇杭以爲: "反經之論忽發於筵中, 非賤慮所及, 惟聖明終始勿撓."
　左議政崔奎瑞依違獻議, 司直鄭亨益疏斥一鏡之固寵·大臣之和附.
　及第朴弼正【佐郞李台徵·主簿張世文·典籍鄭思大】等·生員李箕重【一百七人】等疏攻爲私親崇報之議, 說書宋寅明亦論其追報之不可.

○ 湖西儒生許壁上疏, 請伸辛巳之獄, 至引昭陵之復封·姜嬪之追伸爲言. 政院不捧.

○ 持平趙遠命啓曰：“日昨筵臣論及追報之節, 仍有收議之擧. 而一種失志之徒把作奇貨, 鄭亨益倡之於前, 朴弼正繼之於後, 出位跳踉, 構捏諸臣. 請[6]鄭亨益遠竄, 朴弼正削黜.”

○ 掌令鄭雲柱疏略曰：“八耋昏相甘心負國, 君父釋位之時, 則偃臥恝視; 其黨进出之日, 則挺身力護. 至若徐命均情犯與妖述直一間耳, 請鈒·請仍, 力戰公議, 豈其至親之私義太勝, 不顧輿論之可畏耶?”

○ 進士吳斗錫【四百餘人】等疏陳辛巳之獄稱其誣冤, 有曰：“其時李命世則抵死爭執, 參判姜世龜之疏曰‘草野疑惑’, 又引‘子母鹿’之喩. 承旨申懷之疏曰‘使玉石區別’, 林溥之疏曰‘辛巳謀害東宮之說, 出於罪人之招’, 李潛之疏曰[7]‘春澤謀害之跡畢露’云. 今以大臣·諸臣之疏參之伊日獄情, 則諸賊之嫁禍先嬪, 豈非謀害殿下者耶? 辛獄之漸已作於時烈矣, 逆臣師命及致祥, 亦以時烈之黨竝伏邦刑, 亟下明旨, 論以逆律.”

○ 吏曹參判金一鏡獨政, 徐命均黜補三陟府使, 校理李德壽黜補平康縣令. 命均曾救志述之正刑, 德壽嘗謂金昌集以非逆也.

○ 淸州儒生李德培等疏略曰：“請溯源論之. 凶臣時烈投疏於名號旣定之後, 顯有不滿之意, 壽興·龍翼等迭相沮遏, 辛巳之變, 奎瑞·禎翊乘機逞惡, 一節深於一節, 不但四凶爲首, 必以凶烈爲罪魁也.”

○ 正言申弼誨啓曰：“權憺之爲嶺伯也, 丁酉危疑之報, 適到於道內設場

---

6) 請：底本의 본문에서는 빠져 있고, 오른쪽 옆 공간에 작은 글씨로 적혀 있다.《御製皇極編》에 근거하여 보충하였다.

7) 辛巳謀害東宮之說 …… 李潛之疏曰：底本의 본문에서는 빠져 있고, 오른쪽 옆 공간에 작은 글씨로 적혀 있다.《御製皇極編》에 근거하여 보충하였다.

之日, 多士忠憤, 相率罷場, 則有何可怒, 而摘發首唱, 囚繫滿獄, 力沮保護之擧? 命均敢以侮辱聖躬之賊爲之私罪, 懲討亂賊之擧目以殺士, 左袒妖賊, 脅持君上, 竝請極邊遠竄. 儒臣之疏論㦖罪・亞銓之斥補命均, 可見公議, 而長銓之臣怵於凶徒, 私其至親, 知申・騎省肆然檢擬, 請史判李肇罷職.

○ 持平趙遠命啓曰:"一自宦妾構變, 大臣・諸臣奔走驚遑, 涕泣陳請, 快正其罪. 而惟彼伺釁之徒, 換面投疏, 若其尤無良者, 左尹黃一夏之疏, 是矣, 請削黜." 仍論鄭雲柱傾軋之罪, 請罷職, 依啓. 承旨金始慶疏救雲柱.

○ 校理尹淳疏略曰:"鄭澔之疏侮殿下・誣廷紳, 老悖愈甚, 宜施赫然之威. 鄭雲柱之用意不美, 臺啓旣允, 而只緣本疏之未下, 以至許璧・李德培怪怪之徒犯分悖義而極矣. 至於朴致遠之'締結'・'交通'等語, 誣及[8]上下, 若不明覈, 有累於淸明之化."

○ 正言申弼誨啓略曰:"金一鏡等聯名之疏望風逃避者・合啓不參三司請摘發罷職."

○ 囚人李弘述原情:"與金昌集慶弔往來而已, 豈有出入之事乎? 其所謂'昌集之人布列幕府者', 問於本營, 虛實可知. 陸哥事, 劇賊申奉堂招內'與陸德明結爲同黨', 而德明善爲妖術, 所偸之物明白無疑, 故施刑二十度, 致斃, 則塞口撲殺, 誠是意外. 其外錢・木・米・紬亦爲捧上, 及帖下文書毫釐難掩, 唯乞參覈昭雪."

○ 昌平幼學高應曄疏略曰:"兩湖多士數千人, 以故儒臣尹拯酷被賊集・兒球等構誣事, 裹足西向, 將欲封章. 目見四凶之罪未正・宗社之危懍如, 爲儒

_____
8) 誣及:底本에는 "及誣"로 되어 있다.《御製皇極編》에 근거하여 수정하였다.

宗伸卞猶是第二件事. 故姑除原事, 先陳大義, 快揮乾斷, 亟正王法, 使亂臣賊
子有所懲戢焉."

○ 禁府啓曰："前司諫魚有龍·前掌令朴致遠·前修撰李重協等原情略曰
：'向者趙泰耉賜對之命, 先下於政院稟啓之前, 聽聞所及, 莫不疑惑. 入侍諸
臣以此爭論於前席, 職在三司, 不敢含默. 而「宦妾知名」等語, 截取古語, 以寓
規切之義, 實無言根之可對, 而經年牢獄, 情悃未暴.
　第我朝待言官自別, 許以風聞論人, 妄狂之言每加優容. 今以一言妄觸輒令
拿鞫, 則適足以增一世之驚惑·致國體之損傷, 莫非矣身之罪. 云.' 伊時天位
未安, 臣民9)罔極, 大臣不顧時態, 進請入對, 從中沮擊者, 莫非凶逆之謀. 淑問
之下, 情狀敗露, 而猶不自戢, 益肆凶頑, '截取古語, 以寓規切'爲言, 誠不勝萬
萬駭痛. 以此更加發問, 稟處何如?" 傳曰："觀此供辭, 可知其妄, 再次嚴問,
有違待臺閣之道, 竝放送."【禁堂沈檀·金一鏡·柳重茂】

○ 政院【承旨南就明·沈檣】啓曰："有龍等罪狀關係甚重, 非一時誣罔之比, 請
寢放送之命, 更加究覈." 連三啓, 上皆不許.

○ 正言申弼誨疏略曰："持平趙最壽突然入來, 至欲非時肅拜, 因政院之
據, 例旋又退去, 擧措可笑. 亟令遞差." 持平趙最壽疏略曰："臣聞正言申弼
誨以己巳餘黨, 乘時跳踉, 網打朝紳, 其所誣譖, 亟爲凶悖. 臣欲詣臺論列, 政
院誘以無時肅謝, 終不捧單. 噫! 耳目之官爲國事而將發彈章, 則喉司何以恣
意阻搪, 若是無嚴乎? 和應壅蔽無異於司馬門三日之事, 伏願聖上嚴加斥黜."
【承旨沈檣不捧肅單.】

○ 持平朴弼夢啓曰："正言申弼誨外假討賊之義·內懷空國之計, 構捏粧

____
9) 臣民：底本에는 없다.《御製皇極編》에 근거하여 보충하였다.

撰, 都在於[10]驅逐三司·敲撼銓地. 尤可痛者, 自知公議不厭, 惟恐他人議後, 持憲之撤單詣臺, 欲爲駁正, 先伻送言, 略不爲嫌, 要路迎擊. 未承批之[11]臺臣, 不顧肅謝[12]之早晏, 只憤國事之潰裂, 駁正之意, 送示啓草, 而伻若不知, 汲汲請罪, 以爲先發禦人[13]之策. 徐命均之檢擬騎省, 不過蒙敍後例望, 權㦿之擧論舊跡, 亦是年久忘漏[14]之致, 持此一事, 看作大機關, 乃於都政迫近之日, 意在沮戲, 計出傾奪, 請削奪[15]."

○ 大司諫李師尙疏略曰:"持平趙最壽之日晏入闕, 强請肅命者, 已是無前駭擧, 而伊日袖中彈文, 卽論吏參金一鏡之啓也. 蓋以一鏡注擬弼誨於臺望爲其罪案, 此[16]實前所未有之事也. 弼誨, 自非枳望之人, 以此若爲銓官之罪, 則銓選之地, 更無完人, 如使秉銓者, 防塞異己之人, 則亦豈奉公之意乎? 一鏡捨命扶社, 樹立甚偉, 歷數朝行, 恐無其比. 最壽退臥江皐, 不入於沐浴之請, 反攻首事討逆之人, 事乃反常. 臣謂弼誨·最壽兩罷其職."

○ 副修撰南一明疏略曰:"近來黨論之獘日滋月甚. 頃當改紀之初, 首下寅協之敎, 而今日廷臣私意漸勝, 公道不行, 拔振無聞, 隄防又生, 遂使積枳之類, 復懷永棄之歎. 前後陞擢, 不離乎同好, 聯翩斥補, 多在於異趣; 擧措之間, 視聽未厭, 用舍之際, 偏係如此, 臣竊爲之咄嘆慨惜."

○ 吏曹參議李眞儒疏略曰:"南一明疏極其巧慘. 假使長銓稍存主客之別

---

10) 於:底本에는 없다.《御製皇極編》에 근거하여 보충하였다.

11) 之:底本에는 "旨"로 되어 있다.《御製皇極編》에 근거하여 수정하였다.

12) 肅謝:底本에는 "謝肅"으로 되어 있다.《御製皇極編》에 근거하여 수정하였다.

13) 禦人:底本에는 없다.《景宗實錄 2年 2月 29日》기사에 근거하여 보충하였다.

14) 忘漏:底本에는 "漏忘"으로 되어 있다.《御製皇極編》에 근거하여 수정하였다.

15) 奪:底本에는 "黜"로 되어 있다.《御製皇極編》에 근거하여 수정하였다.

16) 此:底本에는 "狀"으로 되어 있다.《御製皇極編》에 근거하여 수정하였다.

·峻其出入之防, 亦何至爲大罪? 而今一明以爲聲罪之好欛柄, 其亦異矣."

○ 行弘文錄. 朴弼夢·吳命新·呂善長·柳弼垣·李承源·李世德·尹聖時·趙翼命·金尙奎·金啓煥·趙錫命·金始煥·趙遠命·權斗經·鄭壽期·朴師聖·權益寬·李明誼·李顯章·尹東衡·權益淳·李重煥·趙最壽·柳復明·尹游【副提學李眞望·應敎李廷濟·校理沈珙·尹惠敎】.

○ 吏曹啓曰:"再昨政, 臺諫·春坊相議變通, 佐郞洪萬遇以爲'郞官在職, 而堂上不問, 何也?'至於囚禁下吏. 夫堂上臨政新通, 本無通議郞官之例, 萬遇之囚治下吏, 乖損事體, 請罷其職."承旨沈樻疏略曰:"銓曹通淸之規, 堂上則堂上主之·堂下則郞官主之, 必問可否, 乃是不易之定規. 銓曹請罷草記, 有曰'堂上自爲新通, 則元無問議之規'. 蓋堂上之自爲新通者, 或在於郞官未差之日, 元非可論於郞官見存之時, 則其掩諱前規, 眩惑天聽, 已極不韙矣."

○ 玉堂【沈珙·尹惠敎】箚略曰:"沈樻投進一疏, 不勝駭惋. 蓋堂上新通·郞官參政, 而有在外同僚, 則郞官自相簡問, 例也. 首堂臨政新通之時, 則元無簡問於在家郞官之規. 此等前例, 洪萬遇宜無不知, 而囚禁下吏, 大失事體. 承宣必欲敲撼銓地, 沮戲大政, 極爲無嚴. 請沈樻罷職."依啓.

○ 吏曹判書李肇·參議李眞儒等疏略曰:"護黨之言誣引本曹所無之前例. 堂上之簡問郞廳, 曹中故事, 曾未得見, 未知承宣於何得聞, 若是質言乎?"

○ 右尹金興慶疏略曰:"黃一夏之疏不過論獄體之疎緩·斥薦剡之縱恣, 而勒加削黜. 至於閔鎭遠, 忠愛之心斷斷無他, 而乃藉'恐喝'等說, 構罪至重. 嗚呼! 仁顯同胞, 只有一重臣, 設有微眚, 固當優容. 況其言惻怛, 無可罪而有可尙耶? 魚有龍等放釋之命, 聖意有在, 而喉司繳還, 已極可駭. 身居臺職者導君父以訊鞫言官, 宜加深惡痛斥, 使不得肆意黨伐焉."

○ 諸承旨【金致龍·趙景命·黃爾章·李宜晚】入侍, 時上變人睦號龍出付該府. 領·右相來詣賓廳, 禁堂·兩司捕將竝牌招. 虎龍原情後, 鞫廳啓曰:"罪人所供如此, 其所指告人鄭麟重·李器之·李喜之·金龍澤·洪義人·洪哲人·李天紀·白望·趙洽·沈尙吉·金省行·吳瑞鍾·柳慶裕. 宦者張世相出外, 內人二英等發遣都事拿來. 內人池姓尙宮·烈伊亦爲緊出, 自內出付鞫廳何如?"傳曰:"依允. 池姓·烈伊身故已久矣."

○ 世第下令曰:"講院·衛司兼官入直玉堂者, 幷引接."【文學李明誼·司書柳弼垣·翊衛曹夏奇·副率徐宗鎭】下令曰:"大朝下示鞫廳招辭末端兩件事爲余惡名, 豈忍一時視息於覆載之間乎? 將欲辭位."宮官縷縷陳達, 終不蒙允, 以師·賓引接爲請, 退出, 夜已四更矣."

○ 鞫廳大臣請對入侍. 趙泰耉曰:"當初變書聞有不忍聞之說, 故亟請設鞫矣. 捧招則所言皆庚子年旣去之事, 其時陰凶綢繆之狀, 今乃發口, 所當嚴覈. 而伏聞王世弟以招辭中末端兩件事, 有不安之端, 至欲陳疏云. 古有毋究梁獄之事, 下款事元非大段, 置之勿問何如?"

右議政崔錫恒曰:"初聞其說, 極爲驚痛, 其在昭雪之道, 不可不一問, 故有所推問. 東宮因此不安, 此後語涉東宮者, 勿登文案宜矣."泰耉曰:"獄官二鏡以意外凶言, 方待命矣."錫恒曰:"白望之爲此言, 以一鏡治獄頗峻, 故含嫌做出, 敦勉行公宜矣."泰耉曰:"旣非時急之獄, 本府推問何如?"上曰:"依爲之."

○ 鞫廳啓曰:"今觀各人等招辭, 則皆與告者, 指告之言, 一一相反. 其中白望又稱以告者, 亦曾有凶悖不道之言, '吾亦上變'云. 若眞有是言, 則何不卽

告於其時, 到今被逮之後, 始爲出口乎? 嫉怨告者, 欲爲互相立隻·死中求生之
計者, 其爲情狀, 誠極痛駭, 而凶言旣發, 則不可不更爲嚴問. 且諸罪人爰辭中,
亦不無憑問之端, 以此發爲問目, 更推於告者, 而諸罪人等亦不無更問之端,
竝更推後, 稟處何如?"傳曰:"允."政院啓曰:"領議政趙泰耉·右議政崔錫
恒因白望之招, 方爲待命金吾矣."傳曰:"勿待命."

○ 夏, 大司諫李師尙疏略曰:"鞫事嚴秘, 雖未得詳, 陰謀逆節, 不啻狼藉,
主張締合, 多出於凶相子姪, 按治之道不容少緩. 白望本以凶黨陰養之勇士,
其叵測情節, 不待按問而可知. 臣願敦勉大臣, 兼招獄官, 毋執小嫌, 嚴加刑
訊."

○ 鞫廳承旨黃爾章【或云趙景命.】啓曰:"今日白望許多亂荒不成說之語, 皆
是問目之外, 朝臣名字亦多擧論. 而至於按獄兩大臣, 加之以不忍聞之說, 兩
大臣進出待命, 此不過白望死中求生之計. 初招卽逐金一鏡, 又侵判義禁, 情
節尤極巧惡, 亟賜處分, 速完鞫事."上命遣史官慰諭大臣, 使之安心參鞫.

○ 司直申銋疏略曰:"臣聞鞫獄初設, 金吾之官[17]出於罪囚之口, 而鞫廳
不爲請拿, 移設本府, 事異常規. 又以承宣啓辭觀之, 按獄大臣, 其亦緊出, 而
喉司·臺閣只請敦勉, 惟聖明嚴加譴斥."

○ 吏曹參判金一鏡疏略曰:"臣待罪金吾, 李弘述獄, 延拖屢月, 臣實慨然.
陸玄撲殺之狀, 端緖畢露, 其間辭連[18]者, 白姓一漢, 三變其名, 情涉可疑. 睦虎
龍上變之夕, 脫枷越獄, 超到墻外, 乃捕. 臣知其凶獰, 申飭鎖繫, 渠亦聞臣嚴
治, 怨懟次骨. 庭鞫之際, 謀逆節次, 都不吐白, 忽擧臣姓名, 勒加以不忍聞之

17) 之官：底本에는 "官之"로 되어 있다. 《御製皇極編》에 근거하여 수정하였다.
18) 連：底本에는 "延"으로 되어 있다. 《御製皇極編》에 근거하여 수정하였다.

凶言. 又曰: '踰墻入宮, 挾匕塗廁, 五百金購得中國丸藥之一歃卽斃者, 分與宮人和之飲食, 乘喪矯旨, 廢爲德讓. 云云.' '大急手'·'小急手'·'平地手' 隱語作號. 凶謀逆節, 狼藉陰慘, 凡有血氣, 孰不骨靑也? 嚴加盤詰[19], 亟正邦國[20]之刑, 少洩神人之憤焉."

○ 大司諫李師尙啓曰: "申銋投進一疏, 略無驚動於謀弑之凶逆, 乃以被告逆堅之驅逐獄官·延死之亂供, 爲擠陷朝紳·沮敗鞫事之計, 欲絶按治之路, 顯有和應之迹, 大臣·三司一筆句斷, 不可不嚴加懲討. 請絶島圍籬." 依啓.【大靜縣定配.】師尙復請對入侍, 力請申飭參鞫諸臣, 速爲按治.

○ 掌令愼惟益疏斥金宇杭之忘君護黨, 申飭獄官, 勿爲引嫌, 凶徒之投疏沮獄者, 繩以護逆之律, 以戢凶黨.

○ 右議政崔錫恒請對入侍, 承旨黃爾章曰: "今白望以問目外胡亂之語, 誣辱獄官, 此後問目外所供, 勿爲書錄. 鞫事設有失當處, 參鞫大臣[21]自可論難, 如申銋者, 豈知獄情? 此後局外人上疏論獄者, 政院一幷退却, 然後可得究竟矣." 上曰: "唯."

○ 鞫廳大臣入侍時, 右議政崔錫恒曰: "金龍澤遲晚後, 未及結案, 徑先物故, 行刑一款, 議大臣稟處. 罪人白望以逆魁, 大·小急手之事, 無不擔當. 所謂短劍, 龍澤出給, 白望受置自服. 所聚銀貨, 捕廳已爲搜送, 白望不言用處而徑斃, 贓物現捉之後, 不可置之. 庚申獄時, 李台瑞·趙䃍終不承款, 而議于大臣, 緣坐籍沒矣. 李天紀謀逆情節自服, 而遲晚取招, 終始拒逆, 亦爲徑斃, 依律事,

---

19) 詰 : 底本에는 "誥"로 되어 있다. 《御製皇極編》에 근거하여 수정하였다.

20) 國 : 底本에는 없다. 《御製皇極編》에 근거하여 보충하였다.

21) 大臣 : 底本에는 "臺"로 되어 있다. 《御製皇極編》에 근거하여 수정하였다.

議大臣處之."

金一鏡曰:"白望凶器現發, 銀錢被捉, 又使二英探問闕內動靜, 皆已自服, 渠雖徑斃, 不可不正刑." 錫恒曰:"亂賊何代無之, 此則直以用劍·行藥爲言, 又生廢黜之計, 竟未正刑, 實臣等罪也." 同義禁李正臣曰:"白望屢次受刑, 終不遲晚矣." 持平朴弼夢曰:"白望雖是凶魁, 而天紀·龍澤乃是指揮者, 以一鏡言觀之, 明有古例, 何可不行磔屍之律乎?"

鞫廳罪人鄭麟重供曰:"矣身與天紀·龍澤·白望等相會結約時, 矣身掌中書'義'字, 龍澤書'忠'字, 白望書'養'字, 李頤命之字也, 出於無識之致, 以此爲逆, 有所不忍, 當初不能直告. 李太[22]華有幻術, 要得印紙, 聚銀錢, 故洪義人方爲繕工奉事, 空紙踏印以給矣.

池尙宮一節, 矣身不知裏面, 而所謂'小急手'乃是行藥也. 矣身往來天紀家, 此等言語自然入耳. 睦虎龍入於池尙宮家, 有同其子, 往來交通於天紀之事, 矣身知之矣. 虎龍以爲'矣身前後言于渠, 曰「吾旣謀弑其人, 何可食其祿而事其人乎? 棄官歸鄕」'之說, 此乃虎龍層激之言, 千萬曖昧. 矣身與天紀等交遊, 知情不告之罪, 無辭遲晚."

罪人沈尙吉供曰:"國家病患方重, 平安兵使未差之際, 李天紀使虎龍求得銀于矣身. 而其書曰'有緊用處, 銀子一百兩送之'云. 故矣身意其欲用於求官之事, 得給矣. 其後龍澤輩顯有深處周旋之氣色, 又求妙製扇子, 故矣身亦給五十柄矣. 天紀言'盡送其扇于池尙宮'云, 洪義人亦同在座. 矣身曰:'聞平安兵使非久當出云, 要得君[23]輩之周旋. 百兩亦非些少之貨, 果用於何處耶?' 天紀曰:'自有去處. 百兩鳥足之血, 但觀畢竟成事.'

---

22) 太:《御製皇極編》에는 "泰"로 되어 있으나,《景宗實錄 2年 4月 12日》 기사에는 底本과 같이 "太"로 되어 있어 이를 따랐다.

23) 君:底本에는 "群"으로 되어 있다.《御製皇極編》에 근거하여 수정하였다. 이하 동일사례 에 대해서는 별도의 校勘記를 달지 않는다.

矣身又問曰：‘睦虎龍自許以當代英雄云, 爲君輩使喚, 有所周旋之事乎?’ 天紀等曰：‘所謂白望者比虎龍尤爲豪傑, 風神亦魁偉, 宮中紅袖無不締結. 聞[24]池尙宮以年老宮人, 頗能用權. 銀貨因虎龍用之, 又因白望用之, 此路甚緊矣.’ 矣身曰：‘吾爲叔父圖爵之計, 每多虛疎, 汝輩爲何等大周旋, 而百兩用之無效耶?’ 天紀曰：‘白望汝一見, 如何?’ 矣身曰：‘虎龍則吾旣相知, 白望吾不願見也.’

矣身所出之銀子, 用之於池尙宮處, 當初雖以圖爵覓給, 畢竟此輩用之於[25]締結宮禁, 矣身難免締結之罪. 此一款遲晚."

罪人金龍澤問目曰："虎龍招內：‘以刃劫之, 謂之「大急手」; 以藥鴆之, 謂之「小急手」; 謀議廢出, 謂之「平地手」.’ 汝矣身及天紀·喜之·器之·趙洽·沈尙吉·洪義人·哲人·白望等多聚銀貨相議. 白望初往汝矣身家, 則汝與麟重·喜之·天紀列坐, 問其勇力, 遂酌酒爲盟. 白哥問：‘主上病患日重, 如有不諱, 則世無劉備, 何爲耶?’ 諸人曰‘自有其人’. 各書掌中字以示.

汝出給寶劍於白望, 踰墻入宮, 行大急手云, 汝雖以爲‘皮鞘常刀, 果爲出給於白望’爲言. 而所謂‘寶劍’, 捕廳搜得來納, 虎龍招內, ‘曾見此劍於白望房內’, ‘皮鞘常刀’之說, 自歸於巧說. ‘出萬死不顧一生之力’云者, 是何等凶慘之言, 而乃反諉之於虎龍之妄言乎?

汝矣身又問於天紀曰‘用何藥’云爾, 則天紀答以‘白望以五百兩銀買得中原丸藥, 一猷卽斃’云, 汝矣身奮袂急勸.[26] 洪義人兄弟則以天紀接隣, 窺見其所爲, 闖入其中, 汝矣身怒曰：‘吾三人大事業, 在此一擧, 彼洪何人, 入[27]爲梅花點耶?’ ‘行藥’云者, 汝矣身[28]等六人以銀給白望, 納于池尙宮·烈伊[29]處, 使之

---

24) 聞：底本에는 없다.《景宗實錄 2年 4月 14日》기사에 근거하여 보충하였다.

25) 之於：底本에는 "於之"로 되어 있다.《御製皇極編》에 근거하여 수정하였다.

26) 勸：底本에는 "觀"으로 되어 있다.《御製皇極編》에 근거하여 수정하였다.

27) 入：底本에는 없다.《御製皇極編》에 근거하여 보충하였다.

28) 身：底本에는 없다.《御製皇極編》에 근거하여 보충하였다.

和藥行凶.

'謀廢'云者, 汝矣身往安國洞 金普澤家, 令喜之作諺文歌辭百餘句, 皆誣毀聖躬之言. 使虎龍傳于白望, 流入大內, 本草則虎龍還傳于天紀.

且草從中矯詔, 令內人烈伊及宦者張世相, 臨國喪乃下事相議. 其詔多不能記, 蓋首書'不穀忝位'等字, 下段有曰'廢世子爲德讓君'. 虎龍往汝矣身30)家時, 汝與喜之交首燭下, 喜之讀之, 未畢, 器之自後園入來. 汝矣身31)等錯疑他人, 仍納喜之囊中之狀, 虎龍目擊云耳.

面質時汝不卞明, 泛稱曖昧, 更推時以爲'梅花點云者謂洪義人, 小疎故也'. 又以爲 : '所謂池尙宮處交通行貨之事, 果有耳聞, 亦多內間周旋之事.' 麟重招內以爲'天紀與汝矣身, 有聚銀行用之事, 故心甚不樂, 蹙頞'云. 虎龍之言, 汝雖諉之以告者, 麟重乃是汝之腹心之交, 行貨情節, 必露無餘.'"

龍澤供曰 : "矣身及天紀欲知闕內動靜, 有所周旋之事. 故睦·白兩人連結宮人, 仍以作路, 池尙宮最爲着實. 白哥所聚銀錢, 雖不知某人出幾兩, 而皆是各人等聚斂之物." 陰凶情節旣已自服, 而遲晚取招, 拒逆不着.

罪人李天紀問目 : "三手凶謀·掌中書字·中原藥丸·諺文歌辭.【與龍澤問目同.】虎龍所納矣身手32)札三度, 內二度, 語多陰秘, 有曰'冗臣如出, 則必往見如何?', 冗臣者虎龍以爲宦官張世相也. 其書又曰'久也昨日入去, 有何所聞耶?' 虎龍招內以爲'白望字久也, 而變服入闕, 督促行藥'. 而汝矣身歸之於虎龍之僞造, 只以臨謫一札謂之自筆, 觀其字樣筆迹, 明是一人所寫.

---

29) 伊 : 底本의 본문에는 빠져있고, 오른쪽 옆 공간에 작은 글씨로 적혀 있다.《御製皇極編》에 근거하여 보충하였다.

30) 身 : 底本에는 없다. 전남대학교 중앙도서관 소장《皇極編》(청구기호 : OC 2A5 황18ㅈ, 이하 '전남대본'으로 표기함)에 근거하여 보충하였다.

31) 身 : 底本에는 없다.《御製皇極編》에 근거하여 보충하였다.

32) 手 : 底本에는 "出"로 되어 있다.《御製皇極編》에 근거하여 수정하였다.

僧頭扇五十柄·大簡紙百幅, 使聽直老味傳給於池尙宮, 躬往張世相家, 頻頻往復於池尙宮, 手持銀子, 親往虎龍家, 使之傳給於池尙宮. 聚銀事段, 汝矣身使奴烝石負銀二百五十兩, 招致白望於虎龍家園中, 當面傳給. 其翌日龍澤又以一百兩銀給白望, 曰'此爲按酒債', 厥後陸續備給之[33]數, 至於二千幾百兩. 虎龍又以爲：'李器之·金民澤·金濟謙等, 皆以虎龍爲慮, 嗾捕將李弘述, 欲捕汝殺之, 故汝矣身令李濾往于捕將家, 僅爲得免.'

汝謂虎龍曰'吾雖知汝, 彼[34]輩皆不信, 若書給一書, 則以此爲質'云. 虎龍書給行藥同參之事, 汝矣身塗改五六字. 其書今旣現納, 訊問之下, 何爲泛稱曖昧? 麟重以尙吉·虎龍·白望謂之英雄豪傑, 不可聞·不可道之說, 言旣入耳之後, 旣不能斥絶, 則當善之而已. 沈尙吉·鄭麟重等諸人, 以虎龍[35]最親於汝矣身, 故必除去汝矣身, 然後可以展足, 有此告變, 其間情節直告."

天紀供曰："矣身庸劣, 不能先虎龍發口, 更誰咎乎? 所謂'不可聞·不可道之說', 自可推知, 何必俯問?" 陰凶情節旣已承伏, '遲晩'二字, 終始拒逆.

罪人白望問目："三手凶言·諺文歌詞·從中矯詔·掌中書字, 已悉於虎龍招【與龍澤問目同.】. 鄭麟重等給銀於汝矣身, 傳給於汝之所切親宮人二英, 納於其四寸宮人李氏·汝之同姓宮人白氏與池尙宮等, 使之行藥, 此則庚子年經營之事. 趙洽則出二千餘兩·尙吉二百餘兩·洪義人五十兩·李喜之七十兩, 金民澤則雖出銀, 而不與汝矣身相面, 但使龍澤·天紀等往來相議. 龍澤等言必稱致仲, 致仲者民澤字也. 汝以田畓文書事到虎龍家, 麟重在座, 目之曰'此亦俠客者之類乎?' 虎龍曰'俠客中第一人, 其勇無比'.

翌曉麟重携驢子, 使矣身騎之, 往于龍澤家, 則龍澤與麟重·喜之·天紀列

33) 之：底本에는 없다. 《御製皇極編》에 근거하여 보충하였다.
34) 彼：底本에는 없다. 《御製皇極編》에 근거하여 보충하였다.
35) 龍：底本에는 없다. 《御製皇極編》에 근거하여 보충하였다.

坐, 大喜曰'吾輩平生初見此人', 仍問勇力, 汝自許以勇不多讓於古人, 遂酌酒結盟, 經夜還來云. 今汝矣身所供與虎龍相左, 使之面質, 則虎龍之言鑿鑿有據, 汝矣身之言, 只以無據虛言等語泛然發明. 龍澤招'掌中書字, 而皮鞘常刀, 果爲出給於汝矣身', 汝矣身則元無掌中書字之事, 亦無短劍授受之事. 所謂'寶劍', 虎龍曾見此劍於汝矣身[36]家, 捕廳搜得來納, 一無差錯.

汝矣身[37]所聚銀一千三百餘兩·錢一百四十餘兩, 捕廳又爲搜得於二英私藏處, 四寸宮女李氏, 汝矣身以[38]爲元無. 而二英母業伊招內'李氏非四寸乃六寸, 而名墨世, 方爲大殿內人', 明白納招. 墨世拿來推問, 則其招'再次往見二英與汝矣身, 有所酬酢'云. 隱諱之狀畢露無餘, 更爲發問, 則白望以爲: '龍澤所贈之劍, 矣身雖不佩來, 龍澤旣云送於矣身處, 捕廳又自矣身所搜出云, 此則不敢發明. 銀錢, 矣身果爲聚置於二英家.' 而問其所從來, 則初則稱以鷹師所賣之家價, 又以爲'吳瑞鍾謂「矣身着實, 有所逢授」'. 前後所供自相矛盾, 節節變幻, 而其爲聚銀, 則明白無疑. 贈劍與聚銀, 乃是大段臟物, 陰凶情節旣已畢露, 加刑現招."

罪人張世相問目內: "汝矣身與虎龍相親, 虎龍與天紀常常往來於汝矣家. 喜之歌詞及矯詔, 使池尙宮及汝矣身臨喪乃下之說, 虎龍以此發告. 上年十二月, 換局後數日, 虎龍來問汝矣身曰'君常言「主上做事不快」, 今此處分一何猛哉[39]?' 汝矣身答以'其夜吾入番宮中, 目見其事', 又曰: '國家處分豈盡出於乾斷'云. 金昌道·李正植·鄭宇寬輩相議行藥之計於汝矣身之狀, 趙洽發告."

---

36) 身:底本에는 없다. 전남대본에 근거하여 보충하였다.
37) 身:底本에는 없다. 전남대본에는 연필로 교정한 흔적이 보인다. 용례를 고려하여 보충하였다.
38) 以:底本에는 없다.《御製皇極編》에 근거하여 보충하였다.
39) 哉:《御製皇極編》에는 "烈"로 되어 있다.

世相供曰：“徐德修·鄭宇寬往來相親，李正植·金昌道亦爲相知，矣身入番時，渠輩無不往復之事．德修輩所爲，蓋有法氣，不無變作之事，而矣身之不得盡告者，乃是作俑理外之事故也．渠輩圖囑不可爲之事，密密交通於內人池尙宮·烈伊，正植輩入送矯詔於烈伊，藥則自望入送於矣身，謀逆遲晩．”

罪人李正植供曰：“上年二月間，與金昌道同往世相家，世相曰‘李昭訓飮藥，方欲絶命，豈不好乎？此藥加得，則又有用處，必一千兩，然後方可用之，而二百兩不足，求得於趙洽’爲言．故矣身往見趙洽，得來百兩，傳給於世相．又聞昌道覓得百兩，傳[40]給於徐德修，所謂用藥處，卽指上躬．當初趙洽之父爾重爲平兵時，與世相·天紀·龍澤等締結，托買屯畓，銀子八千兩上送于凶黨處．世相謂矣身曰：‘今則聽政事差失，自內圖得備忘一張[41]，則當依判付擧行，而今已路絶，奈何？’

宮城扈衛事段，出自壯洞領相家，而領相忌李森勇力，出爲忠淸兵使．柳就章則扈衛之際，可以任使，故大臣分付訓將李弘述，差出中軍．蓋此獄情，張世相爲魁首·鄭宇寬爲心腹，締結宮人，陰謀情節無不同議[42]，矣身爲機括，自知必死，拿命之下，欲爲自盡而未果．謀逆的實．”

罪人金昌道供曰：“行藥事，德修與鄭宇寬一心交結．德修欲得銀子，故果爲覓得於趙洽處，以給德修．而用藥之事及藥之出處，問于宇寬·德修處，則可以詳知矣．矣身欲得銀子，往于洽家，洽曰：‘他人若皆出之，則雖千兩，吾當出之．卽今龍澤·天紀輩亦有所爲，每日徵索於吾，何處辦出耶？尹慤家素富，方兼摠戎使，何難出銀？若以訓將·摠戎[43]使及器之·天紀·龍澤·義人輩，出銀

40）傳：底本에는 “得”으로 되어 있다．《御製皇極編》에 근거하여 수정하였다．
41）張：底本에는 “字”로 되어 있다．《御製皇極編》에 근거하여 수정하였다．
42）無不同議：底本에는 없다．《景宗實錄 2年 5月 12日》기사에 근거하여 보충하였다．
43）戎：底本에는 없다．《御製皇極編》에 근거하여 보충하였다．

樣作書以示, 吾亦當出云⁴⁴⁾.'

　故矣身往<u>義人</u>家, 告以此事, <u>義人</u>兄弟曰:'數日前, <u>天紀</u>謂吾曰「見<u>李器</u><u>之</u>, 以爲已得三百兩銀, <u>尹慤</u>亦在出銀中」云.' 矣身又往<u>趙洽</u>家, 以<u>義人</u>之言告之, 則<u>洽</u>曰:'<u>尹慤</u>旣給<u>李器之</u>, 則其銀必有去處.' 一日, <u>李正植</u>送⁴⁵⁾人來言曰:'<u>徐書房</u>以爲「聽政事雖不成, 備忘又必⁴⁶⁾將下.」云, 豈不好哉? 此意已達於左相, 汝亦白于領相. 云云.' 矣身往問於<u>德修</u>, 笑曰'不實之言, 吾豈發之?'

　矣身直往<u>壯洞</u>, 則領相方在藥房, 故不能等待, 歸路歷入<u>宇寬</u>家, 傳說此事⁴⁷⁾, <u>宇寬</u>笑曰:'吾於<u>德修</u>家, 已先聞之矣.' 矣身乘夕, 更進於領相家曰:'聞<u>德修</u>之言, 將有如此之事云. 勿爲不緊之庭⁴⁸⁾請, 直爲奉行似好云.' 則領相曰:'雖爲庭請, 猶以吾爲逆, 況直奉行乎?' 矣身更以此言傳于<u>正植</u>, 則<u>正植</u>曰:'左相以此言爲可, 而汝家大臣何爲如此?' 其後更進領相家, 以<u>正植</u>之言告之, 領相曰'左相之意如此, 則當相議爲之.⁴⁹⁾'

　數日後又往, 則領相曰:'汝輩云備忘將下矣, 尙今不下何也?' 矣身答曰:'<u>徐德修</u>言速下, 故有所仰達矣, 至今不下, 未知其故矣.' 一日見領相, 則以爲:'<u>李器之</u>來言,「汝與<u>李正植</u>·<u>趙松</u>·<u>鄭宇寬</u>等作黨, 有所議之事」云, 是何言也?' 矣身答曰:'吾輩則不然, 而<u>李進士</u>與<u>睦哥</u>·<u>白哥</u>有謀議之事, 故人言狼藉矣.' 仍往<u>器之</u>家, 告以領相之言, <u>器之</u>笑曰:'吾於此事, 非生手, 豈不知之耶?' 又⁵⁰⁾曰:'<u>沈子八</u>言輕, 凡事皆泄於<u>睦虎龍</u>, 恐有告變之事. 云云.'

　<u>器之</u>往見領相曰:'此事甚危, 待備忘之下, 宮城扈衛則好矣.' 領相曰'此事好矣'. <u>器之</u>曰:'中軍<u>李森</u>有將略, 必不與吾同事. 庭請終日, 領相與<u>蓮洞</u> <u>李</u>

---

44) 云:底本에는 없다. 《御製皇極編》에 근거하여 보충하였다.
45) 送:底本에는 "選"으로 되어 있다. 《御製皇極編》에 근거하여 수정하였다.
46) 必:底本에는 없다. 《景宗實錄 2年 5月 13日》기사에 근거하여 보충하였다.
47) 此事:底本에는 "故"로 되어 있다. 《御製皇極編》에 근거하여 수정하였다.
48) 庭:底本에는 "廷"으로 되어 있다. 《景宗實錄 2年 5月 13日》기사에 근거하여 수정하였다.
　　이하 동일 사례에 대해서는 校勘記를 달지 않는다.
49) 爲之:底本에는 "之爲"로 되어 있다. 《御製皇極編》에 근거하여 수정하였다.
50) 又:底本에는 "入"으로 되어 있다. 《御製皇極編》에 근거하여 수정하였다.

相·駱洞 趙相及左相相議於闕中, 通于兵判李晩成, 出森爲忠淸兵使. 其日四
更罷庭請, 四大臣會于備邊司, 以柳就章中軍事分付於訓將. 蓋擧行之際, 欲
使少論不敢入之意也.' 一日, 矣身與正植往于趙洽家, 正植責矣身曰: '汝家
大臣, 何爲三日庭請, 使事不成乎? 若少論得時, 汝家大臣先死矣.'

　蓋鄭宇寬·李正植·趙松·金民澤·金省行·徐德修輩互相締結, 而正植·宇
寬·龍澤則聚銀圖事, 徐德修·金省行則自上年同黨之狀, 矣身與正植爲連婚,
漸次聞之, 謀逆的實."

　罪人徐德修供曰: "昭訓有害於矣身家, 故上年五六月間, 以銀子三百兩,
使正植入送於世相, 圖得毒藥, 則以二百金買得於白望所買之處, 張姓譯官
家, 使東宮廚房內人李氏和飯用之. 而只聞世相之言, 矣身不能詳知. 正植來
傳世相之言曰'其藥有效, 將試他處, 銀子千兩必須圖得'云, 故果往趙洽家, 言
及此意, 覓得二百兩. 又聞[51]尙吉家, 銀子一百兩·大厚紙十五束·扇子三十柄
在於金民澤家, 與議行藥之事. 民澤曰'然則君前後所送者幾何?' 矣身以三百
兩之數答之, 民澤曰: '尙吉所送之物, 吾亦有用處, 而君之事如此, 則先爲持
去.'

　矣身曾令奴傳入於世相家, 仍往金省行家言及此事, 則省行曰'爲如此事,
而發覺則奈何?' 仍往世相家, 謂世相曰'操心愼密爲之', 世相曰: '吾已半老,
豈不善爲之乎? 前用之藥尙有餘存, 可以取用[52]矣.'

　矣身與昌道·正植同坐語曰: '聽政事旣不成, 老論將敗矣. 備忘若下則好
矣.' 此則矣身戚連宮掖, 故因宦侍輩自然聞知, 故言于鄭宇寬矣. 昌道來言'昌
集·器之等以爲:「備忘若下, 則卽爲扈衛宮城, 使內外嚴絶, 且欲拒塞疏章紛
紜之患..」' 謀逆的實."

罪人鄭宇寬供曰：“以爲矣身同黨皆已就囚, 故欲爲死中求生之計, 議于徐德修, 德修曰：‘汝若被囚, 則不可空死, 寧爲告變以爲圖生之計云.’ 矣身答曰：‘雖欲告變, 無可告之資, 奈何?’ 德修曰‘某條捉入訓將, 則庶可生事矣’.

及被囚之後, 果以可欺之方誣告禁府堂上, 蓋爲緩獄之計, 非有他意. 至於凶謀逆節, 何敢隱諱乎? 矣身自鄕上來, 依托於世相家, 而德修·正植·昌道輩往來於世相家, 故矣身亦爲相親矣.

一日, 德修·昌道招致矣身於正植家, 相謂曰‘吾輩相議之事, 不可欺汝’, 仍謂矣身曰‘主上若在, 老論將盡死’. 仍於樻中出一封物, 使矣身傳給張知事. 故矣身問‘是何物?’, 答云‘藥物’, 封以紙重重裹之. 以手捫之, 則乃是丸藥, 而其大如豆, 數不過十餘. 矣身持入闕中, 傳及於世相, 世相受之, 而問‘何人所送?’, 答以正植輩所送, 世相目攝矣身, 使之回去.

一日, 世相謂矣身曰：‘今此聽政之事老論不爲奉行, 此天與不取也. 將來老論, 必無遺種矣.’【宮城扈衛事, 與諸招同.】謀逆的實.”

罪人金一觀[53]供曰：“矣身與金昌道對門居生, 李正植·鄭宇寬相逢於昌道家而知之. 矣身密受天紀指揮, 圖爲換局之陰謀. 上年六七月間, 往器之家, 則器之與人閉戶密語, 故矣身竊聽, 則器之曰‘君爲領相之孫, 與德修·昌道·宇寬輩, 相結作何事, 而人言藉甚?’云. 矣身追後探知[54], 則乃是金省行也.

其後言及此事於昌道, 昌道傳於省行, 省行大驚, 邀見矣身於昌道家, 謂之曰‘吾與器之黨流稍異, 汝之所聞, 不可輕泄於器之矣’. 昌道嘗謂矣身曰‘他日論功之時, 宇寬當爲成川府使, 吾當爲僉使’云. 此外諸人每以矣身謂之虛疎, 不爲快言. 其謀議之事知情不告的實.”

---

53) 觀：底本과 전남대본에는 “寬”으로 되어 있다. 《御製皇極編》과 《景宗實錄 2年 5月 17日》 기사에 근거하여 수정하였다.

54) 知：《御製皇極編》과 전남대본에는 “之”로 되어 있다. 《景宗實錄 2年 5月 17日》 기사에는 底本과 같이 “知”로 되어 있어 이를 따랐다.

　　兩司請對入侍, 大司諫李師尙【掌令李景說·獻納尹會·持平朴弼夢】啓曰 : "凶謀逆
節畢露無餘, 請安置罪人頤命處斬." 上曰 : "依啓." 又啓曰 : "逆節層加, 端
緖綻露, 請罪人金昌集⁵⁵⁾亟正邦刑." 上曰 : "依啓." 又啓曰⁵⁶⁾ : "李健命常懷
怨懟, 陰蓄異志, 平地手主張之賊⁵⁷⁾, 近出於子侄, 掌上字推載之說一門內事
也. 泰采則陰譎爲心, 濫猾成性, 陰凶之情·反逆之狀, 較諸三凶, 一而二·二而
一者也. 請罪人健命·泰采竝命按律處斷." 上曰 : "勿煩."

　　○ 領議政趙泰耉·右議政崔錫恒請對入侍時, 以安置罪人李頤命之處斬·
金昌集之正刑事係非法, "雖匹庶拿問得情, 然後結案正罪, 先朝舊臣, 豈可如
此? 所關不輕, 亦係後弊, 乞下兩人於鞫獄, 究問處之". 上曰 : "依此爲之則好
矣."

　　○ 吏曹參判金一鏡疏略曰 : "通萬古之⁵⁸⁾逆, 未有若今日之窮凶極惡也.
半夜懷刃, 有若魯之鍾巫; 食中置毒, 有若漢之翼·顯. 其所聚會排布·潛圖不
軌者, 苟非頤命·昌集子侄若孫, 則率多姻親門客. 及遣金吾郎, 行到所遇之
地, 卽令莅斬, 允爲得當, 兩大臣以按問窮覈·遲晚取招爲請. 外面觀之, 未及
輸情, 直施正刑, 似違⁵⁹⁾法例, 此有不然者. 必誅之罪·可斬之惡, 不待自服而
可知, 未知大臣思及乎此哉? 乞降明⁶⁰⁾旨, 無所撓惑焉."

　　○ 領議政趙泰耉·右議政崔錫恒箚略曰 : "日昨登對, 據法陳稟, 更思之,

55) 集 : 底本에는 "道"로 되어 있는데, 그 오른쪽 옆에 "集"이라고 적혀 있다. 《御製皇極編》과
　　전남대본에 근거하여 수정하였다.
56) 曰 : 底本에는 없다. 《御製皇極編》에 근거하여 보충하였다.
57) 賊 : 《御製皇極編》과 전남대본에는 "賦"으로 되어 있다. 《景宗實錄 2年 4月 17日》기사에는
　　底本과 같이 "賊"으로 되어 있어 이를 따랐다.
58) 之 : 底本에는 그 뒤에 "之"가 더 있다. 《御製皇極編》에 근거하여 삭제하였다.
59) 違 : 底本에는 "爲"로 되어 있다. 《御製皇極編》에 근거하여 수정하였다.
60) 明 : 底本에는 "處"로 되어 있다. 《御製皇極編》에 근거하여 수정하였다.

厥罪無可生之道, 而曾經三事之人[61], 施以拷掠之[62]刑, 有所不忍. 遵先朝已
行之例, 取‘盤水加劍’之義, 更加裁處焉.” 答曰 :“此事儘好, 勿施拷掠之刑.”

○ 政院啓曰 :“領·右相聯箚‘加劍’等語, 蓋指賜死, 而批答以‘此事儘好’爲
敎, 何律擧行乎?” 傳曰 :“加劍.” 領議政趙泰耈·右議政崔錫恒箚略曰 :“因
政院啓辭, 有加劍之命. ‘加劍’二字, 臣等不過泛引古義, 若遵先朝已行之例者,
蓋指賜藥之義也. 下語不審, 莫非臣等之罪.” 上答曰 :“可不依施[63]?”

○ 諸承旨及大司諫李師尙·持平朴弼夢·吏曹參判金一鏡請對入侍, 罪人
金昌集·李頤命, 發遣都事所遇處行刑事下敎.

○ 執義徐命遇啓略曰 :“御醫李徵[64]夏書啓, 以正使李健命泄痢苦劇, 方
在罪中, 不敢循例書啓云, 肆然馳啓, 極爲痛駭. 今此健命, 乃於副使·書狀復
命後三日, 始到城外, 緩緩作行, 放肆無嚴. 當該都事拿問定罪.”

○ 李頤命賜死傳旨 :“妖人·劍客出沒門墻, 紅袖·黃門結爲心腹, 掌中書
字, 名[65]入推戴, 三手凶謀, 流爲凶箚.” 金昌集賜死傳旨 :“雜類群惡, 締結逆
宦; 指揮門擊, 爛用銀貨; 惡子妖孫, 交通內外.”

○ 持平朴弼夢疏略曰 :“兩凶置法, 初下‘處斬正刑’之命; 又因大臣言, 有

61) 人 : 底本에는 없다. 《御製皇極編》에 근거하여 보충하였다.
62) 之 : 底本에는 그 뒤 오른쪽 옆에 “人”이 작은 글씨로 적혀 있다. 《御製皇極編》에 근거하여
　　삭제하였다.
63) 依施 : 底本에는 “施依”로 되어 있다. 《御製皇極編》에 근거하여 수정하였다.
64) 徵 : 底本에는 “正”으로 되어 있다. 《御製皇極編》에 근거하여 수정하였다.
65) 名 : 底本과 국립중앙도서관 소장 《皇極編》(청구기호 : 古215-27, 이하 ‘국도본’으로 표기
　　함)에는 “名”으로 되어 있는데, 《御製皇極編》과 전남대본에는 “各”으로 되어 있다.

'拿鞫得情'之敎; 又因政院之啓稟, 有'加劍'之命; 又因大臣箚'賜死'之語, 有'依施'之敎; 又因禁堂所達, 有'正法'之命; 而終下判付, 罪止'賜死', 一變再變, 處分顚倒. 臣恐凶逆無以懲畏, 王章無以可施, 國人之憤愈往愈甚, 宜從最初處分, 以嚴討逆."

○ 擧動時, 備忘記 : "先朝舊臣一時賜死, 有所不忍. 近日傳旨還收, 減死圍籬." 政院覆逆【都承旨金始煥·承旨南就明·金致龍·趙景命·黃爾章·朴熙晉】, 又兩司【大司諫李師尙·司諫李濟·獻納尹會·掌令愼惟益·李景說】竝請對轎前. 禁堂【判義禁沈壇·同義禁金一鏡·柳重茂】等聯名陳疏, 竝請還寢減死之命. 翌日疏決, 還收傳敎, 依前以(66)賜死擧行.

○ 執義徐命遇啓曰 : "會寧府使柳貞章·順川郡守禹洪龜·載寧郡守禹洪采·安岳郡守崔鎭樞俱以凶黨之私人, 并居腴郡, 請削去仕版."

○ 司諫李濟啓曰 : "一自更化之後, 失志怨國之徒, 凶言悖說, 無所不至. 前別檢李輝千, 乃於差祭之日, 敢唱罔測之說, 請命嚴覈定罪."

○ 備忘記 : "旱災至此, 鞫囚遷就, 極涉未安. 刑推獄囚減死定配, 其餘獄囚放送." 都承旨金始煥等覆逆(67), 上不從.

○ 鞫廳大臣入侍時, 右議政崔錫恒曰 : "洪哲人·金濟謙·李尙健·金時泰·玄德明·李三錫·鶴孫·金守天·趙聖復分等減死, 酌處何如?"上曰 : "唯."

○ 館學儒生柳綎等疏請昌集·頤命·喜之施以戮屍·孥籍之典.

---

66) 以 : 底本에는 없다. 《御製皇極編》에 근거하여 보충하였다.
67) 逆 : 底本에는 "送"으로 되어 있다. 《御製皇極編》에 근거하여 수정하였다.

○ 執義徐命遇啓略曰: "凶逆之徒何代無之, 妖惡之狀·陰凶之節, 豈有如喜賊之比乎? 至於續韓詩《永貞之行》, 憑藉夢寐, 矯誣在天之先靈; 汚衊聖明, 至比順宗之昏亂. 其中'傀儡索絶露眞面'之句, 轉益陰凶, 蓋以'傀儡'擬之於不敢言之地, '索絶'比之於兩宮. 其意以爲'向來處分, 皆不能出自聖躬, 及其兩宮死後, 莫掩其本色之露也'. 語意陰慘, 一節加於一節, 雖已杖斃, 請令鞫廳收孥籍沒." 依法擧行.

【《續永貞行》曰: "十二月朔歲辛丑, 明陵寢郞眠虛牖, 忽瞻[68]先王御寶座, 羽儀肅肅排左右. 傳呼大臣又連催, 中使如風聲在口. 但見顚倒數公入, 依俙不記誰與某. 玉音如鍾響殿陛, 宗祊將覆卿知否, 諸公求退去何之? 孼堅作逆諛宜厚.

殿上殿下火如晝, 衛士高喝千雷吼. 斯須門外懸兩頭, 傍人指言黃門首. 國有大變[69]越七日, 黨禍忽如漢北部[70]. 蠻荒窮髮魑魅喜, 逆闖群奸蛇蚓糾. 夜作詔書朝拜官, 昔聞永貞今還有. 狐鳴梟躁無不如, 暘睒[71]跳踉更指喉.

長虹爛日貫太陽, 德星錯落依南斗. 鶴駕黃黃欲出門, 哀詔三宣泣聖母. 宮闈事秘雖莫詳, 蓋聞急變生腋肘. 勢熖如山邁客·魏, 根蔕已深難力取, 一夕驅除何神速? 此豈人爲卽天誘. 魂[72]迷不敢肆毒螫, 窘迫若有神相[73]守.

翠眉宮妾未洗粧, 香帕裏頭哭出走. 焂忽雷霆一蕩析[74], 先靈默佑誠非偶. 傀儡索絶露眞面, 魍魎日照求幽藪. 閹禍從古國亡已, 漢·唐在前皇明後. 未聞天討爀若斯, 宗社於戲億年久. 誰家女巫禳新鬼? 春夜藁街歌拊缶.】

---

68) 忽瞻: 底本에는 "瞻忽"로 되어 있다. 《御製皇極編》에 근거하여 수정하였다.

69) 變: 《御製皇極編》과 전남대본에는 "慶"으로 되어 있다. 국도본과 《景宗實錄 2年 4月 17日》기사에는 底本과 같이 "變"으로 되어 있어 이를 따랐다.

70) 部: 《景宗實錄 2年 4月 17日》기사에는 "寺"로 되어 있다.

71) 睒: 《御製皇極編》과 전남대본에는 "暖"으로 되어 있다. 국도본과 《景宗實錄 2年 4月 17日》기사에는 底本과 같이 "睒"으로 되어 있어 이를 따랐다.

72) 魂: 《御製皇極編》과 전남대본에는 "昏"으로 되어 있다. 국도본과 《景宗實錄 2年 4月 17日》기사에는 底本과 같이 "魂"으로 되어 있어 이를 따랐다.

73) 相: 《景宗實錄 2年 4月 17日》기사에는 "明"으로 되어 있다.

74) 蕩析: 《御製皇極編》과 전남대본에는 "場折"로 되어 있다. 국도본과 《景宗實錄 年 4月 17日》기사에는 底本과 같이 "蕩析"으로 되어 있어 이를 따랐다.

○ 獻納李明誼啓曰：“執義李德壽言論駁雜, 向者凶魁之柄國也, 諉以世好, 不能相絶. 司諫鄭錫三之依違顧瞻, 前冬備忘之再下, 一不聯名於合辭. 請竝削版.”

○ 謝恩使全城君 混[75]之行, 兼奏睦虎龍告變等事狀, 略曰：“今玆三手之謀, 蓋非一夕之故. 當先王寢疾之時, 陰謀已成; 逮主上嗣服之後, 凶圖益急, 亂逆之情狀[76]叵測, 附麗之凶徒寔繁, 或有頑忍而徑斃者, 亦有直辭而承款者. 且略其枝流, 姑撮其本源.

竊查領議政金昌集·領中樞李頤命·左議政李健命·判中樞趙泰采等, 以先朝大臣, 久擅國政, 淫於富貴, 黷于貨財; 第宅極其宏侈·田園殆遍州縣; 戕賢毒正, 蠧國害民; 貪權樂勢, 後義先利. 凡此悖性慝行, 亦是薄物細故, 始則患得患失, 終[77]焉不奪不厭.

竊弄威福, 倒持太阿, 藏無君之心, 畜不臣之志[78], 先樹朝廷之黨與, 陰養閭巷之無賴. 使其子姪與門孼之屬締結逆宦, 鳩得銀貨, 鑽通私逕, 內間行藥之事, 主張而[79]探問; 亞將易置之際, 齊坐而指敎.

天紀以喜·器之血黨, 揣白望書掌之字, 而推戴之人已定. 就章承頤命之密授, 贊弘迷陳兵之策, 而廢黜之謀將行, 健命同歸爲渠, 泰采未免脅從. 從古以來, 亂逆代出, 而未有若[80]此之窮凶極惡者.

據此將逆魁昌集·頤命等按法勘處, 其餘一應同參逆謀人, 未及正法罪人, 連坐支屬, 從輕重擬議斷過外, 合將所據顚末, 聞奏天聽.”

---

75) 混：底本에는 “渾”으로 되어 있다. 《景宗實錄 2年 5月 16日》 기사에 근거하여 수정하였다.
76) 亂逆之情狀：《御製皇極編》과 전남대본에는 “亂臣之情節”로 되어 있는데, 국도본은 底本과 같다.
77) 終：《御製皇極編》과 전남대본에는 “中”으로 되어 있다.
78) 志：底本에는 “心”으로 되어 있다. 《御製皇極編》에 근거하여 수정하였다.
79) 而：底本에는 없다. 《御製皇極編》에 근거하여 보충하였다.
80) 有若：底本에는 “若有”로 되어 있다. 《御製皇極編》에 근거하여 수정하였다.

○ 儒生權瑞鳳等疏略曰：“大抵四凶陰則爲推戴·扈衛, 陽則爲箚請節目. 泰采旣是聯箚, 則頤賊之名入推戴, 集賊之陳兵扈衛, 豈是泰采之所不知也? 强分首從, 只請按律, 已乖執法之論. 爲今日捄正之道, 頤·集兩賊依王敦踞斬之事, 亟行追戮之典, 采凶則與健命一體施行, 然後可以行告廟之禮矣. 嗚呼! 許璧·吳斗錫·李德培·李三齡·李德[81]摽交章公車, 作一鬧端, 此事乃殿下自己事, 固是天理人情之不可遏者. 伊時獄案之成, 專出於春澤所奸淫女之招, ‘謀害東宮’之說繼發於頤命之口, 李溍·林溥等疏, 殿下所已照也.

彼所言者, 爲殿下私親也, 爲一國倫紀也[82], 試於丙枕無寐之夜, 一念及此, 必有惕然而感·怛然而悲者矣. 夫任敞之疏, 詬辱先親, 不遺餘力, 此乃志述宗祖而尙逭肆市之典. 沈洞等之右袒志述, 趙徵輩之繼唱凶謀, 尙無按治之請. 命均以營救志述之人, 榮寵自如; 致中首參啓迪之凶啓, 而獨免桁棘之典; 珙之箚·寅明之疏又是啓迪之緖論, 而郵罰不加. 前後喉司之從中阻搪, 無非啓迪餘套也, 臺啓之請配許璧, 亦豈非向日凶黨撲殺疏儒之手段乎? 伏願廓揮乾斷, 亟取上所陳二十餘人, 或竄·或殛, 以正無君不道之罪, 且慰先嬪地下之靈.”

○ 鞫廳大臣·兩司請對時, 領議政趙泰耉曰：“罪人鄭宇寬, 以死中求生之計, 敢請上變, 臣則知其所告之必爲虛妄. 且不捧罪人雜招, 實是古規, 故不許發告, 而臺官陳疏蒙允, 不得已推問. 先提沈檀·金一鏡兩人名字, 謂以渠輩魁首, 而猶不敢自謂識面, 則世豈有爲魁首而其黨不識其面乎? 此一款已爲脫空. 謀害四殿之說, 尤極驚心, 卽拿諸人, 各捧招辭, 則所引宦官五人亦不識面. 尹就商亦是緊引者, 而宇寬亦不識面, 豈有如許同黨·如許告變乎?

數千兩銀入送石烈云, 而備給者元徵, 傳送者尙儉, 而此三人皆已死, 階[83]

---

81) 德：底本에는 없다. 《景宗實錄 2年 9月 27日》기사 및 《承政院日記 景宗 4年 4月 24日》기사에 근거하여 보충하였다.

82) 也：底本에는 없다. 《御製皇極編》에 근거하여 보충하였다.

梯已絶, 陷人之計明若觀火. 且渠言: '上年十一月晦間, 有金一鏡爲疏頭, 當
爲吏參之說.' 一鏡之爲疏頭, 在於十二月初六日, 則未封章之前, 萬無以此[84]
酬酢之理. 旣知其節節誣罔, 所告人等, 竝命放送, 兩禁堂待命於金吾門外,
開釋勉出, 何如?" 上曰: "唯."

○ 館學儒生金東顯【一百二十餘人】等疏[85]請頤·集醅施磔屍·收孥之典, 健·
釆兩凶次第處斷.

○ 忠淸·全羅兩道儒生金壽龜等疏, 伸尹宣擧父子之冤, 請復爵諡.

○ 秋, 館學儒生黃昱【三百餘人】等疏伸尹拯父子之冤, 請復賜諡之典, 竝論
凶逆輩毒正狀賢之罪.

○ 領敦寧魚有龜疏略曰: "館學及兩道儒疏之批, 有廟堂·該曹稟處之命.
嗚呼! 先正臣宋時烈道德學文, 實爲百代之宗師, 惟我先大王敬慕尊尙, 洞察
尹宣擧父子誣聖祖[86]背師門之罪, 處分極嚴, 或有眩亂之弊, 則其壞世道而累
聖德, 大矣. 罔或撓改, 以光聖孝."

○ 右承旨金致龍·同副承旨李廷濟等疏斥有龜. 太學生李徵復等又疏卞尹
宣擧父子之被誣, 乞降明旨, 戒飭國舅.

○ 生員安允中【二百餘人】等疏論黃昱[87]等營救尹宣擧·醜辱宋時烈之罪, 請

---

83) 階: 底本에는 없다. 《御製皇極編》에 근거하여 보충하였다.
84) 此: 底本에는 없다. 《御製皇極編》에 근거하여 보충하였다.
85) 等疏: 底本에는 "疏等"으로 되어 있다. 《御製皇極編》에 근거하여 수정하였다.
86) 祖: 底本에는 "朝"로 되어 있다. 《御製皇極編》에 근거하여 수정하였다.
87) 昱: 底本에는 "翌"으로 되어 있다. 《御製皇極編》에 근거하여 수정하였다. 이하 동일사례

使先大王定案毋或更撓. 同副承旨<u>李廷濟</u>論其兩湖儒疏未覆啓之前, 肆然迎擊之無嚴. 上命勿捧入.

○ 玉堂【<u>權益淳</u>·<u>呂善長</u>·<u>李明誼</u>】聯箚略曰："<u>健</u>·<u>采</u>按法, <u>頤</u>·<u>集</u>帑籍, 前後論啓, 非止一再, 入侍陳請, 亦過十數, 兪音尙閟, 聚首憂歎. 伏願亟揮乾斷, 快伸王法." 上以過當斥之.

○ 備邊司回啓曰："館學儒生<u>黃昱</u>等·兩湖儒生<u>金壽龜</u>等以故儒臣<u>尹宣擧</u>父子酷被構誣, 至於奪爵·掇享·毀文集·禁先正爲士林之至痛, 齊聲呼籲, 請蒙昭雪. 竊[88]惟兩賢實是累朝之所尊尙·一代之所宗[89]仰, 而向來構誣, 專出於凶球·逆集戕賢病國之計, 京外章甫, 首尾血籲, 莫[90]非一國公論. 先大王父師輕重之敎, 昭揭日星, 末梢處分, 非出於先王本意, 斯可知矣. 竝復其爵·諡·還宣院額·許刊集版事, 分付該曹·該道, 劃則擧行事允下.【<u>趙泰耉</u>·<u>崔錫恒</u>之啓也.】"

○ 大臣二品·三司【右議政<u>崔錫恒</u>·左參贊<u>姜鋧</u>·兵曹判書<u>李光佐</u>·吏曹判書<u>李肇</u>·戶曹判書<u>金演</u>·禮曹判書<u>李台佐</u>·刑曹判書<u>趙泰億</u>·工曹判書<u>韓配夏</u>·漢城判尹<u>就商</u>·知義禁<u>朴泰恒</u>·吏曹參判<u>金一鏡</u>·禮曹參判<u>柳重茂</u>·兵曹參判<u>金重器</u>·刑曹參判<u>李森</u>·漢城左尹<u>金始煥</u>·漢城右尹<u>申翊夏</u>·副摠管<u>尹遇進</u>·<u>李暉</u>·開城留守<u>李世最</u>·大司成<u>李師尙</u>·都承旨<u>南就明</u>·左承旨<u>趙景命</u>·右副承旨<u>朴熙晉</u>·同副承旨<u>李廷濟</u>·大司諫<u>李明彦</u>·副提學<u>朴弼夢</u>·執義<u>鄭楷</u>·掌令<u>尹大英</u>·<u>金重熙</u>·司諫<u>梁廷虎</u>·持平<u>李普昱</u>·<u>李匡輔</u>·校理<u>權益淳</u>·<u>李顯章</u>·獻納<u>李眞淳</u>·正言<u>具命奎</u>·修撰<u>呂善長</u>·<u>趙翼命</u>·副修撰<u>李明誼</u>】等伏閤請對, 請<u>健</u>命亟正邦刑, 亟寢<u>頤</u>命·<u>昌</u>集帑籍還收之命. 上初以

에 대해서는 별도의 校勘記를 달지 않는다.

88) 竊：底本에는 "切"로 되어 있다. 《御製皇極編》에 근거하여 수정하였다.

89) 所宗：底本의 본문에는 "尊"으로 되어 있고 오른쪽 옆에 작은 글씨로 '所'자가 적혀 있다. 《御製皇極編》에 근거하여 수정하였다.

90) 莫：底本에는 "亦"으로 되어 있다. 《御製皇極編》에 근거하여 수정하였다.

勿煩爲批, 大臣以下左右迭奏力請, 不從, 少退復入. 弼夢曰 : "願聞明白之教, 以慰抑鬱之情." 錫恒曰 : "願臺啓之快允." 上曰 : "依爲之." 一鏡曰 : "然則孥籍與合啓, 皆已允從乎?" 上曰 : "唯."

錫恒曰 : "然則泰采事無發落乎?" 上曰 : "唯." 廷濟以頤命·昌集孥籍·健命正刑事書出榻敎. 諸臣又以泰采按律事, 請下兪音, 上終無發落. 日已昏黑, 大臣以下皆退出, 明誼進曰 : "今日處分足慰一國人心, 願勿如前撓改." 上曰 : "唯."

○ 掌令尹大英啓略曰 : "正郞尹世顯·直長黃尙老·韓宅揆·參奉朴光世等, 凡諸醜正毒賢之論, 無不[91]挺身擔當, 請竝削版."

○ 冬, 執義李世德啓略曰 : "罪人鄭澔惟以戕賢爲能事, 中外側目, 久矣. 亟命絶島圍置."

○ 三司【大司憲金一鏡·持平成德潤·獻納趙遠命·正言李廣道·校理李明誼·修撰趙翼命】合辭啓請泰采亟命按律處斷, 依啓.

○ 錄勳堂上韓配夏請對入侍, 請壬辰削科人吳遂元·李獻英·獻章及李眞伋幷復科, 上曰 : "依爲之."

○ 大提學趙泰億疏略曰 : "夏間, 姜鋧之遭彈於臺臣鄭壽期也, 吏曹參判金一鏡抵書於大司成李師尙曰 : '姜台事, 因[92]文衡薦望之崖異於其意, 兵·刑兩台嗾鄭壽期而論之.' 所謂'兵·刑', 卽指李光佐及臣耳. 其時金一鏡爲文衡首薦, 而李光佐及臣名入於其中, 金一鏡[93]書意, 有若臣等不滿於姜鋧之先

91) 無不 : 底本에는 "不無"로 되어 있다. 《御製皇極編》에 근거하여 수정하였다.
92) 因 : 底本에는 "又"로 되어 있다. 《御製皇極編》에 근거하여 수정하였다.

彼94)而後己. 至於囑鄭壽期而劾鋭者, 臣雖無95)狀, 決不至作此等事矣. 公然抑勒, 白地加誣, 謄諸筆札, 流播搢紳, 其意果何如哉?"

○ 掌令朴徵賓啓略曰: "前佐郎尹淳賦性陰邪, 處心傾險, 聽言觀眸, 終非吉士; 納媚逞術, 世稱妖人. 昨冬七臣之抗疏也, 强作慷慨大談, 實爲首鼠兩端·閃身躲避, 不忍正視, 請削版."

○ 大司諫金東弼疏略曰: "工曹判書趙泰億以金一鏡抵書事, 引爲自處文衡之端, 不意淸朝宰執之列, 有此使人大懃之事. 文衡苟非文學·才學自初儲望爲世信服者, 莫與96)斯選, 而一鏡猝然首薦. 雖以向來代撰之文見之, 凶逆輩窮兇情節, 初不能極意寫出, 荒雜訛謬97). 又揷入剩語, 引用乖謬, 衆口譁然, 指謂狂怪, 其全無識解, 推此可知. 至於自造無根之說, 排軋先己98)之人, 必使前後文衡擧懷不安.

噫! 一鏡昨年一疏, 實有再奠宗社之功, 朝廷待遇, 非復前日之一鏡矣, 若勉休戚之意, 益勵謹飭之志, 孰敢以誹議加之哉? 惟其麤悖成性, 濟之以好勝; 挾功自大, 行之以喜事, 少拂其意, 輒肆噴薄, 詬罵朝紳, 有同僕隷, 氣燄所驅, 人莫敢誰何. 守禦之任, 益肆貪黷, 縱恣無忌憚之甚者, 若不少加裁抑, 必至壞

---

93) 爲文衡首薦, 而李光佐及臣名入於其中, 金一鏡 : 底本의 본문에서는 빠져 있고, 오른쪽 옆에 작은 글씨로 적혀 있다. 《御製皇極編》에 근거하여 보충하였다.
94) 彼 : 底本에는 "被"로 되어 있다. 《御製皇極編》과 《景宗實錄 2年 11月 22日》 기사에 근거하여 수정하였다.
95) 無 : 底本의 본문에서는 빠져 있고, 오른쪽 옆에 작은 글씨로 적혀 있다. 《御製皇極編》에 근거하여 보충하였다.
96) 與 : 底本과 《御製皇極編》에는 "如"로, 전남대본에는 "預"로, 《景宗實錄 2年 11月 26日》 기사에는 "與"로 되어 있는데, 《景宗實錄》을 따랐다.
97) 訛謬 : 《御製皇極編》은 底本과 같은데, 전남대본과 《景宗實錄 2年 11月 26日》 기사에는 "紕繆"로 되어 있다.
98) 己 : 《御製皇極編》과 《景宗實錄 2年 11月 26日》 기사에는 모두 底本과 같이 "己"로 되어 있는데, 전남대본에는 "進"으로 되어 있다.

亂朝廷而後已." 仍論朴徵賓之痴騃輕佻, 構虛捏無, 醜辱尹淳之罪.

○ 大司憲李世最疏卞一鏡被誣之狀.

○ 正言柳綏啓略曰:"前佐郞尹淳地望才學, 儕⁹⁹⁾流所推, 前冬宗國之將危也, 始與數三士友相約陳疏, 中間下鄕, 卒未同事. 而掌令朴徵賓一筆句斷, 構成罪案, 如此風習, 不可滋長, 請遞其職. 一鏡處事粗率, 誠甚可駭, 第其前冬一疏, 實有扶社衛主之功, 亶出捐軀殉國之忠. 而張皇一疏, 憑藉書札, 演出罪過, '不饜'·'無憚'·'鴟張'·'乖亂'等說, 意在構捏, 語極危怕. 豈意薇垣首席, 有此不美之風? 請金東弼罷職不敍."

---

99) 儕:底本에는 "濟"로 되어 있다.《御製皇極編》에 근거하여 수정하였다.

皇極編　卷之十一
老少

癸卯三年春, 獻納權益寬啓略曰:“頤·集伏法之後, 腹心血黨潛懷怨懟. 門黜罪人金希魯·前都承旨申思喆·前大將張鵬翼·前府使金取魯·前司諫金楻·前縣監金令行等或全家下鄕, 身伏京第, 乘轎匿跡, 往來綢繆, 或富室而不吝用財, 或衰服而潛與密席, 情跡陰秘. 人心疑懼, 正與向來十六人無異, 竝極邊竄配1).”

○ 正言柳壽垣疏論大臣偏私之失, 仍言:“鄭壽期之東壁, 出於望外. 李廷濟之雄藩, 已駭物情, 而泰采之伏法也, 千2)里專人, 滿駄送賻, 似此污卑, 不可厠之朝籍. 請廷濟亟施削板之典.”

○ 吏曹參議李眞儒請對入侍, 請金東弼·柳壽垣一竝補外.

○ 館學生金范甲【一百四十餘人】等疏, 列宋時烈之陰險詭譎, 盜名3)貪4)權之罪, 請令該曹撤去道峯院享以重祀典.

---

1) 竄配:《承政院日記 景宗 3年 2月 19日》기사에는 “遠竄”으로 되어 있다.
2) 千:底本에는 “十”으로 되어 있다.《御製皇極編》에 근거하여 수정하였다.
3) 名:底本에는 없다.《御製皇極編》에 근거하여 보충하였다.
4) 貪:底本에는 없다.《御製皇極編》에 근거하여 보충하였다.

○ 右議政崔錫恒啓曰: "吏曹參議李鎭儒請對定奪, 金東弼則不待長官, 單付外邑; 柳壽垣則方在罷職, 請敍單付; 朴徵賓則前已補外, 而以其路遠移付近邑. 此是前所未有之事, 遞其職以懲輕銳之失." 上許之.

○ 前承旨李喬岳疏, 卞金范甲之構誣, 請加痛斥, 俾勿恣肆[5].

○ 四道儒生崔鐸等疏, 斥李喬岳之縱恣無嚴, 請撤院宇濫享之典.

○ 幼學姜祖烈疏論金范甲慢先王·害先正之罪, 還收尹拯父子院板重修之命.

○ 儒生洪允輔【安允謙·柳愈·兪彦鏡·韓益昌·金襗·南宜寬·閔百昌】等設疏廳于典醫監, 通文略曰: "自先大王奄棄臣民, 時輩之乘機, 攘臂甘心. 我尤菴老先生者無所不有, 今者范甲·鐸等構捏誣辱, 至請道峯書院享之斥黜. 噫嘻! 此何事也? 士林齊憤, 欲爲一疏通變." 云.

○ 禮曹判書李肇曰: "金范甲等疏批, 有'令該曹稟處'之敎. 道峯書院卽先正臣趙光祖所享, 專祀獨享, 事體固重, 而頃年一番人乃以宋時烈竝享, 當時已有物議. 故相臣尹趾善陳疏請寢, 已爲允從, 而科獄罪人李聖輝一夜之間, 汲汲入享. 喉司以已爲竝享之意, 陳達置之矣, 先大王本旨亦可仰認, 而多士之公議又發, 不可仍置, 而事係黜享, 詢大臣." 右議政崔錫恒曰: "道峯書院事體與文廟無異, 前後儒賢皆不得配享, 故相臣宋時烈當初竝享, 公議不滿. 到今士論旣發之後, 不可仍存." 上曰: "依爲之."

○ 進士郭鎭緯【二百十餘人】等疏, 伸宋時烈之冤, 請寢黜享之命.

○ 竄謫秩【閔鎭遠·徐宗伋·鄭澔·黃璿·金鎭商·李禛翊·高鳳獻·宋相殷·申鉦·安允中·李志達·黃商鼎·兪拓基·李喬岳·具鼎勳·尹廷舟[6]·金壽天·趙正萬·宋相琦·鄭亨益·趙尙絅·尹陽來·尹在重·任勔·洪龍祚·李挺周·皇甫謙·徐命伯·李喜朝·金勩·李明翼·李重協·徐允興·金在鼎·朴致遠·李世福·柳慶裕·李命龍·魚有龍·李明會·金有慶·兪夏基·金令行·洪聖疇·趙洽·吳重漢·任堅·金希魯·申思喆·張鵬翼·金取魯·金榦·姜頊·權噷·趙榮福·姜啓·申哲·朴泰俊·金祖澤·兪崇·李義宗·文德猺[7]·朴厚應·洪彦度·李悟泰·朴師益·尹泓·權爂·尹鳳儀·李徵龜·李命熙·尹得仁·李顯祿·石之堅·趙興弼·李壽民·李壽岳·金宇采·金元一·趙道彬·李秉常·吳重周·黃梓·愼無逸·李廷爍·李瑜·宋必恒】

○ 大辟秩【張世相·李正植·金昌道·沈尙吉·白望·金龍澤·李天紀·鄭猺重·鄭宇寬·李弘述·李器之·柳就章·沈檝·徐德修·李喜之·金盛節·李滭·李明佐·禹洪采·洪舜澤】

○ 夏, 持平黃晸啓略曰[8]：“李喬岳之疏㤼出題外之語, 狂噴亂嚷, 惟以詬辱先正爲快者, 莫非凶球餘意, 逆集遺計. 毒正誣賢之罪, 有不勝言, 請極邊遠竄.”

○ 京畿儒生金弘錫【五十人】等疏略曰：“先正臣文成公 李珥·文簡公 成渾, 卽我東方明道·伊川也. 宋時烈之於兩賢, 其所尊慕一體無間矣, 一自尹拯父子釁成之後, 以成渾爲拯之外祖, 公然移怒於渾, 簡牘之間, 略示譏貶之意. 丁卯運之後孫至善以拯之高弟, 與其門羅良佐等疏卞師誣, 故大加慍怒, 公肆詬辱. 又不敢直斥, 假托文元公 金長生之言而作爲口實, 㤼出從祀時無根之說, 做作金長生與海州儒生問答說話, 以爲‘初則稱善於單請李珥之意’.”

---

6) 舟：底本에는 “丹”으로 되어 있다. 전남대본과 《景宗實錄 2年 4月 23日》 기사에 근거하여 수정하였다.

7) 猺：《景宗實錄》 및 한국역대인물 종합정보시스템에는 “麟”으로 되어 있다. 죄인에 대한 폄칭(貶稱)의 의미가 담긴 듯하여 수정하지 않았다.

8) 略曰：底本에는 “曰略”로 되어 있다. 《御製皇極編》에 근거하여 수정하였다.

又曰‘乙亥館疏時, <u>宋浚吉</u>力主單擧之論’, 噫! 渠雖百般粧撰, 自有可以立卞
者.《兩賢年譜》, <u>黃海道 吳瀗</u>等疏, 請兩賢從祀, 知經筵<u>鄭曅</u>又請竝擧.《年
譜》卽<u>時烈</u>之所編輯也, 此言<u>時烈</u>之所發說也. 前後一<u>時烈</u>也, 何爲目無見·耳
無聞於六七年參證之時, 而一朝猝言於怒其孫, 而貶<u>成渾</u>之日哉! 且<u>尹弘敏</u>疏
在乙亥, <u>金長生</u>沒於辛未, 則其間已五年, 而設爲問答, 任其抑揚, 則據此可知
其誣也. 兩賢竝請之論, 已定於癸亥反正初, 則乙亥, 安有異議乎? <u>宋浚吉</u>單擧
之說, 直是白地做出也. 仍竝[9]與[10]<u>成渾</u>之子贈判書臣<u>文澂</u>而誣辱之, 一則曰
‘坡門諸公頗附<u>仁弘</u>, 專咎<u>松江</u>, 則<u>文元先生</u>大加非斥’. 噫! 負亡父之親友, 附
托奸賊者, 是何[11]等罪案, 而挾其私憾, 勒加於旣骨之賢人, 若是其無嚴乎?

又做出渠與故相臣<u>金尙憲</u>問答之說, 托以<u>尙憲</u>之言而稱之, 曰‘吾亦知<u>成文</u>
<u>澂</u>之不善處也. 曾遇<u>曺次石</u>於路上, 首問<u>鄭仁弘</u>, 曰「先生安否?」又曰「先生
何時上來?」有若誠心敬慕者然’. 蓋<u>曺</u>是<u>南冥</u>[12]之孫, 而<u>鄭</u>之門客也云. <u>南冥</u>
故徵士<u>曺植</u>號也, 爲此不近理之說, 以實附<u>仁弘</u>之語. 噫! 太甚矣. <u>文澂</u>文德·
行宜之實, 蔚有堂構之美, 儒林先輩莫不推轂. 其賢若此, 而豈附<u>仁弘</u>耶? <u>金昌</u>
<u>協</u>卽<u>金尙憲</u>之孫也[13], 忘其祖仰<u>成渾</u>如高山之[14]意, 附合<u>時烈</u>之餘論, 妄[15]加
議論, 背祖黨奸, 肆然誣賢之罪, 可勝誅哉?

向來鄕儒<u>金道基</u>者投進一疏, 曰‘<u>成文澂</u>以<u>渾</u>之子, 動於禍福, 媚<u>仁弘</u>·咎<u>鄭</u>
<u>澈</u>, 則他尙何說哉? 云云’. 此乃<u>時烈</u>之言, 而臣等卞之已悉, <u>道基</u>之無知, 尤何
足責也? 然謄諸奏御文字, 而曾未一討其罪, 則豈可以不足責而不之罪也? 嗚
呼! 彼<u>時烈</u>者虛僞難掩, 手脚盡露. 國是大定, 至撤院享, 則少洩士林之憤 而官

---

9) 竝 : 底本에는 “與”로 되어 있다.《御製皇極編》에 근거하여 수정하였다.

10) 與 : 底本에는 “竝”으로 되어 있다.《御製皇極編》에 근거하여 수정하였다.

11) 何 : 底本에는 없다.《御製皇極編》에 근거하여 보충하였다.

12) 冥 : 底本에는 “溟”으로 되어 있다.《御製皇極編》에 근거하여 수정하였다. 이하 동일
    사례에 대해서는 별도의 校勘記를 달지 않는다.

13) 也 : 底本에는 없다.《御製皇極編》에 근거하여 보충하였다.

14) 之 : 底本에는 없다.《御製皇極編》에 근거하여 보충하였다.

15) 妄 : 底本에는 “忘”으로 되어 있다.《御製皇極編》에 근거하여 수정하였다.

爵猶存, 伏願亟命追奪, 以彰其誣師誣賢之罪. 亦命追奪昌協之職名, 以彰其
背祖黨奸之罪, 如道基者特施投畀之典, 亟命有司, 特復追配文瀅於坡山書
院, 使國人有所矜式焉." 上曰 : "令廟堂稟處."

○ 府使魚有鳳【二十餘人】等疏, 卞金弘錫等誣辱宋時烈·金昌協之罪, 乞降
明旨痛斥, 還收稟處之命, 使讒說不行, 斯文有光.

○ 忠淸·全羅·慶尙·京畿·黃海儒生尹倪等疏略曰 : "弘錫藉重於渾, 構誣
時烈, 無所忌憚, 飾詐弄巧, 惟意所欲, 以成時烈之罪案者, 已極可痛. 至以成
文瀅之得罪公議, 見棄士類, 猶謂之被誣, 而敢陳伸卞之語, 其亦無嚴矣. 文瀅
見識儱侗, 不免爲禍福所動, 諂附於奸賊仁弘, 而咎斥其先友鄭澈. 金長生所
撰《松江行錄》及鄭弘[16]溟與李命俊書, 具載其事, 文瀅之與尹根壽書, 不能自
明, 而多慙謝之語. 而弘錫乃敢恣意巧飾, 謂以長生之所錄是時烈之所自增
益, 此直遁辭知其所窮者耶!

又以故[17]判書金昌協文集, 列敍三賢, 而不及渾, 謂之'操縱', 是何言也? 雖
不擧渾, 而其與[18]羅良佐書, 稱靜·退·生·栗, 又曰'其賢等耳', 弘錫不見而爲
此說耶! 噫! 今日斯文之陽九極矣. 彼之挾憤懟之私, 構誣之言者, 實非爲渾也,
敢請追罪於時烈, 以爲報宣擧·拯私讐之計, 臣實痛之. 伏願亟降道峯復享之
命, 還寢弘錫疏稟處之敎, 仍正弘錫輩毒正之罪焉."

○ 壬寅庭[19]請議罷時, 卿宰·三司唯諾人, 現告趙道彬·吳重周·李秉常·申
晢·李廷熽·李瑜·黃梓·愼無逸.

---

16) 弘 : 底本에는 "仁"으로 되어 있다. 《御製皇極編》에 근거하여 수정하였다.
17) 故 : 底本에는 "古"로 되어 있다. 《御製皇極編》에 근거하여 수정하였다.
18) 與 : 底本에는 "於"로 되어 있다. 《承政院日記 景宗 4年 4月 24日》 기사에 근거하여 수정하였다.
19) 庭 : 底本에는 "廷"으로 되어 있다. 용례에 근거하여 수정하였다.

○ 秋, 海西儒生朴蕃[20]·湖南儒生羅廷一等疏論金弘錫受人嗾使, 挺身投疏, 構誣先正之罪.

○ 政院【承旨金始煥·朴熙晉·呂必容·沈仲良·兪命凝·梁廷虎】啓曰: "海西儒生朴蕃等掇拾頃年沈鳳威毒正之論, 構誣尹宣擧, 伸救宋時烈, 語極張皇. 而宋時烈追罪之請, 朝家旣不聽施, 原無可卞之端. 此等疏章, 不宜捧入以惹紛撓之意, 敢稟." 傳曰: "勿捧."

○ 持平柳時模啓略曰: "國是大定之後, 蕃·廷一等又出新語, 稱以爲先[21]正臣李珥卞誣, 撗抉先正臣尹宣擧文集中一款語, 截斷粧撰, 巧爲之說. 原疏雖却, 觀其大槪, 得其陰凶旨意. 請疏頭朴蕃極邊定配, 羅廷一邊遠定配.", 依啓.

○ 戶曹參議金東弼疏略曰: "宰臣對卞之章, 滿紙臚列, 無他辭自解, 獨於文衡一款, 疑怒最深, 旨意危怕. 噫! 宰臣之蜚語誣人, 已是搢紳間羞恥. 以人則名在三館之薦, 自作嗾鄭之說, 以文則代撰播告之言, 而不知裁擇其辭, 可見其麤粗荒雜, 專無識解, 其於詞垣主盟, 決非可論.

竊觀近來一種風習, 不以討逆看作大經·常分, 輒以能討逆·不能討逆, 作一制人底鉗衡, 隨其愛惡, 左右而抑揚之, 似此圈套, 要非淸朝之所宜有. 彼宰臣反噬之言, 鋪張功能, 甲冑其身, 以臣糾責之言, 歸之於爲世充·建德報仇, 則無怪乎臺臣之同浴一泉而同唱一曲也."

○ 慶尙道幼學鄭萬源等疏略曰: "數年以來, 換頭換面, 接踵投䭁, 必欲岐屹而甘心者, 輒在於先正臣宋時烈, 定[22]案[23]旣䵝矣, 院享亦掇矣. 九地之報

20) 朴蕃: 底本에는 "蕃朴"으로 되어 있다. 《御製皇極編》에 근거하여 수정하였다.
21) 先: 底本에는 없다. 《御製皇極編》에 근거하여 보충하였다.

復, 固已甚矣, 凶黨之願欲迄可滿矣. 何物金弘錫輩, 梟心未已[24], 又闖其間, 投進一疏, 益肆凶悖, 至有追削之請, 更無顧畏之心, 噫嘻! 痛矣. 彼輩四十年所持說, 專附之於尹宣擧·尹拯父子以爲醜詆宋時烈之地. 今則推上一層, 至以宋時烈爲侮詆宣擧之外祖先正臣文簡公成渾, 誣捏粧撰, 雖極巧密, 立言命意, 率不成倫脊.

抑臣等所深痛者, 宋時烈三朝之所禮遇·百代之所宗師也, 先王遺訓昭揭穹壤, '予志汝邊'之敎, 非爲他事, 彼乃肆然, 而處三事之列者, 輒敢以非先王之本意陳達聖明之前. 若有臣事先朝之心, 則言之悖倫, 一何至此? 安允中·郭鎭緯疏, 不過誦說先訓, 而目爲凶黨, 投諸遐裔, 若報私讐, 猶恐不及. 至於崔鐸, 則乃以'浸潤之讒'等說, 誣辱先朝, 極其無嚴, 此其罪難逭常典, 而今朝廷無一人明目張膽, 爲[25]先[26]朝卞晰者.

臣未知先王在天之靈, 何負於此輩, 而此輩之背悖·侵侮, 更無一分餘地. 伏願特追先朝之遺旨, 亟念多士之公議, 弘錫輩前後醜正之類, 亟擧重辟, 安允中以下赴謫之士, 一倂放送. 更降悟悔之旨, 快正邪正之分焉."

○ 獻納權益寬疏略曰: "向臣九人之啓, 實採國人之所共指目, 爲國家防患折奸, 而咫尺前席, 面承兪音, 竊幸奸黨散落, 隱憂稍除. 厥後四罪量移之請, 卽允於延英之奏, 二竄全釋之命, 又降於錄囚之日, 堤防盡壞, 罪籍渙釋, 如臣之憂國苦心盡歸弁髦.

四凶之罪, 雖有淺深, 均是逆也. 趙泰采以逆賜死, 而諸子晏然自在, 已乖懲惡之典. 況其子觀彬投合濟謙, 世所共知, 泰采之陷逆, 蓋亦觀彬啓之也. 渠反致懟[27]於宣仁門扶社之擧, 仇視至親, 遂敢自絶, 其心所在誠不可測, 且詐托

---

22) 定: 底本에는 "案"으로 되어 있다. 《御製皇極編》에 근거하여 수정하였다.
23) 案: 底本에는 "定"으로 되어 있다. 《御製皇極編》에 근거하여 수정하였다.
24) 已: 底本에는 없다. 《御製皇極編》에 근거하여 보충하였다.
25) 爲: 底本에는 "先"으로 되어 있다. 《御製皇極編》에 근거하여 수정하였다.
26) 先: 底本에는 "爲"로 되어 있다. 《御製皇極編》에 근거하여 수정하였다.

狂疾, 擧止譎詭. 臣以爲泰采三子分配絶島, 以嚴王法."

○ 右議政李光佐箚略曰："權益寬疏論九竄·兩囚事, 臣不勝瞿然. 金希魯·申思喆之母流離道路, 兩人非臣所厚, 而聞來矜惻, 敢以稍移內地, 使與相依之意, 陳達筵席. 至於懃²⁸⁾·星樞, 昨年停刑時, 臣以爲獄體當然, 力陳委折以備裁處, 出於不得已也."

○ 啓覆入侍, 持平趙趾彬啓曰："前監司洪禹傳當聖上代理之日, 敢陳一疏, 力請還收, 至曰'驚惑憂歎'. 其所爲言, 萬萬駭痛, 請遠竄." 依啓.

○ 幼學洪禹著【八十餘人】等疏, 斥申致雲誣辱權尙夏之狀. 政院以'尙夏朝家旣施追奪之典, 則肆然以「先正」二字謄諸疏章, 已極無嚴', 措辭捧入.

○ 冬, 大司憲李眞儒【掌令尹彬】等請趙觀彬兄弟分配絶島.

○ 三司【大司憲上同, 執義趙遠命·掌令李廣道, 一上同. 司諫金重熙·正言李眞洙·尹恕敎·玉堂吳命新·呂善長·尹游】伏閤, 請出付金姓宮人.

○ 左議政崔錫恒·右議政李光佐等率二品以上, 賓啓, 請査出金姓宮人.

甲辰四年春, 正言李聖臣論知事洪致中之處心回互, 請罷職, 不允.
○ 三司【大司憲李世最·大司諫兪命凝·執義金始煥·掌令朴長潤·持平李著·獻納趙翼命·玉

<hr>
27) 懃：底本에는 "對"로 되어 있다.《御製皇極編》에 근거하여 수정하였다.
28) 懃：底本에는 "殼"으로 되어 있다.《承政院日記 景宗 3年 10月 2日》기사에 근거하여 수정하였다.

堂朴弼夔·趙鎭禧·趙趾彬·正言具命奎·朴師悌²⁹⁾等諸人】連啓金姓宮人事.

○ 副提學李師尙疏略曰：“趙女巫蠱情節, 極其巧惡, 窮覈正法, 斷不可已.
而端緒初發於慶尙監司金東弼之家, 其間委折, 東弼必自詳知, 先問東弼, 然
後次第究覈, 獄體當然, 執法之地尙此寥寥, 臣竊慨然.

伏聞朝參時, 有以大寒陽春, 宜用寬大之典, 縷縷陳達, 而‘外影’·‘縫客’之得
保首領者, 亦云幸矣. 乃欲蕩滌拉拭於天討纔訖之後, 其爲日後計則得矣, 其
將置國家於何地耶?

默觀近日, 討逆之意漸緩, 循私之習漸痼. 伸救賊迹, 重遭臺劾而拔置淸顯,
有若崇獎者然, 媚悅權要, 積有疵謗而荐授雄鎭【李廷濟】, 略無持疑之意. 朝章
之紊亂, 國勢之凌夷, 已不可言.”

○ 持平尹容啓略曰：“副提學李師尙平生行己, 不出於‘貪鄙’二字. 嶺藩歸
來, 幕裨被督於贓物之交付; 湖臬未赴, 邸吏先困於妖妾之求索, 以如此之人
居如此之職, 已是搢紳之羞辱. 且以日昨疏辭觀之, 其論金東弼·李眞洙事, 或
近傾陷, 或近構誣, 用意不美, 遣辭詖³⁰⁾僻. 請削奪.”依啓.

○ 大司憲朴泰恒疏略曰：“持平尹容之請削李師尙之啓, 醜詆構誣, 罔有
其極. 師尙之立朝言行, 自有本末, 疏讜之節, 忠正之論, 最爲凶黨忌嫉, 排擯
傾陷, 未嘗一日安於朝廷. 改紀之初, 奮身於顧瞻·依阿之中, 當望賊闖機, 鉦
疏合勢之日, 首折姦萌, 投之海島, 卒使凶謀逆節自相敗露, 元惡大憝, 咸伏常
刑, 國論由是而大定, 天討以之而益³¹⁾嚴. 當斯時微師尙其殆矣. 其志節·言議
實爲淸流之所倚重, 論思之長, 捨此爲誰? 年少新進, 猝³²⁾以惡言相加, 構成之

案, 無非粧撰.

　蓋師尙始授湖藩, 繼遷松留, 旋以大諫上京. 未滿一月, 三遷其職, 元無邸吏之下去, 安有妖妾之求索乎? 卽此一事, 可知其誣. 王誅甫訖, 而捐軀討逆之人, 首受鋒鏑, 以挫善類之氣, 此何景像, 此何言議?

　且師尙亦有所失, 於徐命均復提前說, 太甚; 於金東弼先問獄事, 過誤也. 殿下之卽允其啓者, 殊非奬忠貞·待經幄之道也, 宜寢削奪之命. 竊觀憲臣所爲, 則一啓二啓, 無非儕流中人, 而極意吹覓, 都無指的. 伏願特罷其職, 以鎭不靖之習."

　○ 文學李眞洙疏略曰: "副提學李師尙以臣朝參之時所奏, 藏名顯斥, 指意非常. 三手凶謀, 千古所罕之逆變, 其所繩治之道[33]宜嚴而不宜忽, 除非病風喪性者, 孰敢扢拭蕩滌於'外影'·'縫客'之類? 而其謂區區過慮者, 全不識臣之陳達本意. 臣之言曰: '治國之道譬如霜雪之餘, 必繼以陽春也. 今諸賊皆已殲滅, 鞫獄亦將收殺, 則願推寬仁之意, 以爲休息之道.

　且以前日遭彈者言之, 此曹或出入凶黨之家, 或與凶黨連姻. 逆節未發之前, 何以知其爲逆而絶之? 至於武弁出入時宰之門, 乃其常也, 或見其蹤跡之疑似, 或因其同輩之相毁, 乃曰「親昵某賊」, 一筆句斷, 便歸叵測之科.

　犯逆乃是極惡大罪, 不犯則乃是無故平人, 若以無故平人, 疑以極惡大罪, 混稱而勒歸, 則豈非冤痛之甚者乎? 年來名入彈章, 罪涉黯黮者, 固不可數, 不被彈者, 亦皆內懷疑懼, 重足而立, 人心未奠, 風習大壞, 誠非細慮也云.'

　詳其語脈, 果有一言半辭彷彿於儒臣之所言乎? 臣則自謂爲國家深計, 而彼則'將置國家於何地', 甚矣! 人見之不相侔也."

　○ 持平李廷弼啓略曰: "前副提學李師尙削奪之啓, 尤是常情之外, 擧其平生, 一筆句斷, 論人之道, 不當如是. 請尹容罷職." 依啓.

○ 正言李聖臣啓略曰: "李師尙之爲人儱侗[34], 全無見識, 居家無行檢之稱, 處身多儱鄙之譏, 則容之啓特論其細事, 而朴泰恒專事黨比, 費辭營護, 至以'忠貞'·'志節'等語, 極意獎詡, 其言可笑."

又曰: "'一啓二啓無非儕流之人', 此何言也? 容之前後所論, 未必一一得當, 而其不喜苟同, 隨意論列, 亦足可尙, 泰恒乃以庇護朋黨之習, 望之於今日臺閣. 信斯言也, 儕流之中, 雖有所失, 其將含默乎? 不料禍人國家之論, 遽出於老成之口, 請罷職."

○ 持平李普昱疏略曰: "副提學李師尙之疏誠有過[35]誤, 而尹容之啓專出激惱. 擧其平生, 一筆句斷, 此公議之所爲非也. 若其言議之峻正·樹立之卓異, 求諸朝紳, 罕有其比, 則憲長疏斥, 亶出公心, 豈有一毫近似於黨比?

而諫臣襲容之過議, 醜詆師尙, 更加一層, 竝與憲長, 同肆侮辱, 至請譴罷, 抑獨何意? 其疏中'莫非儕流中'云云者, 蓋慨容之[36]所論[37], 專事深刻故耳.

八十老人更何所求, 而甘自陷於[38]護黨·誤國之科哉? 諫臣不諒本意, 斥之以禍人國家, 宜遞其職, 以鎭浮議."

○ 都堂錄【五點吳遂元, 四點趙德隣·洪廷相·李眞伋·趙鎭禧·趙最壽·金弘錫·李匡輔·姜樸·李巨源·趙趾彬·尹光益·朴弼夔·李普昱·申致雲·李匡德·尹容·成德潤·李眞洙】

○ 掌令李端章啓曰: "吏曹判書柳鳳輝樹立旣著, 聲名方蔚, 而出處一節,

---

34) 侗: 底本에는 "佀"로 되어 있다. 《御製皇極編》에 근거하여 수정하였다.
35) 過: 底本에는 "遇"로 되어 있다. 《御製皇極編》에 근거하여 수정하였다.
36) 慨容之: 底本에는 "容之慨"로 되어 있다. 《御製皇極編》에 근거하여 수정하였다.
37) 所論: 底本에는 없다. 《御製皇極編》에 근거하여 보충하였다.
38) 於: 底本에는 없다. 《御製皇極編》에 근거하여 보충하였다.

不愜物情. 不出則已, 旣出一脚, 則凡有職名, 宜無取捨, 而天官·度支有除輒出, 春曹·京兆無端固辭. 先朝議諡·大嬪尊崇, 輕重自別, 而或出或不出, 是何義理? 臣實痛惋.

　尤所未解者, 向者[39]玉候閱月欠安, 慈聖浹朔違和, 藥院直宿, 百僚憂遑, 而前後候班, 俱不進參. 雖諉脚病行步有妨之致, 若使鳳輝足能出入於禁扃之內, 亦能拜跪於政席之間, 則問候之列, 獨不可强進而一參耶? 請罷不鈙."

　○ 玉堂【校理任珖·趙趾彬】箚救柳鳳輝, 仍斥李端章不靖之論, 請罷職, 依施.

　○ 修撰尹容疏論李端章喜事不靖之罪, 請削其職.

　○ 藥房入診. 右議政李光佐曰 : "憲啓請罪吏曹判書柳鳳輝, 臣看來駭然, 方草箚論其不遑, 而玉堂箚先入矣. 臺閣之論宰執, 苟有官邪, 則糾摘豈非美事? 而李端章之論都出於白地, 其所臚列, 一皆無據之狀. 堂箚及儒臣疏詳盡, 聖上別爲開釋, 期於速爲勉出宜矣." 上曰 : "依爲之."
　光佐曰 : "外方濫享之類, 雖未能詳知, 而試以所睹聽言之, 如宋奎濂·李秀彦·李世白·李箕洪之院宇, 極爲猥雜, 亟令道臣, 刻期毀撤." 上曰 : "依爲之."

　○ 修撰朴弼夔疏略曰 : "前副提學李師尙所遭, 一節深於一節, 此非吉祥善事, 吏曹判書柳鳳輝所被人言, 尤爲罔極. 彼端章旣知鳳輝之爲朝野倚重, 而構捏成罪, 都不近似, 憑藉臺地, 巧售讒言, 則豈可待以臺閣, 而有所容貸乎? 臣謂先施削黜之典, 明示好惡之別, 以杜來讒之口焉."

　○ 掌令李廷傑【持平李重觀】等啓, 論前監司兪命弘貪鄙, 不法之狀, 請依律施

---
39) 向者 : 底本에는 없다. 《御製皇極編》에 근거하여 보충하였다.

行, 依啓.

○ 進士鄭鳳徵等疏略曰:"臣等於《家禮源流》序·跋事, 思欲一卞, 以破群言之枉惑. 尹宣擧與兪棨遍考禮書本末, 作爲《源流》. 彼權尙夏·鄭澔之徒, 獨何心腸, 乃於序·跋, 肆其誣悖, 一則曰'蘇·張手段', 一則曰'付托匪[40]人', 詆辱先正, 歸之於掠美歸己之域耶? 殿下所以禮儒賢·斥邪誣, 仰體先朝本意, 皆已次第擧行, 則今於此事, 尙不明降處分, 乃使誣毁先賢之文, 至今弁卷, 豈非欠典乎? 亟取序跋, 畀之火中, 永雪讒誣之言."

○ 掌令朴長潤請改撰頤賊所撰誌文, 依啓.

○ 生員李錫祚等疏, 陳行藥宮婢查出正法之請. 又曰:"獨當勻軸之大臣, 罔念興疾之義, 偃蹇私第, 越視大論, 顧瞻退托, 支離言病, 臣等謂大臣之病, 逆婢之幸也."

○ 副校理朴弼夔疏, 斥錫祚之抑勒句[41]斷, 不專在於沐浴之義. 傳曰:"錫祚之侵斥大臣, 事甚駭然. 還給其疏, 遠地定配." 右副承旨鄭思孝疏, 請還寢遠配之命.

○ 副校理朴弼夔疏, 請亟寢成命, 毋使士氣沮喪.

○ 掌令李重觀啓, 斥錫祚藉重傾軋之計, 仍論朴弼夔營護之失, 請遞其職.

○ 獻納徐宗廈陳疏以爲:"士論專務激切, 不宜摧折. 儒臣再疏請寢, 乃所

---

40) 匪: 底本에는 "非"로 되어 있다. 《丈巖集 家禮源流跋》에 근거하여 수정하였다.
41) 句: 底本에는 "自"로 되어 있다. 《御製皇極編》에 근거하여 수정하였다.

以植士氣·開言路, 憲臣之一併劾遞, 臣爲之慨然."

○ 正言黃晸·金瀅·掌令李廷弼等相繼論朴弼夔·徐宗厦營救疏儒之非, 玉堂箚論徐宗厦疏語謬戾, 請遞其職.

○ 秋, 大司憲李明彦疏略曰："若使廷臣精白一心, 同寅協恭, 仰贊維新之化, 則大猷可以升矣, 小康不難致矣. 猜疑旋萌, 攻擊不已, 戈戟隨至, 欲別立門戶, 分裂乃已, 噫嘻! 亦甚矣. 臣嘗不度力, 妄爲調停之論, 事未行而身已顚沛, 臣於是時, 已有去志.
噫! 我國朋黨之禍, 其來已久. 逮我聖明, 爲禍益烈, 三手之變作而幾乎無國矣. 爲今日臣子者正宜同心戮力, 以副聖上蕩平之心, 而計不出此, 惟欲分朋, 今又割裂, 專事傾軋, 則不但朝著無以成樣, 危亡之禍將基於此矣. 今之爲此者, 非不知病國, 不過曰怵禍福·爭權利以濟己私耳. 使臣與世推移, 則坐享富貴, 終身逸樂, 而臣寧屛退枯死, 不欲朋比而得罪於天下後世矣."

○ 八月, 景宗薨, 世弟卽位.

○ 兩司【大司憲李明彦·執義尹會·掌令柳時模·持平李眞洙】復申金昌集·李頤命戮尸之啓.

○ 備忘記："負犯雖重, 聖后同氣之人, 其幾何? 因山旣卜, 今以放還一哭於都下, 則在天之靈, 想必欣慰. 前判書閔鎭遠特放." 政院【南就明·李重述·柳綏】覆逆請寢, 上諭以"欲慰先后之靈, 亟停勿煩". 執義尹會啓請還收, 屢啓不已, 上怒, 特命削黜.

○ 冬, 大司諫權益寬疏略曰："大行大王當群凶執命之日, 廓掃氛翳, 逮三手發謀之日, 盡殲巨魁. 我殿下善繼大行之志·善述大行之事, 益勉堂構焉." 上優答之.

○ 以<u>柳鳳輝</u>拜相.

○ <u>淸州</u>儒生<u>鄭奎相</u>疏, 請<u>宋時烈</u>復享, <u>權尙夏</u>復官.

○ 幼學<u>李義淵</u>應旨疏略曰："伏惟大行大王不幸有[42]倦勤之疾, 先朝顧命群臣, 深惟宗社之大計, 奉承東朝聖敎, 策殿下於儲位, 以定邦[43]本, 協[44]贊庶務. 惟彼群小闖隙逞凶, 以'半夜蒼黃'·'陰移天位'等說動撓民心, 北門之潛入, 竟遂其計. 壅蔽聖聽, 釀成奇禍, 喬木世家誅戮無餘, 而至發'禁庭蹀血'之言, 則其設計之陰凶慘毒, 有不忍言.

在今殿下之責, 莫先於釐正群小[45]濁亂之罪, 以明辛丑以後事, 皆非我先大王之本意, 而臨御數月, 一向泄泄, 神人之憤以是不洩, 天地之氣由此不和. 元老被誣而風雷偃禾, 姦臣亂政而霹靂拔樹, 災異之由自古而然[46]. 今殿下惕然改圖, 正群小之罪, 顯先王之意, 熒惑之移度, 祥桑之枯死, 豈獨專美於前耶?

至於斯文是非, <u>肅廟</u>之遺敎昭昭, 而凶徒無憚於黜享, <u>尹志述</u>之忠直抱冤, 士林之流涕至今, 而復享之典·褒直之擧, 尙未卽行, 此亦非召災之端耶?"

政院啓："幼學<u>李義淵</u>托以應旨, 一篇精神專在於扶護逆黨·綱打善類. 至以'北門潛入, 竟遂其計', '釀成奇禍, 誅戮世家'等語, 肆然爲說, 若夫'皆非我先

---

42) 有：底本에는 "首"로 되어 있다. 《御製皇極編》에 근거하여 수정하였다.

43) 邦：底本에는 없다. 《御製皇極編》에 근거하여 보충하였다.

44) 協：《英祖實錄 卽位年 11月 6日》 기사에는 "攝"으로 되어 있다.

45) 釐正群小：底本에는 "群小釐正"으로 되어 있다. 《英祖實錄 卽位年 11月 6日》 기사에 근거하여 수정하였다.

46) 而然：底本에는 "然而"로 되어 있다. 《御製皇極編》에 근거하여 수정하였다.

大王意'云者, 指意叵測, 其上誣先朝, 私護凶逆之狀, 萬萬絶痛. 其餘搆陷廷臣, 甘心嫁禍, 眩亂斯文之是非, 奬詡志述之妖惡者, 有不暇[47]論."

○ 備忘記:"今觀李義淵疏語, 則專出護黨, 到今不可[48]引之說[49], 胡亂起頭. 噫! 辛丑之敎, 追惟今日, 心驚痛切, 抑何心更爲提說耶? 此等疏章須卽還給. 今若以此事, 更爲相擊, 則[50]一往一來, 豈不感傷和氣耶? 嗟爾! 近密之臣先務寬平之心."

○ 玉堂李巨源·李眞洙請對入侍. 巨源曰:"李義淵疏語凶悖, 自上想已洞燭其情狀, 而玆敢逐條略卞. 所謂'半夜蒼黃', 柳鳳輝疏語也, '陰移天位', 韓世良疏語也. 柳鳳輝不過以其時昌集輩半夜再請, 擧措忙遽, 實非重國本之體故, 豈有他意? 而欲殿下以此追罪鳳輝, 其心豈不萬萬凶慘乎? 韓世良疏因趙聖復而發也. 其時凶黨猶請聖復島棘, 則聖復之罪可知. 義淵欲以此爲世良之罪, 豈不危險乎?

'北門潛入'者故相臣趙泰耉請對事也. 其時大行大王御進修堂, 泰耉由宣仁門取近而入得請事, 乃是聽政還收事. 賊集輩曉上聯箚, 聞泰耉入對, 顚倒隨入, 同請還收, 泰耉之名正言順可知. 人皆以爲社稷臣, 而其時凶黨比之神武門, 至欲鞫問, 義淵疏語一串貫來.

'禁庭蹀血', 金一鏡敎文中語也. 頃年賊招, 有宮城陳兵之計, 故有此'蹀血'之語. '蹀血'二字多出於古文, 如'長安新蹀血'之類, 何限而欲以此搆陷. 昔柳子光以文字陷人, 豈料聖世乃有此說? 最可痛者以'先王有[51]倦勤之疾'爲言, 且曰'辛丑以後事, 皆非先王本意', 此豈今日所忍發言哉? 下敎以黨論視之, 所

謂黨論曰是曰非而已, 如此黨逆之凶, 何可以黨論論之也? 若不快賜處分, 則君臣倫義因此盡壞. 深夜請對, 欲明正<u>義淵</u>之罪也."

<u>眞洙</u>曰: "快正其凶悖之罪." 承旨<u>李明誼</u>曰: "何可以黨論論之也? 崇奬四凶, 乃以'風雷偃禾'等說, 隱然比之於<u>周公</u>, 是不特護逆而已. 若不明正其罪, 則凶黨餘孼接跡而起, 國不爲國矣." <u>巨源</u>曰: "<u>柳鳳輝</u>等豈不爲殿下之忠臣? 而<u>義淵</u>敢以此構誣, 如此凶狡之輩, 嚴辭[52]痛斥, 然後有光聖德." <u>眞洙</u>曰: "<u>柳鳳輝</u>諸人非先王之忠臣則已, 旣爲先王之忠臣, 則亦殿下之忠臣, 四凶非先王之罪人則已, 旣爲先王之罪人, 則亦殿下之罪人也." <u>明誼</u>曰: "<u>義淵</u>何不於先朝陳一字, 及今聖上卽祚之後, 始爲之耶? 其意欲陳讒間耳."

上曰: "辛丑下敎, 爲臣子者何敢向予提起? 還給者此也. 下款〈金縢〉事, 予亦知其比於<u>周公</u>. 而狂夫之言, 聖人擇焉, 不擇則不用而已. 儒臣職在近密, 今日黨痼之弊, 以爲[53]有乎? 無乎? 辛丑事究其所從來, 亦根於何事耶? 狂妄者歸之狂妄而已, 不用其言, 則渠亦當自止. 求言之下, 一時狂妄者闒發[54], 何必[55]極罪而後爲快耶? 至於追罪, 則似過矣."

<u>巨源</u>曰: "狂妄者言辭過激之謂也. 此則不以辛丑逆變爲逆, 乃至誣及先王, 非可以偏論言也." <u>眞洙</u>曰[56]: "辛丑逆變, 渠輩[57]於大行, 全無顧籍, 故有畏禍之心, 至於行逆, 豈可以黨論言之也?"

<u>明誼</u>曰: "殿下以其疏, 謂之狂妄而還給, 臣恐聖慮不深察也. 向來有<u>閔鎭遠</u>特放之命, 故致有此疏, 若不嚴懲, 後必有請辛丑反案者矣." 上曰: "此等事揮之斥之而已, 終至追罪, 則國體豈不屑屑乎? <u>李義淵</u>今雖罪之, 鄕曲不知

---

52) 辭: 底本에는 "賜"로 되어 있다. 《承政院日記 英祖 卽位年 11月 6日》 기사에 근거하여 수정하였다.

53) 以爲: 底本에는 없다. 《承政院日記 英祖 卽位年 11月 6日》 기사에 근거하여 보충하였다.

54) 闒發: 底本에는 없다. 《承政院日記 英祖 卽位年 11月 6日》 기사에 근거하여 보충하였다.

55) 必: 底本에는 "反"으로 되어 있다. 《御製皇極編》에 근거하여 수정하였다.

56) 曰: 底本에는 뒤에 "渠輩"가 더 있다. 《御製皇極編》에 근거하여 삭제하였다.

57) 渠輩: 底本에는 없다. 《御製皇極編》에 근거하여 보충하였다.

有幾箇義淵, 承旨·玉堂皆可請罪乎?"

　巨源曰 : "自上痛懲, 則秉彝之心, 人皆有之, 誰肯甘心爲逆黨乎?" 眞洙
曰 : "下敎如此, 實是意外. 亟[58]允臣等之請何如?" 上曰 : "旣下備忘, 何可追
罪? 此後若有此等事, 竄之配之可也, 義淵不可罪. 儒臣雖有所守, 予亦有所
守, 更勿强勸也."

　眞洙等又以閔鎭遠不可放還之意, 迭爲陳達, 上不聽.

　○ 大司諫權益寬疏略曰 : "李義淵之誣大行·欺殿下·黨凶逆·陷廷臣之
計, 殿下不賜明卞痛斥, 以正其干紀滅倫之罪, 惟以護黨目之, 臣誠憂歎. 彼群
凶敢懷貪天之心, 要得定策之功, 始則視如奕碁, 終至不奪不饜, 莽·操·懿·溫
之類是也. 血黨餘孼潛相揣摩, 變幻凶逆, 一則曰'大行大王有倦勤之疾', 一則
曰'皆非先大王本意', '風雷偃禾', 比如周公, 噫嘻! 痛矣. 廓揮乾斷, 置之極典,
實宗社國家之幸."

　答曰 : "予之不以深治義淵者, 豈有顧籍之意哉? 今以'定策'·'忠予'等語,
雖引義淵之辭, 有若以予因此容貸者然, 皆由於予之誠意, 不能見孚之致矣."

　○ 持平徐宗厦啓, 請陳疏人李義淵拿鞫嚴問以正王法.

　○ 領議政李光佐箚略曰 : "李義淵疏, 不覺心骨震駴. 臣則適不從宣仁門
入, 而卽同時請對之人也. 未知'竟遂其計'云者何謂也? '非先王之意'一句語,
非覆載間人所可萌心發口, 臣不勝痛心." 上答曰 : "卿之貫日之忠, 予已詳
知. 於卿無不安之端矣."

　○ 淸州幼學宋載厚疏, 陳宋時烈·權尙夏之被誣, 又曰 : "一鏡通天之罪,
磬竹難書, 而向來敎文事言之, 則曰[59]'蹈魯 翬鍾巫之駭機', '售趙高·沙丘之

<hr/>

58) 亟 : 底本에는 "極"으로 되어 있다. 《御製皇極編》에 근거하여 수정하였다.

餘術', 一則'不免禁庭之蹀血'. 鍾巫卽魯 桓公子翬事也, 沙丘卽趙高·胡亥事也, 蹀血卽唐 玄武門事也, 渠何敢引用, 逼切聖躬, 誣及兩宮, 略無忌憚乎?

雖其同黨亦嫌措語之不韙, '鍾巫'一句付標刪改, '禁庭蹀血'四字, 終始書出, 頒示八路, 可想逆心撑腸, 而使聖上受其無限汚衊. 滿庭諸臣視若尋常, 時在文衡者佯若不知, 反稱能文, 其心所在, 萬萬叵測. 鳳輝之頃年一疏, 包藏逆心, 路人所知.

黨錮之禍何代[60]無之, 未有如此輩之䶥[61]螫善類者也. 半國簪紳, 擧移嶺海, 兩朝禮遇之儒臣, 顚死道路, 九十癃老之重臣, 幷囚海島. 甚至哇哇之童亦被行遣, 各投窮海, 骨肉流散. 生爲元勳國舅之尊者, 死爲飄零無主之鬼, 翼陵在天之靈, 必傷痛於冥冥之中矣. 閔鎭遠之特放, 聖敎懇惻, 而尹會一啓, 誣及先后, 削黜之罰亦云未勘, 經幄·喉司相繼營救, 喋囑諸臺, 日事連啓, 縱恣無嚴, 胡至此極?"上命還給.

○ 右議政趙泰億請對入侍, 力論李義淵護逆之罪, 請明典刑, 上曰: "予本非容護, 而群下不知予意, 慨然矣. 李義淵絶島安置可也. 臺諫鞫問之請, 決知其過矣." 泰億曰: "惟我先大王顧念宗社大計, 策我殿下於儲位, 其疏以光明正大之擧, 隱然歸之於凶逆輩定策之功, 有若先大王無所干涉者然. 其誣先王·欺殿下之罪, 可勝誅哉? 何可以護逆論之? 以公議言之, 則天下萬世之賊也, 以臣子言之, 則不共戴天之讐也."

上曰: "予之心事未知, 廷臣如何知之? 而予之心則天地神明可質, 在私邸時, 以'孤竹淸風'四字, 書諸壁上, 尙今在焉. 疏語之無倫, 已言于諫長疏批. 予非不知其護逆, 而此類不必隨而罪之. 子曰'疾之已甚, 亂也', 予意亦如此."

泰億曰：“殿下以臣言快賜允從，特命島配，不勝感歎矣.”

上曰：“宋載厚疏‘簪履舊臣’云者，亦出於黨論. 且見搢紳案，亦多付軍職之人，不犯逆之類，蕩滌用之，則豈不爲明其逆之道耶?”泰億曰：“臣於大行朝，嘗以柳復明敍用之意陳達. 廷請唯諾之際，舉朝靡然，而獨復明抗言力爭，極可嘉矣.”

○ 東學訓導李鳳鳴疏略曰：“泰耇先以‘冒嫌’倡之於前，鳳輝繼以‘憂惑’發之於後. 至若一鏡世襲其惡，一則曰‘懷刃鍾巫62)’，一則曰‘蹀血禁庭’，渠何敢陰斥顯逼於聖躬，慘誣亦及於先朝乎?”答曰：“托以應旨，構捏大臣，誠極駁異.”

○ 備忘記：“敎文與章奏有異，乃是代撰王言，則不可不審也明矣. ‘蹀血禁庭’·‘懷刃鍾巫’兩句語，雖有古人之語，而《春秋》·《綱目》所書者，何處? 金一鏡收奪官爵，黜送門外. 職在經幄，護黨如此，特遞請對玉堂李巨源之職.”

政院【李重述·李明誼】覆啓63)，還收金一鏡削奪之命，上答以“不悛護黨之習，良可駭矣.”重術等牌不進.

○ 護軍金相玉【柳鳳鳴·前縣監朴師聖】等疏，請亟正鏡賊誣上不道之罪，護逆諸臣竝施竄逐之典，上不許.

○ 應敎趙翼命疏，請義淵之罪，乞寢李巨源等遞差之命，上以‘未可曉’斥之.

○ 備忘記：“一鏡敎文，靜而思之，不覺心裂. 敢以不忍引之事，書於代撰

---

62) 巫：底本에는 “誣”로 되어 있다. 《御製皇極編》에 근거하여 수정하였다. 이하 동일사례에 대해서는 별도의 校勘記를 달지 않는다.
63) 啓：底本에는 “欲”으로 되어 있다. 《御製皇極編》에 근거하여 수정하였다.

之中, 叫呼殯殿, 寧欲溘然. 其在嚴懲討之道, 不可[64]削黜而止, 絶島安置. 一鏡所犯關係至重, 爲臣子安敢營護? 伊日覆逆承旨削黜."

○ 前郡守李鳳翼疏, 請李森竄殛, 尹就商快正邦刑.

○ 政院【金東弼·趙遠命】再啓, 請還收覆逆承旨削黜之命, 上從之.

○ 京畿儒生崔補疏略曰:"一鏡之敢引唐家骨肉之變, 用之於代撰之文, 魯 桓簒弑之惡, 攙入於章疏之中, 此實臣子不共戴天之讐也. 三司諸臣全昧《春秋》之義, 喉舌之官敢生營救之計, 上自大臣, 下至庶僚, 徒知忠於賊鏡, 不知忠於殿下. 國家柄用之大臣, 首犯惡逆之科; 朝廷倚仗之御將, 未免指點之目, 安知非與賊鏡綢繆而然耶? 李義淵言雖過中, 遇災求言之日, 敢效無隱之忱, 則豈意殿下撓奪於一相臣? 臣竊惜之."

承旨金東弼·鄭錫三·吏曹參判李世最請對入侍. 東弼論崔補伸救義淵之罪, 上曰:"金一鏡事雖曰'古人多用此等文字'云, 而其出處, 是何等處也? 其罪不止島配, 而旣已參酌定罪, 一種不逞之徒, 不知予心而發, 容有可恕, 崔補則備忘後又復如此, 其罪甚於義淵矣. 島配, 當日押送."

東弼曰:"一鏡麤率荒雜, 不合文任, 臣固言之, 豈有深意如鳳輝疏云耶? 若使一鏡有意而用之, 則豈不嚴懲討乎? 此不過大段妄發, 以妄發之罪罪[65]之, 則渠亦何辭? 而律以大逆不道, 則非其罪也."

上曰:"李巨源·李眞洙, 予以有識知之, 今番伸救一鏡甚力, 護黨之弊, 於此可見. 右相及故領相, 則救之可矣, 何可救一鏡乎? 承宣所謂若曰'惡逆則過矣'云者誠然矣. 一鏡處分亦非見李疏後爲之也, 取見承旨之疏有'衆皆譁然'之語然後, 乃知其公議而處分矣." 東弼曰:"義淵宜從臺請, 鳳鳴亦不可不加罪矣." 上曰 : "旣非犯逆, 則不必用已甚之典, 然不可置之, 幷令遠配."

○ 上以一鏡敎文出後, 三司無一人請罪, 責之.

○ 司直李箕翊請拿鞫賊鏡, 快正典刑, 上答以"已爲處分".

○ 都承旨朴弼夢疏略曰 : "凶逆之徒乘機逞憾. 義淵之疏先倡於前, 鳳鳴‧漢東接蹤(66)於後, 揣摩漸熟, 層節益甚, 至於補而極矣. 請張凶言, 直驅滿庭臣僚於罔測之科, 直以誣辱先王之賊, 尙稽肆市之戮故也. 殿下履端之初, 倚重輔相, 誠意藹然, 讒人間之, 構罪罔極, 數三大臣相繼胥命, 此何景像? 伏願先置義賊於極典, 以雪大行之厚誣.
許玩疏有曰'玉堂夜對, 因宮人事, 以「何有嫌忌?」等說, 肆然侵逼'. 雖不擧名, 夜對時陳達卽臣也. '嫌忌'等說尤非萌心而發口者, 未知玩從何得此句語, 直以'侵逼聖躬'爲案也." 上答以"構捏之言, 何足掛齒?"

○ 副修撰成德潤疏, 請李義淵亟正邦刑, 閔鎭遠之不可放釋.

○ 前正郎林柱國疏, 請嚴鞫賊鏡, 仍論鳳輝‧李森之罪及前後諸臣護逆之罪. 政院【承旨弼夢外, 上同.】以柱國疏中敎文事主文, 卽指右議政趙泰億, 而泰億以泰采至親, 不得干涉於敎文之意, 啓稟捧入, 上命還給原疏, 柱國削板.

○ 前察訪申昉疏論一鏡凶逆, 前後廷臣終無一言, 互相黨援, 必欲伸救之罪.

---

66) 蹤 : 底本에는 "跡"으로 되어 있다. 《承政院日記 英祖 卽位年 11月 13日》 기사에 근거하여 수정하였다.

○ 正言柳時模啓曰：“敎文事體至重且大, 而金一鏡所撰頒敎文, 不思出處之如何, 語同狂譫, 全不審愼. 亟命藝院, 稟旨改撰.” 依啓. 仍下備忘曰：“改撰之請可也, 而'妄引'則宜, '不思'則予實未曉. 啓雖似斥, 意實掩護, 柳時模遞差”, 特除鎭海縣監. 右議政趙泰億入侍, 請移柳時模於內地, 許之.

泰億曰：“一鏡文字出後, 不獨金東弼知之, 朝中諸議莫不譁然. 臣以至親有被罪, 而入於敎文, 領議政李光佐慘被一鏡疑謗, 故不敢干涉, 安有一毫容貸之意乎?” 上曰：“予旣以'叫呼殯殿, 寧欲溘然'爲言, 而其後疏章間, 無一人及之者矣.” 泰億曰：“一鏡常時人事極荒雜, 故終有此事矣.”

上曰：“一鏡事後, 章疏之間, 默無一言. 金弘錫則開釋而終不出, 尹容·趙最壽·趙翼命等屢違. 今日朝臣乃先朝臣子, 何可無一言乎? 竝罷職.”

政院覆逆, 上下敎責之.

○ 領議政李光佐言於上曰：“金東弼疏後, 臣前已遭劾, 进出江上[67], 以遠接使往來, 首尾五朔, 其後以兵判入來. 而凡事歲月久, 則易於因循. 一鏡履歷, 參判中無比, 故臣不能牢塞, 陞資及兵戶判望. 時議所屬, 不得已爲之, 此亦臣罪. 然文衡終不爲之, 吏判望堅持不許. 而崔補疑臣以私於一鏡者然, 構捏之語 固不足辨. 且事涉一鏡, 人輒疑以修[68]隙, 如此重大之事, 亦不能明言嚴斥, 實無顏面可顯矣.”

上曰：“予素淺學, 一鏡所引, 心已疑之, 及見李鳳鳴疏, 詳言出處, 又見金東弼疏尤[69]詳知之, 乃爲處分. 向來玉署之臣力卞金一鏡事, 可見係着, 豈不曰營護乎?” 光佐曰：“李巨源曾與一鏡相較, 李眞洙亦非私護一鏡之人.” 上曰：“疏章間亦默無一言, 豈不慨然?” 光佐曰：“李義淵關係至重, 今須別樣

67) 上：底本에는 “山”으로 되어 있다.《御製皇極編》에 근거하여 수정하였다.
68) 修：底本에는 “疑”로 되어 있다.《御製皇極編》에 근거하여 수정하였다.
69) 尤：底本에는 “始”로 되어 있다.《承政院日記 英祖 卽位年 11月 19日》기사에 근거하여 수정하였다.

處置, 然後人心可服矣."上曰 :"過因山後, 當設鞫, 一鏡亦一體設鞫."

○ 前正言羅學川疏略曰 :"殿下以眇然之身, 孤寄於彼一邊人之上, 自以
爲親信, 臣恐親信者無幾, 而餘皆爲疎遠之人, 殿下之有, 不亦狹乎? 殿下之
勢, 不亦孤乎? 況今士夫之族分而爲三, 所謂西人·南人·小北是也. 西人又分
而爲二, 所謂少論者乃其一也, 今方棄其⁷⁰⁾三而用其一. 臣未知見棄者皆小
人, 而見用者皆眞君子耶? 祖宗朝建官設職, 豈但爲一邊人富貴·利祿之資
哉? 至於科擧, 乃人才發軔之階梯, 天之降才, 豈以人之得⁷¹⁾時·失時而殊也?

辛丑以後, 公道尤喪, 大小榜眼都是形勢, 滿朝靑紫, 不受指點者幾人? 失時
之人雖幸得之, 未登薦剡, 終歸廢棄, 臣竊痛之. 古之黨論, 其爭也公; 今之黨
論, 其爭也私. 上自大臣, 下至庶官, 合爲一黨, 據守公家之名器, 作爲私門之
隴斷, 左摭右攔, 恐有不速之三人, 手忙脚亂, 殆同小兒之迷藏. 朝晝之所猷爲,
無非患得患失之心, 而其於國家事, 漠然不經於意. 雖有一二忠讜於國者, 亦
不能自拔, 爛熳同歸.

此亦一黨, 彼亦一黨也, 惡知其孰是·孰非·孰邪·孰正也? 惟在人君, 建極
於無黨無偏之地, 遊心於昭曠淸明之域, 則是非邪正, 自不能逃形於在我之權
度矣.

抑有所未解者. 向者黃一夏·鄭澔之疏, 伊日諸臣見以爲傾陷, 而原其大意,
則皆欲保護我殿下之身也. 宮闈危齝⁷²⁾之際, 亦可謂言人之所不言, 而言不見
賞, 罪謫隨之. 李廷熽當初一疏, 亦爲宗社之計, 則何無顧藉之意也?

睦來善·李玄逸之得罪, 不過言語文字之失, 多年竄謫, 以其罪也; 放歸田
里, 赦其罪也; 復其官爵, 先王之所以原之也. 旣罪矣·旣赦矣·旣原矣, 其人與

70) 其 : 底本에는 없다.《承政院日記 英祖 卽位年 11月 19日》기사에 근거하여 보충하였다.
71) 之得 : 底本에는 "得之"로 되어 있다.《御製皇極編》에 근거하여 수정하였다.
72) 齝 : 底本에는 "臬"로 되어 있다.《承政院日記 英祖 卽位年 11月 19日》기사에 근거하여
수정하였다.

骨皆朽矣, 及到今日, 罪名與初無異, 并其子若孫而廢之, 噫! 亦太甚矣.

至於己巳之人, 目之曰'名義罪人', 此誠錮人之好題目. 當時盡臣節者, 獨朴泰輔一人, 若使泰輔責其時在廷之臣, 曰'汝何敢不效死如我?'云, 則固不敢辭其責, 而亦受罪之不暇. 而若以泰輔之出於其黨, 而其時其黨之爲大臣·三司, 同在其廷者皆以泰輔自處, 責人之不能盡節, 則不幾於五十步之笑百步乎? 臣竊笑之.

肅宗大王嘗下敎曰∶'己巳事, 豈可比擬於光海時耶? 若以當時諸臣, 不能碎首力爭, 爲范仲淹·孔道輔之罪人, 則容或可也, 何可以不當擬之事比之耶? 古語曰「欲投鼠而忌器」, 何敢若是?'

大哉王言! 辭嚴義正, 如日星之昭揭. 南九萬·尹趾完亦豈爲己巳人地? 而猶不以名義罪之. 趾完則陳疏, 九萬則建白, 以言其不能力爭之罪, 而以明其名義之爲無據. 今日廷臣不有君父之敎, 強[73]執偏黨之論, 勒加以不當之罪, 不顧其器之爲可忌, 其於分義, 果如何也?"上優批答之.

○ 護軍鄭東後疏略曰∶"賊鏡之誣逼先王, 汚衊聖躬, 實是覆載難容之罪, 而惟彼血黨盤據近密, 營護之言相繼而起. 或諉以'語言薄過', 或稱以'妄發', 恣意掩護之狀, 昭不可掩, 宜加竄黜之典. 柳時模啓辭中, '不思出處'等語, 極其巧慝, 嶺邑外補, 亦云末[74]勘, 而承宣至有繳還之請, 相臣繼發換差之請, 肆然無嚴, 臣竊痛之.

身居三事[75]之列者, 討逆之義, 比諸三司, 不啻較重, 而不道凶言, 視若尋常, 崇獎拔擢, 惟意所欲. 明命之下, 一無請誅之言, 削黜而島配, 加棘而鞫問, 皆出特敎, 大臣之孤負殿下, 胡至此極?"

○ 前掌令蔡膺福疏:"請先討賊鏡, 仍命復撰, 使中外曉然知誣上不道之罪. 筵臣之請竄鳳鳴者, 所謂爲建德報仇, 安有用其言而罪其人之理? 又聞有疏儒鞫問之命, 狂妄之言固不足惜, 殿下求言之日, 旣以'言雖過中, 予不爲咎之'爲敎, 而以言獲罪者, 前後相繼. 今又嚴訊疏儒, 求言之旨, 徒爲虛文; 勿咎之敎, 反歸失信. 伏願懋昭孚信之道, 毋貽仁化之累."上命還給其疏.

○ 持平金始鎭【李普昱】等論蔡膺福護逆之罪, 請絶島安置, 不允.

○ 京畿·忠淸·全羅三道儒生宋相光等疏, 請宋時烈復享·權尙夏復官.

○ 京畿·忠淸兩道儒生朴趾㷊等疏, 請兩先正復享, 給牒之典, 又曰:"李義淵憂時慷慨之士, 而奸凶齊起, 迭相構罪. 光佐輩以丙申處分歸之於非先王本意, 則何不先加光佐以義淵之律, 只使義淵罹此極律哉?"上命極邊定配.

○ 前持平李倚天疏略曰:"權益寬·李明彦·尹容輩相繼投疏, 而'援立'·'擁立', '其果安乎?'等說, 俱爲絶悖. 且聞大臣以'定策國老'·'門生天子'之言陳達云, 不覺骨靑心寒. 噫! 自賊鏡事以來, 試看廷臣, 豈有一人爲君父請討之言哉? 柳時模之'不思出處'等語, 金始鎭之'有心無心'之辭, 抑揚閃弄, 探試上意. 噫嘻, 痛矣!

逆鏡之赴配也, 觀望遲徊, 拿命一旬, 逗遛近畿, 國言喧藉, 人皆憤憤. 不知其間有甚謀議, 臣謂覆逆承旨·營護玉堂與金始鎭·金吾堂郞, 一倂竄黜. 朴胤東之命意【大行軼章有"危途閱歷千層險, 寶座凄涼一夢空[76]"之句】陰慘, 極加究問, 快正其罪."上命還給其疏.

○ 鞫廳罪人<u>李義淵</u>刑訊物故.

○ 前佐郎<u>李台徵</u>疏略曰：“竊見鞫廳諸臣營護之狀, 自初彰著, 雖迫嚴命, 黽勉設鞫, 凶逆情節必不肯一一究覈, 臨殿親問, 恐無所妨. 文字撰述之際, 例有商確之人, 必有同情相議者, 以此一款期於得情.” 答以“如此間疑之言, 予不欲觀矣”. 委官<u>李光佐</u>·<u>趙泰億</u>·禁堂<u>沈壽賢</u>·<u>南就明</u>·<u>黃爾章</u>幷陳疏待罪, 上慰諭之.

○ <u>忠淸道</u>幼學<u>洪得一</u>等疏曰：“殿下徒知有[77)]<u>一鏡</u>, 不知有衆<u>一鏡</u>. 以<u>一鏡</u>治<u>一鏡</u>, 何以究得其奸情[78)]耶? <u>白望</u>招辭, 締結行貨, 謀害兩殿者, 首以<u>一鏡</u>現告, 而佯若不知, 抹而不書. 爲問郞·都事所爭, 略記其事, 而草草脣命, 急急請對, 歸之於死中求生, 以爲此後則語涉兩殿者, 竝不擧論. <u>申銋</u>略論其罪, 乃反構捏, 安置絶島, 博殺<u>白望</u>, 以滅其跡, 人情至今疑惑. 凡此數端, 誰能發問而究覈耶? 伏願殿下勿墮其術中.” 上答以“出於激切之致, 而疑之太過, 予實不取”.

○ 右議政<u>趙泰億</u>·承旨<u>鄭錫三</u>請[79)]對, 極論<u>得一</u>疏語之危悖, 請罪之, 上不許[80)].

○ 前參議<u>朴聖輅</u>疏, 請鉤<u>得一鏡</u>締結, 同情之跡, 上責以傾軋, 還給其疏.

○ 上親鞫<u>一鏡</u>, 敎曰：“<u>一鏡</u>疏及<u>虎龍</u>變書參看, 則語意之凶慘, 顯有同情

77) 有：底本에는 없다.《承政院日記 英祖 卽位年 12月 6日》기사에 근거하여 보충하였다.
78) 奸情：底本에는 “情奸”으로 되어 있다.《御製皇極編》에 근거하여 수정하였다.
79) 請：底本에는 “對”로 되어 있다.《御製皇極編》에 근거하여 수정하였다.
80) 不許：底本에는 “許不”로 되어 있다.《御製皇極編》에 근거하여 수정하였다.

之跡. <u>虎龍</u>一體鞫問."

○ 鞫請大臣入侍, 上曰: "<u>虎龍</u>今旣杖斃, 檢屍後, 依<u>自望</u>例戮屍. <u>一鏡</u>雖不捧結案, 依<u>趙嗣基</u>例擧行." 事下敎, <u>李光佐·趙泰億</u>以爲: "<u>李義淵</u>之誣及先王, 無異於兩人, 一體施律宜矣." 判義禁<u>沈壽賢</u>曰: "<u>義淵</u>徑斃已久, 掘而戮之與卽爲戮屍者, 有異矣." 上曰: "追戮外籍産等事, 一體擧行."

○ 前獻納<u>鄭宅河</u>疏, 請<u>一鏡</u>懸首藁街, 施以逆律, 上從之.【<u>一鏡</u>事後, 大臣·三司無一人懲討, 而被罪之後, 皆以爲"<u>一鏡</u>所罥辱, 嫌不可言", 作爲發明之端云.】

○ 知事<u>權愭</u>疏略曰: "殿下自潛邸, 前後被誣, 今幾遭矣. <u>尙儉</u>倡之, <u>虎龍</u>繼之, <u>一鏡</u>主之, 誣衊千古所無. 苟有人心者所當抹血請討, 而凶徒之陰謀, 佯若不知, 不究情節, 不問徒黨, 斷以次律, 徑先行刑, 誣聖躬一節, 終未明覈, 臣竊痛之."

○ 生員<u>李德普</u>【一百九十餘人】等[81]疏, 請<u>宋時烈</u> <u>道峯</u>復享, <u>權尙夏·李喜朝</u>復官. 政院啓曰: "<u>李德普</u>等疏中, 有曰: '大行平日, 其曰「聖考此敎, 吾必違背之」乎? 決知其無此理', '大行之心必以爲「是吾之欺蔽. 吾未及正之, 有吾之弟, 必能正其事矣」云'. 噫嘻! 渠何敢以抑勒矯誣之說, 加於先大王, 若是無嚴乎?"
上命給其疏, 責以語無倫脊, <u>德普</u>限三年停擧.

○ 大司憲<u>吳命峻</u>疏略曰: "領議政<u>李光佐</u>抛一身於廉恥之外, 導斯世於汚下之域. 筵奏·章疏, 令人代羞, 朝晝經營, 惟在於廣樹黨援. 凡係簡拔, 只任愛憎, 苟其私黨, 必欲擢用, 人皆深憂, 畏其威勢, 莫有言者, 臣竊痛之." 上以"朝象分裂, 將至於國不爲國”, 下敎責之, 特命削黜.

○ 持平柳儼疏論吳命峻白地構捏之罪, 請命永刊朝籍.

○ 進士申鏶等[82]疏, 陳亡師李喜朝慘被誣捏, 竄死西塞, 乞蒙快雪.

○ 咸鏡都事趙命臣疏略曰：“一鏡大逆不道往牒罕有, 雖用跪斬之律, 猶不足懲, 而枉從嗣基之例, 只施次律, 失刑孰甚? 逆鏡之心路人所知, 惟彼職在近密及臺閣者, 不惟不請懲討, 乃反掩護之不暇, 或歸之‘無心’·或諉之‘不思’. 臣以爲伊日承宣及臺臣. 其他營救一鏡者, 竝施投畀之典. 申鈺·鄭澔之頃年一疏, 寔出於老臣憂虞之忱, 而計在擠陷, 構成罪案, 三年栫[83]棘, 死亡無日, 臣竊慨然.”

上優批答之.

○ 司藝白時光疏略曰：“臣於近日處分, 竊有慨然者, 忠殿下討逆者, 斥以護黨; 忘殿下護凶逆者, 獎以忠臣. 臣未知賊鏡果忠於殿下耶?”

上以責護黨, 還給其疏.

---

82) 等：底本에는 없다.《御製皇極編》에 근거하여 보충하였다.
83) 栫：底本에는 “蕀”으로 되어 있다.《承政院日記 英祖 卽位年 12月 27日》기사에 근거하여 수정하였다.

찾아보기

역주 |

김용흠

서울대학교 국사학과 학사, 연세대학교 대학원 문학석사·박사, 현 연세대학교 국학연구원 연구교수

주요논저 |《조선후기 정치사 연구Ⅰ-인조대 정치론의 분화와 변통론》(2006),《조선후기 실학과 다산 정약용》(2020),《목민고·목민대방》(역서, 2012),《형감》(역서, 2019),《대백록》(역서, 2020),《당의통략》(역해, 2020),《동남소사》(역서, 2021),《수문록 1·2》(역서, 2021·2022),《황극편 1·2·3》(역서, 2022·2023),〈조선의 정치에서 무엇을 볼 것인가-탕평론·탕평책·탕평정치〉(2016),〈조선후기 노론 당론서와 당론의 특징-《형감(衡鑑)》을 중심으로〉(2016),〈《경세유표》를 통해서 본 복지국가의 전통〉(2017),〈晩靜堂 徐宗泰의 정치 활동과 탕평론〉(2020)

원재린

성균관대학교 사학과 학사, 연세대학교 대학원 문학석사·박사, 현 연세대학교 국학연구원 연구교수

주요논저 |《조선후기 성호학파의 학풍연구》(2002),《임관정요》(역서, 2012),《동소만록》(역서, 2017),《형감》(역서, 2019),《대백록》(역서, 2020),《동남소사》(역서, 2021),《수문록 1·2》(역서, 2021·2022),《황극편 1·2·3》(역서, 2022·2023),〈조선후기 남인당론서 편찬의 제 특징〉(2016),〈성호사설과 당쟁사 이해〉(2018)

김정신

덕성여자대학교 사학과 학사, 연세대학교 대학원 문학석사·박사, 현 연세대학교 국학연구원 연구교수

주요논저 |《형감》(역서, 2019),《대백록》(역서, 2020),《동남소사》(역서, 2021),《수문록 1·2》(역서, 2021·2022),《황극편 1·2·3》(역서, 2022·2023),〈주희의 묘수론과 종묘제 개혁론〉(2015),〈주희의 소목론과 종묘제 개혁론〉(2015),〈기축옥사와 조선후기 서인 당론의 구성·전개·분열〉(2016),〈16~7세기 조선 학계의 중국 사상사 이해와 중국 문헌〉(2018)

황극편皇極編 4 번역과 주해

김용흠·원재린·김정신 역주

초판 1쇄 발행 2024년 3월 26일

펴낸이 오일주
펴낸곳 도서출판 혜안

등록번호 제22-471호
등록일자 1993년 7월 30일

주소 04052 서울시 마포구 와우산로 35길 3(서교동) 102호
전화 02-3141-3711~2 / **팩스** 02-3141-3710
이메일 hyeanpub@daum.net

ISBN 978-89-8494-713-9 93910

값 28,000 원